HIEBELER · EIGERWAND

Toni Hiebeler

Eigerwand

Von der Erstbesteigung bis heute

BERTELSMANN LEXIKON-VERLAG

Redaktion: Dr. Wilhelm Trappl
Layout: Eckhard Jacobsen

Gesamtherstellung Mohndruck
Reinhard Mohn OHG, Gütersloh

Printed in Germany
ISBN 3-570-01676-5

Meinen toten Bergkameraden

Bahuguna, Harsh; Mount Everest 1971
Buhl, Hermann; Chogolisa 1957
Consiglio, Paolo; Khumbu-Himal 1974
Couzy, Jean; Cretè des Bergers-Westwand 1958
Dibona, Ivano; Große Zinne 1968
Egger, Toni; Cerro Torre 1960
Golikow, Karl; Piz Badile 1973
Gonda, Karlheinz; Eigerwand 1953
Günnel, Martin; Batura Mustagh 1959
Harlin, John; Eigerwand 1966
Heuberger, Rudolf; Zillertaler Alpen 1969
Kinshofer, Toni; Battert 1964
Kremslehner, Hans; Aiguille de la Brenva 1975
Lehne, Jörg; Grandes Jorasses 1969
Lentner, Richard; Matterhorn-Nordwand 1963
Löbl, Roland; Grands Charmoz-Nordwand 1961
Löw, Siegfried; Nanga Parbat-Diamirflanke 1962
Marchart, Diether; Eigerwand 1962
Mayr, Adolf; Eigerwand 1961
Merendi, Romano; Dent d'Hérens-Nordwand 1963
Messner, Günther; Nanga Parbat 1970
Momatiuk, Czesław; USA 1973
Ridway, Went; Wales 1953
Rühl, Hildegard; Schüsselkarspitze-Nordwand 1958
Spöckmeier, Willi; Lalidererwand-Nordverschneidung 1952
Stäuble, Werner; Pumo Ri 1961
Susatti Fausto; Figlia della Canali-Südwand 1958
Watabe, Tsuneaki; Eigerwand 1965
Weber, Karl; Zollikon 1973
Wyss, Hansjörg; Barre des Ecrins-Südpfeiler 1961
Wyss, Uli; Eigerwand 1953
Zlatnik, Krystof; Pers-Gletscher 1963

Inhalt

Faszination Nordwand

Den Eiger mit seiner 1800 Meter hohen, meist düsteren, unheildrohenden Nordwand kennt der Nordseefischer Uwe Hansen, die japanische Geisha Sei Schikibu, der kalifornische Farmer Gary Jackson oder der Wiener Hofrat Johann Nowak. Sie kennen die Eigerwand – die »Mordwand« – durch die Sensationspresse, aus Büchern, durch Fernseh- und Kinofilme. Und Abertausende sahen die Wand. Als Skifahrer aus der beliebten Pistenregion Grindelwald – Wengen, als Bergwanderer von harmlosen Wegen aus, als Sommerfrischler von der kleinen Scheidegg aus – oft während des Umsteigens in Richtung Jungfraujoch. In Grindelwald und auf der Kleinen Scheidegg sind ständig lichtstarke, riesige Münz-Sehkanonen gegen die Nordwand gerichtet, zuweilen mit einer angehängten Tafel, auf der steht: »Alpinisten in der Nordwand«. Mit zwanzig Rappen ist man dabei. Aber viele Schauer heischen nicht nach irgend einem sensationellen Ereignis, sondern sind gebannt, von der Wand fasziniert. 1976 erhielt ich von der Schülerin R. Heizmann aus Laupen einen Brief, der die Begeisterung eines jungen Menschen ausdrückt: »Wenn ich nur ein kleines bißchen bergsteigen könnte . . . Immer wenn ich den Eiger sehe, denke ich an die vielen Bergsteiger, die Glück hatten und an die, die viel Trauriges und Schlimmes erleben mußten . . . In den letzten Sommerferien fuhren wir nach der Kleinen Scheidegg. Diese Bergwelt ist etwas vom Schönsten in meinem Leben . . . Mein größter Wunsch ist, auch einmal klettern zu können. Der Mönch und die Jungfrau gefallen mir auch schon, aber der Eiger imponiert mir immer am meisten. Warum weiß ich nicht . . .«

Endlich konnte auch ich sie als neunzehnjähriger Jüngling sehen und sogar erleben: Mein Alleingangversuch scheiterte am oberen Ende des ersten Wanddrittels. Aber nicht durch Wettersturz, Steinschlag oder zu großen Schwierigkeiten, sondern vielleicht durch eine schicksalhafte Eingebung, die mich buchstäblich »erleuchtete« und zu der Einsicht brachte, das reichlich leichtfertige Unternehmen abzubrechen. Heute weiß ich, daß ich die rein technischen Schwierigkeiten problemlos geschafft hätte. Aber die Eigerwand erwartet den Bergsteiger nicht nur mit klettertechnischen Schwierigkeiten, sondern mit Gefahren, die schwer einzuschätzen sind und deren Erkennen und Meistern langjährige Erfahrung voraussetzt. Die Eigerwand ist in erster Linie eine gefährliche Wand. Und will man als Bergsteiger alt werden, dann bedarf es oft gewissenhafter Entscheidungen – und glücklicher Eingebungen, die man gelegentlich auch als »sechsten Sinn« bezeichnet.

Die Faszination Eigerwand kann gefährlich, ja tödlich sein, wenn man sich von ihr zu sehr hinreißen läßt.

Der Tod klettert mit

Daß die Eigerwand bereits in den dreißiger Jahren eine besondere Faszination ausübte,ist einleuchtend, denn fast alle großen Alpenwände hatten bereits ihre Eroberer gefunden. Und die Nordwand des 3970 Meter hohen Eigers ist die höchste und imposanteste Steilwand der Alpen.

Werden Bergsteiger gefragt, warum sie auf die Berge steigen, hört man oft: »Weil die Berge halt so sind!«

Also mußte auch die mächtige, schwarze, oft sturmumtoste Eigerwand irgendeinmal durchstiegen werden.

Die ersten ernsthaften Nordwand-Anwärter waren 1935 die Münchner Karl Mehringer und Max Sedlmayr, die im Münchner Bergsteigerkreis schon mehrmals durch schwierige Unternehmungen auf sich aufmerksam machten. Mitte August 1935 fanden sie in einer Heuhütte bei Alpiglen billigen Unterschlupf, zwei Stunden vom Nordwandfuß entfernt.

Zeugnis ihres gewissenhaften Beginnens ist, daß Karl Mehringer zunächst auf der leichten Normalroute über die Westflanke zum Eigergipfel stieg, um dort Proviant zu hinterlegen und zugleich auch die Route für den späteren Abstieg kennenzulernen. Jahrzehnte nach Sedlmayr-Mehringer wurde der Abstieg über die »leichte« Westflanke zwei erstklassigen Seilschaften nach ihren geglückten Nordwand-Begehungen zum Verhängnis. Weil sie den Abstieg nicht kannten und in lawinenbedrohtes Gelände gerieten.

Kurz nach Mitternacht des 21. August 1935 verließen die beiden Münchner Alpiglen. In ihren Rucksäcken war Proviant für sechs Tage. Dazu schwere Ausrüstung, Biwaksack.

Ihr Einstieg befand sich genau in der Gipfelfallinie. Der fünfhundert Meter hohe Wandvorbau war für sie ein Kinderspiel. Nur ganz wenige Stellen bieten den Schwierigkeitsgrad II–III (= mäßig schwierig bis schwierig). Allein die großen und sehr schweren Rucksäcke dürften für die Männer eine echte Plage gewesen sein. Das Gewicht verändert den Körperschwerpunkt, sodaß schon im an sich unproblematischen Gelände mehr Aufmerksamkeit in bezug auf die Trittsicherheit geboten ist. Am Spätnachmittag erreichten Sedlmayr und Mehringer den Ausgang des dritten Ausschüttestollens bei km 4,1 des Jungfraubahn-Tunnels. (Nicht zu verwechseln mit dem zweiten Ausschüttestollen, bekannt als »Stollenloch«, bei km 3,8. Der dritte Ausschüttestollen befindet sich östlich – links – der klassischen Nordwandroute.) Durch die Stollentür hätten sie mit einem Schritt sicheren Boden betreten können. Aber die Tür war schon damals von innen verriegelt, das Begehen des Tunnels verboten. Und außerdem hatten die beiden

Bayern gar keinen Grund, in die Sicherheit zu flüchten. Es war gut gegangen an ihrem ersten Nordwandtag. Der Platz am Stollenausgang ist gut, hier konnten sie verhältnismäßig bequem biwakieren.
Auf ihrem ersten Biwakplatz hinterließen sie eine metallene Zigarettenschachtel mit der schriftlichen Nachricht: »Karl Mehringer – Max Sedlmayr, München, 21. Augsut 1935«.
Ab dem zweiten Tag hatten sie mit den ersten ernsthaften Schwierigkeiten zu kämpfen. Aber sie kamen zügig voran. Hinauf über den ersten Steilaufschwung, über das Erste Eisfeld zur nächsten großen Steilstufe, auf das riesige Zweite Eisfeld. Schwierigkeitsgrad V–VI (= überaus bis äußerst schwierig, was sich erst einundvierzig Jahre später bestätigte).
Wettersturz, Nebelvorhang – Karl Mehringer und Max Sedlmayr waren mit sich allein, niemand konnte sie sehen und Funksprechgeräte hatte es auch noch keine gegeben.
An ihrem fünften Tag teilte sich der Nebelvorhang. Eis- und schneestarrende Nordwand, weiße Wildnis. In ihr bewegten sich zwei winzige Gestalten. Über dem Zweiten Eisfeld, auch die Steilstufe zum Bügeleisen lag hinter ihnen. Im knietiefen Neuschnee wühlten sich Sedlmayr und Mehringer zum höchsten Punkt des sogenannten Bügeleisens, eines markanten, schiffbugartigen Vorsprungs gut oberhalb der Wandmitte. Wieder fiel der Vorhang, das Drama nahm seinen Fortgang. Bis zum bitteren Ende, auf dem heutigen »Todesbiwak«.
Münchner Bergwachtmänner waren gekommen, unter ihnen Ludwig Gramminger und Max Sedlmayrs Bruder, Heini. Aber es war alles zu spät. Der Wettersturz tobte bis zum 19. September.
Ein Jahr später wurden Max Sedlmayrs Überreste gefunden, geborgen. Von Karl Mehringer fehlte jede Spur, bis 1962 die Genfer Claude Asper und Bernard Voltolini anläßlich der 36. Durchsteigung am linken oberen Ende des Zweiten Eisfeldes etwas abseits der Route einen menschlichen Körper aus dem Eis schimmern sahen, ein Bein und ein Arm ragten heraus.
Alle Nordwandopfer waren bis 1962 geborgen, es konnte sich nur um Karl Mehringer handeln. Vierzig Jahre später hätten die beiden Männer vielleicht gerettet werden können. Aber damals gab es noch keine Helikopter und auch noch keine Schweizerische Rettungsflugwacht (SRFW), die sich in den siebziger Jahren als Pionier des hochalpinen Luftrettungswesens verdient machen wird. Und die auf dem ersten Biwakplatz von Karl Mehringer und Max Sedlmayr hinterlegte Nachricht wurde erst Anfang März 1976 von vier tschechischen Alpinisten, geführt von Karel Procházka aus Prag, gefunden. Die Tschechen kletterten auf der Sedlmayr-Mehringer-Route und biwakierten ebenfalls am erwähnten Stollenausgang. Bis zum Beginn des Zweiten Eisfeldes brauchten sie sieben Tage. Sie fanden von den Bayern zwölf Haken, drei Karabiner und ein etwa acht Meter langes, total verwittertes Hanfseilstück. Schlechtes Wetter zwang dann die Tschechen zum Rückzug.
Aber die ersten zwei Nordwandopfer bildeten nur den Auftakt der langen, unheilvollen Eigerwand-Geschichte. Bereits Anfang Juli 1936 sah man nahe der

Kleinen Scheidegg Zelte. Die Zelte der Bayern Toni Kurz und Andreas Hinterstoisser aus Bad Reichenhall, und der Österreicher Willy Angerer und Edi Rainer. Die Seilschaft Hinterstoisser-Kurz hatte nach einer Reihe ungewöhnlich schwieriger Erstbegehungen bereits einen guten Namen, heute noch genießen ihre Routen großen Respekt.

Über die Österreicher wußte man weniger, außerdem hatten sie nur Ostalpenerfahrung und noch nie eine große Eiswand durchstiegen. Aber die Eiger-Nordwand ist ja eine Felswand, dachte man damals. Und das war ein verhängnisvoller Irrtum. Denn die knapp vier Kilometer lange, klassische Nordwand-Route verläuft zu 50 Prozent über Eis mit einer Neigung zwischen 40 und 60°, 30 Prozent (1,2 km) über meist brüchiges Felsgelände des Schwierigkeitsgrades II und III, die restlichen 20 Prozent (800 m) über richtigen, vorwiegend guten Steilfels des IV. und V. Schwierigkeitsgrades. Die Eigerwand ist also eine Eiswand mit insgesamt einem Dutzend ernsthaft schwieriger Kletterstellen die einzeln kaum höher bzw. länger als dreißig Meter sind. Ein Wettersturz verwandelt die leichten, geneigten Felszonen sofort in schwierigstes, gefährlichstes Gelände.

Willy Angerer und Edi Rainer stiegen am 6. Juli 1936 erstmals in die Wand. Viel weiter westlich (rechts) wie Sedlmayr-Mehringer, im Steinschlagschutz der senkrechten, teils überhängenden und riesigen Roten Fluh, die sich vom oberen Ende des ersten Wanddrittels etwa 300 Meter aufschwingt. Die Österreicher schafften an einem Tag 600 Höhenmeter, fanden den schwächsten Punkt des ersten Steilaufschwungs, den man heute als »Schwieriger Riß« bezeichnet, und sahen, daß man nach links über eine Plattenzone der Roten Fluh ausweichen konnte. Aber überall rannen, plätscherten, stürzten Schmelzwasser herab, sie waren vollkommen durchnäßt, als sie biwakierten. In der Wand lag noch zu viel Schnee, sie mußten nach dem naßkalten Biwak zurück, mußten auf bessere Wandverhältnisse warten.

Nach zehn Tagen war es soweit. Die Bayern und Österreicher stiegen am 18. Juli 1936 in die Wand. Als zwei getrennte Zweierseilschaften; die schnellste Art, voranzukommen. Ihr Tempo war entsprechend. Und bis zum Schwierigen Riß war ja auch alles klar. Auch über seine vierzig Meter hohe Steilstufe, Schwierigkeitsgrad IV–V (= sehr bis überaus schwierig), kletterten sie getrennt; Angerer und Rainer hatten hier Haken zurückgelassen. Darüber folgten drei Seillängen Spaziergangelände. Dann eine zwanzig Meter hohe Verschneidung des III. Grades. Anschließend ein kleiner, schuttbedeckter Absatz. Der Weiterweg sah übel aus. Gerade hinauf: unmöglich. Ein feiner Riß, der sich nach zehn Metern in kompaktem, grifflosem Fels verliert. Links eine vierzig Meter breite, 70 Grad steile Platte; hoffnungslos. Unter ihnen senkrechter Fels. Und von rechts waren sie gekommen. Endpunkt? – Seilquergang!

Natürlich, ein Seilquergang, wie ihn alle vier schon in den Fleischbank-Wänden des Wilden Kaisers kennengelernt hatten, konnte hier weiterhelfen. Die einfachste Sache der Welt ist das: den Riß so weit wie möglich hinauf, einen Haken gesetzt, das Doppelseil durchgezogen, schräg nach links unten, möglichst wenig fallend abseilen, um jenseits der Plattenzone kletterbares Gelände zu erreichen.

Wie in der Hinterstoisser-Kurz-Route am Großen Mühlsturzhorn in den Berchtesgadener Alpen, die ihnen vor wenigen Wochen geglückt war. Ist der Seilerste am Ende des Quergangs angelangt, schlägt er einen oder mehrere Haken in den Fels, in einen werden die Enden des Doppelseils geknotet, so daß eine Art Geländer (= »Seilgeländer«) entsteht. Für die Nachfolgenden ist es dann nur noch ein lustiges Spielchen: Sie klettern hinauf zum Beginn des Geländerseiles, hängen ihre Brustschlingen mit einem Karabiner in beide Stränge des Geländerseils – auf geht's, schon beginnt die Fahrt hinüber zum Seilersten. Im eisenfesten Kalk des Wilden Kaisers macht das Spaß!
Anderl Hinterstoisser, Bergführer, mit dieser raffinierten Quergangstechnik bestens vertraut, ging das Problem an. Es klappte auf Anhieb. Er schaffte es natürlich nicht mit einem doppelt genommenen Seil, das konnte er vorher sehen, sondern benützte zwei Seile für's Geländer.
Bald waren alle drüben bei Hinterstoisser – der heute bekannte »Hinterstoisser-Quergang« war geglückt! Es wurde das Seilgeländer abgezogen – weiter!
Die Bayern und Österreicher erreichten das Erste Eisfeld, knapp hundert Meter hoch, höchstens 55 Grad steil. Auf ihm stiegen sie gerade nach oben.
Was war mit den Österreichern?
Hinterstoisser und Kurz hatten am oberen Rand des Ersten Eisfeldes einen steinschlagsicheren Platz erreicht, ließen ein Seil zu den Österreichern hinab. An ihm kamen sie nach. Weiter. Als Viererseilschaft. Eine Viererseilschaft ist in schwierigem Gelände zwar langsamer als eine Zweierseilschaft, dafür aber sicherer. Über dem Ersten Eisfeld eine steile, etwa zwanzig Meter hohe Felsstufe. Das Verbindungsstück zwischen Erstem und Zweitem Eisfeld. An der Felsstufe hing ein schmaler Eisstreifen herab – der »Eisschlauch«. Für den Übergang zum Zweiten Eisfeld benötigte die Viererseilschaft fünfeinhalb Stunden. Am Spätnachmittag waren die vier am unteren Rand des Zweiten Eisfeldes. Dann stiegen sie rechts aufwärts. Über der gewaltigen Roten Fluh wurden Vorbereitungen für die erste Biwaknacht getroffen. Neunzehn Uhr. Der Platz war klein, abschüssig. Aber später sollte es sich zeigen, daß es in der Eigerwand kaum einen guten Biwakplatz gibt. Man muß froh sein, schlecht und recht sitzen zu können. Es wurden einige Haken geschlagen, um in der Nacht gesichert zu sein.
Die Bayern und Österreicher befanden sich neunhundert Meter über dem Wandfuß, hatten die erste Wandhälfte unter sich. Eine großartige Leistung. Doch die Höhenzahl trügt: Die Wand ist zwar rund 1800 Meter hoch, aber die Kletterstrecke, die ja nur selten gerade nach oben verläuft, hat eine Länge von rund vier Kilometern! Die ganz langen Querungen und Schleifen lagen noch vor ihnen. Geschafft hatten sie erst etwa 1400 Meter von der Kletterstrecke. Auch die meisten schwierigen Kletterstellen befinden sich in der oberen Wandhälfte. Aber das konnten die vier nicht wissen.
Am Morgen des 19. Juli, ein Sonntag, kam wieder Bewegung in die vier Männer. Das Wetter sah nicht hoffnungsvoll aus, grau, kalt, gespenstische Nebelfetzen hingen in der Wand. Sechs Uhr fünfundvierzig: Anderl Hinterstoisser begann den Weiteraufstieg, übernahm wieder die Führung der Viererseilschaft. Sieben

Uhr dreißig: Man sah noch, daß Hinterstoisser dreißig Meter auf dem Zweiten Eisfeld hinter sich hatte. Dann gab es den ganzen Tag Nebel.
Montag, 20. Juli: Die Wand war wieder frei. Man konnte die vier sehen, sie waren in Bewegung, alle. Kurz vor dem »Todesbiwak« auf dem Bügeleisen hatten sie die zweite Nacht verbracht. Nach der 500-Meter-Querung auf dem Zweiten Eisfeld. Acht Uhr: Andreas Hinterstoisser überwand die letzten Meter hinauf zum »Todesbiwak«.
Zehn Uhr: Alle vier waren auf dem Todesbiwak. Direkt über dem Bügeleisen eine etwa dreihundert Meter hohe Steilwand, die zur Spinne leitet. Fünfter und sechster Schwierigkeitsgrad. Links des Bügeleisens ist das neunzig Meter breite und sechzig Grad steile Dritte Eisfeld. Links davon zieht eine auffallende, rampenartige Schlucht – die später als »Rampe« bekannt wird – nach links oben. Das wäre der naturgegebene Routenverlauf. Aber das Dritte Eisfeld befindet sich genau in Fallinie des Eiskessels der Spinne. In diesem Eiskessel sammeln sich Stein- und Eisschläge, bei Schneefall auch Lawinen, um dann zielgenau aufs Dritte Eisfeld zu krachen. Das Dritte Eisfeld ist eine wahre Steinschlagfalle – eine Menschenfalle. Hatten das Hinterstoisser und seine Kameraden erkannt? Man weiß es nicht. Man weiß nur, daß alle vier vom Bügeleisen mit dem Abstieg begannen. Warum?
Siebzehn Uhr: Der Nebelvorhang der großen Eigerwand-Arena tat sich auf. Alle vier sah man am rechten unteren Ende des Zweiten Eisfeldes. Die ganzen fünfhundert mühsam gehackten Meter hatten sie wieder im Abstieg hinter sich gebracht – etwa 800 bis 900 Stufen! Man sah jetzt auch, daß einer verletzt war. Angerer. Denn immer wieder mußte man ihm helfen. Sie erreichten schließlich die Steilstufe mit dem Eisschlauch, an der sie im Aufstieg fünfeinhalb Stunden gekämpft hatten. Mit nassen, bocksteifen Seilen. Zwanzig Uhr dreißig: Erstes Eisfeld, oberer Rand. Drittes Biwak.
21. Juli, Dienstag: Das Wetter hatte sich in der Nacht verschlechtert. Auf der Kleinen Scheidegg regnete es in Strömen. In der Wand schneite es. Immer wieder rasten vom Zweiten Eisfeld Neuschneerutsche herab, dazwischen krachte Steinschlag. Die Wand wurde zur Hölle. Man sah noch, wie sie über das Erste Eisfeld abstiegen, zum Beginn des Seilquergangs, den Hinterstoisser vor vier Tagen so großartig gemeistert hatte. Dann schloß sich wieder der Vorhang. Mit dem Nebel war auch Sturm aufgekommen. Alles war da: Nebel, Schneesturm, vereister Fels, Kälte, Steinschlag, Lawinen – Eigerwandwetter. Nicht nur die Leute auf Scheidegg waren um die Bayern und Österreicher besorgt. Auch *im* Eiger gab es einen Mann, den das Schicksal der vier Männer bewegte: Albert von Allmen, Stations- und Streckenwärter der Jungfraubahn, um die fünfzig Jahre alt, mit einem guten, von Arbeit gezeichneten Gesicht. In der Station Eigerwand verbrachte er vorwiegend seinen Dienst.
Albert von Allmen wußte, daß am 18. Juli vier Männer in die Nordwand eingestiegen waren. Er wurde von unten telefonisch laufend über den Stand der Dinge unterrichtet.
Albert von Allmen wollte wissen, wie es um die vier Männer stand. Er ging durch

den Bahntunnel hinab zum Stollenloch bei Kilometer 3,8, fünfhundert Meter von der Station Eigerwand (km 4,5) entfernt; es führt vom Tunnel nach etwa zwanzig Metern direkt in die Nordwand hinaus und befindet sich achtzig Meter westlich der Route, etwa zweihundert Meter unterhalb des Seilquergangs – vielleicht sind es auch nur hundertachtzig Höhenmeter. Um die Mittagszeit des 21. Juli 1936 schob Albert von Allmen den schweren Eisenriegel beiseite, öffnete die Tür, trat auf den kleinen Platz hinaus, war in der Nordwand. Albert von Allmen konnte höchstens dreißig Meter sehen, Nebel, harter Wind.
Er rief nach oben, horchte, hörte nichts, rief nochmals, lauter, durchdringender – horchte.
Da hörte er deutliches Rufen. Es waren fast fröhliche Stimmen – Jodler, Alle vier jodelten, riefen, schrien vor Freude: »Wir steigen direkt ab. Alles wohlauf!«
»Ich koche euch heißen Tee!« rief von Allmen in die Wand. Es vergingen Stunden. Albert von Allmen wurde unruhig.
Wieder ging er durch den Tunnel hinab . . .
Ein paar Stunden zuvor hatte sich der Nebel für wenige Minuten gelichtet. Von der Scheidegg aus hatte man gesehen, daß alle vier am linken Ende des Seilquergangs vereint waren. Dann war die Sicht erneut durch Nebel versperrt.
Das Problem der vier Männer in der Wand: ein fallender Seilquergang ist nach dem Abziehen der Geländerseile eine echte Rückzugsfalle. Besonders bei diesem Wetter, bei vereistem Fels. Für Hinterstoisser und seine Kameraden eine verzweifelte Erkenntnis. (Erst gut 25 Jahre später zeigte es sich, daß der Plattenschuß des Hinterstoisser-Quergangs auch in umgekehrter Richtung möglich war: Man darf das Erste Eisfeld nicht ganz bis zum Ende des Quergangs absteigen, sondern muß es westlich verlassen, um oben an den Plattenschuß heranzukommen und das ganze Quergangsmanöver von links oben nach rechts unten zu machen.) Aber sie konnten nicht einfach resignieren, aufgeben.
Es blieb noch der etwa hundert Meter hohe Abbruch, dessen Fuß sich bereits am oberen Rand des Wandvorbaus befindet. Hatten sie doch vier Seile mit Längen von dreißig oder vierzig Metern dabei – insgesamt also mindestens hundertzwanzig Meter. Das mußte bis ganz hinunter reichen.
Es war Mittag, als Albert von Allmen die vier hoffnungsvollen Stimmen gehört hatte. Als von Allmen das zweite Mal vor das Stollenloch trat, war es bereits später Nachmittag. Er hörte zunächst nur Rauschen, das unheimliche Rauschen der Nordwand; eine Mischung von Wind, Schneerutschen, Steinschlag.
Albert von Allmen rief nach oben, lang, laut. Entsetzliche Antwort:
»Hilfe! Hilfe! Alle anderen sind tot. Nur ich lebe noch, Hilfe!«
Albert von Allmen, für Augenblicke fassungslos.
»Wir kommen!« rief er dann hinauf zu dem Mann, von dem er wußte, daß es Toni Kurz war, rannte den halben Kilometer hinauf zur Station Eigerwand, hängte sich ans Telefon, schlug Alarm.
Zufällig waren in der tieferen Station Eigergletscher drei erstklassige Schweizer Bergführer: Adolf Rubi und Hans Schlunegger aus Grindelwald, Christian Rubi aus Wengen. Nur einer lebe noch, hörten sie. Sofort waren sie bereit, zu helfen.

Die Jungfraubahn stellte einen Extrazug zusammen, brachte sie zum Stollenloch bei km 3,8, wo bereits Albert von Allmen wartete. Schlunegger und die beiden Rubis traten durchs Stollenloch in die Wand hinaus. Dieses Wetter!
Auf Bändern, mit Schutt und Schnee bedeckt, querten sie östlich zur Route, stiegen auf ihr über kurze Stufen auf den Kopf des Zerschrundenen Pfeilers. Knapp hundert Meter über ihnen war Toni Kurz, mit einer Schlinge an einem Haken gesichert, auf ein paar Tritten stehend. (Zur Richtigstellung: In allen bisherigen Schilderungen heißt es, man habe »den an einer Seilschlinge hängenden Toni Kurz« oder »im Seile hängenden Toni Kurz« gesehen. Ich meine, daß die Situation für den Unglücklichen dramatisch genug war und daß es keiner zusätzlichen Dramatisierung bedarf. Toni Kurz *hing* nicht, wie mir Adolf Rubi, der einzige noch lebende Augenzeuge, berichtete. Verfasser.)
Einer rief hinauf. Toni Kurz gab Antwort: »Ich allein lebe noch. Hinterstoisser ist abgestürzt, ganz hinunter. Und Rainer ist von dem Seil zu einem Karabiner gezogen worden und dort erfroren. Angerer hängt unter mir, auch tot, vom Seil im Sturz erhängt ...«
»Wir wollen Dir helfen, Kamerad!«
»Ja, ja, aber ihr müßt von oben kommen, rechts von hier, durch den Riß, da stecken vom Aufstieg noch Haken drin. Und dann, mit dreimal Abseilen seid ihr bei mir!« schrie Kurz.
»Unmöglich, Kamerad, keiner kommt dort hinauf, bei der Vereisung!«
»Aber von unten könnt ihr mich nicht retten!«
Was sollten die drei machen? Es begann bereis zu dunkeln, der Rückweg vom Stollenloch wäre bei Nacht und bei diesem Wetter außerordentlich gefährlich gewesen. Und der Schwierige Riß war bei diesen Verhältnissen wirklich unmöglich.
»Kannst Du noch eine Nacht aushalten, Kamerad?«
»Nein! Nein! Nein!« schrie Kurz verzweifelt.
Adolf Rubi, mein Freund, mit dem ich mich mehrmals über Toni Kurz unterhielt, sagte einmal: »Es ist das Schrecklichste, was ich in meinen vielen Jahren am Berg erlebte – ich werde es nie vergessen – wir alle waren erschüttert, wir wollten ihm helfen, konnten aber nicht ...«
Es war an jenem Abend des 21. Juli 1936 für alles zu spät.
»Wir kommen morgen wieder, in aller Früh! Halt aus, Kamerad!«
Sie warteten nicht auf Antwort, stiegen ab, doch die verzweifelten, immer stiller werdenden Rufe von Toni Kurz hörten sie noch, als sie durch die Tür des Stollenloches eintraten. Was Toni Kurz in der Nacht zum 22. Juli mitmachte, weiß niemand. Man kann es nicht beschreiben.
Als die Bergführer – unter ihnen war jetzt auch noch Arnold Glatthard, der ebenfalls zu den Besten gehörte – um vier Uhr durchs Stollenloch in die Wand hinaustraten, hörten sie erneut die Stimme von Toni Kurz, deutlich, ruhiger als gestern.
Er lebte, er wartete, eine ganze Nacht, unfaßbar. Bald hatten die Führer wieder den Platz, auf dem sie am Vorabend standen, erreicht. Wieder hörten sie Toni

Kurz: »Ihr könnt mich nur von oben retten. Ihr müßt hinaufsteigen zu dem Riß!«
Aber sie konnten nicht. Kein Bergsteiger der Welt hätte dies gekonnt. Mit Bohrhaken, ja. Aber Bohrhaken kannte man damals noch nicht. Und auch mit Bohrhaken wäre es ein hoffnungsloses Unterfangen gewesen – für ein Bohrloch braucht man fünfzehn Minuten. Entschlossen kletterten die Bergführer direkt hinauf, um den Abstand zu Toni Kurz zu verringern. Wer dieses Gelände aus nächster Nähe gesehen hat, empfindet Bewunderung für die Bergführer.
Nach härtestem Einsatz waren es dann nur noch vierzig Meter zu Toni Kurz. Ein Überhang verhinderte jedes Weiterkommen. Deshalb konnten sie ihn von dort aus auch nicht sehen. Aber die Rufverbindung klappte: »Kannst du selbst eine Schnur herunterlassen, damit wir Seil, Haken und was du brauchst, anbinden können?«
»Ich habe keine Schnur!«
»Klettere hinunter, so weit du kannst, schlage das Seil von Angerer ab. Dann dreh' von dem gewonnenen Seilstück die Litzen auf, knüpfe sie zusammen und laß die Schnur herunter.«
Stöhnen, lautes Murmeln, dann:
»Ja, ich will's versuchen.«
(Die damaligen Hanfseile waren meist gedreht, bestanden aus drei »Litzen«, aus drei dünnen, etwas vier Millimeter starken Strängen, die man im Notfall tatsächlich einzeln aus dem Seilgefüge aufdrehen konnte.)
Die Schweizer hörten bald Pickelschläge – es war schon fast übermenschlich, was dieser Toni Kurz, erst dreiundzwanzig Jahre alt, noch alles leisten konnte. Auch er war Bergführer, seit seinem neunzehnten Lebensjahr. Auf der ersten Seite seines Bergführerbuches steht ein von ihm verfaßtes Gedicht, in dem es heißt: »Keinem Tod das Leben schenken.«
Toni Kurz brachte es fertig, das Seil, an dem Willi Angerer hing, mit dem Eispickel zu kappen.
Angerer?
Sein Körper, der jetzt keinen Halt mehr hatte, stürzte nicht nach unten, man konnte nichts hören. Sein kalter, lebloser Körper war an den Fels gefroren. Nach fünf Stunden kam die Schnur aus den zusammengeknoteten Seillitzen langsam am Überhang herunter ...
Da! Ein Körper ... reglos, ohne Laut ... ein Körper stürzte, an den Bergführern vorbei, in den Abgrund – Willy Angerer ... das Eis hatte sich gelöst. –
An die Schnur wurden Haken, Seil, Karabiner und ein Hammer gehängt.
»Ziehen!«
Toni Kurz zog. Langsam, denn er war völlig durchfroren, klamm, steif, am Ende seiner Kräfte. Er knotete ein Ende des aufgezogenen Seiles in den Haken – er brauchte ja kein Doppelseil, es konnte hier ruhig hängen bleiben –, da hörte er von unten, daß auch der einfache Strang nicht reichte. Nochmals ließ er die Schnur hinab, nochmals wurde ein Seil darangebunden, nochmals vollbrachte Toni Kurz die schwere Arbeit des Aufziehens. Er knotete das erste Seil mit dem zweiten zusammen, ließ das ganze hinunter – jetzt reichte es bis ganz hinab.

Toni Kurz baute sich eine Sitzschlinge, hängte an sie einen Karabiner, diesen auch in das Einfachseil, um es nicht an einem Schenkel umlenken zu müssen – um also weniger Reibung zu haben, denn auch diese Seile waren bereits naß und steif –, setzte sich in den Karabinersitz, fertig.
»Ich komme!«
»Ja!«
Die Bergführer waren erleichtert. Toni Kurz kam. Langsam, für die Bergführer zermürbend langsam, aber er kam, Zentimeter für Zentimeter. Sie konnten ihn zwar noch nicht sehen, aber sie sahen das Seil in Bewegung, hörten das immer näher kommende Kratzen und Scharren seiner Steigeisen, die an seinen Schuhen angefroren waren.
Dann sahen sie ihn an der Kante des Überhangs auftauchen. In Zeitlupe schwebte er frei durch die Luft – jetzt war alles vorbei, gewonnen, gerettet!
Noch ein paar Meter, dachte Adolf Rubi, dann haben wir ihn. Verdammt ... der Knoten ... da war der Knoten, mit dem Toni Kurz beide Seile verbunden hatte. Diesen harten Knoten hatte Toni Kurz nun unterm Karabiner seiner Sitzschlinge ... die Abseilfahrt stockte, der Knoten war zu dick, um durch den Karabiner zu rutschen, Toni Kurz blieb an dem Knoten hängen. Er stöhnte. Er riß an dem Karabiner, zog an dem Knoten, stöhnte, blieb für Momente ruhig hängen, um sich zu erholen, probierte es wieder, nochmals, stöhnte ...
»Versuch es, Kamerad!«
Er versuchte es, einige Sekunden lang, es ging nicht – er blieb hängen.
»Versuch es nochmal, Kamerad, es geht!«
Noch einmal richtete sich Toni Kurz auf, noch einmal versuchte er den Knoten durch den Karabiner zu zwängen – ein letztes Mal ... Unverständliches Murmeln, Bewegungslosigkeit, dann ganz deutlich:
»Ich kann nicht mehr ...«
Eines der grausamsten Schicksale, die man von Bergsteigern kennt.

*

Nie wird man genau wissen, was sich in den Nachmittagsstunden des 21. Juli 1936 in der Eiger-Nordwand zugetragen hatte.
Hier werden nicht Mannesmut oder Todeskampf glorifiziert – das wäre nicht im Sinne dieser unerschrockenen Männer, aber ihr Einsatz am Eiger darf nicht vergessen werden. Denn die endgültige Bezwingung der Eiger-Nordwand erfolgte auf ihren Spuren, genau auf den Meter. Andreas Hinterstoisser, Toni Kurz, Willy Angerer und Edi Rainer werden unvergessen bleiben

*

Der Sommer 1937 war schlecht. Dennoch sah man auf den Alpwiesen zwischen Kleiner Scheidegg und Alpiglen die Zelte der neuen Nordwand-Männer aus Bayern, Tirol, Salzburg, Wien und den Dolomiten. Unter ihnen der Münchner

Ludwig Vörg und der Tiroler Mathias Rebitsch, hervorragende Alpinisten.
In einer kurzen Schönwetterperiode stiegen Rebitsch und Vörg in vier Tagen bis hinauf in die Rampe, wo sie von einem Wettersturz überrascht wurden. Sie schafften den Rückzug – und waren die erste Seilschaft, die hoch in der Wand war und lebend zurückkehrte. Rebitsch und Vörg hatten am Hinterstoisser-Quergang ihr Geländeseil hängen lassen, der Rückweg war für sie eine Spielerei, dank der bitteren Erfahrungen, die Toni Kurz und seinen Kameraden zum Verhängnis geworden waren.

*

Der Sommeranfang 1938 brachte zwei weitere Opfer: Die Italiener Mario Menti und Bortolo Sandri, zwei hervorragende Dolomitenkletterer, stürzten beim Rückzug in der Nähe des Schwierigen Risses tödlich ab.
Genau einen Monat später, vom 21. bis 24. Juli 1938, gelang endlich die erste Durchsteigung, und zwar den Bayern Anderl Heckmair, der heute noch als Bergführer in Oberstdorf lebt, Ludwig Vörg, der 1941 als Soldat in Rußland fiel, Fritz Kasparek, der 1951 am Salcantay in den Anden tödlich abstürzte, und Heinrich Harrer, der heute in Kitzbühel lebt. Die Bayern und Österreicher waren zunächst getrennte Seilschaften, schlossen sich aber dann zu einer Viererseilschaft zusammen. Sie schlugen bis zum Beginn der Rampe die gleiche Route ein wie ihre Vorgänger. Dann bezwangen sie die noch unbekannten Zonen der oberen Wandhälfte: die Rampe, den »Brüchigen Riß«, der zum Beginn einer langen Querung führt. Diese 150-Meter-Querung, über die man in die »Spinne« gelangt, war für die Erstbegeher mit vielen Fragezeichen versehen, weil man das Gelände nur durch Fernrohrbeobachtungen kannte. Als sie die Querung direkt vor sich hatten und sofort sahen, daß es auf den Bändern kein Problem war, die Spinne zu erreichen, sagte einer begeistert, daß dies ein Geschenk der Götter sei. Seither ist es der »Götterquergang«. Dann kamen Spinne, Ausstiegsrisse, Gipfeleisfeld, Gipfel. Auch die Bayern und Österreicher erlebten Schlechtwetter, Sturm, Schneefall und Kälte. Auch sie bekamen Steinschlag und Lawinen zu spüren, erlitten Verletzungen, Erfrierungen. Aber ihr Weg führte über den Gipfel zurück ins Leben.

Heroische Nachkriegsjahre

Mit der Bezwingung der Eigerwand waren die »drei letzten Probleme« gelöst. Im Jahr darauf kriselte es in allen Teilen Europas, der internationale Alpinismus begann nach begeistertem Aufschwung in den dreißiger Jahren zu erlahmen.
Die Franzosen Lionel Terray und Louis Lachenal kamen 1947, sahen, siegten. Auf Anhieb glückte ihnen die zweite Begehung vom 14. bis 16. Juli bei denkbar schlechten Verhältnissen. Ohne Pressezirkus, ohne Sensation. Der Wasserfallkamin in der Rampe war so stark vereist, daß sie in die rechte Wand ausweichen und eine äußerst schwierige Variante eröffnen mußten. In der Spinne wurden sie von einem Hochgewitter überrascht. Dadurch waren die folgenden Ausstiegsrisse total vereist. Aber Terray und Lachenal gehörten bereits zur alpinistischen Weltklasse.
Die dritte Nordwand-Durchsteigung glückte zwei Wochen später als Führungstour. Die Wengener Hans und Karl Schlunegger, zwei der damals besten Schweizer Führer, stiegen mit ihrem Gast Gottfried Jermann aus Dittingen bei Laufen im Berner Jura geradezu bravourös durch die Wand. Am 4. August 1947 waren die drei Schweizer um 2.30 Uhr am Einstieg. Um 16 Uhr hatten sie auf dem »Brüchigen Band« über der Rampe bereits drei Viertel der Route hinter sich. Da zwang sie ein Gewitter zum Biwak. Das Gewitter war der Auftakt eines Wettersturzes. Trotz des miesen Wetters standen sie am nächsten Tag um 16.25 Uhr auf dem Gipfel. Das war Schweizer Präzisionsarbeit. Das Führer-Honorar betrug tausend Schweizerfranken für beide; spätere Führer kassierten das Dreißigfache.
Die nächsten Nordwandmänner kamen erst drei Jahre später. Zunächst die Schweizer Jean Fuchs, Marcel Hamel, Raymond Monney und Robert Seiler, vier junge, leistungsstarke Jurassier. Am 25. Juli 1950 stiegen sie ein. Jean Fuchs erlitt eine Kopfverletzung durch Steinschlag; damals gab es noch keine Bergsteigerschutzhelme. Auf dem Zweiten Eisfeld wurden sie am zweiten Klettertag von den Wienern Leo Forstenlechner und Erich Waschak, die kurz nach Mitternacht des 26. Juli eingestiegen waren, überholt. Die Österreicher kletterten ungewöhnlich schnell. In ihrem Tempo verpaßten sie in der Rampe den Ausstieg über den Brüchigen Riß zum Götterquergang. Aber etwa hundert Meter weiter oben befindet sich nochmals ein Band; auf ihm gelangten sie in den obersten Teil der Spinne. Um 20.45 Uhr des gleichen Tages erreichten Waschak und Forstlechner den Gipfel. Nach achtzehn Stunden Kletterzeit; erste Begehung an einem Tag.
Die Schweizer mußten oberhalb der Spinne ein zweites Biwak in Kauf nehmen, kamen um 20.00 Uhr des 27. Juli auf den Gipfel. Dann folgten Begehungen Schlag auf Schlag (siehe Anhang).

Die Tragikomödie

Wir machen einen Film. Der Wahlmünchner Lothar Brandler und ich sollen die Helden sein. Aber die Helden sind wenig heldenhaft, sie wollen nichts wissen von Heldentum; das Wetter ist Mitte Juli 1959 zu unsicher, um die Wand zu durchsteigen. Für Lothar Brandler ist die Eigerwand nicht einfach eine Wand, die durchstiegen werden kann, sondern Markstein seiner dunkelsten Stunden, die er in den Bergen erlebte. Er ist ein ausgesprochenes Klettertalent und, auch anatomisch, wie für den Steilfels geschaffen: klein, schmächtig, leicht.
Aber vor keinem anderen Berg in den Alpen hat er mehr Respekt als vor dem Eiger. Vor seiner Nordwand. Und das nicht zufällig. Zweimal schon erlebte er in ihr Furchtbares. Und der Tod war nahe bei ihm. Vor drei Jahren. Am 8. August 1956 waren zwei Seilschaften in der Wand: die Bayern Franz Moosmüller und Manfred Söhnel; Lothar Brandler und Klaus Buschmann.
Brandler und Buschmann, die oberhalb des »Zerschrundenen Pfeilers« biwakiert hatten, waren erst durch die entschlossen nachkommende Seilschaft, die älter war, ermuntert worden, den Aufstieg fortzusetzen. Hinter Moosmüller und Söhnel, die sie vorher gar nicht kannten.
Schon im ersten Wanddrittel, links vom »Schwierigen Riß«, also noch vor dem Beginn der ernsten Schwierigkeiten, waren alle von der Route abgekommen. Söhnel und Moosmüller kannten aber die Möglichkeit, links der Originalroute bis zum Hinterstoisser-Quergang zu gelangen. Am Vortag waren sie bis zum Quergang vorgedrungen; schlechtes Wetter hatte sie abgeschlagen. Aber sie wußten auch am zweiten Tag nicht, daß sie abseits der Route kletterten.
Lothar Brandler befand sich in einer Verschneidung, unter ihm der Partner, über ihm Söhnel und drei Meter weiter oben Moosmüller. Brandler schlug einen Zwischenhaken. An der gleichen Stelle hatte auch Söhnel einen Haken angebracht, aber Moosmüller, der nachkletterte, schlug ihn heraus: »Da brauchst gar koan!« Und dennoch hatte es sich Brandler nicht nehmen lassen, für seine Seilschaft einen Haken anzubringen. Dazu gehört Reife. Und Verantwortungsbewußtsein. Oder hatte Brandler in dunkler Vorahnung gehandelt? »Halten!« ganz kurz, von Panik herausgepreßt, hörte er Moosmüller. Und nochmals: »Haalt'n!« lang, von Schrecken begleitet. Dann der Schlag auf Brandlers Schulter.
Was war?
Brandler schaute auf. Nichts! Weg. Beide waren weg. Im Abgrund, wo sie aufschlugen, dumpf und häßlich und ohne Laut, wo sie weiterstürzten, Steine mitreißend, dann endlich hängenblieben. Ohne Leben.

Zwei Menschen am Seil, das sie noch verband, aber ohne Leben: Franz Moosmüller und Manfred Söhnel. Brandler und Buschmann waren erschüttert. Und von der Wand gewarnt.
Lothar Brandler mußte zwei Jahre vergehen lassen, das Schreckliche zu überwinden, um innerlich wieder stark genug zu sein für einen neuen Versuch. Mit dem Kärntner Heeresbergführer Herbert Raditschnig und dem Tiroler Bergführer Hias Noichl war er 1958 bis zum »Bügeleisen« vorgedrungen. Dort wurde Noichls linke Hand durch Steinschlag zertrümmert. Es folgte ein dramatischer Rückzug. Und später folgte eine Rechnung über 883,60 Schweizerfranken. Die Grindelwalder Bergführer, die das Geschehen in der Wand beobachtet hatten, waren aufgebrochen, der Seilschaft Hilfe zu bringen. Sie fuhren mit der Jungfraubahn zum »Stollenloch« – nicht zu verwechseln mit der Station Eigerwand – und nahmen dort die Bergsteiger mit dem Verletzten in Empfang.
Der Film! Ohne Bergsteiger kann man keinen Film über die Eiger-Nordwand drehen. Und bei unsicherem Wetter wollen Brandler und ich, die Bergsteiger, in die Wand nicht einsteigen. Also werden die Naheinstellungen da und dort gekurbelt, am Rotstock – der nordwestliche Ausläufer des Eigermassivs – und auf dem Eigergletscher.
Abends nach den Arbeiten, im Hotel, wird meist nur die Wand und ihr Geschehen diskutiert. Die erste Geschichte des Jahres 1959 ist noch jung, vor zwei Wochen ging sie über die Bühne. Die Bergung des Toten, der zwei Jahre am Seil hing: Stefano Longhi. Der Italiener, der vor zwei Jahren (1957) oberhalb des »Götterquergangs« gestürzt war, sich verletzt hatte und von Claudio Corti, seinem Begleiter, zurückgelassen wurde. Er starb an Hunger, an Erschöpfung, an Verzweiflung. Und blieb hängen, während Claudio Corti, nach Tagen und Nächten des Wahnsinns, von dem Münchner Bergwachtmann Alfred Hellepart, unterstützt von Bergsteigern aus aller Welt, gerettet werden konnte. Eine wahrhafte Heldentat. Für Claudio Corti aber begann ein seelischer Kreuzweg. Denn er vermochte keine klare Auskunft zu erteilen über das Schicksal der württembergischen Alpinisten Günter Nothdurft und Franz Mayer, die ihn und Stefano Longhi begleitet hatten. Die er 150 Meter oberhalb der »Spinne«, von wo ihn Hellepart herausholte, letztmals gesehen hatte. Letztmals, er allein, ohne über ihr Verbleiben Näheres zu wissen, – verschollen.
Und Stefano Longhi, tot am Seil hängend, hatte man zwei Jahre lang durch jedes gute Fernglas wahrnehmen können. Bei starkem Wind konnte man sogar sehen, wie sein Körper sich bewegte. Und Hunderte von Menschen schauten täglich hinauf. Zwei Jahre lang.
Stefano Longhi mußte weg. Das war allen klar, den Behörden, den Fremdenverkehrsvereinen, auch den Bergführern. Der Körper hinge auch nach zehn Jahren noch in der Wand; verwesen konnte er nicht, dazu ist es dort oben zu kalt. Auch im Sommer herrschen in der Wand kaum mehr als 4–7 Grad Wärme; nachts noch weniger. Einmal hatte man erwogen, das Seil, an dem die Leiche hing, mit einem Zielfernrohrgewehr abzuschießen. Aber das war mit Ästhetik und Menschenwürde, auch wenn es um einen Toten ging, doch nicht in Einklang zu bringen.

Stefano Longhi mußte geborgen werden. Aber wie? Seine Bergung mußte, technisch gesehen, noch schwieriger sein als die Rettung von Claudio Corti, denn Longhi hing etwa 150 Meter tiefer und dazu noch abseits der Route. Allerdings konnten die Vorbereitungen in aller Ruhe getroffen werden, es ging nicht um ein Menschenleben.

Am 9. Juli standen zwei Dutzend Bergführer aus dem Lauterbrunnental auf dem Eigergipfel. Fritz Jaun, Vater von drei Kindern, war bereit, am Stahlseil hängend die Fahrt in den erregenden Abgrund, zu einem Toten, anzutreten. Gewiß, die technischen Mittel hätten nicht besser sein können, aber selbst modernste Geräte vermögen das Fühlen und Bangen, die Beklemmung im Menschen nicht auszuschalten. Und auch nicht den Steinschlag, ausgelöst durch das lange Seil. Zwischen Fritz Jaun und der Seilverankerung auf dem Gipfelgrat waren zwei weitere Bergführer als »Zwischenstationen« aufgestellt. Und von Scheidegg aus wurde der Wagemutige mittels Sprechfunk eingewiesen. Meter für Meter. Was mag Fritz Jaun bewegt haben auf der langsamen Fahrt in den schrecklichen Abgrund? Auf der Fahrt zu einem Toten.

Corti hat Zweifel hervorgerufen, denn »die Details seiner Schilderungen sind allzu widersprechend«.

Und es wird notwendig sein, die Tage des Grauens, die er durchmachte, neu zu beleuchten. Der Wahrheit willen.

Seit 1953 hat es nur eine Seilschaft gegeben, von der man sicher weiß, daß sie durchgekommen ist: Kurt Diemberger und Wolfgang Stefan, zwei hervorragende Österreicher, die den Nimbus der Wand zunichte gemacht hatten.

Lother Brandler und ich wollen es ihnen nachmachen. Aber wir haben kein Glück. Schon am Hinterstoisser-Quergang geben wir auf. Nebel und Regen. Wir warten.

Das Wetter ist nicht gut, auch nicht sehr schlecht. Aber zu unsicher, um guten Gewissens einsteigen zu können.

Und dann kommt der Nachmittag des 11. August 1959, der zweite Tag eines dramatischen und außergewöhnlichen Nordwandgeschehens:

»Zwei in der Eigerwand, schon weit oben!«

Auf dem Zweiten Eisfeld. Die wenigen, die mit dieser Nachricht vertraut worden sind, begeben sich auf die Terrasse, um sich mit eigenen Augen überzeugen zu können.

»Botztusig!« sagt Edi Hosch enttäuscht, denn die Wand hat ihren berühmten, gehaßten und gefährlichen Nebelvorhang zugezogen; schon viele Bergsteiger hat dieser grausame Vorhang verschlungen, als sie um ihr junges Leben rangen: Max Sedlmayer und Karl Mehringer, Uli Wyss und Karl Gonda, Günter Nothdurft und Franz Mayer. »Aber sie sind doch noch vor wenigen Minuten über das Zweite Eisfeld hinauf gerannt, ohne Stufen zu hacken, wie ich noch keine Seilschaft gesehen habe. Es müssen gute und erfahrene Leute sein!« sagt Hosch, der sich an jeder bergsteigerischen Leistung begeistern kann.

Mit dem großen Fernrohr, das eine 72fache Vergrößerung ermöglicht, werden die Matten am Fuße der Eigerwand abgesucht: nur ein Zelt ist zu sehen. Es steht schon seit Wochen dort, und die Bergsteiger, die es bewohnen, befinden sich nahe ihrer Behausung.

Also kann die Seilschaft nur von Alpiglen aufgebrochen sein. Ein Telefon-Anruf bestätigt es:

»Kennen Sie die Namen der beiden Bergsteiger?« Die Wirtin von Alpiglen hat mit den Eigerwand-Anwärtern Erfahrung, sie läßt keinen gehen, ohne von ihm nicht genaue Angaben zu haben:

»Adolf Derungs«, berichtet die Wirtin, »geboren am 14. September 1930, in Vigens, Graubünden, seit acht Jahren wohnhaft in Zürich, von Beruf Maurer. Der andere heißt Lukas Albrecht, ist am 15. März 1936 in Klosters geboren, auch Maurer von Beruf und ebenfalls in Zürich ansässig. Die Ausrüstung der beiden habe ich nicht gesehen; sie verlangten von mir lediglich Proviant für eineinhalb Tage. Von diesen Sachen haben sie aber noch einiges hier gelassen, weil sie nicht zu schweres Gepäck haben wollten. Und um das Wetter haben sie sich auch nicht gekümmert, obwohl das Radio keine guten Nachrichten brachte. Gestern Nachmittag sind sie in die Wand eingestiegen; wir konnten sie bis zum Biwakloch, das sie um 19.00 Uhr erreichten, verfolgen. Um etwa 2.30 Uhr dürften sie heute von dort aufgebrochen sein.«

»So früh schon?«

»So war ihr Plan.«

»Aber sie waren um 16.00 Uhr doch erst am oberen Rand des Zweiten Eisfeldes, eine Strecke, die bei guten Verhältnissen in vier bis fünf Stunden bewältigt werden kann!« »Ich weiß, aber sie werden eben schlechte Verhältnisse gehabt haben, das kann man doch schon mit dem Glase sehen.« Derungs und Albrecht? Völlig unbekannte Leute. Das imponiert, denn es brauchen ja nicht immer weltberühmte Bergsteiger zu sein, die sich an die Wand wagen. Gut, erfahren und bestens ausgerüstet müssen sie sein. Den Charakter und den Aufbau der Wand müssen sie kennen und mit dem Wetter vertraut sein. Mit diesen Voraussetzungen kann ein glücklicher Durchstieg gelingen. Kann! Edi Hosch freut sich, daß endlich wieder zwei Schweizer den Mut aufgebracht haben, die Wand zu durchsteigen; bisher waren es erst zwei Seilschaften aus der Schweiz.

Aber bald sind wir alle voll Sorge, denn hinter dem Gspaltenhorn hat sich eine dunkle Wolkenwand zusammengeballt, und wenig später – um 17.30 Uhr braust ein Hagelsturm über die Landschaft, der sich in der Wand als Schneesturm ausmacht und die Felsen mit dreißig Zentimeter Neuschnee bedeckt. Die beiden, die irgendwo hinter dem Nebel um jeden Meter ringen, können kaum weiter kommen als bis zum »Bügeleisen«, zum »Todesbiwak« von Sedlmayer und Mehringer.

Und es regnet weiter, empfindliche Kälte herrscht.

Die beiden kommen unmöglich weiter.

Schon im ersten Tageslicht sitzt Lothar Brandler angestrengt am Glas und sucht: nichts! Dann sucht ein anderer. Es ist unheimlich still, keiner wagt zu fragen oder belanglose Worte zu reden, denn jeder will Gewißheit haben über die beiden.

»Hier! Ich habe sie! Nein, das kann nicht sein, sie gehen, sie klettern nach oben

und scheinen nicht an den rettenden Abstieg zu denken!« sagt der Beobachter erschüttert.
»Ist das wahr? – Das kann nicht stimmen!« sagt Robert Seiler verwirrt, denn noch keine Seilschaft hat sich bei einem Wettersturz von dort weiter gewagt, obschon der Beginn der »Rampe« bereits in halber Wandhöhe ist.
Dann schaut jeder durch das Fernrohr, durch das man jede Einzelheit, jede Bewegung erkennen kann.
Wirklich, die beiden raufen sich im untersten Teil der Rampe Meter um Meter, ja Zoll um Zoll über die vereisten und schwierigen Felsen. Bedenklich langsam, aber anscheinend sicher.
Die ersten drei Seillängen rauben ihnen einen halben Tag; bei normalen Verhältnissen kann diese Strecke in knapp zwei Stunden bewältigt werden.
Jetzt hat sich zu den Bergsteigern auf der Terrasse noch Karl Schlunegger aus Wengen, der mit seinem Bruder Hans und mit Gottfried Jermann die dritte Eigerwand-Begehung (1947) meisterte, hinzugesellt.
Er ist sich mit Robert Seiler einig:
»Die werden jetzt noch bis zum Eisüberhang in der Rampe vordringen, dort nicht mehr weiterkommen, weil das schon bei guten Verhältnissen ein verflixtes Stück ist, dann vielleicht doch noch den Rückzug versuchen oder irgendwo sitzen bleiben und verzweifelt auf Hilfe warten.«
Die Voraussage ist noch nicht ganz ausgesprochen, da schließt sich der Nebelvorhang. Aus. –
Karl Schlunegger ist als Vertreter der Bergführer von Grindelwald, Wengen und Lauterbrunnen heroben, um den Stand der Dinge auszumachen. Er und seine Kameraden haben sich offiziell bereiterklärt, im Ernstfall sofort eine Bergung zu versuchen, gleichgültig, wie die Aussichten für die Bezahlung stehen.
Es ist alles klar und bereit: das Material von der Longhi-Bergung liegt noch auf dem Gipfel, es braucht nur das Kommando zum Aufbruch gegeben werden. Die Bergsteiger starren gegen das Grau des Nebels, hinter dem zwei Menschen um ihr Leben ringen.
Es hat nun ganz aufgehört zu regnen, dafür fällt die Temperatur unter den Nullpunkt, was noch bedenklicher stimmt.
Der nächste Morgen leuchtet in hellem Sonnenglanz, keine Wolke am Himmel, kein Lüftchen, gütige Fügung des Schicksals.
»Dort!« ruft einer aufgeregt. »Ich sehe sie, auf dem ›Götterquergang‹, alle beide, sie klettern nach rechts zur ›Spinne‹, anscheinend noch in guter Verfassung. Ja, sie sind es!« Freude und Erleichterung. Unglaublich. Nach diesen grausamen Strapazen, die ihnen das furchtbare Wetter und die denkbar schlechten Verhältnisse bereiteten. Sie befinden sich den vierten Tag in der Wand und haben seit zwei Tagen nichts mehr zu essen!
Wir gehen, zusammen mit Albin Schelbert, über die Westflanke gegen den Gipfel, um die beiden in Empfang zu nehmen. Auf der mittleren Nordwestgratschulter beziehen wir unseren Beobachtungsposten.
Der Blick zum Götterquergang und zur Spinne ist ausgezeichnet. Wo sind sie?

Angestrengt suche ich durch das mitgenommene Glas, das mich jede Einzelheit erkennen läßt: die schmalen Bänder des Quergangs, der Übergang in die Spinne, ihr steiles Firnfeld, das sich in weißgrauen Eisarmen nach allen Richtungen verliert, und die berüchtigten Ausstiegsrisse, die als drohene Eisschläuche vom Gipfel-Eisfeld herunterdrängen: wo sind die beiden Menschen? Nochmals suche ich alles ab.
»Oh, Gott!« schreie ich verzweifelt, fast starr vor Schrecken: »Ein Stürzender, ein Mensch!« Ich sehe es: zwei Arme, die leblos an etwas Dunklem hängen – hinab über das Eisfeld der Spinne, jagend, sich überschlagend, dann der grausame Flug hinunter zum Bügeleisen, hinter dem das Bündel verschwindet.
»Du mußt dich getäuscht haben!« sagen meine Freunde beruhigend.
»Nein, ich sah es!« Erledigt und entsetzt von dem Geschehen. Albin Schelbert nimmt das Glas und sucht. Von unten nach oben, von oben nach unten; er sucht mit der ganzen Hoffnung seines Herzens – endlos erscheinende Minuten. »Halt, was war das? Moment, ich glaube – ja! – ich hab' sie! Dort, am oberen Rand der Spinne – beide! Das Seil verbindet sie, ich sehe es genau, und sie klettern, gut und sicher!«
Ich reibe mir die Augen, aber ich habe mich nicht getäuscht. Ich habe jenes stürzende, dunkle Bündel genau gesehen.
Der Anblick wird mein ganzes Leben begleiten. Schon den Sturz eines großen Steines oder eines Schneerutsches zu verfolgen, ist erregend. Und erst ein großes, dunkles Bündel, an dem Arme baumeln! Ein Rätsel, denn Schelbert hat sich auch nicht getäuscht.
Gebannt schauen wir der furchtlosen Seilschaft zu, bei jedem Meter hoffend, daß doch noch alles gut ausgeht, bis sie am Spätnachmittag das Gipfel-Eisfeld erreicht und damit gerettet ist.
Albin Schelbert und Lothar Brandler gehen mit warmer Kleidung und Proviant gegen den Gipfel, um den beiden Erleichterung zu bringen. Nach zwei Stunden kommen sie wieder zurück:
»Wir haben nichts gesehen, auch keine Spuren aus der Nordwand; sie müßten den Gipfel doch schon längst erreicht haben!«
Ratlosigkeit.
Wir beschließen, im oberen Teil der Westflanke zu biwakieren, da wir fest überzeugt sind, daß die Seilschaft in den nächsten Stunden absteigen wird.
Die Eiger-Westflanke, über die der Normalanstieg führt, ist nicht sehr schwierig. Aber in der Nacht ist sie auch für gute Bergsteiger heimtückisch und gefährlich. Besonders für solche, die nicht mehr im Besitz ihrer vollen Kräfte sind.
Wir warten vergebens. Von Adolf Derungs und Lukas Albrecht ist nichts zu sehen, nichts zu hören. Wieder sind wir voller Sorge.
Jede Nacht am Berg ist lang. Auch wenn man bestens ausgerüstet ist, keinen Hunger hat, nicht von der Kälte gepeinigt wird.
Am Morgen sind wir noch ratloser. Wo sind Adolf Derungs und Lukas Albrecht? Albin Schelbert und ich gehen zum Gipfel. Entmutigt treffen wir dann alle auf der Scheidegg ein. Da erfahren wir es: In Unkenntnis des Berges stiegen die beiden,

nachdem sie glücklich den Gipfel erreicht hatten, im nächstbesten Couloir der Westflanke ab zur Station Eigergletscher der Jungfraubahn. Jede andere Seilschaft hätte bei diesem gefährlichen Abstieg böse Überraschungen erlebt.
So war es 1958 dem Wiener Engelbert Titl ergangen. Titl hatte sich mit Sepp Baumgartner, ebenfalls aus Wien, für die Wand verabredet. Um mit dem Berg vertraut zu werden und den Abstieg kennenzulernen, entschloß er sich für die Überschreitung des Berges: Mittellegigrat hinauf, Westflanke hinab. Auch Engelbert Titl dürfte die stark gegliederte Westflanke zu harmlos eingeschätzt haben – er ist verschollen.
Aber das wußten Derungs und Albrecht nicht. Und es interessierte sie auch nicht. In einer Rinne, die stets von Eisschlag bedroht ist, stiegen sie ab. Das Glück war auch da auf ihrer Seite.
Ich lerne Derungs und Albrecht kennen. Drahtige und harte Burschen sind es. Derungs breit, kantig, mit dunklem Gesicht; Offenherzigkeit und ein sonniges Wesen sind seinen unruhigen Augen abzulesen. Er ist ein Mann der Tat. Albrecht ist eher schmächtig, mit schmalem, blassem Gesicht, naiv, fast etwas verschlagen.
Wir sitzen in der Gaststube des »Bellevue«.
»Ich sah ein dunkles Bündel, an dem Arme hingen, durch die Spinne sausen,« sagte ich, »was war das?«
»Mein Wintermantel«, sagt Lukas Albrecht. Das Rätsel ist gelöst. Aber ein Wintermantel in der Eiger-Nordwand? Ja. Derungs und Albrecht wußten wohl, daß es Biwaksäcke, wetterfest und leicht, zu kaufen gibt, aber sie hatten keine Mittel mehr, sich einen solchen zu kaufen.
»Warum habt Ihr nicht auf besseres Wetter gewartet?«
»Das Warten ist nicht unsere Sache«, sagt Derungs gelangweilt.
Adolf Derungs und Lukas Albrecht haben die berüchtigte und gefürchtete Nordwand des Eigers durchstiegen. Sie haben die Grundsätze des Bergsteigens über den Haufen geworfen, haben dem Eiger ein Schnippchen geschlagen. Sie, die beiden einfachen und bescheidenen Burschen aus dem Bündner Land, haben die Wand bezwungen, ohne zweckmäßige Ausrüstung, ohne Beschreibung – ohne überhaupt richtige Bergsteiger zu sein. Die Sympathien gehören immer den Erfolgreichen, gewiß. Aber man darf in der Begeisterung nicht die Gefahr vergessen, die dadurch heraufbeschworen werden kann. Die Gefahr, daß sich auch andere junge Menschen sagen: Was Derungs und Albrecht machten, werden auch wir vollbringen.
Derungs und Albrecht – keine Bergsteiger?
Sie sagen es selbst: Als einzige Tour, die sie bisher durchführten, nennen sie die Brisi-Südwand in der Churfirsten-Gruppe. Die Brisi-Südwand weist den Schwierigkeitsgrad V auf. Aber Adolf Derungs und Lukas Albrecht wissen nicht, daß die Schwierigkeiten am Berg in sechs Grade eingeteilt sind, daß VI »Äußerst schwierig« heißt.
Die beiden Bündner zweifelten in der Wand nie am glücklichen Ausgang ihres Unternehmens. Sie wußten nicht, daß andere Menschen um sie bangten.
Ich möchte wissen, auf welche Weise Derungs und Albrecht auf die Idee einer

Eigerwand-Durchsteigung gekommen waren. Ich frage sie. Und Derungs, ohne lange nach einer Erklärung suchen zu müssen, sagt es:
»Wir haben ein Buch von Heinrich Harrer gelesen und sagten uns: was die Österreicher und Deutschen machten, können wir auch.«
Die Eiger-Nordwand ist ein Phänomen. Sie ist geradezu gefährlich verlockend aufgebaut.
Die ersten vierhundert Meter bestehen aus Schrofengelände, aus der der Erste Pfeiler und der Zerschrundene Pfeiler aufragen. Fast Gehgelände, das von jedem trittsicheren Menschen, wenn er schwindelfrei ist, begangen werden kann. Dann, die nächsten hundert Meter, bis zum Schwierigen Riß, bieten eine nur geringe Steigerung: Schwierigkeitsgrad III, dem jeder Durchschnittsbergsteiger gewachsen ist. Der Schwierige Riß ist das erste Bollwerk. Eine etwa fünfunddreißig Meter hohe, fast senkrechte Wandstufe, die »sehr schwierig« (IV) und meist naß ist. Sie zu erklettern, setzt bereits beachtliches Können voraus. Aber zu dem Zeitpunkt, da Derungs und Albrecht die Wand angingen, befand sich am Schwierigen Riß ein fixiertes Seil von einem vorangegangenen Versuch anderer Bergsteiger.
Ein solches Seil entschärft den Schwierigen Riß. Darüber, die hundertfünfzig Meter bis zum Hinterstoisser-Quergang, ist wieder Gelände des Schwierigkeitsgrades III. Am Quergang selbst hängt sei 1958 ein Geländerseil, so daß die Traversierung ohne Schwierigkeit durchgeführt werden kann. Bis dahin, sechshundert Meter über dem sicheren Boden, ist man mit dem Fels und auch mit den Eigenheiten der Wand ziemlich vertraut geworden. Das Erste Eisfeld, etwa fünfundfünfzig Grad steil, fordert, besonders wenn Blankeis vorherrscht, härteren Einsatz. Aber nach achtzig Metern, beim sogenannten Eisschlauch, ist schon wieder eine Felsstufe. Und erst über ihr, wenn man sich auf dem riesigen Zweiten Eisfeld befindet, steckt man mitten in der Wand. Auf dem Zweiten Eisfeld, dessen Diagonale rund fünfhundert Meter mißt, wird man mit der Steigeisentechnik vertraut. Und das Dritte Eisfeld, das steilste der Wand, kann schließlich auch noch traversiert werden, ist einem bis dahin der Bewegungsablauf für solche Gelände doch schon ausreichend bekannt. Ab Rampe können sich, wenn das Wetter schlecht wird, nur noch erfahrene Bergsteiger zur Umkehr entschließen. Die anderen geraten meist in einen Daseinskampf, der nur nach oben erfolgversprechend erscheint. Und im Kampf ums nackte Dasein ist der Mensch Außergewöhnliches zu leisten fähig. Er wächst über sich selbst hinaus. Und wenn noch eine Portion Glück auf seiner Seite ist, wird der Gipfel erreicht.
So war es bei Adolf Derungs und Lukas Albrecht, die zu allem noch außergewöhnlich harte und zähe Männer sind. Denen die Frage, ob man sich in der Nacht vor Kälte und Wetter im Biwaksack oder Wintermantel schützen soll, ziemlich unwichtig erscheint.
Und wir Konventionellen, Brandler und ich, sind wohl beeindruckt, aber doch nicht begeistert genug, es bei dem unsicheren Wetter den Bündnern nachzumachen. Enttäuscht ziehen wir ab. Ohne Erfolg. Ohne das große Abenteuer, das wir erleben wollten.

Nebel am Eiger

Dann kommt die zweite Sensation des Jahres. In den Zeitungen steht sie: Hans Grünleitner aus Weil am Rhein und Robert Stieger aus Basel haben am 30. August (1959) die Wand in 21½ Stunden durchstiegen.
Grünleitner und Stieger, ein Fotoreporter und ein Monteur, waren allein in der Wand. Und niemand hatte sie gesehen. Sie waren ständig von Nebel eingehüllt. Hans Grünleitner gibt sehr präzise Zeitangaben ab: Gegen sechs Uhr erfolgte der Einstieg, um neun Uhr fünfundvierzig am Hinterstoisser-Quergang, vierzehn Uhr auf dem Bügeleisen; nach Überwindung des Dritten Eisfeldes und der ersten Rampen-Hälfte wurde Schokolade abgekocht, und am Eiswulst, der die Rampe abschließt, war es erst fünfzehn Uhr dreißig. Für über vierhundert Klettermeter, die sogar den bisher schnellsten Seilschaften mindestens drei Stunden kosteten, brauchte Grünleitner – eine halbe Stunde fürs Kochen abgerechnet – nur eine Stunde. Am Ende des Götterquergangs wurde es dunkel. Zwei Stunden für den nächtlichen Aufstieg über das zweihundert Meter lange Eisfeld der Spinne. Dann die schwierigen Ausstiegsrisse und das Gipfeleisfeld. In völliger Dunkelheit. Um vier Uhr früh des 31. August war die Seilschaft, Grünleitners Angaben nach, auf dem Gipfel: »Wir können es kaum glauben, daß wir diese Wand hinter uns gebracht haben«, schreibt mir Grünleitner.
Auch andere können es kaum glauben. Da sind die Leute von der Kleinen Scheidegg, die an der Durchsteigung zweifeln. Aber sie zweifeln nur, weil die beiden nie gesehen worden sind, auch nicht im Abstieg über die Westflanke. Doch nur deshalb an der Ehre und Wahrhaftigkeit der Bergsteiger zu zweifeln? Nein.
Am 31. August, am Tag nach der fragwürdigen Durchsteigung, befindet sich der Berner Gletscherpilot Ty Rufer mit seiner Maschine auf dem Jungfraujoch. Er hört die Nachricht von der Durchsteigung, auch von den Zweifeln der Leute auf Scheidegg. Das interessiert ihn, der die Wand und jeden Meter der Route von seinen zahllosen Ausflügen her kennt. Ty Rufer startet, begleitet von seinem Fluggast Christian Mani aus Thun-Hünibach, der sich ebenfalls für die Sache interessiert.
Es ist vierzehn Uhr. Die Wand steht in gutem Licht. Ty Rufer fliegt die Wand zweimal an. Aus dreißig Meter Entfernung kann er jeden Schneefleck peinlichst genau nach Spuren absuchen. Nichts. Er macht Eintragungen ins Bordbuch und schreibt mir dann:
»Bezüglich der Angelegenheit vom 31. 8. 1959 geht es darum, daß ich an diesem Tag an die Wand flog, oberhalb 3400 m/M., und mich am Götterquergang und in

der Spinne speziell auf Spuren konzentrierte, die nirgends waren. Auch spätere Passagen ergaben trotz peinlichster Inspektion keine andere Meinung, obschon solche Spuren an gewissen exponierten Stellen noch Wochen später gesehen werden können.«

Ty Rufer ist ein gerader Mann, der, wenn er eine schwerwiegende Auskunft abgeben soll, nur über das spricht, was er mit eigenen Augen gesehen hat. Und Christian Mani bestätigt Ty Rufers Angaben. Sollten sich Rufer und Mani getäuscht haben?

Der Zufall wollte es, daß am 30. und 31. August der Eiger auch noch von anderen Bergsteigern bevölkert war.

Am frühen Morgen des 30. August befinden sich Berner Alpinisten am Wandfuß, unter ihnen der Everest-Bezwinger Ernst Schmied. Sie hören und sehen nichts von Grünleitner und Stieger. In den Morgenstunden des 31. August klettern zwei Bergsteiger aus Freiburg im Breisgau über den Mittellegigrat. Die letzten hundertfünfzig Meter des Firngrates werden auch von den Begehern der Nordwand benützt. Aber die Freiburger können im Schnee keine menschliche Spur entdecken. Auch nicht auf dem Gipfel, den sie um neun Uhr betreten; fünf Stunden nach Grünleitner und Stieger. Und auch im Abstieg über die Westflanke sehen sie keine Spuren.

Aber Hans Grünleitner, der als Bildjournalist arbeitet und in Weil am Rhein ein Foto-Geschäft betreibt, mit der Kunst des Fotografierens also vertraut ist, besitzt Bilddokumente von seiner Durchsteigung.

Zwei seiner Bilder schickt Hans Grünleitner am 10. September an die Redaktionen großer Tageszeitungen. Mit einem vervielfältigten Schreiben, die Unterschrift von einem Faksimile-Stempel aufgedruckt.

Der vervielfältigte Brieftext sagt aus, daß auf dem einen Bild Hans Grünleitner in einer »Zigarettenpause oberhalb des Schweren Risses«, auf dem anderen Robert Stieger »in der Rampe« zu sehen seien.

Ulrich Link vom »Münchner Merkur«, verantwortlicher Redakteur für alpine Ereignisse, bekommt eine solche Sendung. Und wird stutzig. Seit mehr als zwanzig Jahren berichtet er über das Geschehen am Eiger. Aber eine solche Sendung hat er noch nie bekommen: Ulrich Link zeigt mir die Bilder.

Ich zweifle an dem Bild, das die »Zigarettenpause oberhalb des Schweren Risses« zeigt, weil ich das Gelände dort kenne, und weil ich weiß, daß kein Bergsteiger, der die Nordwand in 21½ Stunden durchzusteigen fähig ist, schon oberhalb des Schwierigen Risses eine ausgedehnte Zigarettenpause macht (Grünleitner trägt eine Daunenjacke und ist an einem Haken gesichert, Schachteln und Dosen liegen herum). Ich zweifle an der Echtheit, weil auf jedem Bild, das oberhalb des Schwierigen Risses von links nach rechts belichtet wird, im Hintergrund die riesige Rote Fluh zu sehen ist.

Grünleitners Bild hat einen weißen Hintergrund. Ich telefoniere mit Hans Grünleitner. Tage später bekomme ich weitere Bilder und einen Erlebnisbericht, der genaue Zeitangaben enthält.

Vier Bilder sind zur Veröffentlichung in der alpinen Zeitschrift »Bergkamerad«

vorgesehen. Sie tragen Grünleitnerische Texte: »Am Schweren Riß«, »Hinterstoisser-Quergang«, »In der Rampe«, »Am Eiswulst in der Rampe«.
Ich selber kenne die Wand (1959) nur bis zum Hinterstoisser-Quergang. Deshalb vermag ich auch nur die Bilder bis dorthin zu beurteilen. Und ich bin überzeugt, daß sie niemals an den bezeichneten Stellen aufgenommen wurden. Die Felsstruktur mit Grünleitners Schwierigem Riß stimmt mit der richtigen Stelle einfach nicht überein. Und Grünleitners Hinterstoisser-Quergang ist ein Phänomen. Der Fotograf müßte sich, vier bis sechs Meter von der Plattenzone entfernt, draußen im Luftraum aufgehalten haben, um dieses Bild, das frontal gegen die Wand belichtet wurde, aufnehmen zu können. Nicht weniger unmöglich sind die Beleuchtungsverhältnisse des Bildes. Die Schweizerische Meteorologische Zentralanstalt in Zürich schreibt mir dazu:
»Nach den von uns für die Zeit von 8–10 Uhr am 30. August berechneten Sonnenständen liegt die Eigernordwand in dieser Zeit dauernd im Schatten. Diese Feststellung haben wir uns durch einheimische Vertrauenspersonen bestätigen lassen. Die Herkunft der Lichter auf Helm, Jacke und Hosen ist uns nicht erklärlich.«
Und dennoch ist es mir bei dem Gedanken, die Durchsteigung öffentlich mehr als nur in Frage zu stellen, nicht ganz geheuer. Es wäre zu schrecklich, würden sich meine Untersuchungsergebnisse als falsch erweisen. Es geht um die Ehre zweier Menschen. Um Bergsteigerehre. Nichts soll unversucht bleiben, um die Wahrheit zu finden.
Die Eigerwand-Bezwinger Kurt Diemberger, Anderl Heckmair, Gaston Rébuffat, Robert Seiler, Lionel Terray und Erich Vanis werden, um keinem Irrtum zu unterliegen, mit den Unterlagen vertraut gemacht. Jeder zeigt sich bemüht, die Ehre der beiden Bergsteiger zu retten, aber nach genauem Studium sagt jeder, daß die Bilder nicht an den genannten Stellen aufgenommen worden sein können. Hans Grünleitner, der bereits von einer kritischen Veröffentlichung des »Münchner Merkur« Kenntnis bekommen hat, versucht telegrafisch die Veröffentlichung seiner Bilder im »Bergkamerad« zu verhindern. Aber die Bilder sind bereits in Druck. Das schreibe ich ihm, mit dem Hinweis, daß es ihm freistehe, die Ergebnisse der Untersuchung zu widerlegen. Statt dessen aber erläßt Hans Grünleitner über das Amtsgericht München eine einstweilige Verfügung an den Bergverlag Rudolf Rother, in dem der »Bergkamerad« erscheint. Zu spät. Warum will Grünleitner nun plötzlich seine Bilder nicht mehr veröffentlicht sehen, wo er doch Wochen vorher noch große Tageszeitungen mit ihnen beliefert hatte?
Noch mehr: Hans Grünleitner sieht sich zu Unrecht angegriffen und erhebt beim Amtsgericht Lörrach Privatklage wegen öffentlicher Beleidigung und übler Nachrede. Beleidigung, weil ich mich zu dem Wort »Lügenknaben« habe hinreißen lassen.
Am 21. April 1961 findet in Lörrach der Eigerwand-Prozeß statt. Kurt Diemberger aus Salzburg und Anderl Heckmair aus Oberstdorf stehen als Sachverständige zur Verfügung. Robert Stieger ist als Hauptzeuge geladen.

»In Wirklichkeit hat die Eiger-Nordwand nicht mehr als den IV. Schwierigkeitsgrad und ich traue mir zu, in jeder Saison zwanzig Seilschaften hinaufzuführen.«
Das hat vor Grünleitner noch kein Eiger-Kenner gesagt, geschweige denn ein Begeher der Nordwand. Die vier im »Bergkamerad« analysierten und veröffentlichten Bilder, die Verhandlungsgrundlage sein sollten, liegen nicht vor. Verschwunden. Die Negative seien abhanden gekommen. Und gerade anhand der Negative ließe sich einiges feststellen. Zum Beispiel die Nummernfolge am Negativrand: das Negativ vom Hinterstoisser-Quergang müßte eine höhere Nummer haben wie das vom Schwierigen Riß. Aber weder Negative noch Bildoriginale der umstrittenen Fotos sind greifbar.
Dafür gibt es elf andere, die das Interesse der Sachverständigen wecken. Kurt Diemberger findet an einem Foto besonderen Gefallen:
»Wo wurde dieses Bild aufgenommen?« fragt er Grünleitner.
»Am Bügeleisen.«
»Wirklich? Am Bügeleisen?«
»Ja!«
»Bitte schauen Sie sich das Bild gut an, um einen Irrtum auszuschließen!«
Grünleitner schaut sich das Foto gut an und sagt:
»Natürlich – am Bügeleisen!«
Kurt Diemberger verlangt das Negativ, untersucht es und stellt fest:
»Das stimmt nicht. Das Bild wurde bei der Gedenktafel für Bortolo Sandri und Mario Menti aufgenommen; am oberen Negativrand ist noch eine kleine Ecke der Tafel zu erkennen.«
Grünleitner ist überrascht. Peinlich:
»Dann habe ich mich also doch geirrt ... ach ja, dieses Bild stammt aus dem unteren Wandteil ... natürlich ... jetzt weiß ich's wieder ... aus dem unteren Wandteil.«
Aber: unterer Wandteil? Das kann fünfzig, hundert oder vierhundert Meter über dem sicheren Boden sein. Und niemand weiß zu diesem Zeitpunkt, auch die Sachverständigen nicht, wo sich die Gedenktafel für die beiden Italiener Bortolo Sandri und Mario Menti genau befindet. Denn ihr tragisches Schicksal, das sich 1938 anläßlich eines Durchsteigungsversuches besiegelte, liegt zu weit zurück. Also kann gegen den »unteren Wandteil« nichts gesagt werden. Aber einen überraschenden Gesichtspunkt hat das Gedenktafel-Foto doch aufgezeigt. Der Schwierige Riß ist die erste markante Kletterstelle in der Nordwand.
Kurt Diemberger will wissen, in welcher Erinnerung Grünleitner diese Stelle hat:
»Wie schaut der Schwierige Riß aus? Ist das ein feiner Riß, ein breiter Riß, oder ist es ein Kamin?«
Grünleitner denkt einige Sekunden nach und sagt überzeugt: »Ein Kamin, ja, ein Kamin ist es.«
»Wissen Sie, wie ein Kamin aussieht?«
»Wie soll ich das nicht wissen!«
Es wird, damit es nicht nochmals einen Irrtum geben kann, ein Kamin aufgezeichnet, ganz genau. Wie peinlich: Kurt Diemberger klärt den Vorsitzenden auf,

daß es sich beim Schwierigen Riß gar nicht um einen Kamin handle, sondern um eine steile Wandstufe, an der in halber Höhe eine rechtwinkelige Rißverschneidung beginnt. Anderl Heckmair, Erstbegeher der Wand, kann das bestätigen.
Als die Sachverständigen und das Gericht beginnen, die im »Bergkamerad« abgedruckten Fotos zur Sprache zu bringen, sagt Grünleitner:
»Die Bildunterschriften im »Bergkamerad« stimmen gar nicht ... die wurden von Herrn Hiebeler erfunden.«
Nach Hans Grünleitner seien die Fotos nicht im Schwierigen Riß, sondern darunter; nicht im Hinterstoisser-Quergang, sondern davor; nicht in der »Rampe«, sondern darunter aufgenommen worden. Und das Bild vom Eiswulst in der Rampe zeige nicht den allgemein bekannten Eiswulst. Die Seilschaft sei auf dem Rampen-Eisfeld viel zu hoch gestiegen – es wurde somit das Brüchige Band verpaßt –, und dort oben habe es den von ihnen fotografierten Eiswulst gegeben. Ein böser Verhauer also!
Ein Abkommen von der Route ist in Grünleitners Erlebnisbericht, der sehr präzise Örtlichkeits- und Zeitangaben enthält, nicht einmal angedeutet, obschon Zigaretten- und Kochpausen ausreichend beschrieben worden sind. In dem Bericht heißt es, was die Passage betrifft:
»Gleich darauf (gemeint ist: nach dem richtigen Eiswulst in der »Rampe«) stehen wir im Eisfeld oberhalb der Rampe, das schwierigkeitsmäßig keine größeren Anstrengungen erfordert, als die Eisfelder, die hinter uns liegen. Ein brüchiges Band, das zum Götterquergang (in Wirklichkeit gibt es kein »brüchiges Band, das zum Götterquergang hinüberleitet«, denn es endet am Beginn des technisch sehr schwierigen »Brüchigen Risses«) hinüberleitet, zwingt uns zu äußerster Vorsicht. Einmal trete ich, nachdem der aufliegende Steinschutt unter meinem Fuß ausbricht, fast ins Leere. Der momentane Schock macht mich wieder hellwach. Im Götterquergang wird es noch schwieriger, da mittlerweile die Dämmerung hereinbricht.«
Das mit den »neuen« Bilderläuterungen muß zunächst bestehen bleiben, da die Originale mit den ursprünglichen Fototexten tatsächlich nicht mehr greifbar sind. Eine neue Situation. Aber ein Seilquergangmanöver vor dem Hinterstoisser-Quergang? Das Gelände zwischen Schwierigem Riß und Quergang besteht fast durchweg aus Schrofen, auf denen noch kein Begeher in Versuchung gekommen war, ein kompliziertes Seilmanöver durchzuführen.
Für den Vorsitzenden im Amtsgericht zu Lörrach gibt es, trotz der zahllosen Widersprüche des Klägers und der angemeldeten Zweifel der Sachverständigen, den einzigen Ausweg darin, Robert Stieger den Eid ablegen zu lassen.
Der siebenunddreißig Jahre alte Robert Stieger, klein und schmächtig, wird Hauptzeuge und schwört, daß er und Grünleitner

1. die Nordwand in der von ihnen angegebenen Zeit durchstiegen haben;
2. alle Bilder an den genannten Stellen aufgenommen wurden;
3. und schließlich, daß die Bilder anläßlich der Durchsteigung aufgenommen wurden.

Unter normalen Umständen müßte ich, der Angeklagte, in beiden Anklagepunkten verurteilt werden. Aber die Umstände scheinen, auch für das Gericht, nicht normal zu sein. Verurteilt werde ich allein wegen Beleidigung für das Wort »Lügenknaben«:

a) Dreihundert Mark Geldstrafe,
b) Bezahlung der gesamten Gerichtskosten,
c) Übernahme eines Drittels der Anwaltskosten des Klägers,
d) Veröffentlichung des Urteilstextes in elf großen Zeitungen auf Kosten des Beklagten.

Beide Parteien legen Berufung ein.

Ich muß beweisen können, daß im Gelände vor dem Hinterstoisser-Quergang kein kompliziertes Seilquergangsmanöver erforderlich ist. Ich muß versuchen, in den Besitz der vier Bildoriginale mit den ursprünglichen Texten, wie sie im »Bergkamerad« abgedruckt wurden, zu kommen, um die Unterstellung: »Die Bildunterschriften im ›Bergkamerad‹ stimmen gar nicht... die wurden von Herrn Hiebeler erfunden« zu widerlegen.

Und ganz besonders muß es mir gelingen, die Örtlichkeiten, an denen die neu vorgelegten Bilder belichtet wurden, ausfindig zu machen.

Am 16. September 1961 soll der erste private Lokalaugenschein am Eiger stattfinden. Robert Seiler aus Interlaken, Fünftbegeher der Nordwand, Ernst von Allmen und ich wandern zum Fuße der Nordwand.

Wir suchen die Sandri-Menti-Gedenktafel.

Mein Höhenmesser zeigt, vom Wandfuß weg gerechnet, nur siebzig Meter, da meldet Seiler auch schon, daß er die Tafel gefunden habe. Siebzig Meter über dem Wandfuß. Und bald haben wir Grünleitners »Rampe« und seine übrigen Kletterstellen entdeckt. Alle elf Bilder, die dem Gericht vorlagen und deren Echtheit mit genauen Örtlichkeitsangaben von Robert Stieger beeidet wurden, können wir im Bereich der Gedenktafel lokalisieren.

Am 17. September trifft der Zürcher Geologe Dr. Peter Eckhardt, selbst Bergsteiger, mit seinem Bergkameraden Andreas Pfleghard ein. Dr. Eckhardt ist bereit, die Sache wissenschaftlich zu untersuchen und darüber den nachstehenden Bericht abzugeben:

»Ich erhielt von Toni Hiebeler den Auftrag, eine Serie Photographien, die ihm als von Hans Grünleitner und Robert Stieger stammend bezeichnet wurden und anläßlich einer Durchsteigung der Eiger-Nordwand am 30./31. August 1959 aufgenommen worden sein sollen, zu analysieren.

Toni Hiebeler stellte insbesondere die folgenden zwei Punkte zur Diskussion:

1. Grober Überblick über die Geologie der Eiger-Nordwand und die Möglichkeiten ihrer Anwendung bei der Bildanalyse.
2. Die vorgelegten elf Bilder sind geologisch zu begutachten und wenn möglich in der Eiger-Nordwand zu lokalisieren.

Der nachstehende Bericht gibt Auskunft über diese zwei Fragen, wobei er sich auf folgende Grundlagen stützt:

a) die geologische Literatur über die Eiger-Nordwand;
b) die bergsteigerische Literatur über die Eiger-Nordwand;

c) eine Begehung des Wandsockels der Eiger-Nordwand am 17. September 1961 in Begleitung der Herren Toni Hiebeler, Robert Seiler, Andreas Pflegshard und Ernst von Allmen;
d) die elf zu begutachtenden Bilder

In Dr. Peter Eckhardts Bericht folgt eine »Übersicht über die Geologie der Eiger-Nordwand« und ein zweiter Abschnitt »Begutachtung der Bilder No. 1–11 von Hans Grünleitner und Robert Stieger, die anläßlich einer Durchsteigung der Eiger-Nordwand belichtet worden sein sollen«. Das Ergebnis seiner Untersuchungen faßte Dr. Peter Eckhardt in den Schlußfolgerungen zusammen:

»I. Es wurden eine Reihe geologischer Argumente beigebracht, die erlauben, gute Aufnahmen aus der Eiger-Nordwand grob einzustufen in 1. unteres, unschwieriges Wanddrittel ungefähr bis zum Schwierigen Riß (Oehrlikalk) und 2. obere zwei, schwierige Wanddrittel (Malmkalk). Die geologischen Argumente konnten an Hand der genau lokalisierten elf Bilder für das untere Wanddrittel und mittels einiger mir aus dem oberen Wandteil zur Verfügung stehender Bilder auch für dieses überprüft werden.

II. Die elf zur Begutachtung vorliegenden Bilder 1–11 konnten in einer Begehung eindeutig in natura identifiziert und in kleinem Umkreis um die Menti/Sandri-Gedenktafel lokalisiert werden. Diese Gedenktafel liegt am üblichen Einstieg zur Wand und kann auch von bergungewohnten Personen unter Führung ohne weiteres aufgesucht werden.

Zürich, den 12. Oktober 1961 Dr. Peter Eckhardt.«

Die Zusammenfassung eines anderen geologischen Gutachtens von Univ.-Dozent Dr. Alfred Fuchs, Wattens/Tirol, dem Grünleitner Bilder mit meinen Vergleichsaufnahmen vorgelegt wurden, beinhaltet nachstehende Feststellung:
»Es kann einwandfrei nachgewiesen werden, daß die von Grünleitner gemachten Bilder und die von Hiebeler gemachten Bilder in einem engumgrenzten Bereich in einem Gestein, wie es den unteren Teil der Nordwand des Eigers aufbaut, gemacht wurden. Die Vergleichs-Bilder Hiebelers stellen die gleichen Felsbereiche wie die entsprechenden Bilder Grünleitners dar.«
Originalbilder von den vier im »Bergkamerad« abgedruckten und in Lörrach nicht vorhanden gewesenen Aufnahmen – von denen angeblich die Negative fehlten – konnte ich auf Umwegen mit Stiegers handschriftlichen Texten auftreiben. Die Beschriftungen stimmen mit den Bildtexten im »Bergkamerad« überein.
Weiter: Der vom Freiburger Landgericht für weitere Vergrößerungsarbeiten der Grünleitner-Bilder herangezogene »Photo-Pflug« (Freiburg) teilt mir mit, daß für die Negative »zwei, vielleicht sogar drei Film-Sorten verwandt« worden seien. Sonderbar.
Was das Gelände vor dem Hinterstoisser-Quergang betrifft, holte ich bei einigen Nordwandbegehern von 1961 Auskünfte ein.
Ueli Hürlemann, Alois Strickler, Sepp Inwyler, Leo Schlömmer und Kurt Grüter

widerlegten die Ausführungen Grünleitners. Ich fühlte mich zur Einholung dieser Gutachten, Beurteilungen und Auskünfte verpflichtet, denn ich hatte die Ehre zweier Menschen öffentlich in Frage gestellt.
Aber meine lange und gewissenhaft durchgeführte Untersuchungsarbeit bringt eine noch schwerwiegendere Situation zu Tage: Hier sind die unwiderlegbaren Beweise, daß Grünleitners und Stiegers Bilder siebzig Höhenmeter über dem Wandfuß belichtet worden sind; dort ist der von Robert Stieger vor Gericht abgelegte Eid, daß die Bilder »oberhalb des schweren Risses« (sechshundert Meter über dem Wandfuß), »Unter der Rampe« (zwölfhundert Meter über dem Wandfuß) usw. und anläßlich ihrer Durchsteigung aufgenommen worden seien.
Das Landgericht Freiburg ist der nächste Nordwand-Schauplatz.
Grünleitner wird nochmals befragt, wo jene beiden Fotos, welche er mit dem vervielfältigten Schreiben den Redaktionen zugeleitet hatte, aufgenommen worden seien:
»Unter der Rampe und unter dem Schwierigen Riß« sagt er.
»Wie weit unter dem Schwierigen Riß?« lautet die Frage.
»Das kann ich nicht mehr genau sagen.«
»Wieviel Meter – etwa? Drei – zehn – hundert?«
»Ja, vielleicht hundert, das könnte stimmen.«
Gut. Diese neuen Angaben werden auf die Bildrückseiten geschrieben.
Von den schlagenden Bild-Vergleichen und den Gutachten in die Enge getrieben, muß Grünleitner bekennen, daß alle Bilder am Wandfuß aufgenommen worden sind. Und zwar einige Tage vor der »Begehung«, nahe der Sandri-Menti-Gedenktafel. Von der Begehung selbst kann kein Bild vorgelegt werden.
Robert Stieger, der in Lörrach auf die Echtheit der Bilder und ihre Angaben geschworen hatte, ist ratlos. Er sagt, daß er sich nach so langer Zeit überhaupt nicht mehr auskenne, und weiter, daß er die in Lörrach niedergeschriebenen (und beeideten) Bildtexte nicht genug habe überlegen können.
Jetzt könne er nur noch sagen, daß die Bilder absolut keinen dokumentarischen Wert hätten, da sie – nachdem es durch die Vergleichsbilder bewiesen war – wahrscheinlich alle vom Wandfuß stammten. Aber er könne schwören, daß er mit Hans Grünleitner die Nordwand durchstiegen habe.
Robert Stieger weiß nichts mehr. Er weiß nur, daß er die Eiger-Nordwand mit Hans Grünleitner in einundzwanzigeinhalb Stunden bezwungen hat. Und das kann er schwören. Robert Stieger hebt nochmals die Hand zum Eid.
Die Berufung des Klägers wird in allen Punkten vom Gericht zurückgewiesen. Und ich selbst erfahre, was die Bezeichnung »Lügenknaben« kosten kann: hundertfünfzig Mark.
Hans Grünleitners Foto-Geschäft geht wenige Monate später in Konkurs.

Kaum Aufsehen erregt die nächste Begegnung, die am 13. und 14. September 1959 wirklich stattgefunden hat. Der in Gurtberg (Schweiz) lebende Deutsche Peter Diener und der Schweizer Ernst Forrer aus Egg bezwingen die Wand in 34½ Stunden reiner Kletterzeit.

Erste Winterbegehung

Die erste Nacht. Sie ist lang und kalt. Die Sterne leuchten, ohne unruhig zu flimmern, und der Himmelsbogen ist frei von Wolken. Nach den zwanzigstündigen Anstrengungen, die wir heute hinter uns haben, sind wir mit dem Platz, auf dem wir die erste Nacht verbringen, zufrieden. Er ist ganze drei Meter breit und einen Meter tief. Ein Platz, auf dem man bequem sitzen kann. Und das ist viel. Fünfzig Meter oberhalb des Schwierigen Risses ist dieser Platz; bis zum Hinterstoisser-Quergang sind es von hier noch drei Seillängen. Der Platz ist von uns geschaffen worden. Mit einer Kinderschaufel, die zu unserem umfangreichen Inventar gehört. Unter der Schneeflanke, die das Lager trägt, ist Schrofengelände. Aber die Schneelage ist so hoch, daß wir den Fels nicht erreichen und deshalb auch keine vertrauenswürdige Sicherung anbringen können. Die in den windgepreßten Pulverschnee eingerammten Eisbeile sind die einzigen Fixpunkte, denen wir unsere Körper anvertrauen können. Und die Verbindung der untersten Schneelage mit dem Fels kennen wir nicht. Links von mir sitzt Toni Kinshofer, neben ihm Anderl Mannhardt, ganz außen Walter Almberger.
Gut drei Stunden brauchen wir, um uns in dieser Ausgesetztheit für die Nacht vorzubereiten. Nur jeweils einer darf arbeiten, sich die Zusatzkleidung überziehen.
Rechts von mir, in einer kleinen Schneenische, brummt der Benzinkocher sein monotones Lied. Seine bläuliche Flamme erzeugt gespenstisches Licht. Aus dem aufgestellten Blechtopf dampft es. Und bald schlürfen wir genießerisch schmatzend das heiße Sanddorngebräu. Hinterher gekörnte Brühe. Essen können wir kaum was. Durst haben wir.
Nach diesen Genüssen wird unser Lager da und dort noch ausgebessert. Wir haben vier Perlon-Biwaksäcke dabei; zwei sind als Schrägdach aufgehängt, auf den anderen sitzen wir. Über das Schrägdach rieselt ohne Unterlaß Schneestaub, den der Wind vom oberen Wandteil herabträgt.
Dann kommt die abendliche Unterhaltung. Knisternde Episoden sind nicht das schlechteste Biwakgespräch.
Wir alle, Kinshofer, Mannhardt und ich, dürfen froh sein, daß Walter dabei ist. Denn er ist gut und ein herrlicher Optimist, der vollen Ernstes zu sagen vermag, daß wir vielleicht morgen schon den Gipfel erreichen. Vor einem halben Jahr, im Oktober 1960, hatte ich ihn mit dem Plan, die Eigerwand im Winter zu versuchen, vertraut gemacht. Und das nicht zufällig. Seit Jahren gehört er zu den erfolgreichsten Bergsteigern Österreichs. Im Gesäuse lernte er alle schwierigen und schwierigsten Touren kennen, teilweise sogar im Winter; im Sommer 1960

bewältigte er die Matterhorn-Nordwand bei denkbar schlechten Verhältnissen bis zur Schulter. Und auch im Kaukasus brachte er große Wände hinter sich. Der Bergmannsberuf schließlich sorgte dafür, daß Almberger ein zäher und harter Mann geworden ist.

»Mit mir kannst rechnen!« sagte er damals, nachdem ich ihm alle Einzelheiten meines Plans unterbreitet hatte.

Mit mir kannst rechnen! Das ist ein Wort. Und wenn es von Walter Almberger kommt, kann man wirklich auf ihn rechnen. Er war damals Retter in der Not. Denn die Viererseilschaft für die winterliche Eigerwand war schon einmal beisammen: mit dem Wahlmünchner Werner Groß aus dem Elbsandsteingebirge.

Hergott, was sich alles getan hat vor dem Einstieg in die weiße Wand, denke ich. Weit unten im Tal werden die Lichter von Grindelwald immer spärlicher. Es muß schon spät sein. Ich sehe sie. Aber meine Gedanken sind nicht in Grindelwald. Sie sind weit weg. In einem Biwak am gleichen Berg. In der Westflanke, als Wolfgang Gorter, Albin Schelbert, Lothar Brandler und ich auf die Schweizer Adolf Derungs und Lukas Albrecht warteten. Vor eineinhalb Jahren, ich weiß es noch genau. Denn in jener Nacht wurden die Möglichkeiten einer Winterbegehung diskutiert. Die Eigerwand im Winter wollte nicht mehr aus meinem Schädel.

Nach dem Lauberhornrennen 1960 war die Winterbegehung für mich kein erregendes Gedankenspiel mehr, sondern eine feste Idee, die zu verwirklichen ich mich entschlossen hatte. Wenigstens einen ernsthaften Versuch wollte ich vorbereiten.

Von der Eigerwand im Winter wußte man nichts. Man wußte nicht einmal, ob ein Durchkommen überhaupt möglich war. Man konnte nur vermuten und sich an ihr versuchen. Und das schien mir lohnend genug.

Einen Monat später war eine völlig neue Situation aufgetreten: »Der erste Angriff auf die Eiger-Nordwand im Winter«, lauteten die Schlagzeilen der Zeitungen am 19. Februar 1960. Und es wurde berichtet: »Zum erstenmal ist von den bekannten Bergsteigern Lothar Brandler, Jörg Lehne und Siegfried Löw (Siegfried Löw stürzte 1962 nach Bezwingung der Diamirflanke am Nanga Parbat tödlich ab) der Versuch einer Ersteigung der Eiger-Nordwand im Winter unternommen worden, mit dem das letzte Kapitel der Nordwand aufgerissen wurde. Nur die Besten dürfen es wagen. Der erste Versuch führte bei hoher Schneelage bis auf die Höhe des Zerschrundenen Pfeilers und erforderte einen ganzen Tag. Dort wurde auf einer aus dem harten Schnee herausgepickelten Plattform das Biwak bezogen. Es war in der Nacht bis 20 Grad kalt und gab Schneesturm. Immer wieder gingen kleinere Lawinen über das Lager hinweg; der feine Schneestaub drang auch unter die schützenden Hüllen und gefährdete die Atemfähigkeit der Bergsteiger. Auch beim Aufstieg jagten Staublawinen mit dichten Schneeschleiern über die Kletterer hinweg, die jeden Griff und Tritt zuerst mühsam freilegen mußten. Dennoch war man bester Stimmung und entschlossen, weiterzugehen. Aber eine über das mitgeführte Kleinradio bezogene Schlechtwettermeldung ließ die Vernunft über den Ehrgeiz siegen. Die drei kehrten um.«

Wenige Tage darauf erfolgte der zweite Winterversuch, über den man kaum etwas erfuhr und auch dann nur in Bergsteigerkreisen.
Der Österreicher Sepp Larch, dem 1952 mit Karl Winter die siebente Begehung in zwei Tagen gelungen war, war mit einem Gefährten in der Wand. Laut privaten Informationen war die Seilschaft bis »unter den Hinterstoisser-Quergang« vorgedrungen. Sepp Larch hatte vier Jahre vorher den 8035 Meter hohen Gasherbrum II im Karakorum erstmals bezwungen und ist ein zäher, harter Mann. Wenn Sepp Larch in einer Wand umzukehren vorzieht, dann hat das sehr viel zu bedeuten.
Die Wand hatte ihre ersten Winterversuche.
Der fünfundzwanzigjährige Werner Groß war mein erster Vertrauter. Ein Sohn der Sächsischen Schweiz, die schon viele erfolgreiche Bergsteiger hervorgebracht hat. Werner Groß tanzte sogar aus der Reihe der Sachsen, deren Metier meist nur extremer Fels ist; er hatte sich zum hervorragenden Eisgeher entwickelt. Und er war Optimist durch und durch.
Eigerwand im Winter? Klar, mach'n wir – was soll's! Was wir vor der winterlichen Eigerwand machten, um uns besser kennenzulernen, war zunächst die achte Durchsteigung der gewaltigen Ortler-Nordwand in Südtirol; schon zu Pfingsten (1960). Und vor dem Einstieg in die Ortler-Nordwand trafen wir die Bayern Toni Kinshofer und Anderl Mannhardt, mit denen wir dann gemeinsam die Wand erlebten.
Wir kannten uns bereits. In den Dolomiten und im Wilden Kaiser waren wir beisammen. In der Ortler-Nordwand wurden wir Kameraden. Wenig später waren wir vier uns einig, die Eigerwand im Winter zu versuchen. Es folgten hürdenreiche Vorbereitungsarbeiten und abenteuerliche Trainingsfahrten: Die neunhundert Meter hohe Direkte Nordwand der Ebnefluh im Berner Oberland, die Werner Groß und ich erstmals begehen konnten; die Direkte Nordostwand des Lyskamm-Westgipfels im Wallis, in der wir von einer Eislawine beinahe in den Abgrund gerissen worden wären, und in der wir, zweihundert Meter unter dem Gipfel, unsere bis dahin schrecklichste Biwaknacht erlebten. Die dabei an den Füßen erlittenen Erfrierungen waren schmerzhaft und stellten unseren großen Plan in Frage. Die nächste Enttäuschung ging auf Werner Groß' eigenes Konto: er heiratete. Und dazu noch eine Kolumbianerin, die ihn bald soweit beeinflußt hatte, daß der gute Werner nach Kolumbien auswanderte.
Und dann war Walter Almberger, dessen Schnarchen und tiefes Atmen jetzt noch stärker zu hören ist, Retter in der Not.
Am 24. Februar (1961) waren wir zu viert auf der Kleinen Scheidegg als brave und harmlose Skifahrer eingetroffen. Den achtzehn Gepäckstücken nach mußten wir den Eindruck erweckt haben, ganz vornehme Skifahrer mit einer riesigen Garderobe zu sein. Das einzige, was uns von den übrigen Scheidegg-Gästen unterschied: sie wohnten in feinen Zimmern mit weißen Betten, wir im einfachen Matratzenlager des Hauses »Suvretta«, das abseits des Hotels steht und in dem wir unsere »Garderobe« großzügig ausbreiten konnten.
Schon am 27. Februar befanden wir uns in voller Ausrüstung am Wandfuß. Das

Wetter war nicht gerade hoffnungsvoll. Aber wir wollten dennoch einsteigen, um endlich mit der Wand in Berührung zu kommen. Zu lange schon waren alle unsere Gedanken auf sie gerichtet. Wir wollten wenigstens mit den Schneeverhältnissen vertraut werden, und deshalb waren wir eingestiegen. Ohne Seilsicherung. Der Wandvorbau, an die vierhundert Meter hoch, bietet weder im Sommer noch im Winter Schwierigkeiten. Wir stapften im tiefen Schnee aufwärts, keuchend, schwitzend und ohne Eile, denn der feurige »Auftrieb«, den man vor großen Unternehmungen in sich fühlen muß, brannte noch nicht in uns. Das dichte Gewölk, das überall an den Bergen hing, förderte den notwendigen Auftrieb auch nicht.
Unterhalb der mächtigen Roten Fluh – nahezu so hoch und beängstigend wie die Nordwand der Westlichen Zinne in den Dolomiten – beschlossen wir zu bleiben, denn das Wetter hatte sich verschlechtert. Zwischen Schnee und Fels begannen wir, eine Höhle auszubauen. Eine feine Biwakhöhle. Der Bergmann Walter Almberger fühlte sich im Element. Zwischendurch hörten wir vom Fels her das Geräusch der Jungfraubahn. Aber das Stollenloch, das beim Bau der kühnen Bahn als Ausschüttestollen benutzt worden war, konnten wir nicht finden. Vom Sommer 1959 her wußte ich etwa seine Lage, aber wir fanden es nicht, weil der Fels einen zu dicken Schnee- und Eispanzer trug.
Am Spätnachmittag, mitten unter den Vorbereitungen, gab es eine Überraschung, mit der wir nicht gerechnet hatten. Almberger stand im Höhleneingang, wir anderen waren dabei, uns in der Höhle häuslich einzurichten.
»Achtung! Achtung – ein Flugzeug!« schrie Walter aufgeregt, als hätte er erstmals in seinem Leben ein Flugzeug gesehen. Wir streckten unsere Köpfe hinaus, Almberger versuchte, in die Höhle zu verschwinden, da kam der freche Vogel auch schon angebrummt. Bis auf etwa hundertfünfzig Meter, dann zog er in steiler Kurve wieder ab. Was war los? Auf Scheidegg wußten nur zwei Menschen von unserem Plan. Wie konnte der Pilot auf die Idee kommen, uns in der Wand aufzustöbern? Wir wußten es nicht und konnten auch keine Erklärung dafür finden. Und wenig später interessierte es uns auch gar nicht mehr sonderlich, denn bald kam die Nacht, das Biwak. Draußen hatte es zu schneien begonnen, innen glitzerte die Schneewand im warmen Kerzenschein. Wir schliefen so gut, daß wir am nächsten Morgen erst um neun Uhr aufwachten. Aber das Verschlafen war, wie wir bald sahen, nicht schlimm, denn draußen schneite und windete es, und dichter Nebel herrschte. Wir warteten. Denn bis zum Mittag konnte sich das Wetter immer noch ändern. Aber es änderte sich nicht, es schneite in großen Flocken weiter. – Zurück.
Die schwere Ausrüstung deponierten wir in der Höhle, dann stiegen wir über den tiefverschneiten Wandvorbau wieder ab. Und erst da stellten wir fest, daß gerade der Wandvorbau durch seine geringe Steilheit nach großen Schneefällen zur Lawinenfalle werden kann. Immer wieder zischten gefährliche Schneerutsche nahe von uns in den Abgrund. Aber wir waren bald unten, der Gefahrenzone entronnen.
Im Dämmerlicht schlichen wir, ohne gesehen zu werden, ins Haus Suvretta. Erst

nach Tagen wurde das Wetter wieder besser. Die Wand starrte schrecklich abweisend herab.

Wir warteten auf eine stabile Wetterlage, die in den ersten Märztagen endlich eintrat.

Wegen des lawinenbedrohten Wandvorbaus entschlossen wir uns, den zweiten Angriff durch das Stollenloch zu machen. Es schien uns wichtig, das Stollenloch, das wir von außen nicht ausfindig machen konnten, von innen her freizulegen, um, sollten wir zum zweitenmal vom Wetter überrascht werden, eine sichere Rückzugsmöglichkeit hinter uns zu wissen.

Bergsteigerisch sahen wir unseren Plan insofern gerechtfertigt, als wir eine ernsthafte Lawinengefahr bannten. Außerdem hatten wir den Wandvorbau bis in die Höhe des Stollenlochs bereits anläßlich des ersten Versuchs bewältigt. (In der alpinen Erschließungsgeschichte gibt es zahlreiche ähnliche Beispiele: Dru-Westwand – erste Sommer- und erste Winterbegehung, Grands Charmoz-Nordwand, Westliche Zinne-Nordwand, Lalidererspitze-Direkte Nordwand, Delagoturm-Direkte Nordwestwand, Däumling-Ostkante usw.)

Ausgerechnet am Tag nach meinem einunddreißigsten Geburtstag mußten wir einsteigen. Dabei hätte ich eine zünftige Geburtstagsfeier gar nicht verachtet. Aber wir feierten nicht. Wir krochen in der vierten Nachmittagsstunde auf unser Lager. Und heute, zweieinhalb Stunden nach Mitternacht, rasselte der Wecker.

Als wir die Scheidegg verließen, war es hinter den Fenstern der langen Zimmerfluchten dunkel.

Klirrende Kälte. Jeder Schritt war vom Knirschen des Schnees begleitet. Die freigepflügte Trasse der Jungfraubahn war unser Weg. Nach einer knappen Stunde langten wir bei der Station Eigergletscher an. Das Licht einiger Bahnlampen funkelte im Schnee, alles war still. Auch wir redeten kein Wort. Niemand durfte uns hören oder sehen. Am Stationsgebäude vorbei, dann kam der spannende Moment: das Tor des über sieben Kilometer langen Eiger-Tunnels. Wenn es nicht offen ist, dachte ich, müssen wir wieder hinab zur Scheidegg, unsere Ski holen und nochmals über den Wandvorbau hinauf. Und dann hätten wir das Stollenloch erst recht nicht ausfindig gemacht. Im Wächtergebäude links des Tunnels war Licht – aber den finsteren Schlund, in dem wir untertauchen wollten, konnten wir bereits erkennen. Nur der Wächter durfte uns nicht erwischen, denn das Begehen des Tunnels ist verboten. Wir wandelten auf verbotenen Wegen, das war aufregend. Niemand sah uns. Züge waren um diese Zeit noch keine zu befürchten. Der erste mußte zwischen sechs und sieben im Tunnel hochkriechen, bis dahin werden wir längst in der Wand draußen sein, sagten wir uns. Und das war wichtig, denn der Tunnel ist gerade breit genug für den Zug, mehr hat nicht Platz. In völliger Dunkelheit stolperten wir aufwärts. Bei Kilometer 3,8 der 9,3 Kilometer langen Gesamtstrecke (ab Scheidegg) in 2600 Meter über dem Meer war das Stollenloch. Links mußte es sein. Aber in der Dunkelheit, trotzdem ich ab und zu auf den Höhemesser geleuchtet hatte, fanden wir es nicht. Wir stolperten weiter. Einem Licht entgegen, das wir weit oben sahen. Jede Nische in der linken Tunnelwand leuchteten wir aus.

»Dieses verdammte Loch«, schimpfte Mannhardt, »wären wir doch gescheiter wieder über den Wandvorbau hinauf!«
Wir tasteten weiter, und fanden das begehrte Loch nicht. Der Höhenmesser zeigte bereits auf 2800 Meter. Aber, dachte ich, der wird im Tunnel nicht richtig funktionieren. Das Licht, das wir schon lange sahen, war dann ganz nahe vor uns. Und bald auch wurde die Tunnel-Trasse weniger steil.
»Halt! Nicht weiter!« warnte ich halblaut. »Da vorn muß bereits die Station Eigerwand sein. (Station Eigerwand: 2865 Meter.) Wir haben das Stollenloch verpaßt – zurück!«
Also mußten wir im Tunnel wieder absteigen. Noch gründlicher leuchteten wir die talseitige Tunnelwand ab. Und endlich fanden wir es, das Stollenloch. Der Zeitverlust von mindestens einer Stunde ärgerte uns. Schlamperei! Dabei waren wir noch lange nicht in der Wand draußen. Eine etwa zwei Meter dicke Schnee- und Eiswand mußte durchbrochen werden. Mit Kinderschaufel und Eisbeil arbeiteten wir wie besessen. Es war peinlich darauf zu achten, daß kein Schnee in den Tunnel flog. Dann endlich, um sieben Uhr, standen wir draußen in der Wand, vom fahlen Licht des werdenden Tages umgeben. Da sahen wir, daß sich die Biwakhöhle achtzig Meter westlich des Stollenlochs befand. Wir waren in der Wand, ganz plötzlich, und das war erregend, fast erdrückend. Jetzt konnte es losgehen: Wir legten die Steigeisen an und traversierten hinüber zur Biwakhöhle, um das dort hinterlassene Material in die Rucksäcke zu verstauen. Alles war mit Frost und Schnee bedeckt. Die Rucksäcke, deren Gewicht bisher ganz erträglich war, wurden wieder füllig und beängstigend schwer.
Um neun Uhr erst konnte die Höhle wieder verlassen werden. Kinshofer als Seilerster. Hinter ihm Almberger, Mannhardt, ich. Eine Kette, die auf Gedeih und Verderb zusammenhalten muß. Eine Kette aus Menschen, in der jeder auf den anderen angewiesen ist. Auch das zählt zum großen Glück am Berg: vor oder hinter sich einen Kameraden zu wissen, auf den man sich, was auch immer kommen mag, verlassen kann.
Wieder zurück zum Stollenloch, dann begann winterliches Neuland, das große Unbekannte. Kinshofer war die ersten zwanzig Meter losgerannt, als hätte er zeigen wollen, wie schnell man im steilen Pulverschnee zu steigen in der Lage ist. Dann wurde sein Tempo langsamer, wenig später ging das Höherkommen nur noch ruckweise vor sich.
»Ganz schöner Krampf, der Schnee, keine Bindung mit dem Fels!« rief Kinshofer mit bedenklicher Stimme herab. Und mit jeder Seillänge (45 Meter) wurde das Gelände steiler, unangenehmer, subjektiv gefährlicher, weil nicht überall eine gute Sicherung angebracht werden konnte. Alles ging denkbar zeitraubend vor sich.
Außerdem befanden wir uns gar nicht auf der Originalroute, sondern rechts von ihr. Natürlich absichtlich: wir kletterten dort, wo die zwar immer dünner werdende, aber doch noch zusammenhängende Schneedecke am weitesten hinaufreichte. Und das war unterhalb rechts des Schwierigen Risses der Fall; im Sommer wird er von links nach rechts erreicht, wir wollten es umgekehrt machen. Es

glückte uns auch, aber die Linksquerung war äußerst heikel – überall, wo wir uns zu halten versuchten, war entweder lockerer Schnee oder glatter und vereister Fels. Die vierzig Meter nach links zum Schwierigen Riß hatten es in sich. Schon da zeichneten sich die Vorteile der Viererseilschaft ab. Während einer kletterte, konnten die drei anderen an drei verschiedenen Punkten sichern. Dadurch hatten wir die Gewähr einer größtmöglichen Sicherung. Freilich auf Kosten des Tempos. Aber Sicherheit schien mir, von Anfang an, mehr wert zu sein als Tempo. Vor dem Quergang nach links konnten wir bereits die vierzig Meter hohe Steilstufe mit dem Schwierigen Riß sehen. Das sagte Almberger:

»So, daß Rißl da drüben überlaßt's mir, auf des freu' ich mich schon lang!«

Das hörte sich an wie eine Liebeserklärung.

Und keinem war es eingefallen, ihm den Schwierigen Riß, auf den sich Almberger schon so lange gefreut hatte, streitig zu machen.

Almberger schien in richtige Stimmung gekommen zu sein. Das war gut vor dem ersten großen Bollwerk. Der Schwierige Riß heißt nicht zufällig so. Schon im Sommer, nicht von Eis und Schnee gepanzert, ist er schwierig. Erst recht im Winter.

Almbergers Begeisterung war schon am Beginn des Schwierigen Risses gedämpfter, denn von stilreinem Klettern konnte nicht die Rede sein. Die senkrechte Wandstufe, die im Sommer schon den vierten Schwierigkeitsgrad aufweist, mußte mit Steigeisen an den Füßen bezwungen werden. In den ersten Metern war ein dünnes, vergilbtes Hanfseil zu sehen. Auf zwei oder drei Meter, dann verschwand es unter dem dicken Eis. Die Genferin Loulou Boulaz, die 1959 mit Michel Vaucher die Wand versuchte, hatte es hängen lassen. Eineinhalb Jahre hing es schon da, dieses dünne und morsche Seil. Almberger kletterte es an, um sich an ihm zu halten.

»Mensch, an dem alten Strickl willst dich halten?« fragte Kinshofer besorgt.

»Ja, was willst sonst machen in dem Dreck? Ich probier's ganz vorsichtig – es wird schon halten!« beruhigte ihn Almberger.

Er hatte das Seil noch nicht erreicht, da jagte ich schnell einen zweiten Sicherungshaken in den Fels – für alle Fälle!

Almberger langte nach dem Seil, hielt es fest, belastete es vorsichtig.

»Es hält, prima, es hält!« meldete er erfreut.

Aber nur für wenige Meter war es ihm eine Hilfe. Wieder hatte er sich mit dicken Eisplatten herumzuschlagen. Nur Scharren der Steigeisen und hartes Schnaufen war zu hören. Kein Wort. Almberger kämpfte verbissen.

Kinshofer, der das Doppelseil bediente und sicherte, konnte die Seile nur zentimeterweise nachgeben. Was sind Zentimeter in einer eintausendachthundert Meter hohen Wand! Die Kletterstrecke in dieser Wand ist fast vier Kilometer lang. Und am Schwierigen Riß ging es um Zentimeter. Ganze zwei Stunden brauchte der wackere Almberger für fünfunddreißig Meter. Dann konnte der Gute wieder begeistert sein und sich freuen und uns zurufen:

»Buam, Mander, das ist ganz schön gesalzen, aber pfundig – kommts nur, ihr werdet es selber sehen, narrisch, einfach narrisch, aber pfundig!«

Wir kamen auch. Zuerst Kinshofer, dann Mannhardt, dann ich. Almberger hatte nicht zuviel versprochen. Der Schwierige Riß kostete uns insgesamt über vier Stunden. Als ich mit den letzten Metern raufte, begann es zu dämmern. – Jetzt, wo wir fünfzig Meter oberhalb der verteufelten Wandstufe in einer sechzig Grad steilen Schneeflanke kauern, leuchten friedlich über uns die Sterne.
Am Morgen des zweiten Tages: »Meine Herren, wollen Sie sich bitte bemühen, das Frühstück einzunehmen!« sagt einer ironisch.
Halb sieben. Die Kälte ist morgens am scheußlichsten. Jeden Handgriff möchte man am liebsten vermeiden. Aber es hilft nichts, wir müssen zum Aufbruch rüsten. Ich koche heißen Sanddornsaft, den wir schnatternden Gestalten gierig trinken. Dann wird alles sauber verpackt und weiter geht's. In Richtung Hinterstoisser-Quergang. Es wird kein großes Hindernis sein, denke ich. Den Schnee auf dem Plattenschuß werden wir abräumen, dann können wir das vom Sommer 1958 noch vorhandene Geländeseil benützen und ohne Schwierigkeit oder Gefahr traversieren. Aber schon die Strecke vor dem Hinterstoisser-Quergang ist alles andere als leicht. Im Sommer kann man hier fast gehen; jetzt haben wir mit einer steilen, haltlosen Schneeflanke zu raufen. Und die Zeit verrinnt, ohne daß wir's richtig merken. Die Vielseitigkeit der äußeren Eindrücke, die allein schon jedes harmlose Aufschauen vermittelt, und das Erregende, das ich bei jedem Meter des Höherkommens erlebe, rauben mir das Zeitgefühl.
In den letzten zwanzig Metern bis zum Quergang muß man auch im Sommer zupacken. Dritter Schwierigkeitsgrad etwa. Für uns sind die zwanzig Meter, vollkommen unter Schnee und Eis, ein zeitraubendes Hindernis. Zwei Stunden benötigt die ganze Seilschaft.
Kinshofer hat den Beginn des Quergangs erreicht.
»Wie schaut er aus?« frage ich.
»Geht schon!« sagt Kinshofer gelassen in einem Ton, als überschreite er den Münchner Stachus bei Grünlicht: geht schon!
Also, denke ich, wenn der Quergang kein sonderliches Problem darstellt, können wir anderen nachkommen und brauchen uns nicht hier herunten auf getrennte Standplätze verteilen, um zu sichern. Wir steigen nach. Alle sind wir dann am Beginn des Quergangs vereint. Aber was ich jetzt sehe, ist von »geht schon« verdammt weit weg. Der Plattenschuß trägt nicht Schnee, sondern blankes Eis. Kinshofer pickelt gleich am Anfang einige kleine Schollen heraus. Und da sehen wir noch mehr: Das Eis ist etwa zwanzig Zentimeter dick. Zwischen Eis und Fels: ein gefährlicher Hohlraum. Scheußlich. Irgendwo und irgendwie muß der Rieseneisschild ja schließlich getragen werden, das wissen wir, aber wo und wie, das wissen wir nicht. Die freistehende Eisplatte muß einer gefährlichen Spannung ausgesetzt sein – ob sie stark genug ist für das Gewicht eines Menschen? Wir wissen es nicht. Wenn die Eisplatte in sich zusammenbricht, so ist das die Katastrophe für die gesamte Seilschaft. Denn die Sicherungsmöglichkeiten am Beginn des Quergangs sind mehr moralischer Art. Hier nämlich ist kein festes Eis, sondern gepreßter Schnee: zu weich, daß ein Eishaken hielte, zu fest, um unsere Eisbeile tief genug einrammen zu können. Die zwanzig Meter zurück, um

von unten zu sichern, wollen wir auch nicht, das wäre zu umständlich und zeitraubend.
»Ach, das geht schon! Ist alles fertig? Dann fang' ich an«, sagt Kinshofer.
»Alles fertig, ich hab' dich!« antwortet Almberger, der die Sicherung übernommen hat.
Dann ist es erschreckend still um uns. Sechs Augen hängen unablässig an Kinshofer. Ich schaue für einen Augenblick hinab, wo die Steilstufe, die uns trägt, auf den Wandvorbau stößt. Gut hundert Meter sind es bis da hinunter. Nein, hundert Meter freien Sturz kann man nicht überstehen, denke ich, auch im Winter nicht, wenn der Wandvorbau Schnee trägt.
Die Eisplatte ist etwa siebzig Grad steil. Aber das scheint den guten und großen und wunderbaren Toni Kinshofer wenig zu beeindrucken. Eine unendliche Ruhe steckt in ihm. Eine Ruhe, wie ich sie an keinem anderen meiner vielen Kameraden und Freunde erlebte. Er scheint das Eis zu streicheln. Jede Bewegung sitzt. Jede Ritze, die er mit dem Eisbeil vorsichtig freikratzt, ist ein Griff. Und die Frontalzacken seiner Steigeisen dringen zwei Zentimeter in das spröde Glas, dessen schreckliche Hohlräume wir stets hören.
»Wie gehts, Toni!« fragt Almberger vorsichtig, um ihn nicht zu erschrecken.
»Geht schon!«, sagt Kinshofer.
Zoll um Zoll. Eine Stunde lang. Entsetzlich, wie lang eine Stunde sein kann. Und wie kurz die Strecke, die Kinshofer in dieser Zeit bewältigt: Zwanzig Meter. Lumpige zwanzig Meter von vier Kilometern! Aber es passiert nichts und es »geht schon«.
Nach zwanzig Metern erreicht Kinshofer schneefreien Fels und einen sicheren Haken. An ihm hängend, kann er verschnaufen – wir hören es. Die Situation ist gerettet – bravo!
Die Querung ist wohl vierzig Meter lang, aber das schlimmste Stück gehört uns. Die Fortsetzung besteht aus gemischtem Gelände: steiler Fels, an dem kleinere Schnee- und Eisplatten kleben.
»Jetzt gehts viel besser! Seid's fertig? Dann geh' ich weiter.«
»Ja, von mir aus kannst weitermachen!« sagt Almberger.
»Wart', Toni, schau noch, ob der Haken gut ist, wenn nicht, dann schlagst lieber noch einen dazu«, rate ich ihm.
»Hast recht, noch ein Haken wär nicht dumm – ich schlag noch einen«, sagt er verständnisvoll.
Und Kinshofer klettert weiter nach links. Um eine Kante. Wir können ihn nicht mehr sehen. Die Schwierigkeiten müssen weiterhin groß sein, denn die Seile laufen verdächtig langsam über Almbergers Schultern.
»Wie gehts, Toni?« erkundigt sich Almberger wieder.
»Geht schon!« ist die prompte Antwort. Wie könnte sie bei Kinshofer auch anders sein. Ich glaube, fragte man Kinshofer mitten im Stürzen, wie es ihm ginge, würde er auch sagen: geht schon. Aber Kinshofer ist noch nie gestürzt. Bei seiner Sicherheit scheint ein Sturz unmöglich zu sein.
Er arbeitet sich immer noch hinter der Kante nach links.

Jetzt bewegen sich auch die Seile nicht mehr. Wir versuchen, etwas zu hören. Nichts. Auch Pickel- oder Hammerschläge nicht.
Plötzlich spürt Almberger an den Seilen, die zu Kinshofer führen, einen starken Ruck, dann gefährlichen Zug, der ihn aus dem Stand zu reißen droht. Almberger aber reagiert schnell und stemmt sich gegen den Seilzug. Anderl Mannhardt steht daneben, greift in die Seile und hilft halten. Und ich, etwas tiefer, schlage mit dem Hammer auf das eingerammte Eisbeil, um es noch tiefer in den Schnee zu bohren. Sekunden vergehen, ohne daß wir von Kinshofer, der, dem Seilzug nach, gestürzt sein mußte, auch nur den leisesten Laut zu hören. Nur in dem Augenblick, als Almberger den Ruck bekam, hörten wir klirrendes Eisenzeug. Haken und Karabiner, die Kinshofer angehängt hat. Und das Poltern einiger Eisbrocken hörten wir, mehr nicht.
»Toooniii!« rufe ich besorgt hinüber. – Drückende Stille. –
Dann schreien Almberger und Mannhardt, dann wieder ich. »Wird nicht so schlimm sein«, sagt Mannhardt, »der Toni läßt sich immer Zeit beim Antwortgeben; da hat er mich oft schon narrisch g'macht.«
Und endlich meldet sich Kinshofer:
»Regt's euch nicht auf. Nur eine Eisplatt'n ist ausgebrochen und mich hat's fünf Meter gschmiss'n, sonst ist nichts passiert – ich geh' gleich weiter, paßt's auf, jetzt gehts besser, weil die Eisplatt'n weg ist!«
Nur fünf Meter gestürzt, sonst sei nichts passiert.
Das ist Toni Kinshofer, einfach nicht aus der Ruhe zu bringen.
Ein Glück, daß zwei gute Haken im Fels stecken.
Kinshofer erreicht wenig später das Ende der heimtückischen Querung. Die Schlacht an dieser Stelle ist gewonnen. Aber bis alle den Hinterstoisser-Eispanzer bewältigt und das Erste Eisfeld erreicht haben, ist es Nachmittag.
Jetzt verrinnt die Zeit wieder zu schnell.
Das Erste Eisfeld. Es ist steil und blank. Jetzt bleiben wir auseinander. Auf den Standplätzen dürfen nur immer zwei zusammentreffen; wir sind gewarnt.
Das Erste Eisfeld zu begehen ist anstrengend, aber böse Überraschungen erleben wir keine mehr.
Nach drei Seillängen sind wir vereint am oberen Rand des Ersten Eisfeldes. Und alle sind wir begeistert von Kinshofers Leistung.
»Halb so wild«, sagt er nur. Aber es war, wenigstens für uns drei, wild genug.
Wir könnten noch zwei Stunden klettern und die kurze Felsstufe neben dem sogenannten Eisschlauch unter uns bringen. Aber wir bleiben hier. Der Platz, den wir aus dem Eis pickeln, ist zwar bedeutend kleiner als der gestrige, aber unterhalb der Stufe sind wir vor Geschossen aus dem oberen Wandteil sicher. Gute Sicherungshaken können wir auch anbringen.
Kinshofer ist von den Vorbereitungsarbeiten fürs Biwak ausgeschlossen. Er muß sich erholen. Auch wenn er sagt, daß er gar nicht müde sei.
Die Stimmung für die zweite Nacht ist gut. Und heute gehen die Handgriffe bei den Vorbereitungsarbeiten viel besser vor sich. Wieder wird ein Schrägdach gebaut, um vor dem unangenehmen Schneestaub bewahrt zu bleiben. Die

Abendmahlzeit besteht wieder aus heißem Sanddornsaft und gekörnter (pflanzlicher) Brühe. Der Sanddornsaft schmeckt wunderbar, nur die Suppe ist den Kameraden zu fad. Dabei verwendete ich genau die gleiche Extraktmenge wie am Vorabend. Das macht mir klar, daß unsere Körper, die unter den Anstrengungen viel Salz verloren, neue Zufuhr brauchen. Für den zweiten Suppen-Gang verwende ich mehr Extrakt, est dann schmeckt die Brühe »genau so wie gestern!« heißt es, obgleich sie in Wirklichkeit viel konzentrierter ist.
Die Nahrung, für die wir uns entschlossen hatten, scheint glücklich gewählt zu sein. Sie ist leicht, stark konzentriert, reich an Vitaminen und Kohlehydraten, vor allem gut zu verarbeiten und leicht verdaulich: vierundzwanzig Dosen Sanddorn-Vollfrucht, zwei Kilo spezialverpackten Vollkorn-Zwieback, hundert Beutel Ovomaltine, eine Dose gekörnte Brühe, zwei Tuben Milch, drei Tuben Confitüre und fünfhundert Gramm Traubenzucker, das ist unsere Mannschaftsnahrung. Außerdem hatte es jedem freigestanden, ein Stück Lieblingsnahrung mitzunehmen: Kinshofer und Mannhardt schwören auf ihren Bauernspeck, Almberger ist enttäuscht, weil seine »Krakauer«-Wurst zu einem steinharten Totschläger geworden ist, ich genieße zwischendurch Trockenfleisch. Der Proviant für neun Tage wiegt pro Teilnehmer nicht mehr als zweieinhalb Kilo.
Eng sind wir auf dem Platz zusammengepfercht. Wir können uns kaum bewegen, deshalb frieren wir. Ich verteile Ronicol-Tabletten zur Förderung der Blutzirkulation. Es muß alles unternommen werden, um ernsthafte Erfrierungsschäden zu vermeiden.
Zwei meiner rechten Zehen, die ich mir in der Nordostwand des Lyskamm-Westgipfels erfroren hatte, sind noch offen. Aber diese Erfrierungen hatten auch ihr Gutes: sie zwangen mich, für den Eiger Spezialschuhe zu entwickeln und herstellen zu lassen. Diese Spezialschuhe, bestehend aus einem lederverkleideten Filzinnenschuh und einem stabilen Außenschuh, tragen wir jetzt. Jeder ist begeistert. Nur selten, wenn wir zu lange auf einem Tritt stehen müssen, spüren wir schmerzende Kälte. Almberger allerdings macht mir Sorgen. Er ist zu bequem, die Außenschuhe für die Nacht auszuziehen. Das ist freilich etwas anstrengend und zeitraubend, aber es lohnt sich, denn ohne die schweren Außenschuhe – im Daunen-Fußsack oder in den Daunen-Biwakschuhen – bekommt man sofort warme Füße.
Wir sind müde und abgespannt. Aber richtig schlafen können wir nicht. Von Zeit zu Zeit müssen wir unsere Sitzstellung ändern; Krämpfe und eingeschlafene Gliedmaßen plagen uns. Die Kälte des ausgepickelten Blankeises, auf dem wir sitzen, dringt Stunde um Stunde mehr in unsere Körper. Und dennoch, als sich der Morgen nähert, graust es uns vor dem neuen Beginnen. Umständliches Abkochen, langwieriges Anziehen der Schuhe und Spezialgamaschen, Entwirren des Seilknäuls, auf dem wir saßen, Schimpfen und Seufzen. Die metallene Ausrüstung kann nur mit Handschuhen angefaßt werden, sonst bleibt vor Kälte die Haut am Eisenzeug kleben.
Dann die ersten Meter. Sie sind immer die häßlichsten. Besonders heute, da gleich die steile Felsstufe neben dem Eisschlauch zu bewältigen ist. Aber Toni

Kinshofer beginnt, als sei in den letzten zwei Tagen nichts gewesen. Meter um Meter ringt er dem brüchigen und verschneiten Fels ab. Die Sicherungen sind gut. Anschließend eine sehr steile, mit Wassereis überzogene Felszone. Ein aufgestellter Eislaufplatz! Da klagt keiner mehr über Kälte. Wir schwitzen wie Schwerarbeiter.
Dann das riesige Zweite Eisfeld. Seine Diagonale mißt einen halben Kilometer. Und es ist fünfundfünfzig Grad steil. Kaum daß Almberger als Seilzweiter das Eisfeld betreten hat, hören wir ihn jodeln.
»Pfundig, Buam, kommts herauf, ab da kann man spazieren!« ruft er uns zu. Wirklich, das Eisfeld trägt windgepreßten Pulverschnee, der griffig ist und zügiges Steigen erlaubt. Aber mit dem Spazieren ist es nicht weit her.
Der griffige Schnee hat den Nachteil, daß keine Eishaken zur Sicherung angebracht werden können. Nur der eingerammte Eisbeilschaft dienst als Fixpunkt. Und niemand weiß, was der Schnee, in dem der Schaft steckt, an Belastung aushält. Deshalb ist unser nächstes Ziel der obere Rand des Zweiten Eisfeldes, wo Fels und Schnee zusammenstoßen. Da können Felshaken geschlagen werden. Und da erst können wir richtig begeistert sein. Bei jeder Gelegenheit werden humorvolle Worte gewechselt.
Es ist schön, mit solchen Kameraden am Berg zu sein. Weit mehr ist zwischen uns, als nur das Seil, das uns äußerlich verbindet. Eine herrliche Gemeinschaft, in der der Einzelne ohne die anderen nicht existieren kann. Wie es um unsere Gemeinschaft steht, zeichnet sich oft nur in kleinen Begebenheiten ab. Es vergeht keine Stunde, wo sich nicht einer nach des Kameraden Befinden erkundigt. Jeder geäußerte Wunsch wird von dreien zu erfüllen versucht. Das ist schön. Und ich kenne es nur von den Bergen her; im Tal, in den Städten erlebe ich es nicht. Die Urlandschaft der Berge, frei von allem, was uns in den Städten vergewaltigt, ist noch ein Raum, der uns zwingt, das zu sein, was wir sind: Menschen.
Das Queren am oberen Rand des Zweiten Eisfeldes, nahe der Felsen, ist schwieriger und zeitraubender als erwartet. In Felsnähe befindet sich unter der nur noch dünnen Schneeschicht Blankeis. Und Blankeis mit Pulverschneeauflage ist heimtückisch. Aber wir klettern dem Sonnenlicht entgegen. Das ist verheißungsvoll, denn seit unserem Einstieg sahen wir es nur weit von uns entfernt. Sonne! Erst hier lernt man ihre Kraft, ihre Wärme zu schätzen.
Der Felsgürtel, der das Zweite Eisfeld vom Bügeleisen trennt, erfordert harte Arbeit.
In völliger Dunkelheit klettere ich dann, oberhalb des Felsgürtels, die letzten vierzig Meter über steiles Eis zum dritten Biwakplatz. Achtzig Meter rechts vom Bügeleisen. Ein elender Platz. Knapp einen halben Meter tief und nur so breit, daß wir aneinandergepreßt sitzen können. Mit Stirnlampen wird der Fels nach Hakenrissen abgesucht. Alles glatt. Keine Sicherung. Aber es wäre zu gefährlich, auf diesem winzigen Platz ungesichert die Nacht zu verbringen. Ein Bohrhaken, für den zuerst in langwieriger Handarbeit ein Loch gebohrt werden muß, wird mühevoll angebracht. Die Bohrhaken haben wir eigens für solche Situationen mitgenommen. Auch für den vielleicht notwendigen Rückzug.

An Abkochen ist nicht zu denken. Für den kleinen Benzinkocher ist kein Platz. Die Beine hängen über dem Abgrund, so erwarten wir die Nacht. Ein kümmerliches Warten. Almbergers Optimismus hat noch nichts eingebüßt: »Wenn wir uns morgen beeilen, kommen wir bestimmt bis in die Spinne, und ab Spinne sind wir dann übermorgen gleich auf dem Gipfel.«
»Meinst nicht«, sagt Mannhardt ironisch, »daß wir morgen schon auf den Gipfel kommen?«
»Wer weiß! Das kann keiner wissen, vielleicht ist der restliche Teil leichter als im Sommer?«
Mit Anderl Mannhardt darf man ein so positives Gespräch nicht führen. Der einundzwanzigjährige Anderl aus dem oberbayerischen Rottach, wo er in einem Sägewerk arbeitet, scheint der geborene Skeptiker zu sein. Anderl traut beim Klettern selbst dem nächsten Meter nicht. Wenn einer äußert, daß die nächste Seillänge nichts Besonderes biete, wehrt Anderl gleich ab und sagt, das könne man erst behaupten, wenn man vierzig Meter weiter oben ist. Er will immer alles ganz genau wissen, der Anderl.
Einundzwanzig Jahre sind für ein solches Unternehmen ein bescheidenes Alter, gewiß, aber bei Mannhardt wird es aufgewogen durch Vernunft und Vorsicht. Außerdem gehören er und Kinshofer einfach zusammen. Sie bilden seit Jahren eine Seilschaft. –
Unsere bis dahin längste Nacht. Eine Nacht ohne Ende, ohne Schlaf, ohne Erholung. Einige solche Nächte, denke ich, würden uns fertig machen. Aber morgen wird die Nacht bestimmt besser sein, hoffe ich. Sie muß besser sein, sonst werden wir zu sehr geschwächt. –
Nur langsam wird es grau im Osten, hell. Aber wir warten heute nicht, bis uns richtiges Tageslicht umgibt. Bereits im gespenstischen Grau, noch nicht Tag und nicht mehr Nacht, beginnen wir zu arbeiten. Die Kameraden stellen sich dicht zusammen, nur so kann ich den Kocher in Betrieb setzen; wir brauchen vor den Anstrengungen des Tages heiße und kräftige Getränke. Es gelingt. Und bald ist die Stimmung wieder froher. Bevor Kinshofer den Platz verläßt, bittet Almberger um Sicherung, aber schnell, sonst . . .
Er wird fünf Meter nach unten gesichert, und es zeigt sich, daß diese allzumenschliche Tätigkeit auch in einer Steilwand, in beißender Kälte, noch zu vollbringen ist.
Die achtzig Meter lange Querung hinüber zum Bügeleisen ist heikel. Vertrautes Gelände: Blankeis mit Pulverschnee-Auflage. Aber wir sind froh, den Platz verlassen zu können.
Schon nach den ersten Metern wird einem warm. Am oberen Ende auf dem Bügeleisen kann man wenigstens bequem stehen. Genau hier ist das Todesbiwak von Karl Mehringer und Max Sedlmayr, die 1935 nach ihrem kühnen Versuch im Schneesturm umgekommen sind. Ich muß an ihr Schicksal denken.
Kinshofer und Almberger sind bereits links draußen im verrückt steilen Dritten Eisfeld, das durchweg blank ist. Alles geht nur langsam vorwärts. Zwischen den Standplätzen müssen im Eis Sicherungshaken geschlagen werden.

»Wenn wir heute am Beginn der Rampe biwakieren, haben wir Schwein!« sagt Mannhardt etwas ungeduldig. Aber auf dem Dritten Eisfeld, wo ich von ihm urbajuwarische Kraftausdrücke höre, sieht er, daß man da nicht schnell darüberhuschen kann. Das Dritte Eisfeld gehört im Sommer zu den größten Gefahrenzonen der Wand. Bei uns ist alles ziemlich ruhig. Nur gestern, in der Sonne, krachten ab und zu Steinbrocken neben uns in den Schnee. –

Die Rampe. Endlich können wir einige Seillängen richtig klettern. Die Rampe ist mit gewaltigen Schneemengen angefüllt. Aber der untere Teil bietet auch im Schnee keine allzugroßen Schwierigkeiten.

Die erste gute Biwakmöglichkeit, etwa in Mitte der Rampe, nehmen wir wahr. Endlich wieder einmal gut zu schlafen, das ist der Wunsch aller. Mannhardt und ich bauen den Platz aus, während Kinshofer und Almberger für den nächsten Tag noch eine Seillänge vorbereiten. Das Wetterglück ist immer noch auf unserer Seite. Nur starker Wind herrscht seit einigen Stunden. Aber wenn nicht mehr kommt, denke ich, können wir zufrieden sein. Alle sind in bester Stimmung.

Ich widme mich der Expeditionsküche, denn alle sind wir hungrig. Tagsüber gab es bisher nur einige Beutel Ovomaltine, mit körnigem Schnee gemischt, laut Almberger das beste »Nordwandeis«.

Wir haben ein kleines Taschenradio dabei und versuchen, Wetternachrichten zu hören. Aber nur bruchweise empfangen wir französische oder niederländische Stimmen. Wir ärgern uns. Aber vielleicht ist es gut, nichts zu hören, so erfahren wir nicht, was draußen in der Welt los ist. Ich komme jedoch nicht ab von der Vorstellung, daß die Wand ihren eigenen Raum hat. Ein Raum mit ganz anderen Schwingungen und Spannungen wie draußen in der Welt. Ich meine nicht das, was Wissenschaftler zu messen und registrieren in der Lage sind; ich meine jene Kräfte, die seelisch auf mich einwirken. Jene Last und Faszination meine ich, wie ich sie noch nie in den zwanzig Jahren, in denen ich zu Berge steige, so stark erlebte. Es muß mehr sein als nur die Größe der Wand. Der Raum, der uns umgibt, ist ein Raum für sich, wie eine Hülle, abgeschlossen von der übrigen Welt, im Schutze des riesigen Konkavs der Wand. Allein schon die Stille, die um uns herrscht, ist eigenartig. Entfernungsmäßig wäre es sicherlich möglich, das Glockengeläute oder Autogehupe von Grindelwald unten zu hören, aber jeder Laut, der seitlich von außen in den Raum dringen will, bricht sich an den mächtigen Kanten des Konkavs. So scheint es mir zu sein. Außer dem Motorenlärm der Flugzeuge, von denen wir täglich angeflogen werden, hören wir nichts von der anderen Welt. Und ich sehe in diesem Raum auch nichts, was an Leben erinnert, nichts, was lebt oder gelebt hat, alles ist tot. Raum des Todes. Das Wissen um die Menschen, die in diesem Raum untergingen, ist freilich erdrükkend, aber mehr noch bewegt mich, daß alles, was mich umgibt, tot ist. In den Ritzen und Spalten kein Moos, das anderswo im Gebirg oft nach Fäulnis riecht und dann wieder den Geruch des Meeres hat. Selbst faulendes Moos lebt. Hier lebt nichts. Nur wir. Kein kältestarres Insekt, das einmal gelebt hat, ist hier zu sehen. Keine Dohle, kein dürres Gras. Nichts. Im Raum des Todes kann sich kein Leben lange halten.

Ich schrecke auf und schaue umher: da sitzen die Kameraden. Ich sehe ganz schwach ihre Umrisse, Kinshofer spüre ich neben mir. Ich spüre die Körperwärme des Schlafenden; des großen Toni Kinshofer, den ich liebe wie einen Bruder, den ich bewundere und verehre wie einen Helden.
Der große, gerade Mann, von dem man nur selten erfährt, was er denkt, und niemals weiß, was er fühlt. Er ist immer da, wo Gefahren zu bannen und Schwierigkeiten zu meistern sind.
Ohne Kameraden muß hier jeder Mensch, der fühlt und stark erlebt, zugrunde gehen, das weiß ich. Und nur weil sie da sind, kann ich alles ertragen.
Halb sitzend, halb liegend, versuche ich zu schlafen. Mein Gesicht ist nahe am Fels, dessen eigenartigen Geruch ich aufnehme. Ein abgestandener Geruch, ohne bestimmte Richtung.
Dann taumle ich in bleiernes Dunkel, dem ich mich glücklich hingebe. –
Der Morgen des fünften Tages bereitet mir Sorgen: die Nadel meines Barometers ist um vier Striche gefallen. Das Wetter ist zwar noch schön, nur der Wind wurde stärker. Vier Striche! Das ist viel. Wenn die Barometernadel vor größeren Touren um drei Striche gefallen war, nahm ich stets von der Durchführung Abstand. Und jetzt sind es vier Striche! Ich bin zuerst ratlos, aber dann entschließe ich mich, die Beobachtung geheim zu halten. Es könnte sein, denke ich, daß dadurch eine nervöse Stimmung aufkommt. Schlechtwetterstimmung. Angst. Wenn das Wetter bis in die Spinne hält, überlege ich, kommen wir durch, denn ab Spinne sind Seilschaften schon bei elendigsten Verhältnissen und in schlechtestem Wetter durchgekommen. Allerdings im Sommer. Mit leichtem Gepäck und nicht nach fünf oder sechs Tagen in der Wand.
Oder soll ich's den Kameraden sagen, um über einen Rückzug zu sprechen? Natürlich könnten wir auch noch von hier zurück. Mit zweihundertachtzig Metern erstklassigen Seilen und dreißig Bohrhaken brauchten wir uns nicht einmal an die Aufstiegsroute zu halten; wir könnten uns gerade hinunter zur Station Eigerwand abseilen. Aber es wäre, trotz der guten Ausrüstung, ein wildes Abenteuer. Nein, ich sage nichts. Kein Wort, keine Andeutung. Weil ich innerlich ziemlich ruhig bin. Und das war bisher, in all den Jahren, immer ein untrüglich gutes Zeichen.
Die obere Rampen-Hälfte gehört zum schwierigsten Teil der Wand. Der berüchtigte Wasserfallkamin, der schon im Sommer mit dem Schwierigkeitsgrad fünf bewertet wird, strotzt vor Eis und Schnee. Und alles geht wieder schrecklich langsam voran. Toni Kinshofer, der als Seilerster ohnehin den leichtesten Rucksack hat, kann heute auch diesen nicht mehr tragen. Die Schwierigkeiten und Anstrengungen sind zu groß. Sein Rucksack muß jedesmal in Schwerarbeit nachgezogen werden. Zeit geht verloren und Kraft. Die Kälte auf den dürftigen Standplätzen ist fast unerträglich. Ich habe Angst um meinen rechten Fuß; seit Stunden ist er gefühllos. Der immer stärker werdende Wind treibt Schneefahnen von oben herab und wirft Eisstaub in unsere Gesichter. Immer wieder schauen wir uns prüfend an, ob das Antlitz des Kameraden noch frei ist von weißen Flecken, von Erfrierungen.

Und jeder sieht, daß des anderen Gesicht eingefallen ist und müde, mit dunklen Schatten um die Augen. Es ist ein harter Tag heute, denke ich, der härteste von allen. Und dennoch ist von keinem ein mürrisches Wort zu hören oder eine Klage. Nur Kommandos werden gewechselt. Es scheint, als hätten alle Lebensgeister von uns Besitz ergriffen, um uns zur Höhe zu bringen. Und es scheint, als wüßten meine Kameraden von meiner Barometer-Beobachtung. Denn jeder beeilt sich und macht genau den richtigen Handgriff. So muß es sein, wenn man einen Weg geht zwischen Abgrund und Höhe, zwischen Leben und Tod, einen Weg an der Grenze. –

Das Eis am Eiswulst, der die Rampe abschließt, ist dick und spröd. Die Felsen links davon, die im Sommer ein Ausweichen ermöglichen, sind voll Schnee, unbegehbar für uns. Also müssen wir gerade über den Eiswulst hinauf, nur so kommen wir weiter. Und wir müssen weiter. Über das steile Rampen-Eisfeld zum Brüchigen Band. Jede markante Stelle in dieser Wand hat ihren eigenen Namen. Das Brüchige Band aber ist kein Band. Es ist ein schmaler, herabhängender Schuttstreifen, dessen Steine von Eis zusammengeklebt sind. Auf diesem Terrain schleichen, tasten, schwindeln wir nach rechts, einer nach dem anderen, denn auch hier muß gut gesichert werden, Zum Brüchigen Riß, der zwanzig Meter hoch ist und die Verbindung zum Götterquergang darstellt. Toni Kinshofer, oberhalb des Brüchigen Risses, schreit begeistert:

»Eine dufte Stell', Buam, kommts, richtiger Genuß!«

Die Genußstellen des Toni Kinshofer lernten wir in den letzten Tagen vorsichtig zu genießen. Denn für ihn ist fast jede Stelle, besonders wenn sie schon unter ihm liegt, Genuß oder gar Hochgenuß. Ich bemühe mich zwar, am Brüchigen Riß Genüsse aufzunehmen, aber das Klettern ist mehr eine böse Rauferei. Zudem habe ich im rechten Fuß immer noch kein Gefühl. Meine Hände, die jetzt um so mehr zupacken müssen, sind klamm, sie schmerzen. Solche Schwierigkeiten kann man nicht mehr in Handschuhen bewältigen. Und von Westen her faucht schneidender Wind. Jetzt kommt alles zusammen: auch Nebel und Schneefall. Bei den Kameraden jammre ich über meine Wewehchen. Aber in der Tat ist es nichts als Angst. Pure Angst. Weiter können wir heute nicht mehr. Hier muß biwakiert werden. Am Beginn des Götterquergangs. Auf einem Platz, der gar keiner ist. Fünfundfünfzig Grad steiles Gefälle aus Schnee, Eis und Fels. Zehn Meter weiter unten bricht die Wand senkrecht ab. Und vollkommen dem Wind ausgesetzt. Jeder schlägt für sein Hinterteil einige Kerben heraus, das muß genügen für die Nacht.

Jeder zieht seinen Biwaksack über. Und jeder wartet. An einem Haken hängend, den knatternden Biwaksack, an dem der Wind reißt, haltend. Kochen können wir nicht. Zu zweit eine Dose kalten, zähflüssigen Sanddorn und etwas Zwieback.

Über das Wetter und über die Lage, in der wir uns befinden, reden wir nicht. Aber ich bin sicher, daß auch die Kameraden besorgt sind. Denn wir sind auf einem Waagepunkt angelangt. Auf einem Punkt, an dem man sich weder für den endgültigen Durchstieg noch für den Rückzug überzeugt entscheiden kann. Befänden wir uns auf dem letzten Biwakplatz, könnte man sich klar für den

Abstieg entschließen. Wären wir in der Spinne, wie ich's gehofft hatte, würde es nur den Entschluß für den Durchstieg geben. Hier aber überwältigt mich Ratlosigkeit. Und schreckliche Angst um meine Kameraden, um mich.
Angst um das nackte Leben, das so schön ist. In dieser Angst vermag ich nicht einmal zu dösen. Ich bin wach und habe klare Gedanken. Wenn das schlechte Wetter morgen anhält, denke ich, müssen wir hier bleiben und warten. In diesem Sturm und Schneetreiben kann man nicht mehr klettern. Nur warten. Hoffnungsvoll warten und frieren. –
Ich erwache. Draußen ist Grau. Die Kameraden sind noch ruhig, sie schlafen, an Seilen hängend.
Das Grau. Und das Schneerieseln auf der Perlonhülle. Aber der Wind ist weg. Nur grau ist alles. Soll ich hinausschauen in das Grau? Ich müßte nur den Luftschlitz aufmachen und schauen. Aber ich habe Angst vor dem, was ich draußen sehe – Nebel und Schnee, Grau.
»Was macht das Wetter?« fragt Kinshofer.
»Es rieselt.«
»Schneit es?«
»Ich weiß es nicht, aber es rieselt.«
»Mensch!« schreit plötzlich Almberger.
»Was ist?«
»Das Wetter – es wird schön – kein Schnee mehr!«
Ich reiße den Luftschlitz auf und sehe es. Wirklich. Freude und Glück. Unendliches Glück!
Weiter!
Auf ein Frühstück wird verzichtet. Wir wollen weiter. Vielleicht ist das nur eine kurze Aufhellung. Die muß genützt werden.
Weiter!
Kinshofer beginnt.
Der Götterquergang. Ein verrückter Name für die hundertfünfzig Meter lange Traverse, die steil ist und mit beängstigenden Schneeschildern bewehrt. Im Sommer eine geneigte Schutt- und Schrofenstufe, jetzt steil, ausgesetzt.
Anderl Heckmair, mein Freund, der die Seilschaft der Erstbegeher führte, kam auf diesen verrückten Namen. Er habe den Quergang als göttlich empfunden. Als Geschenk des Himmels, um in die Spinne zu kommen. Göttlich empfinden wir nichts. Nur Begeisterung, daß wir weiterkommen und wegen des Wetters beruhigt sein können.
Den ganzen Vormittag benötigten wir für den hundertfünfzig Meter langen Quergang. Zur Spinne.
Mit ihrem zweihundert Meter langen Eisfeld, das einen wilden Felskessel ausfüllt, ist sie im Sommer gefürchtet. Besonders bei schlechtem Wetter, wenn durch die seitlichen Rinnen dieses Kessels, durch die Arme der Spinne, Lawinen und Steinsalven donnern. Dann wird die Spinne zur Hölle.
Kinshofer und Almberger haben sie bereits betreten und melden, daß die Verhältnisse gut seien.

Ich folge. Aber nur langsam. Denn der Übergang vom Quergang in die Spinne ist ein fast senkrechter Spiegel. Aus sprödem Glas. Vorsichtig schiebe ich mich nach rechts und benütze die kleinen Kerben, die Kinshofer geschlagen hat. Nur wenige Meter fehlen bis in die Spinne . . . noch drei . . . noch . . .
»Aufpassen!« vermag ich nur noch zu rufen, zu schreien, verzweifelt. Rechts oben sind Kinshofer und Almberger, links, noch im Quergang, ist Mannhardt. Dazwischen mein gleitender Körper, ohne Laut, nur das klirrende Eisenzeug ist zu hören. Ein wilder Tanz von Eis und Fels, das Karussell des Todes! Da unten die Erde, weiß, die Scheidegg, fern, der Wandfuß, verrückt, die Wand, erschrekkend, und ich, mein Leben . . . es war schön . . . und jetzt? . . . aus . . . so nahe am Ziel? . . . aus? . . . ja . . . aber es war schön . . . alles.
Ein harter Ruck . . . die Beine pendeln nach unten. Ruhe. Ich hänge am Seil und kann es nicht glauben.
Die Kameraden, sie halten und verhindern das Letzte.
Mein Körper zittert. Aber nicht aus Angst vor dem Letzten. Er zittert, weil ich fühle, jene Grenze zwischen Leben und Tod überschritten zu haben. Ich sah den Bereich, der hinter dieser Grenze liegt, gar nicht schrecklich; betäubend, anziehend. Aber jetzt, am Seil hängend, bin ich wieder »da«, mit beiden Füßen in der Welt.
Almberger grinst und hält das Seil, das über seine Schulter läuft. Mannhardt schaut auf den Standhaken – er muß halten. Ich muß die Strecke, die ich gestürzt war, wieder hinauf, und sehe, daß eine der Kerben ausgebrochen und die Ursache des Sturzes war.
Dann komme ich in die Spinne zu Almberger und kann endlich aufschnaufen.
Mannhardt kommt nach. Erlösung. Wir sind in der Spinne. Über ihr Eisfeld steigen und rennen wir hinauf, als befänden wir uns den ersten Tag in der Wand. Freudengeschrei. Jeder gibt sein Bestes, denn jeder will zum Gipfel, endlich in die Freiheit, ins Licht.
Am oberen Ende der Spinne verlassen wir für kurze Zeit die Originalroute. Wir greifen die Ausstiegsrisse ganz rechts an. Es gelingt. Wir kommen weiter. Ohne Rast und Ruhe. Wenn wir von den technisch schwierigen Ausstiegsrissen heute noch einen Teil bezwingen, denke ich, kann es morgen ruhig stürmen und schneien – wir werden durchkommen. Aber keiner spricht so vermessene Gedanken aus, jeder fürchtet sich davor; Bergsteiger sind meist abergläubisch.
Von Rissen, Kaminen oder Rinnen ist nicht viel zu sehen. Zu Eis erstarrte Bäche sehen wir. Das müssen die Ausstiegsrisse sein. Aber immer, wenn wir Kinshofer fragen, wie der Weiterweg ausschaue, hören wir nur »geht schon!«
Auch der »weiße Quarzriß« gehört zu den Ausstiegsrissen. Schon im Sommer ist er ein hartes Stück. Jetzt ist er von einem großen Schneebalkon gekrönt. Toni Kinshofer packt ihn an. Nur langsam kommt er höher.
»Wie geht's Toni?« fragt Almberger.
Nur das Kratzen der Steigeisen ist zu hören. Dann:
»Es geht . . . paß gut auf!«
Verdammt, wenn Kinshofer sagt, »aufpassen«, dann geht es hart auf hart. »Wart

nur«, sagt Mannhardt, »da hinauf werden uns erst richtig die Augen aufgehen!« Ich schaue hinauf und sehe nur senkrechte Rinnen, die voll sind mit Eis und Schnee. Dann, endlich, hat Kinshofer den Quarzriß unter sich.
»Wie ist er?« frage ich.
»Geht schon, nur ein kurzes Stück ist narrisch!« sagt Kinshofer.
Über dem Quarzriß ist das »Corti-Biwak«. Hier, auf dem kleinen Vorsprung, verbrachte Claudio Corti Nächte und Tage des Schreckens. Hier hatte er die Deutschen Günter Nothdurft und Franz Mayer zum letzten Male gesehen. Hier soll sich etwas abgespielt haben zwischen Corti und den Deutschen, das der Italiener angeblich zu verheimlichen sich bemühte? Ein Verbrechen? Wohin konnten Nothdurft und Mayer von hier, um spurlos zu verschwinden? Nach links unmöglich. Vielleicht nach rechts, wo ich kletterbares Gelände sehe? Ein Rätsel.
Im letzten Ausstiegsriß wird es dunkel.
Mannhardt und ich stehen auf einigen Tritten beisammen.
Almberger klettert zu Kinshofer, der sich am Rißende befindet.
»Paß auf«, sagt Mannhardt so nebenbei, »die zwei da oben schmeiß'n ständig Zeug runter!«
Schon weiter unten, als ich noch kletterte, krachte es ab und zu. Je höher wir kommen, desto brüchiger werden die seitlichen Wände des Kamins. Das Lösen der Steine ist, besonders in der Dunkelheit, für den Kletternden oft nicht zu vermeiden. In jeder anderen Wand würde man vielleicht nervös werden und schimpfen. Mannhardt und ich sind ganz ruhig und warten. Auf Steine. Wenn ganze Salven über uns hinwegfegen, ruft Anderl:
»Machts keine Witz', wir sind auch noch da!«
Mannhardt will weiter zu den anderen, da ist oben ein Krachen und Sausen zu hören.
»Paß auf!« kann Anderl noch schreien.
Ich ziehe meinen Kopf ein, beuge mich nach vorn – da trifft der Schlag auf den Halswirbel, ein furchtbarer Schlag . . . ich bin unfähig, mich zu bewegen . . . lahm . . . alles ohne Kraft . . . Schmerzen . . . ich sacke haltlos zusammen.
»Toni! Toni!
Mensch, was ist denn!? Hast was? Red' halt!«
Anderl ist da. Der gute Anderl mit seiner groben Schale und seinem warmen Herz – er ist da.
Ich kann ihn hören, ich kann alles hören, ich kann auch sehen, die Nacht, das Dunkel, die Umrisse Anderls, nur reden kann ich nichts, kein Wort. Meine Arme hängen schlaff herab, als hätte ich keine; nur der Standhaken hält mich.
Mannhardt versucht, mich aufzurichten, da spüre ich wieder diesen wahnsinnigen Schmerz und ich schreie:
»Nicht! . . . nicht . . . mein Kopf, Anderl, mein Kopf, laß mich, mein Kopf!«
Mein Kopf kippt nach hinten. Meine Augen müssen weit geöffnet sein – ich sehe die Sterne, ihre ruhigen Lichter.
Ich spüre den Schmerz nicht mehr stark, oh, das tut gut. Es wird besser. Nur bleierne Müdigkeit ist noch in mir.

»Anderl, laß' mich da, geh' zu den anderen, ich komme nicht weg von hier – morgen vielleicht . . . laß mich da . . .«
»Red' keinen Blödsinn, da kannst nicht bleiben, komm', wird schon gehen – die anderen haben bestimmt schon einen guten Platz!«
Ich erhole mich schnell von dem Schlag, der das Hauptnervensystem getroffen haben muß – die ersten Augenblicke waren furchtbar.
Aber er hat recht, der Anderl, da kann ich nicht gut bleiben. Er klettert weiter und sagt, daß er aufpassen werde.
Dann mache ich mich an die letzte Seillänge des sechsten Tages. In der Hoffnung, eine gute und ruhige Nacht zu verbringen.
»Kannst gleich da unten bleiben!« sagt Almberger, fünf Meter über mir.
Hier? Heute, nach all den Aufregungen, kann mir Almberger mitsamt seinen schlechten Witzen über den Buckel rutschen, denke ich, ich habe keinen Sinn mehr für Witze, schon gar nicht für schlechte, und steige weiter.
»He, sei gescheit und bleib unten! Da ist genau so wenig Platz!« ruft Kinshofer.
Nein, das kann nicht sein, die sind jetzt alle verrückt, denke ich; hier biwakieren, die Nacht verbringen? Hier, wo nichts ist als ein schmaler Grat, der zu drei Seiten in die Wand abbricht? Anderl sagt es.
Anderl setzt sich im Reitsitz auf den Grat, legt den Rucksack vor sich hin, zieht den Biwaksack über, beugt sich auf den Rucksack – und schläft!
Ich neben ihm, im Damensitz, lange Zeit nach einer Hakenritze suchend, denn ohne Sicherung scheint mir der »Platz« doch nicht geheuer. Ein Haken dringt in den Fels, dürftig – aber er wird schon halten.
Und dann beginnt wieder das Warten. Endlos. Aber es ist die letzte Nacht, das wissen wir. Deshalb können wir alle Strapazen und Entbehrungen ertragen.
Ab und zu nicke ich ein und kippe nach vorn. Aber bevor ich das Gleichgewicht verliere, bin ich hellwach, um mich zu halten. Nur jetzt keinen Blödsinn oder Fehler machen, rede ich mir ein, morgen um diese Zeit ist alles vorbei.
Der siebente Tag.
Es ist noch dunkel, da kramt bereits jeder an sich herum. Keine Stunde, keine Minute wollen wir länger als nötig in dieser eisigen Wildnis bleiben.
Im ersten Licht ist Kinshofer schon unterwegs. Noch drei Seillängen, und wir stehen auf der Firnschneide, zwischen Nord- und Nordostwand, aus der uns beißender Wind entgegensticht. Wir müssen die Eisbeile einrammen und uns an ihnen halten, um das Gleichgewicht nicht zu verlieren.
Das Gipfeleisfeld. Es ist das harmloseste von allen Eiszonen der Wand. Aber wir sichern wie bisher, jeden Meter. –
Dann der Gipfelgrat, der Gipfel, auf dem uns Sonne umgibt. Nur wenige und ganz einfache Worte sagen wir uns. Worte des Dankes.
Toni Kinshofer und Anderl Mannhardt bezwangen im Juni 1962 erstmals die Diamirflanke des Nanga Parbat (8125 m) und erlitten dabei schwere Erfrierungen an den Füßen. Aber sie klettern weiter, auch auf schwierigsten Routen. Am 24. Oktober 1964 stürzte Toni Kinshofer im Battert-Klettergarten bei Baden-Baden tödlich ab.

Weitere Winterbegehungen

Die zweite Winterbegehung läßt neun Jahre auf sich warten. Vier Versuche scheiterten entweder vor dem Schwierigen Riß oder am Hinterstoisser-Quergang; Deutsche, Franzosen, Österreicher.

Dann kommen Anfang Januar 1970 die modernst ausgerüsteten Japaner Masaru Morita, Masaru Okabe, Yuji Hattori, Tetsuo Komiyama und Kenji Kimura. Letzterer kennt die Route gut: Mit einem Freund gelang ihm vom 4.8.–7. 8. 1969 die 79. Begehung. Die japanische Fünfer-Seilschaft steigt am 19. Januar 1970 in die Wand, kommt zunächst gut voran. Die schwere Ausrüstung hatte sie zuvor auf den Wandvorbau geschafft. Wetter und Verhältnisse sind gut. Ihr erstes Biwak beziehen die Japaner nach dem Hinterstoisser-Quergang im Schwalbennest. Die zweite Nacht wird am oberen Rand des Zweiten Eisfeldes verbracht. Dann verlangsamt sich ihr Tempo, denn an ihrem dritten Klettertag kommen sie nur bis zum Todesbiwak (Bügeleisen), wo das dritte Biwak bezogen wird. Auch am vierten Tag sind sie langsamer als die ersten Winterbegeher vor neun Jahren. Viertes Biwak in der Rampe, fünftes nach Überwindung des Brüchigen Risses am Beginn des Götterquergangs auf einem sehr kleinen Platz. Am sechsten Tag gelingt ihnen der Götterquergang, die Spinne und ein Teil der Ausstiegsrisse, wo sie die sechste Nacht verbringen (vor dem Quarzriß, drei Seillängen oberhalb der Spinne). Am Morgen des siebenten Tages – 25. Januar – geht Kenji Kimura den überaus schwierigen Quarzriß an. Ein Felshaken bricht aus, Kimura stürzt zehn Meter, bricht sich das linke Schien- und Wadenbein oberhalb des Knöchels. Kimura wäre mit diesen Verletzungen noch vor wenigen Jahren verloren gewesen. Aber die Schweizerische Rettungsflugwacht hat sich inzwischen zum Pionier der alpinen Luftrettung entwickelt. Über Sprechfunk wird Hilfe angefordert. Ein SRFW-Helikopter bringt dreißig Bergführer auf den Eigergipfel. Auf dem Mittellegigrat wird ein doppeltes Stahlseilgerät verankert. Dann werden die beiden Bergführer Oskar Gertsch aus Wengen und Peter Kaufmann aus Grindelwald in die Wand zu dem Verletzten hinabgelassen. Sie versorgen ihn. Wenig später werden Gertsch und Kaufmann mit Kimura zum Grat hochgehievt. Knapp 24 Stunden nach dem Unglück liegt Kimura im Spital von Interlaken. Fritz von Almen, der die ganze Aktion beobachtet, bezeichnet den Einsatz als ». . . großartigste Rettungsaktion der Schweiz« – es ist eine der großartigsten überhaupt.

Die vier übrigen Japaner steigen weiter, erreichen nach zwei weiteren Biwaks am 27. Januar nach neun Wandtagen den Gipfel. Kimuras Rettung kostet 20000 Schweizerfranken. Aber was sind zwanzigtausend Franken für ein gerettetes Menschenleben?!

Drei Jahre nach den Japanern findet eine bravouröse Winterdurchsteigung statt. Die dritte Winterbegehung gelingt vom 7. bis 12. Januar 1973 den beiden Schweizern Hansjürg Müller, 24 Jahre alt, Bergführer und Spengler aus Reichenbach im Berner Oberland, und Hans von Känel, 33 Jahre alt, Bergführer und Schreiner aus Scharnachtal. Müller und von Känel sind ausgesprochene Winterspezialisten, denen ganz große Winterbegehungen geglückt sind: Großhorn-Nordwand, Lyskamm-Nordwand, Gspaltenhorn-Nordostwand, Droites-Nordwand, um nur einige zu nennen. Und die beiden Bergführer haben zu allem auch noch Glück. Es herrschen ausgezeichnete Wetterbedingungen und Wandverhältnisse. Am ersten Tag – Sonntag, 7. Januar – bewältigen Müller und von Känel den ganzen Wandvorbau. Unterhalb des Schwierigen Risses verbringen sie die erste Nacht. Am Montag schaffen sie den Schwierigen Riß und den Hinterstoisser-Quergang. Zweites Biwak auf dem Ersten Eisfeld, weil sie das Schwalbennest nicht finden, es ist zu sehr von den Schneemassen zugedeckt. Drittes Biwak auf dem Bügeleisen, viertes im oberen Teil der Rampe. Am Donnerstag sieht man die Zweierseilschaft bereits in der Spinne. Es kommt Wind auf. Triebschnee behindert sie. Hans von Känel verliert in der Spinne ein Steigeisen. Im Quarzriß übernimmt Müller die Führung. Er bringt drei Sicherungshaken an, nähert sich dem nächsten Standplatz – da stürzt er rücklings aus der Wand. Zwei Haken brechen aus dem Fels, der dritte hält. Auch Hans von Känel bremst den Sturz und kann halten. Aber er verbrennt sich die Handflächen durch die starke Seilreibung, sein Brustkorb, um den das sichernde Seil läuft, wird schmerzhaft zusammengedrückt. Der 10-Meter-Sturz bringt auch noch andere Verluste: eine Brille und ein Eispickel verschwinden im Abgrund. Dennoch erreichen sie nach einem weiteren Biwak am sechsten Tag den Mittellegigrat, auf dem sie die sechste und letzte Nacht verbringen.
Hans von Känel: »Wir wollten zu zweit einsteigen, weil wir den Expeditionsstil in unseren Bergen hassen.
Natürlich böte eine Viererseilschaft größere Sicherheit. Das hätte allerdings große Vorarbeit erfordert; gemeinsames Training, Problem der gleichzeitigen Ferien und einiges mehr. Eine Zweierseilschaft hat tatsächlich Nachteile. Aber bei uns durfte einfach nichts passieren. Wir nahmen uns Zeit, richtige Standplätze einzurichten und der Seilerste kletterte die schwierigen Felsstellen immer noch ohne Rucksack voraus.«

Der fünfte Mann

Einen Tag nach der winterlichen Nordwand kommt in der Hotelhalle auf Scheidegg ein Mann auf mich zu, ein Reporter:
»Sie waren in der Wand doch zu viert, nicht wahr?«
»Natürlich waren wir zu viert, Kinshofer, Almberger, Mannhardt und ich – warum?«
»Schauen Sie sich das an«, sagt der Reporter und zeigt mir die Titelseite der Schweizer Zeitung »Blick«. Da steht es deutlich und gar groß: »Wer ist der fünfte Mann?« Und da ist ein Luftbild, das uns in den Ausstiegsrissen zeigt. Rechts von uns, vielleicht dreißig Meter, in verschneitem Fels, sieht man die Gestalt eines Menschen. Stehend, etwas grätschbeinig, das Gesicht zum Berg gerichtet.
»Was sagen Sie dazu?« fragt der Reporter.
»Verrückt! Aber man kann noch nicht viel sagen, der Rotationsdruck mildert die Qualität des Bildes; das Original sollte man sehen!«
Einige Stunden später ist aus Zürich das Original und auch das Negativ da. Keine Retusche, wie ich vermutet hatte. Ich sehe es. Und ich sehe die Gestalt eines Menschen, des fünften Mannes, den wir nicht gesehen haben, obschon ich gerade in diesem Wandbereich, wegen Corti und den Deutschen Nothdurft und Mayer, herumgeschaut hatte.
»Was meinen Sie jetzt?« fragt der Reporter.
»Ich weiß nicht recht. Aber wenn das auf dem Bild wirklich ein Mensch ist, dann kann es nur Nothdurft oder Mayer sein. Sonst ist niemand mehr verschollen in der Wand. Nur Karl Mehringers Überreste von 1935 fehlen noch. Und er kann es nicht sein, denn Mehringer und Max Sedlmayr waren auf dem Bügeleisen umgekommen.«
»Also Nothdurft oder Mayer?« bohrte der Reporter weiter.
»Ja, aber das kann erst gesagt werden, wenn man genau weiß, daß es wirklich ein Mensch ist. Man muß die Wandzone nochmals anfliegen.
Ich bin hin und her gerissen. Wenn es Nothdurft oder Mayer ist, warum kletterten sie nach rechts? Selbst im Nebel kann man dort oben kaum in Versuchung kommen, nach rechts zu klettern. Der Weg führt nach oben, zum Gipfel, nicht nach rechts, wo das Gelände steiler ist und schwieriger. Und außerdem hätten die beiden von dem Punkt, auf dem sie, laut Corti, mit dem Italiener noch zusammen waren, ein Stück absteigen müssen, um nach rechts zu kommen, wo sich jetzt »der fünfte Mann« befindet. Was könnte sie dazu bewogen haben? Und warum sahen wir diese geheimnisvolle Gestalt nicht? Wo aber sollten die beiden sonst sein? Abgestürzt? Jedes Opfer, das abstürzte, konnte bisher noch gefunden werden.

Und wenn es auch nur erschütternde Überreste waren. Das Schicksal von Günter Nothdurft und Franz Mayer zu ergründen, ist der Wunsch vieler Bergsteiger. Denn das Verschollensein der Deutschen belastet einen lebenden Menschen, der verzweifelt um seine Ehre ringt: Claudio Corti aus Lecco. In der italienischen Illustrierten »Epoca« schrieb er: »Ich bin kein Verbrecher.«
»Um der Wahrheit willen« hatte er 1957, nachdem er von Alfred Hellepart gerettet worden war, über alle Einzelheiten des dramatischen Geschehens berichtet. Sein Bericht ist noch nie zusammenhängend veröffentlicht worden, nur stückweise, mit Kommentaren dazwischen, die eine Tendenz haben: Corti verheimlicht etwas oder versucht etwas zu verschleiern. Die Ortsbezeichnungen in Claudio Cortis Bericht erscheinen auf den ersten Blick ungenau, verwirrend. Aber jeder Wandkenner findet sich mit ihnen sehr bald zurecht. Und hier soll der *ganze* Corti-Bericht, ohne tendenziöse Zwischenkommentare, abgedruckt werden. Die ungenauen Ortsbezeichnungen sind – was für einen Publizisten Selbstverständlichkeit ist – richtiggestellt. Um der Wahrheit willen! Claudio Corti berichtet über die dramatischen und tragischen Tage in der Wand:

»Abfahrt von Lecco am 30. Juli 1957 in Richtung Interlaken. Ankunft in Interlaken-Westbahnhof um sieben Uhr zwanzig am Morgen des 2. August. Abfahrt mit dem Zug um acht Uhr in Richtung Jungfraujoch. Ankunft in der Station Eigergletscher etwa neun Uhr dreißig. Hier deponieren wir die Rucksäcke und nehmen nur das mit, was zur Durchsteigung der Nordwand erforderlich ist. Nach etwa zwei Stunden erreichen wir den Fuß der Nordwand. Etwa drei Stunden halten wir uns dort auf, um zu fotografieren und die Wand zu studieren. Dann deponieren wir die Ausrüstung am Nordwand-Einstieg und kehren zur Station Eigergletscher zurück.
3. August
Abmarsch von der Station Eigergletscher um zwei Uhr. Ankunft am Wandfuß um etwa drei Uhr vierzig. Nach den letzten Vorbereitungen machen wir uns um vier Uhr fünfunddreißig an den Aufstieg, ich als Seilerster, Stefano Longhi als zweiter. Nach einem Aufstieg von etwa fünfzig Metern finden wir einen alten Haken, dann, nach etwa drei Seillängen, einen zerbrochenen Eispickel; wir sind beide überzeugt, auf der richtigen Route zu sein. Nach weiteren vier oder fünf Seillängen finden wir den ersten Haken im Fels. Und beim weiteren Aufstieg finden wir andere Haken, die uns nach links zu Überhängen weisen. Wir finden noch fünf oder sechs Haken, und das gibt uns die Gewißheit, daß wir auf der richtigen Route sind. Beim Überwinden der ersten Steilstufen treffen wir keine weiteren Haken mehr an. Wir bekommen Zweifel. Nach einer schnellen Orientierung beschließen wir, auf ein bequemes Band abzusteigen, um die ins Italienische übersetzte Beschreibung zu studieren. Daraus entnehmen wir, daß wir uns etwa dreihundert Meter links der Route befinden. Und hier beschließen wir, das erste Biwak zu beziehen. Es ist genau achtzehn Uhr.
4. August
Um etwa vier Uhr morgens beginnen wir mit dem Abstieg. Zuerst am Doppelseil

abseilend, dann etwa fünf oder sechs Seillängen auf kombiniertem Gelände nach rechts zu queren. Am Ende der Querung steigen wir vier Seillängen gerade aufwärts über vereisten Fels, der den Schwierigkeitsgrad vier aufweist. (Ohne Zweifel handelt es sich hier um den Schwierigen Riß.)
Dann querten wir wieder etwa sechs oder sieben Seillängen nach links, immer noch auf kombiniertem Gelände; wir befinden uns über den Überhängen, die wir am Vortag vergeblich zu besteigen versucht hatten.
Senkrecht klettern wir etwa zwei Seillängen weiter. An dieser Stelle sehen wir eine Seilschaft von zwei Männern, die auf unserer Route klettert, etwa zwei Stunden von uns entfernt. Wir beschließen zu halten, um uns zu stärken und auch um zu sehen, wer die Mitglieder der Seilschaft sind. Es ist genau fünfzehn Uhr. Da wir sehen, daß diese Seilschaft hält, beschließen wir weiterzuklettern. Wir steigen eine Seillänge auf und finden ein Stück Seil, das an einem Haken befestigt ist. An dieser Stelle zeigt uns die Beschreibung, die wir besitzen, daß wir einen etwa siebzig Meter langen Quergang (Hinterstoisser-Quergang von rechts nach links), der zum Beginn des Ersten Eisfeldes führt, überwinden müssen. Hier benütze ich vier Haken, befestige einen Seilring an ihnen, ziehe das Quergangsseil durch den Seilring und wir beginnen die Querung an der senkrechten Wand.
An dieser Stelle erreicht uns die Seilschaft, die wir zuvor gesehen hatten und nach der üblichen Begrüßung beenden wir den Quergang und erreichen das Erste Eisfeld. Die deutsche Seilschaft folgt uns. Wir steigen etwa zwei Seillängen senkrecht weiter, danach beschließen wir am oberen Rand des Ersten Eisfeldes zu biwakieren.
Es ist etwa zwanzig Uhr.
Nach der Biwakvorbereitung, als wir eine Vertiefung in das Eis gegraben haben, um darin die Nacht zu verbringen, beginnt schlechtes Wetter mit Sturm und eisiger Temperatur. Die Deutschen befinden sich etwa drei Meter von uns entfernt.
5. August
Etwa um drei Uhr machen wir uns etwas zu essen, um uns zu erwärmen, und wir bemerken, daß die beiden Deutschen mit jeder Art von Komfort versehen sind. Wir fragen sie, warum sie sich nicht stärken, und sie geben uns zu verstehen, daß ihnen während der Nacht der Rucksack abgestürzt ist, der alle ihre Lebensmittel enthielt. Deshalb teilen wir aus Pflichten der Menschlichkeit unser Frühstück mit ihnen und geben ihnen unser Interesse kund, ob sie beschlossen haben, weiterzusteigen oder nicht. Sie geben uns zu verstehen, daß sie auf jeden Fall weitermachen wollen. Dennoch beschließen wir, in getrennten Seilschaften weiterzusteigen.
Es ist etwa fünf Uhr dreißig, und wir beginnen den Aufstieg gegen das Zweite Eisfeld. Vertikal klettern wir etwa fünf Seillängen im Schwierigkeitsgrad fünf und erreichen nach etwa vier Stunden den Beginn der Querung auf dem Zweiten Eisfeld. Hier beginnt der Seilzweite der Deutschen, Schmerzen im Magen zu empfinden und Anzeichen der Müdigkeit zu zeigen. Da beschließen wir, eine einzige Seilschaft zu bilden. Ich steige als Seilführer, als zweiter der deutsche

Seilführer, dann der andere Deutsche (denn in der Zwischenzeit hat sich sein Zustand verschlechtert), und als letzter Stefano.
Wir machen eine Querung von etwa fünfundzwanzig Seillängen (immer weiches Eis), kommen an eine etwa dreißig Meter hohe Felsstufe, überklettern sie und queren auf kombiniertem Fels etwa drei Seillängen nach links, dann etwa zwei Seillängen am Bügeleisen gerade hinauf. Vom höchsten Punkt des Bügeleisens queren wir über das Dritte Eisfeld zum Einstieg der Rampe. Wir beschließen zu biwakieren. Es ist etwa neunzehn Uhr. Ich füge hinzu, daß alle im Zeltsack der beiden Deutschen biwakieren; wegen der strengen Kälte, um eine bessere Erwärmung zu erreichen. Wegen Erschöpfung verschlimmert sich der Zustand des Deutschen während des Biwaks. Da gebe ich ihm eine Coramin-Spritze und Simpamina-Tabletten, sehr süßen Kaffee und eine Büchse Honig, in der Hoffnung, daß er wieder zu Kräften kommen werde, um von hier in wenigen Stunden den Aufstieg anzutreten.
6. August
Wegen des Zustandes des Deutschen und auch wegen der Wetterbedingungen (Regen mit Schnee vermischt), beschließen wir, zu später Stunde zu starten.
Um acht Uhr dreißig beginnen wir den Aufstieg durch die Rampe und stoßen wegen Vereisung auf große Schwierigkeiten. Das nötigt uns, auch wegen dem erwähnten physischen Zustand des Deutschen, zu einem langsamen und anstrengenden Aufstieg. Das ist die Erklärung dafür, daß es vierzehn Uhr wird und wir nur neun oder zehn Seillängen hinter uns haben bringen können. (Rampe und Rampen-Eisfeld; das »Brüchige Band« wurde, wie bei Waschak und Forstenlechner, nicht benützt. Die Seilschaft ist somit gezwungen, den oberen Teil der Rampe zu bezwingen, um dann, 100 m über dem Götterquergang, nach rechts zur Spinne zu queren.) Da kommen wir an eine große überhängende Wand, überwinden sie mit zwei Seillängen im Schwierigkeitsgrad über sechs. Nach weiteren vier Seillängen befinden wir uns vor einem großen Wasserfall, der jedes Weiterkommen verhindert. Es ist achtzehn Uhr und wir einigen uns mit den Deutschen zum Biwak. Nach Vergleich mit den Fotos, die sich im Besitz der Deutschen befinden, sehe ich, daß die Route genau in den Mittelpunkt des Wasserfalls führen muß, und deshalb richten wir uns an der Stelle ein, die am wenigsten Unannehmlichkeiten bietet. Der Zustand des Kranken ist immer gleich. Wir stärken uns mit Speck, Kaffee, Marmelade und Honig, danach nehmen wir einen Schluck Cognac. Während der Nacht schneit es sehr stark; das ist für uns ein schlechtes Vorzeichen. Unterdessen denken wir auch daran, daß der Wasserfall, wenn das Wetter so bleibt, nicht gefrieren wird und wir unter dieser Sintflut hindurch müssen.
7. August
Etwa um sieben Uhr brechen wir das Biwak ab und seilen uns an, um den Wasserfall, der eine Höhe von etwa fünfunddreißig Metern hat und den Schwierigkeitsgrad sechs aufweist, zu überwinden. In der Zwischenzeit haben sich die Wetterbedingungen gebessert; das Wetter ist wieder schöner geworden und die Sonne scheint kräftig. Etwa um zehn Uhr sind wir über dem Wasserfall und wir

halten uns, so gut es geht, in der Sonne auf, um uns trocknen zu lassen, denn wir sind vollständig vom Wasser durchweicht. Jetzt ist der Zustand des Deutschen schlimmer geworden, und wir beginnen zu zweifeln, ob er den Rest des Aufstiegs wird durchhalten können. Hier beginnen wir den Quergang, um die Spinne, die sich rechts von uns befindet, zu erreichen. Wir beginnen etwa um zwölf Uhr. Der Quergang erweist sich als sehr schwierig; wir finden ihn mit Eis bedeckt und siebzig bis achtzig Grad steil. Wir kommen etwa sechs Seillängen vorwärts und in die Nähe der Spinne. In der Zwischenzeit hat starker Schneefall begonnen. Überdies hören wir Fels- und Eislawinen durch die Spinne niedergehen. Es ist etwa sechzehn Uhr. Nach gemeinsamer Übereinkunft beschließen wir das Biwak. Die Nacht ist sehr kalt und an diesem Punkt ist der Deutsche in einem stationären Zustand. Ich verbringe einen Großteil der Nacht damit, mit Unterstützung des Deutschen Franz, Stefanos Hände mit Alkohol einzureiben, um Erfrierungen, die sich in immer stärkerem Maße offenbaren, zu verhindern.
8. August
Sechs Uhr. Wir brechen auf, um die Spinne zu erreichen, und klettern eine Seillänge waagrecht. Ich erreiche die Gefährten und bewältige eine weitere Seillänge nach rechts. Ich erreiche die beiden Deutschen und veranlasse Longhi, die beiden Haken herauszunehmen und sich mir anzuschließen. Nachdem ich das Seil etwa drei Meter eingeholt habe, gleitet Longhi aus und verständigt mich mit einem Schrei:
›Halte mich, Claudio!‹
Daraufhin mache ich mich bereit, den Ruck des Sturzes aufzuhalten. Wenn ich jetzt wieder daran denke, finde ich, daß wir nur durch ein Wunder ihm nicht im Sturz gefolgt sind. Es gelingt mir also, Longhi zu halten und dieser ruft mir zu, ihn etwa zwei Meter hinabzulassen, da er in der Luft schwebe und unter sich ein bequemes Band bemerkt habe. Als ich Stefano, wie er mir befohlen, hinunter gelassen habe, sichere ich ihn mit zwei Haken und den beiden Seilen. Dann veranlasse ich die Deutschen, mich auf der Eiswand, die etwa siebzig bis achtzig Grad steil ist, fünfzehn Meter hinabgleiten zu lassen, bis zu dem Überhang, unter dem Longhi zu stehen gekommen ist. Ich sehe ihn aus etwa zwanzig Meter Entfernung und frage ihn, ob er sich etwas getan habe oder verletzt sei. Er antwortet mir nur, daß die Hände keinen Halt mehr hätten, weil er sie nicht mehr fühle. Er sagt mir dann, ich solle ihn bergen. Ich muntere ihn auf, auch selbst ein wenig zu helfen. Ich versuche mehrere Male am Rand des Überhangs ihn heraufzuziehen (deshalb, weil mir die Bergung dort, wo das Seil am wenigsten Reibung hat, leichter zu sein scheint), aber vergebens. Die beiden Deutschen können mir nicht viel helfen, denn der eine ist erschöpft, und der andere, Franz, muß mich und den Kameraden sichern. Überdies drückt Franz in der Stellung, in der er sich befindet, dadurch, daß er Stefanos Seil anzieht, nur meine Hände gegen das Eis und hindert mich daran, Stefano in direktem Zug hochzuziehen und mir die Rettung so zu erleichtern.
Dann, nachdem wir die Lage betrachtet haben, in der wir uns nach dreistündigen Rettungsversuchen befinden, ermuntere ich Stefano, sich auf dem Band so gut als

möglich einzurichten, da wir glauben, nicht mehr weit vom Gipfel entfernt zu sein, und verspreche ihm, daß wir alles tun werden, was in unseren Kräften steht, den Gipfel zu erreichen, um dann eine Hilfsaktion zu organisieren, um ihn bergen zu können. Da Stefano zustimmt, lasse ich ihm meinen Biwaksack hinunter, alle Lebensmittel und Medikamente, die ich bei mir habe. Ich grüße ihn, mache ihm Mut und verspreche ihm abermals, daß ich ihm so schnell wie möglich erste Hilfe zuteil werden lassen würde. Aber ich sehe den armen Stefano nie wieder; es ist genau neun Uhr dreißig.

Ich lasse mich von Franz hochziehen, und, nachdem ich ihn erreicht habe, klettere ich als Seilerster weiter, gefolgt von dem erschöpften Deutschen (Günter Nothdurft) und als letzter klettert Franz.

Ich quere zwei Seillängen waagrecht nach rechts und wir kommen mitten in die Spinne. Ich klettere etwa fünf Seillängen gerade hinauf. (Bis oberhalb des »weißen Quarzrisses« in den Ausstiegsrissen.) Und während ich mich etwa zwanzig Meter über dem Sicherungshaken befinde, werde ich am Kopf von einem Stein getroffen. Infolge dieses Schlages verlieren meine Hände den Halt, ich stürze etwa dreißig Meter und werde schließlich von Franz gehalten. Nach dem Sturz hänge ich mit dem Kopf nach unten, etwa zehn Meter unter dem Deutschen. Franz führt meine Bergung durch, die infolge der Kopfverletzung, die ich davongetragen habe, ziemlich gefährlich ist.

Franz verbindet mich mit etwas Mull, den er bei sich hat. Da er den Zustand meiner Betäubung sieht, sagt er, ich solle hier bleiben, und er werde versuchen, mit seinem Gefährten den Gipfel zu erreichen, der noch etwa zweihundert Meter entfernt sein müsse, und dann werde er zurückkehren, um mich und Stefano zu bergen. Er überläßt mir seinen Biwaksack und die Haken und Reepschnüre, die dazu gehören, um ihn zu sichern.

Es ist etwa fünfzehn Uhr. –

Von diesem Augenblick bis Sonntag, den 11. August, der Ankunft des deutschen Bergwachtmannes Hellepart, verbringe ich Augenblicke der Hoffnung und der Verzweiflung. Ich denke an Stefano und auch an die beiden Deutschen. Das Wetter bleibt weiterhin häßlich; auf Sturm und Schneefall folgt Regen.

Ich war sehr glücklich, daß der Samstag (10. August) und Sonntag (11. August) durch das gute Wetter meine Bergung zuließen. Mein Stefano hatte nicht das gleiche Glück, denn im Augenblick seiner Bergung verschlechterte sich das Wetter und meinen mutigen Rettern war es nicht möglich, ihn in Sicherheit zu bringen.

Ich möchte betonen, daß, ungeachtet der verschiedenen Vermutungen, die in Zeitungen ausgesprochen wurden, das Ausmaß meiner Vorbereitung, ebenso

Auf dem teilweise verwächteten Mittellegigrat kurz vor dem Eigergipfel. Rechts sieht man noch den obersten Teil des Nordwand-Gipfeleisfeldes.

Die 1800 Meter hohe Nordwand mit den wichtigsten Zonen und Stellen der klassischen Route von 1938.

*Oben links: Erstbegehung 1938: Heinrich Harrer stärkt sich auf dem ersten Biwakplatz.
Daneben: Anderl Heckmair, Führer der erfolgreichen Viererseilschaft.
Dritter von links: Franz Meyer, dem die Nordwand mit Günter Nothdurft 1957 zum Verhängnis wurde.
Oben rechts: Andreas Hinterstoisser aus Bad Reichenhall gehört zu den Pionieren und ersten Opfern der Nordwand.
Mitte links: Die Österreicher Kurt Diemberger (links) und Wolfgang Stefan nach ihrer geglückten Begehung 1958.
Mitte rechts: Die Schweizer Adolf Derungs (links) und Lukas Albrecht.
Unten: Bergung der Leiche von Max Sedlmayr 1935 am Wandfuß; 1976 wird seine letzte Nachricht gefunden.*

Oben: Der markanteste Bereich im oberen Wandteil mit Rampen-Eisfeld, Brüchiger Riß, Götterquergang, Spinne und Ausstiegsrissen. Die Österreicher Waschak/Forstenlechner eröffneten anläßlich der vierten Durchsteigung (1950) eine Variante (–.–.–.–), die 1957 dem Italiener Stefano Longhi zum Verhängnis wurde (Kreis). Die Wintererstbegeher weichen 1961 ab Spinne für ein kurzes Stück von der Originalroute ab (– – – –). Auf dieser gestrichelten Linie kamen im August 1963 die Spanier Rabada und Navarro ums Leben.
Links: Bergung des erschöpften Italieners Claudio Corti (1957). Auf dem Gipfel haben sich Retter erstmals zur »Europäischen Seilschaft« zusammengefunden.

Oben links und Mitte: Vergleichsaufnahmen zu den Bildern, die der Deutsche Hans Grünleitner 1959 auf dem Zweiten Eisfeld gemacht haben will. Von oben nach unten aufgenommen weist das Bild eine verblüffende Ähnlichkeit mit den Verhältnissen auf dem Zweiten Eisfeld auf. Etwas seitlich fotografiert, sieht man den wirklichen Neigungswinkel von etwa 35 Grad; das Zweite Eisfeld hat aber eine Neigung von 55 Grad. Auf den Vergleichsbildern der Schweizer Robert Seiler (5. Begehung).
Oben rechts: Der Schweizer Geologe Dr. Peter Eckhardt stellt in einem Gutachten fest, daß alle elf Grünleitner-Bilder in diesem Felsbereich am Wandfuß aufgenommen wurden.
Rechts: Genauso schaut Hans Grünleitners Bild »Am Bügeleisen« aus, aber die Sandri-Menti-Gedenktafel verriet anderes. Dann sagte Grünleitner, die Aufnahme sei 100 Meter unter dem Schwierigen Riß gemacht worden. In Wirklichkeit ist die Gedenktafel siebzig Höhenmeter über dem Wandfuß, der Schwierige Riß fast 500 Meter.

Links: Die Wintererstbegeher (6.–12. März 1961) befinden sich den sechsten Tag in der Wand. Blick aus einem Flugzeug zum oberen Ausgang der Spinne und zum Beginn der Ausstiegsrisse (von oben nach unten): Toni Kinshofer, Walter Almberger, Toni Hiebeler, Anderl Mannhardt. Das Eisfeld der Spinne ist etwa 200 Meter lang und 100 Meter breit, es hat eine Neigung von 55 Grad. Im Sommer bildet es bei Schlechtwetter oder großer Wärme das Gefahrenzentrum der Wand. Im Winter ist der Steinschlag unbedeutend.

Rechts: Der Durchsteigungsablauf anläßlich der ersten Winterbegehung (6.–12. März 1961) von Toni Kinshofer, Walter Almberger, Anderl Mannhardt und Toni Hiebeler. Die sechs Biwakplätze sind mit weißen Dreiecken angezeigt. Das Todesbiwak auf dem Bügeleisen befindet sich auf dem Bild etwas links des Wortes »Todesbiwak«.

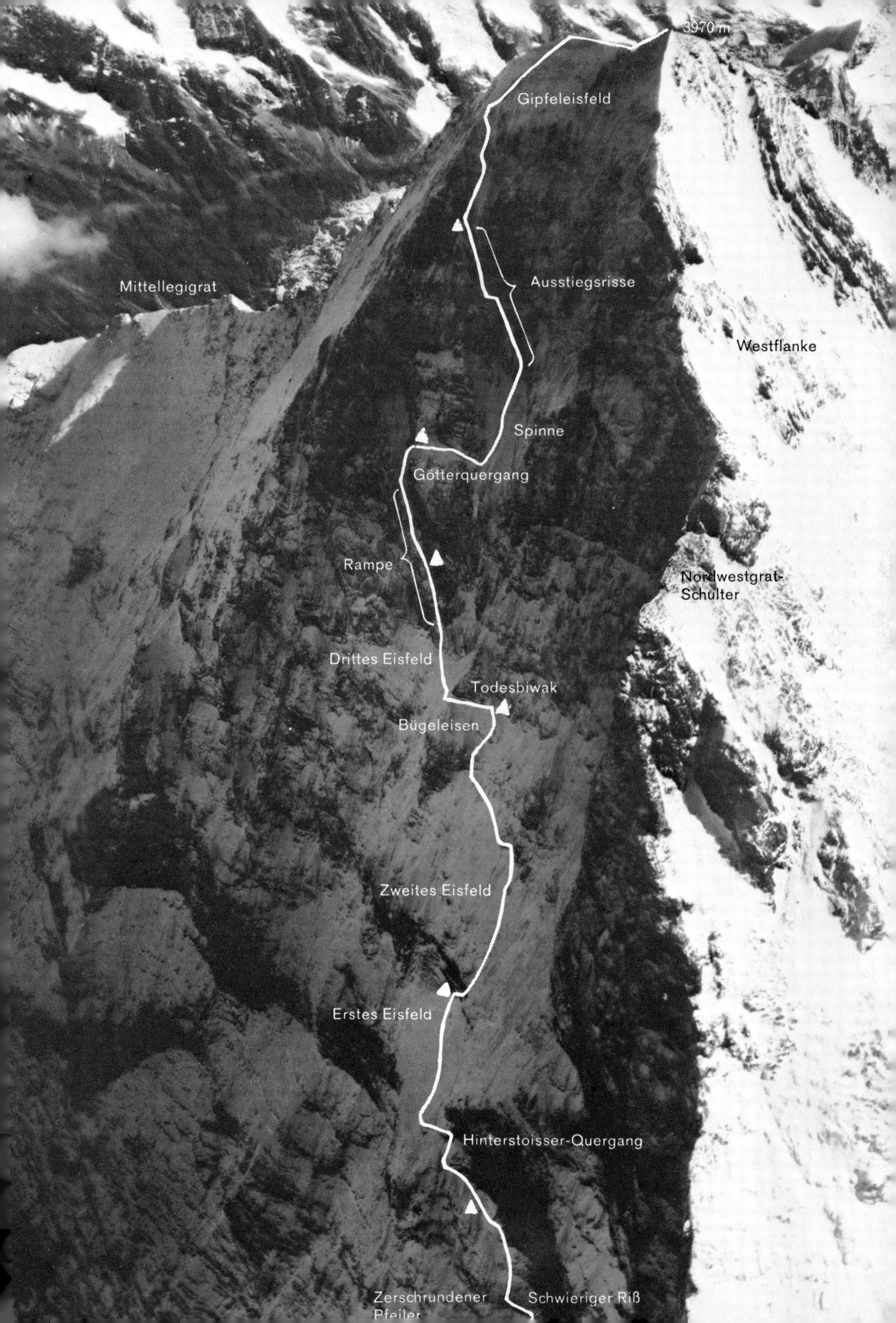
3970 m
Gipfeleisfeld
Ausstiegsrisse
Mittellegigrat
Westflanke
Spinne
Götterquergang
Rampe
Nordwestgrat-
Schulter
Drittes Eisfeld
Todesbiwak
Bügeleisen
Zweites Eisfeld
Erstes Eisfeld
Hinterstoisser-Quergang
Zerschrundener
Pfeiler
Schwieriger Riß

Oben links: Die Wintererstbegeher am vierten Tag am Todesbiwak auf dem Bügeleisen. Toni Hiebeler wird von Walter Almberger nachgesichert, während sich Anderl Mannhardt noch auf dem dritten Biwakplatz befindet und Toni Kinshofer bereits auf dem Dritten Eisfeld ist. Oben rechts und daneben: Am vierten Tag überwinden die Wintererstbegeher das sehr steile Dritte Eisfeld, um nach dreistündigen Anstrengungen die Rampe zu erreichen. Zu jeder Stunde klettert die deutsch-österreichische Viererseilschaft mit zwölfzackigen Steigeisen. Im steilen Eis bilden Eisbeil oder -pickel und Eisstichel zusätzlichen Halt für die Hände; die kleinen Standplätze, auf denen gesichert wird, müssen aus dem Eis geschlagen werden. Die etwa 17 kg schweren Rucksäcke können nur an zwei kurzen Stellen nachgeseilt werden.

Oben: Am sechsten Tag überwinden die Wintererstbegeher den 150 Meter langen Götterquergang hinüber in Richtung Spinne. In der fünften Biwaknacht hatte es Neuschnee gegeben. Auf dem Bild haben Toni Kinshofer und Walter Almberger gerade das erste Drittel der sehr ausgesetzten Querung hinter sich. Der Fels ist hier schlecht, sehr brüchig, die Sicherungsmöglichkeiten sind fragwürdig.
Links: Die Wintererstbegeher erreichen gegen Mittag des siebenten Tages (12. März 1961) den Gipfelgrat.
Rechts: Die Wintererstbegeher nach siebentägigem Einsatz auf dem Eigergipfel (v. l.): Walter Almberger, Toni Kinshofer und Anderl Mannhardt; Toni Hiebeler fotografiert.

Oben: Des Österreichers Adolf Mayr letzter Weg: Am 27. und 28. August 1961 versuchte er die erste Alleinbegehung der Wand. Auf dem Todesbiwak (Dreieck) verbrachte er die einsame Nacht, dann erfolgte der Todessturz aus der Rampe (Kreuz). Die Wand erscheint perspektivisch stark verzerrt, das Bild entstand zu sehr in Bergnähe.

Links: Eine Viererseilschaft befindet sich am Ende der Rampe. Der Seilerste sucht links des Rampeneisfeldes einen geeigneten Biwakplatz; die anderen drei sind noch unter dem Eiswulst in der Rampe. Rechts oben sieht man die Fortsetzung der Route über das Brüchige Band.

Rechts: Der Österreicher Adolf Mayr war im August 1961 das erste Opfer beim Versuch, die Nordwand allein zu bezwingen. Mayr war ein guter Kletterer, aber mit westalpinen Verhältnissen zu wenig vertraut.

Die erste tschechoslowakische Seilschaft: Radovan Kuchař (links) und Zdeno Zibrin.

Der Schweizer Bergführer Hilti von Allmen aus Lauterbrunnen (links), daneben seine Landsleute Robert Boegli (links) und Willy Mottet.

Leo Schlömmer (Österreich, links) und der Schweizer Alois Strickler.

Gerhard Mayer (links, Deutschland), Erich Streng (Mitte, Österreich), Karl Frehsner (rechts, Österreich).

Kurt Grüter (links) und Sepp Inwyler (Schweiz).

Die Schweizer Edi (links) und Fredi Brunner, der Österreicher Walter Spitzenstätter (rechts).

Jan Mostowski (links) und Stanislaw Biel aus Polen.

Von links: der Deutsche Kurt Walter, die Österreicher Otto Wintersteller und Otto Wiedmann (rechts).

Oben links: Der Österreicher Nikolaus Rafanowitsch (links) mit dem Amerikaner John Harlin (Mitte) und dem Deutschen Konrad Kirch auf dem Brüchigen Band vor dem Götterquergang.

Oben rechts: Eine Seilschaft am linken Rand des Zweiten Eisfeldes. Unten der Talkessel von Grindelwald.

Links: Seilerster einer Seilschaft auf dem Brüchigen Band vor dem Götterquergang; nach einem Wettersturz ist jeder Vorsprung mit Neuschnee bedeckt.

Links: Die Schweizer Viererseilschaft aus dem Urnerland (von links): Franz Jauch, Josef Jauch, Josef Zurfluh, Franz Gnos.
Unten links: Der Engländer Brian Nally kommt nach dramatischen Nordwandtagen vom Eiger zurück, sein toter Kamerad Barry Brewster liegt noch in der Wand.
Unten rechts: Die Kostenrechnung der Bergung von Barry Brewster. Um 1962 konnten in der Eigerwand noch keine Helikopter für Direktrettungen eingesetzt werden.

SAC Rettungsdienst

Unfallbericht und Abrechnung

Sektion SAC: Grindelwald — Rettungsstation SAC: Grindelwald
Unfallort: Eiger Nordwand Kt. Bern — Lebend- oder Totenbergung:
Unfalldatum: 25./26 Juli 1962 — Suchaktion mit/ohne Erfolg:

1. Personalien der Verunfallten:

Name	Vorname	Jahrgang	
1. Brewster	Barry Eduard	194o	Mitglied SAC Sektion: ——
2.			Mitglied SAC Sektion:
3.			Mitglied SAC Sektion:

72 Finden Road
Wohnort: 1) C r a w l e y / Sussex — Suvaversichert 1): ——
Begleiter oder Augenzeugen: Nally Brian Michel, Harmet 2): ——
3):
Überbringer der Unfallmeldung: Hotel Kl. Scheidegg — Ausrüstung: gut/~~ungenügend~~

2. Zusammenstellung der Rettungskolonne: Führer / Leiter, Mann, Funker — zus. Mann
weitere aufgebotene Helfer

3. Unfallursache und Hergang: (bei Grossaktionen Bericht auf separatem Blatt)
Mittwoch 25.Juli 62 um 18h25. Der die Zweier-Seilschaft führende Brewster fällt beim sogenannten "Bügeleisen" ins Seil. Der Sturz beträgt 8o - 1oo m, wird jedoch durch das Seil und die Felshakone aufgefangen. Beobachtungen ergeben, dass Brewster schwer verletzt sein muss. Er kann nicht mehr stehen. Donnerstag, 26. Juli 62 morgens 3 Uhr, brechen 8 Mann auf, um den Verletzten wenn möglich Hilfe zu bringen. Dieser stürzt jedoch um 8 h 45 trotz den Seilsicherungen welche Nally angebracht hat, tödlich ab. (Steinschlag ??) Dank der Funkverbindung kann die Aktion von der Kl. Scheidegg aus geleitet werden. Die 8 Mann werden per Funk z. Rückkehr veranlasst. Eine später zur Verstärkung aufgebotne Kol. von 6 Mann wird in Scheidegg aufgehalten, und übenimmt die sofortige Bergung der Leiche, welche sich etwas unterhalb den Fenstern der Station Eigerwand befindet

Tot/~~verletzt~~

4. Zusammenstellung der Kosten:

a) Personalkosten	Anzahl	Std. im Einsatz	Taxe pro Tag/Std.	Betrag
Führer	8		1oo.-	Fr. 8oo.-
Träger *Führer	6		7o.-	Fr. 42o.-
Hilfsmannschaft				Fr.

a) Personalkosten	Fr. 122o.-
b) Verpflegungskosten: Mann Tage à Fr. zus. — Rechnung Robert Feichen, Bäscherei 14	Fr. 11.9o
c) Versicherungsprämie: (pro Rettungsmann x Fr. 28.– für CC bestimmt)	Fr. 392.-
d) Transportkosten: (Mittel: Auto/Fuhrwerk) von — Bahn/Extrazug & Leichentransport	Fr. 287.-
e) Verschleiss v. Rettungsmaterial/Verluste: Führer Wengen/Leichensack	Fr. 11o.-
f) Telephon, Telegr., Aufgebotsspesen, Porti:	Fr. 12.-
g) Andere Auslagen (Berichterstattung): (lt. Rettungsreglement)	Fr. 1o.-
Kosten der Rettungsaktion	Fr. 2,042.9o
h) Flugkosten: (Helicopter/Flächenflugzeug) von bis	Fr. .——
Totale Aktionskosten	Fr.

i) Wer hat Flughilfe angefordert?

zu überweisen auf Postcheckkonto Nr.
Rettungsstation Grindelwald

Eingetroffen beim CC am:
Visiert:

Grindelwald, den 26. Juli 62
Der Obmann der Rettungsstation SAC:
Der Rettungschef der Sektion SAC:

Weiss: Für den Verunfallten
Grün: Für Central-Comité
Rot: Für Rettungsstation
Gelb: Für Sektion, Polizei oder Versicherung

wie bei Stefano Longhi hervorragend war, und was den Leichtsinn angeht, den mir jemand zuschrieb, so lege ich Wert darauf zu betonen, daß diese Wand von mir und dem armen Stefano mit Fotos und einer ins Italienische übersetzten Beschreibung in jeder Einzelheit studiert worden war. Viele andere Einzelheiten über die einzuschlagende Route waren schon in meinem Kopf, da ich Berichte der Bergsteiger gelesen hatte, die mir vorausgegangen waren.
Da ich die Wand im winterlichen Zustand vorfand, begegnete ich einer Schwierigkeit des fünften und sechsten Grades.
Ich füge hinzu, daß wir zu dem Aufstieg mit Hochgebirgsausrüstung antraten, die den Bedürfnissen angepaßt war.
Das um der Wahrheit willen.
Ich habe diesen Bericht über die Eiger-Nordwand aufgesetzt auf Verlangen des Zentralsitzes des Club Alpino Italiano, dem anzugehören ich stolz bin.

Claudio Corti«

Das ist der Bericht von Claudio Corti. Ein sachlicher und nüchterner Bericht, in dem mir keine Verheimlichungen oder Verschleierungen zu stecken scheinen. Der Bericht eines einfachen Mannes, der mit dem Wort nicht sehr gut umzugehen weiß. Nur der Hinweis, daß sich die Bergsteiger um etwa zehn Uhr des 7. August in der Sonne aufhielten, ist fraglich, weil um diese Tageszeit die Wand vom Sonnenlicht nicht berührt wird. Aber das kann auf einen Übersetzungsmangel oder auch auf einen zeitlichen Irrtum zurückzuführen sein; außerdem hat der Hinweis keinerlei Bedeutung.
Claudio Corti hatte, als er auf dem Rücken Alfred Helleparts den Eigergipfel erreichte, nicht die schönsten Äußerungen von sich gegeben. Und Tage später, im Krankenhaus, gab er Interviews, deren Inhalt teils im Gegensatz stehen zu den Einzelheiten des obigen Berichtes, den er Wochen nach der Verzweiflung niederschrieb. Das wurde ihm kritisch ausgelegt. Bald auch waren »Verheimlichung« und »Verschleierung« konstruiert.
Gewiß erscheint vieles, was sich in den verhängnisvollen Tagen abspielte, rätselhaft und mysteriös. Aber auch der Raum, den diese Wand umgibt, ist geheimnisvoll. Niemand, auch die Fernrohrbeobachter des Geschehens nicht, vermag glaubwürdige Beobachtungen abzugeben, nur Vermutungen. Und Vermutungen reichen nicht aus, um Beurteilungen abzugeben oder Urteile zu fällen. Fest steht nur, daß alle vier Männer einwandfrei ausgerüstet waren. Und auch, daß keiner ausreichende Westalpenerfahrung hatte, um all den unberechenbaren Ereignissen, mit denen in der Wand gerechnet werden muß, gewachsen zu sein. Das ist eine sachliche Feststellung, keine Kritik. Die Schweizer Adolf Derungs und

Winterkletterei am Beginn der Rampe, die zwar technisch schwierig, aber weitgehend steinschlagsicher ist; in halber Höhe ein mäßig guter Biwakplatz.

Lukas Albrecht waren weit mangelhafter ausgerüstet und hatten fast überhaupt keine Erfahrung. Sie hatten Glück und Erfolg. Nothdurft, Mayer und Longhi hatten es nicht. Und der Kritik ist meist nur der Gescheitere ausgesetzt. Wären Derungs und Albrecht in der Wand umgekommen, hätte die Kritik bestimmt nicht lange auf sich warten lassen.
Wir müssen jedem Wort in Claudio Cortis Bericht glauben, denn er allein hat alles gesehen.
Aber wo sind Günter Nothdurft und Franz Mayer? Heinrich Harrer vermerkte, daß Corti die beiden Deutschen, nachdem sie sich von ihm verabschiedet hatten, stundenlang hätte beobachten können, wie sie den oberen Teil der Ausstiegsrisse bezwangen; »Corti berichtet nichts davon« (Harrer).
In der Tat aber konnte und kann Corti darüber auch nichts berichten, denn von dem Punkt, auf dem er zurückblieb, vermag man nach oben Kletternde nicht mehr zu beobachten. Heinrich Harrers technische Beschreibung, die seit 1958 jedem Wandbegeher zur Verfügung steht, beweist das: »Nun nicht gerade hoch«, wie es Claudio Corti vor seinem Absturz versucht hatte, »sondern zehn Meter nach links auf eine deutliche Kanzel. Von der Kanzel kurzes schräges Abseilen nach links auf ein Band am Beginn einer Steilrinne. Durch die Steilrinne vier Seillängen zuerst steil, dann flacher werdend zu einem wenig ausgeprägten Band.« Claudio Corti befand sich vor der Kanzel, weshalb er weder das Abseilen noch den Aufstieg durch die tiefe Steilrinne hat verfolgen können. (Anläßlich der Winterbegehung befand ich mich auf der gleichen Stelle, dem sogenannten »Corti-Biwak«, ohne meine Kameraden Kinshofer und Almberger bei Bezwingung der Steilrinne beobachten zu können.) Und dennoch ein Rätsel, das auf Claudio Corti lastet, dem einzigen Überlebenden: wo sind die beiden Deutschen? Claudio Corti wurde dem Tod entrissen. Stefano Longhis Körper ist geborgen. Günter Nothdurft und Franz Mayer sind verschollen.
Wer waren diese Menschen? Kein anderer kann es besser sagen als der deutsche Bergsteiger Walter Seeger aus Pfullingen, der langjährige Freund und Seilkamerad von Günter Nothdurft, der Triebkraft der deutschen Seilschaft:

»Günter Nothdurft wurde am 9. Juli 1935 in Pfullingen geboren. Im Sommer 1950 begannen wir zum erstenmal, an den Felsen der Schwäbischen Alb zu klettern. Nachdem wir heimlich ein Seil und die übrige Ausrüstung zusammengespart hatten, durften wir erstmals 1953 für eine Woche in den Wilden Kaiser. Unsere erste Bergfahrt war der Heroldweg am Totenkirchl. Dann durchstiegen wir die Fleischbank-Ostwand.
Unser erster Bergurlaub gab uns einen solchen Auftrieb, daß wir von nun an begannen, unsere ganze freie Zeit dem Klettern zu widmen. Wir lernten die wesentlichen Touren im Donautal kennen und eröffneten einige neue Fahrten. Die bedeutendste, der Kaiserweg an den Schaufelsen, ist ein Verdienst von Günters Beschäftigung mit der Wand. Er war von Anfang an überzeugt, auf der vorgesehenen Route durchzukommen, was uns dann auch gelang. Nach diesem Erfolg übernahm Günter langsam die führende Rolle in unserer Seilschaft.

1954 waren wir zum zweitenmal in Gebirge. Nach einer Wochenendfahrt zur Trettach-Südkante gelangen uns in einer Woche Urlaub im Wilden Kaiser die Fleischbank-SO-Wand mit Totenkirchl-Überschreitung, die Schüle-Diem-Route am Predigtstuhl, mehrere Nordwand-Kamine am Totenkirchl, die 11. Begehung der Direkten Totenkirchl-Westwand und die Fleischbank-SO-Verschneidung.
Günter brachte den Gedanken der 1. Winterbegehung der Direkten Totenkirchl-Westwand zur Sprache. Wir begannen mit dem Training. Dabei kam ich durch meine beruflichen Verpflichtungen immer mehr in Zeitschwierigkeiten, so daß ich Günter vor Weihnachten absagen mußte. Trotz vieler Widerstände gab Günter nicht auf und es gelang ihm, einen neuen Kameraden für die Sache zu begeistern. Franz Mayer aus Rottweil war sein Begleiter im Februar 1955, als sie in vier Tagen den Durchstieg schafften.
Günters Freizeit wurde im Verhältnis zu meiner immer üppiger und er nützte diese, so gut er konnte. So war er dann 1956 oft allein und mit wechselnden Kameraden im Gebirge. Seine Alleingänge Fleischbank-SO-Wand, Gelbe Kante, Pordoi-Wand und Langkofel-Überschreitung sprechen für sich. Mit Eissler, Pforzheim, stieg er durch die Südwand des Torre Trieste.
Unser letztes Wiedersehen war rein zufällig bei Max Eiselin in Kriens-Luzern an einem Samstag. Günter kam vormittags vom Eiger zurück. Er war Freitag früh von zu Hause weggefahren und hatte bis zum Einbruch der Dunkelheit bereits das Zweite Eisfeld erreicht. Infolge Schlechtwetter stieg er noch in der Nacht zurück und war bereits vormittags in Luzern. Da ich in die Engelhörner und Günter noch nach St. Gallen wollte, unterhielten wir uns nur kurz. Sein Erlebnis hatte einen nachhaltigen Eindruck hinterlassen, und er meinte, daß er vorerst vom Eiger genug habe. Auf meine Frage, ob er einen Alleingang vorhatte oder nur erkunden wollte, wich mir Günter aus. Aus früheren Gesprächen schließe ich aber, daß er die Wand allein durchsteigen wollte. Wir kamen noch kurz auf seine Pläne zu sprechen, und ich meinte scherzhaft, der Walker-Pfeiler an den Grandes Jorasses wäre doch eine ganz andere Sache als dieser gefährliche Eiger. Schmunzelnd bezeichnete ihn Günter als sein nächstes Ziel. Dann verabschiedeten wir uns und wußten nicht, daß es für immer sein sollte.«

Mit fünfzehn Jahren hatte Franz Mayer zu klettern begonnen. Im Wettersteingebirge und Wilden Kaiser waren ihm die schwierigsten Touren gelungen. So die erste Winterbegehung der äußerst schwierigen Nordwand des Unteren Schüsselkarturmes. In den Dolomiten die Große Zinne-Nordwand (Comici-Route), Einserkofel-Nordwand und die erste Winterbegehung der Kleinsten Zinne-Südostwand. Das sind freilich gewichtige Touren, aber keine einzige Westalpen-Fahrt ist dabei.
Das sind die zwei jungen Männer, die der Berg behalten hat, die mit dem Tod um die Wette geklettert waren, tagelang, und die dann nicht mehr kamen und verschollen sind.
Der »fünfte Mann«?

Er existiert nicht in der Wand. Die Gestalt eines Menschen, die auf dem Bild angedeutet ist, erweist sich einige Tage später als Fels. Und wieder müssen alle Hoffnungen, die beiden Deutschen zu finden, begraben werden. Claudio Corti muß weiterhin den schweren Verdacht, den einige aufzustellen sich berufen fühlten, ertragen. »Ich bin kein Verbrecher!« schrieb er in »Epoca«. Aber wo sind sie, die Kameraden, die unendliche Strapazen und Entbehrungen mit ihm geteilt hatten – wo?

*

Am 22. September 1961, ein halbes Jahr nach dem »fünften Mann« und mehr als vier Jahre nach dem Verschwinden von Günter Nothdurft und Franz Mayer, gibt es auf dem Eigergipfel Ärger. Werner Staeger, Bergführerobmann von Lauterbrunnen, mit einigen Kameraden und dem »Blick«-Redakteur Victor Stoll, stellt fest: das Rettungsmaterial, das seit der Bergung Stefano Longhis auf dem Eigergipfel liegt – um es in späteren Ernstfällen nicht erst hinaufschleppen zu müssen – ist beschädigt.

»Nur Bergsteiger, die über die relativ leichte Westflanke auf den Gipfel gekommen sind, können das gemacht haben!« vermutet Werner Staeger.

Um das Material nicht weiteren mutwilligen Beschädigungen auszusetzen, soll es ins Tal befördert werden.

Aber sie tragen die schweren Seile nicht, sondern werfen die aufgerollten Stränge über den oberen Teil der Westflanke hinab. Dort oben herrscht auch im Sommer Firn vor. Zwischen dem Klein-Eiger und dem eigentlichen Eigermassiv ist ein riesiges Firnfeld; es bildet einen halben Trichter, weiter unten eine Rinne, die sich in einer Höhe von 3150 Metern – also rund achthundert Meter unterhalb des Gipfels – im Fels verliert. Alles, was in diesem Firnhalbtrichter zu rollen beginnt, saust in die Firnrinne und dann auf die erwähnte Felszone; weit südwestlich der richtigen Route über die Westflanke. Werner Staeger kennt den Berg und weiß, daß die Seile auf diesem Weg schneller und müheloser als über die Originalroute ins Tal befördert werden können. Die Männer klettern den Seilen nach. Und finden die Leichen von Günter Nothdurft und Franz Mayer! Etwas links – nördlich – der Rinne auf Fels. Die beiden Körper liegen nebeneinander und sind noch mit dem Seil verbunden. Nichts an ihnen ist beschädigt. Sie liegen da, als hätten sie sich hingelegt, um auszuruhen. Ein unglaublicher und erschütternder Fund! Aber er macht das Ansehen und die Ehre eines Menschen sauber: Claudio Corti, den man vier Jahre lang einer verbrecherischen Tat verdächtigt hatte.

Was war geschehen?

Gewiß, niemand konnte damals, vor vier Jahren, ernsthaft annehmen, daß Günter Nothdurft und Franz Mayer den Gipfel zu erreichen in der Lage waren. Aber es war so. Und Corti, der angab, daß die zwei Kameraden um fünfzehn Uhr am 8. August letztmals gesehen habe, sagte die Wahrheit. »Unmöglich gibt's nicht!« war der Leitspruch Günter Nothdurfts. Und er bewies mit Franz Mayer, daß er selbst vor unmöglich scheinenden Problemen nicht zurückschreckte.

Um fünfzehn Uhr am 8. August hatten Nothdurft und Mayer den verletzten Corti zurückgelassen. Die deutsche Seilschaft wird am gleichen Tag wohl nicht mehr den Gipfel erreicht haben, sondern am Ende der Ausstiegsrisse zu einem weiteren Biwak gezwungen worden sein. Ohne Zeltsack, ohne Proviant. In Kälte und schlechtem Wetter.
Dann dürften sie, noch mehr geschwächt, im Laufe des 9. August – bei Schlechtwetter und Nebel – den Gipfel erreicht und den Abstieg angetreten haben. Im Nebel ist die richtige Route über die Westflanke schwer zu finden, besonders für Leute, die sie überhaupt noch nie begangen haben. Für Günter und Franz war es naheliegend, dem zunächst weniger steilen Firnfeld zu folgen. Sie kamen in die erwähnte Rinne, stiegen in ihr ab, dann erreichten sie, seitlich der Rinne, Fels, wo Dunkelheit ihren restlichen Abstieg verhinderte. Und dann kamen das letzte Biwak, aus dem sie nicht mehr erwachten, und der Tod, der mit ihnen geklettert war. –
Zweihundert Meter oberhalb des Rotstock-Firnfeldes, dreißig Minuten oder höchstens eine Stunde von der rettenden Station Eigergletscher entfernt.
So wird es gewesen sein.
Die teils lautgewordenen Vermutungen, daß die Seilschaft einer Lawine zum Opfer gefallen sei, dürften kaum zutreffen, denn die Leichen befanden sich abseits der Lawinenrinne. Außerdem wäre kein Lawinenopfer in dieser steilen Felszone zum Stillstand gekommen, schon gar nicht so nahe besammen und in so geordneter Lage wie Günter und Franz.
Sie sind an Erschöpfung gestorben. Nach Bezwingung der Wand, der ihr ganzes Sehnen gehört hatte, nach allen Leiden und Strapazen, die sie mutig durchstanden.
Die Frage drängt sich auf, wie – laut Corti – der kranke und erschöpfte Günter Nothdurft noch die Fähigkeit haben konnte, den Gipfel zu erreichen. Es kann nur die Tat und Reaktion äußerster Verzweiflung gewesen sein. In der Verzweiflung, auf dem Grenzweg zwischen Leben und Tod, vermögen Menschen Unglaubliches zu leisten.
In Günter Nothdurfts Anorak wird das verblichene Bergtagebuch des Toten gefunden. Aber die fraglichen Seiten sind leer oder verwaschen. Sie sagen nichts mehr über die letzten Tage. Allein ihre Körper sind Zeugen des tragischen Geschehens, lüften das Geheimnis.
Das Ende eines schrecklichen Dramas.

*

Nicht weit unterhalb von Günter und Franz wird von der gleichen Bergsteigergruppe die Leiche des seit 1958 vermißten Wieners Engelbert Titl gefunden. – Die am 10. August 1957 aufgestiegenen Retter von Claudio Corti konnten aber nichts sehen, denn sie benützten die Normalroute.

Der Einsame – Adi Mayr

Sonnwendfeuer 1961. Neben der Pleisenhütte im Karwendelgebirge brennt es. Auf allen Berggipfeln ringsum sieht man die Feuer. Dem Bergsteiger sind sie zum Symbol geworden für den Beginn der Kletterzeit.
Unter den Innsbruckern ist Adi Mayr. Wir kennen uns, sind Klubkameraden der Hochtouristengruppe »Bergland« in Wien. Aus dem Feuer, vor dem wir sitzen, wachsen Berge und Grate und Wände. Adi, 1939 im oberösterreichischen Bad Hall geboren, ist ein glänzender Erzähler, und er hat vieles erlebt in den Bergen. Auch allein. Denn nicht immer findet er, der Feuergeist und impulsive Mensch, Begleiter für seine Ziele. Schwierige Unternehmungen waren ihm gelungen. Aber die ganz großen und schwierigsten Ziele liegen noch vor ihm.
Auffallend oft kommt die Eigerwand ins Gespräch. Daß Adi mit ihr liebäugelt, weiß ich.
Nur langsam, denke ich, mit dreiundzwanzig Jahren hat man alles noch vor sich, viele Wege am Berg und das Leben. Und nur einige ganz große Sachen noch, dann will Adi eine Familie gründen. Mit Hilde Bocek aus Deutsch-Wagram in Niederösterreich, einem bildsauberen und gescheiten Mädel.
In Adi steckt ein gefährlicher Trieb. Er bringt Bergsteigen und Anerkennung der Umwelt, die er haben möchte, in Zusammenhang. Das ist für einen jungen Menschen, den brennender Ehrgeiz treibt, nicht gut. –
Adi ruft mich am Abend des 20. August an:
». . . Sag was war denn am Eiger los bis jetzt?«
»Am Eiger? Was soll da losgewesen sein?« frage ich.
»Die Wand – hat sie noch keiner gemacht in dem Sommer?«
»Nein, noch keiner.«
»Wie schaut's mit den Verhältnissen aus?«
»Weiß es nicht genau, ich war in Zermatt, aber dort hat man die ganz großen Sachen auch noch nicht machen können – heuer ist Mist auf der ganzen Linie; jetzt hau' ich ab in die Dolomiten.« Noch einige belanglose Worte, dann ist das Gespräch beendet.
In Heinrich Diehls Bücherei findet er Nordwand-Literatur. Adi studiert sie und schreibt technische Einzelheiten heraus.
Heinrich Diehl und Walter Almberger wissen, was in Adis Kopf gefahren ist: allein in die Eigerwand! Sie versuchen, ihm den Plan auszureden. Aber es hilft nichts. Er fährt am Vormittag des 21. August in die Schweiz – allein.
Seinem Schweizer Freund Walter Hofer unterbreitet Adi in einem Brief das große Vorhaben. Es ist ein kurzer Brief und er endet so:

»Sollte mich der Berg behalten, so steig Du bitte nicht in die Wand ein und suche mich. Du hast Frau und Kinder. Lasse mir die Eltern schön grüßen, auch die Firma. Sie sollen mir nicht böse sein. Dein Adi.«
Das technische Können und die Erfahrungen Adi Mayrs sind groß genug, um die nackten Schwierigkeiten der Wand zu meistern. Aber es ist mehr in dieser Wand als nur nackte Schwierigkeit. Die schwere und erdrückende Atmosphäre des Raumes, der die Wand umgibt, ist da und die oft unberechenbaren objektiven Gefahren. Und das schreckliche Alleinsein. Adi Mayr kennt das Alleinsein von anderen Bergen her. Aber am Eiger, in der Nordwand, ist das anders.
Das Wetter ist besser geworden. Jetzt oder nie!
Am Nachmittag des 26. August, einem Samstag, begibt sich Adi zur Ruhe.
Kurz nach Mitternacht – Sonntag, 27. August – noch einige Handgriffe gemacht, dann verläßt er die Kleine Scheidegg.
Um drei Uhr steht der Einsame vor dem Wandfuß und beginnt. Und beginnt einen Weg, den er nicht kennt, mit einer Selbstverständlichkeit, als wäre ihm die Idee dazu schon in die Wiege gelegt worden.
Er kennt nur den Verlauf des Weges und weiß, daß die Wand schrecklich und gefährlich sein kann.
Und er weiß auch, daß die Wand bisher siebzehn Menschenleben gefordert hat. Dennoch steigt der einsame Adi Mayr ein. Man kommt in Versuchung, das große Wagnis am Berg in den Abgrund des Unverstandes zu stoßen. Aber ohne Wagnis kein Abenteuer. Es gibt Menschen, die, gerade in unserer Zeit, ohne Wagnis und Abenteuer nicht leben wollen, nicht leben können. Und die Eigerwand strahlt eine Faszination des Abenteuers aus wie kein anderer Berg. Ich sprach mit Bergsteigern, deren technisches Können über den vierten Schwierigkeitsgrad kaum hinausreicht, die sich aber überwinden mußten, um nicht der Versuchung zu unterliegen, in die Wand zu steigen. Sie sagten, daß sie von der Wand richtig angezogen worden seien. Nur der nüchterne Verstand habe sie dann davon abgehalten. –
Bis zum Schwierigen Riß treten selbst für einen Alleingeher keine ernsthaften Gefahren auf, wenn er gut und erfahren ist. Bis zum Schwierigen Riß besteht sogar die Möglichkeit, daß Adi sich besinnt und zu der Überzeugung kommt, doch zu Gefährliches begonnen zu haben. Hier, im ausschließlichen Felsbereich, wo man sich überall halten kann, ist es noch nicht schlimm. Aber oben, auf den haltlosen Eisfeldern, kann schon ein kleines Steinchen das Schicksal eines Alleingehers besiegeln. Dazu braucht er gar nicht erst eine ernste Verletzung; es genügt schon ein kleiner Stein, der dem Alleingeher das Gleichgewicht raubt. Ein kleiner Stein kann ein junges, sonniges Leben vernichten.
Aber für Adi gibt es keine solche Überlegung mehr. Für ihn gibt es nur noch die Wand, in deren unterstem Bereich er zügig aufwärts klettert, und den Gipfel – den Gipfel seines Lebens.
Der Schwierige Riß wird ihm erleichtert durch das dünne, bereits etwas vergilbte Seil, das seit 1959 dort hängt. In den ersten Vormittagsstunden kommt der Hinterstoisser-Quergang an die Reihe. Einige Beobachter auf Scheidegg, die von

dem Plan wissen, stehen bereits auf ihrem Posten. Sie sehen, daß auch der berühmte Quergang für Adi kein zeitraubendes Hindernis zu sein scheint; er bringt ihn schnell hinter sich. Dank dem – seit 1958 – vorhandenen Geländerseil, das zwar nicht mehr besonders vertrauensvoll ausschaut, aber den leichten Adi noch gut hält.

Dann das Erste Eisfeld, auf dem sich das Tempo verlangsamt. Es ist blank, das Steigen gefährlich und anstrengend. An der Felsstufe links des Eisschlauchs geht es besser. Fels ist Adis Element.

Das Zweite Eisfeld mit seinen riesigen Ausmaßen trägt, von unten gesehen, nur einen kleinen Punkt. Er bewegt sich von rechts nach links, unaufhaltsam, und es ist ein Mensch, einsam. Die Beobachter sagen, Adi komme sehr schnell voran. Aber es ist nicht so. Adi kommt nicht schneller voran als eine Zweierseilschaft. Ein Alleingeher sollte genau die halbe Zeit einer Zweierseilschaft brauchen. Denn für ihn gibt es kein Warten auf den nachkommenden Partner; er kann, abgesehen von kurzen Pausen, in einem Zuge klettern. Aber Adi legt Wert auf Sicherheit. Nur: auch Tempo ist in dieser Wand Sicherheit. Tempo heißt, mit dem Steinschlag, mit dem Tod um die Wette zu klettern. Ab vierzehn Uhr krachen aus der Spinne die gefährlichen Salven des Todes. Hinab auf das Bügeleisen und Dritte Eisfeld. Gegen Mittag sollte man diese Zone hinter sich haben. Aber Adi schafft das nicht. Dazu kommt, daß gerade ein Alleingeher so hoch als möglich kommen sollte, zumindest bis zum Beginn des Götterquergangs. Denn die Biwaknacht ist allein viel schrecklicher als mit Kameraden. Man kommt, ganz abgesehen von den seelischen Belastungen, denen man in der unendlichen Einsamkeit ausgesetzt ist, aus dem Rhythmus. Nach einer solchen Nacht, noch unsicher und steif und trunken, sind die unmittelbaren Gefahren des Kletterns – die subjektiven, wie der Bergsteiger sagt – umso größer. Denn ohne Sicherung vom Kameraden her, wird jeder Fehltritt zum Untergang.

Adi ist um die Mittagszeit, in der er sich schon in der Rampe befinden sollte, noch auf dem Zweiten Eisfeld, das kein Ende nehmen will. Dann kommt die Felsstufe rechts vom Bügeleisen. Er meistert sie vorbildlich, das sieht man. Jetzt das vereiste Gelände hinauf zur Kante des Bügeleisens. Aber es ist zu spät, zu gefährlich, um sich ohne Sicherung über das steinschlagbedrohte Dritte Eisfeld wagen zu können: fünfzehn Uhr. Adi weiß das. Er klettert nicht weiter. Genau an der Stelle, wo Max Sedlmayr und Karl Mehringer vor einundzwanzig Jahren (1935) umgekommen waren – am heutigen »Todesbiwak« –, entschließt sich Adi zum Biwak. Und dabei hätte er noch gut fünf Stunden Tageslicht. Die Rampe brächte er in dieser Zeit noch unter sich. Aber es ist zu gefährlich. Er hört es ja und sieht es, wie die Steinbrocken, jeder ist vernichtend, auf das Dritte Eisfeld schlagen. Adi ist verurteilt, zweiundzwanzig Stunden auf dem gleichen Platz, der kaum einen Quadratmeter groß ist, sitzend zu verbringen. Denn morgen wird er nicht vor fünf Uhr aufbrechen können. Zweiundzwanzig Stunden auf einem winzigen Platz! Adi darf sich nicht zu sehr strecken, zweiundzwanzig Stunden lang nicht, denn zu drei Seiten ist er von Abgrund umgeben. Jetzt, wo er nur mit sich selbst reden kann, sind die Stunden furchtbar lang.

Einundzwanzig Uhr. Es ist dunkel geworden. Und das ist die vereinbarte Zeit für das Leuchtsignal. Auf Scheidegg, wo nur noch über den Einsamen in der Wand gesprochen wird, wartet man auf das Lichtzeichen. Und es kommt: Wohlauf und alles in Ordnung!

Die Spätnachrichten bringen die Meldung über den Einsamen in der Wand. Auf Scheidegg wird in der Bar, bei Bier und Whisky, diskutiert. Ein toller Kerl, ein kühner Mann, dieser Adi, morgen wird er den Gipfel erreichen und das letzte Problem, das die Wand nach der Winterbegehung noch zu bieten hat, gelöst haben. Problem?

Eine große und außergewöhnlich schwierige Wand, in der es auf technisches Können und Gewandtheit ankommt, allein zu bezwingen, ist freilich ein Problem, ein lockendes Ziel. Aber die technischen Schwierigkeiten der Eigerwand sind, bei normalen Verhältnissen, nicht außergewöhnlich groß. Wohl aber die objektiven Gefahren. Um ihnen zu entkommen, muß man gut gesichert sein.

Günter Nothdurft war, bevor er mit Franz Mayer einstieg, auch allein in der Wand. Bis zum Zweiten Eisfeld. Dann hatte ihn schlechtes Wetter zurückgetrieben. Warum unternahm er keinen zweiten Alleinversuch? Ich bin sicher, daß der stürmische Günter Nothdurft die außergewöhnlichen Gefahren, mit denen ein Alleingeher rechnen muß, erkannt hatte. Er, der die berühmte Piz Badile-Nordostwand im Bergell nur so hinaufspazierte – in drei Stunden, allein. –

Montag, 28. August

Die Beobachter auf Scheidegg sind schon im ersten Tageslicht in Aktion. Man will Gewißheit haben über den Einsamen. Und man will die Fortsetzung erleben. Das Wetter ist gut. Keine Wolke am Himmel, kaum merkbare Windtätigkeit. Das gefährliche und berüchtigte Eigerwetter, das selbst die Besten in böse Situationen bringen kann, bleibt aus, verschont den Einsamen in der Wand. Er hat Glück.

Doch offensichtlich ist auch jetzt noch alles in Ordnung, denn er verläßt das Todesbiwak, auf dem er sich zweiundzwanzig Stunden lang befand, und klettert weiter. Nach links über das Dritte Eisfeld. Aber langsamer als gestern. Das wird die Nachtkälte sein, die ihm noch in den Knochen steckt.

Vielleicht auch sind es drückende Gedanken, mit denen er sich in der langen Nacht hat auseinandersetzen müssen? Vielleicht. Niemand weiß es. Nur daß er langsam weiterkommt, sieht man. Die Rampe. Auch hier klettert er nicht schneller. Vereisung? Das sieht man durch das Fernroh nicht. Denn Wassereis ist durchsichtig und höchstens einen Zentimeter dick, und scheußlich.

Der Wasserfallkamin ist die technisch schwierigste Stelle in der Rampe. Dreißig Meter hoch und fünfter Schwierigkeitsgrad; sechshundert Meter unter dem Gipfel. Am späten Nachmittag, wenn die Wand Sonne bekommt, ist der rißartige Kamin eine Dusche, eiskalt. Das Eisfeld, achtig Meter oberhalb des Kamins, ist groß genug, um jeden Tag Wasser für die eisige Dusche zu liefern. In den frühen Vormittagsstunden ist die Dusche abgedreht. Dafür strotzt der Kamin von gefährlichem Wassereis. Und so ist es um sieben Uhr fünfundvierzig. Adi sieht den Kamin. Nur fünf oder sechs Meter nach links muß er noch queren, um den

Kaminbeginn zu erreichen. Die Querung, sogar etwas fallend, ist schwierig. Der Fels ist hier ein wenig überhängend und drängt ab. Für eine Seilschaft ist das kein Problem. Der Vorankletternde kann sich seitlichen Seilzug geben lassen; der Nachkommende ist von oben gesichert. Adi hat keinen seitlichen Zug, auch keine Sicherung von oben. Er ist allein in dieser toten Wildnis. Er quert nach links, langsam zwar, aber er kommt weiter.

Noch drei Meter. Jede Bewegung kann von Scheidegg aus wahrgenommen werden. Noch zwei Meter. Jetzt muß der große Spreizschritt nach links erfolgen. Die rechte Hand und den rechten Fuß noch am Fels des Quergangs, der linke Fuß muß weit links drüben auf den vereisten Fels gesetzt werden, um dann, wenn die rechte Hand gelöst wird, sofort Halt zu bekommen für die linke. Im Augenblick des Wechsels hat der Körper keinen Halt, sondern lastet allein auf dem linken Fuß.

Adi versucht es. Er setzt den linken Fuß weit drüben auf, genau an der richtigen Stelle, nur für Sekunden. Dann zieht er sich wieder rechts an den Fels. Was ist los? Ist der entscheidende Tritt nicht gut? Vereist?

Adi versucht es nochmals. Und noch einmal zieht er zurück. Aber am Ende des Quergangs kann er sich nicht sehr lange halten. Jedenfalls nicht, um Kraft zu sammeln. Er muß handeln oder den ganzen Quergang wieder zurück. Das ist auch anstrengend. Und zeitraubend. Acht Uhr fünfzehn. Adi versucht es ein drittes Mal. Mit dem Pickel wird der Fels bearbeitet. Jetzt muß es gehen. Den linken Fuß auf die gleiche Stelle gesetzt. Jetzt nur noch rechts auslassen und schnell nach links greifen und es gelingt nicht . . . ein Aufschrei am Fernrohr . . . ein stürzender Körper, den keiner halten kann . . . frei durch den Raum . . . zweihundert Meter . . . Aufprall . . . am Dritten Eisfeld . . . und weiter . . . in den Abgrund . . . Sturz und Aufschlag . . . und wieder – bis zum Vorbau der Wand . . . tausend Meter . . . ein Körper . . . ein Leben . . . Adi Mayr – vorbei.

Um elf Uhr am Mittwoch, 30. August, wird Adis Leiche geborgen. Am Sonntag, 3. September, wird er in Bad Hall, Oberösterreich, zu Grabe getragen. Ein Jahr später, am 1. September 1962, bringen Adi Mayrs Kameraden aus Bad Hall eine Erinnerungstafel am Fuße der Nordwand an. – Die Bergung und Überführung kostete 14000 Schilling. Hinterbliebenen von abgestürzten Alpenvereinsmitgliedern werden diese Kosten vom Alpenverein ersetzt. Aber Florian Mayr, Adis Vater, muß sich belehren lassen, daß bei seinem Sohn Adi der Fall anders liege. Laut Satzungen der Versicherung im Alpenverein darf sich ein Alleingänger nur bis zum vierten Schwierigkeitsgrad wagen. Wenn er in einer Wand des fünften Schwierigkeitsgrades verunglückt, wird die Versicherung hinfällig. Die schwierigsten Stellen in der Eigerwand weisen den fünften Grad auf, also war Adi über die Vorschriften des Alpenvereins hinausgeklettert. Außerdem hätte nachgewiesen werden müssen, daß der verunglückte Alleingeher zwei Jahre hindurch den sechsten Schwierigkeitsgrad – als Seilschaft – meisterte. Und das war, nach Meinung des Alpenvereins, nicht der Fall gewesen.

Fünf Nationen und eine Wand

Aber ruhig wird es nach dem tragischen Ereignis am Eiger nicht. Das Wetter hat sich stabilisiert. Adi Mayr ist noch nicht einmal geborgen, da wird die dunkle Wand schon wieder von anderen belagert. Die nächsten Kandidaten kommen geraden Wegs aus Zermatt: die tschechischen Alpinisten Radovan Kuchař und Zdeno Zibrin; am Matterhorn war ihnen vor Tagen die neunzehnte Begehung der Nordwand gelungen. Zwei stämmige Männer, zwei erfahrene Bergsteiger, die sich in der Montblanc-Gruppe genau so auskennen wie in ihrer heimatlichen Tatra oder im fernen Kaukasus. Überall meisterten sie große Unternehmungen. Nur die Eigerwand hat sie bisher nicht gemocht. Vor zwei Jahren (1959) waren sie schon da, um die Wand zu erobern, aber das Wetter machte nicht mit.
Radovan Kuchař, mit guten Augen und bürstenartigem Haarschnitt, und der meist schelmisch dreinschauende Zdeno Zibrin sind Meister des Sports. Das ist in ihrer Heimat die höchste sportliche Auszeichnung, die auch Bergsteigern verliehen wird. Die Erfolge von Kuchař und Zibrin in den Alpen sind dennoch außergewöhnlich: Walkerpfeiler an den Grandes Jorasses, Dru-Westwand und die Poire-Route in der Brenvaflanke am Montblanc.
Der wuschelköpfige Zdeno ist von Beruf Meteorologe, und das weiß Radovan, besonders am Eiger, sehr wohl zu schätzen.
Am 30. August um drei Uhr dreißig stehen Radovan Kuchař und Zdeno Zibrin am Fuße der Nordwand. Sie wissen um das Schreckliche, das sich vor zwei Tagen in der Wand ereignete. Die Leiche Adi Mayrs ist noch nicht geborgen. Aber *jetzt* müssen sie einsteigen, denn jetzt herrscht gutes Wetter.
Um neun Uhr sind sie am Beginn des Hinterstoisser-Quergangs. Am Wandfuß unten sehen sie Menschen. Aber nicht am richtigen Einstieg, sondern weiter östlich. Sie holen Adi Mayr. Um vierzehn Uhr wird das Zweite Eisfeld in Angriff genommen. Sie folgen den Spuren eines Toten. Und deshalb sind sie vorsichtiger als sonst. Das Tempo ist entsprechend. Aber sie können es sich leisten, denn Zdeno, der Wettermann, weiß, daß der Alpenraum von einer großen Hochdrucklage beherrscht wird. Auf dem Zweiten Eisfeld saust durch eine kleine Unachtsamkeit ein Eispickel in die Tiefe. Jetzt besitzen sie nur noch ein Eisbeil. Aber es muß auch so gehen. Schon um achtzehn Uhr wird am linken, oberen Rand des Zweiten Eisfeldes Halt gemacht. Biwak.
Am 31. August klettern die Tschechen erst um sieben Uhr weiter. Nur nichts überstürzen, das Wetter ist gut. Um zehn Uhr dreißig erreichen sie das Todesbiwak, auf dem Adi Mayr die letzte Nacht seines Lebens verbrachte, zweiundzwanzig Stunden lang. Aber Kuchař und Zibrin bleiben hier nicht lange. Sie wollen

weiter und das scheußliche Dritte Eisfeld, das von eingefrorenen Steinen übersät ist, hinter sich bringen. Adi Mayr muß in der Nacht an starkem Durchfall gelitten haben, man sieht es. Die auf dem Dritten Eisfeld noch vorhandenen Stufen von Adi sind viel größer als auf dem Zweiten Eisfeld. Das macht deutlich, daß ihn die Nacht sehr mitgenommen hatte.

Die Spuren des Toten leiten bis zur zweiten Seillänge in der Rampe. Dort sieht Kuchař, daß eine Eisplatte im Format fünfzig mal fünfzig Zentimeter ausgebrochen sein muß. Und Kuchař ist überzeugt, daß Adi Mayr hier stürzte. Hatte sich der Fernrohrbeobachter getäuscht? Auch in der zweiten Seillänge der Rampe ist eine kurze, abdrängende Querung mit Spreizschritt zu bewältigen. Aber das ist jetzt nicht mehr sehr wichtig; es bringt Adi Mayr nicht mehr zu den Lebenden zurück!

Und für Kuchař sind das nur kurze Gedankengänge – sie müssen weiter. In der Rampe kann man nicht lange anderen Gedanken nachhängen; sie ist zu schwierig. Um siebzehn Uhr, am oberen Ende der Rampe, wird schon wieder Feierabend gemacht. Das ist die gefährliche Steinschlagzeit, und der wollen sich die Tschechen nicht mutwillig aussetzen. Wettermäßig und auch wegen des Proviants können sie sich Zeit lassen. Ein Kilo Honig, ein halbes Kilo ungarische Salami, zweihundertfünfzig Gramm Schokolade, Brot, Kekse, Käse, Zucker und Suppenwürfel haben sie mit; dazu gute Biwakausrüstung. So kann man es schon aushalten.

Am 1. September wird um sieben Uhr wieder begonnen. Die beiden sind bei Kräften wie am ersten Tag, denn nie mußten sie sich bisher verausgaben. Um elf Uhr sieht man sie in der Spinne. Wenn ihr Tempo auch nicht aufsehenerregend ist, so sieht man doch, daß es erfahrene Alpinisten sind. Kuchař zählt dreiunddreißig Jahre, Zibrin dreißig; in diesem Alter hat man die gefährlichste Sturmzeit überstanden.

Um siebzehn Uhr ist das »Soll« des Tages wieder erfüllt: Corti-Biwak in den Ausstiegsrissen. Die Tschechen scheinen es mit den Bauarbeitern zu halten, die mit dem Glockenschlag ihr Handwerkszeug fallen lassen. Aber von hier erreichen sie auch bei schlechtem Wetter den Gipfel, das wissen sie. Und das Corti-Biwak ist ziemlich steinschlagsicher.

Die dritte Nacht.

Um sechs Uhr am Morgen des vierten Tages (2. September) brechen sie auf. Jetzt haben sie genug von der Wand. Jetzt wollen sie nur noch den Gipfel. Das sieht man an ihrem Tempo: nach zweieinhalb Stunden haben sie ihn erreicht – die erste Seilschaft aus einem der Ostblockländer, bravo! Am gleichen Tag noch kommen Radovan Kuchař und Zdeno Zibrin hinab zu den Menschen.

Kaum sind die Tschechen in der Wand, da überstürzen sich die Ereignisse: Am Tag ihres Einstiegs – 30. August – nimmt die Wand zwei weitere Kandidaten auf: Alois Strickler aus Morges und Ernst Schmied aus Bern, dem vor fünf Jahren (1956) die zweite Ersteigung des Mount Everest zugefallen war. Ein hervorragender Westalpenmann; beruflich betreibt er ein Lederwarengeschäft. Der siebenunddreißigjährige Alois Strickler, von Beruf Mechaniker, gehört zu den

besten Schweizern. Matterhorn-Nordwand, Dru-Südwestpfeiler, Grandes Jorasses-Walkerpfeiler, Grand Capucin-Ostwand, Montblanc-Brenvaflanke über die »Poire«, Triolet-Nordwand und Piz Badile-Nordostwand, das sind Touren und Begriffe, die für sich sprechen. Daß irgendwann auch die Eigerwand drankommen wird, ist seit Jahren klar. Und jetzt, bei dem guten Wetter, ist die Zeit reif.
Erst um die Mittagszeit steigen die beiden ein, denn heute wollen sie nur bis zum »Schwalbennest«. Das Schwalbennest ist eine kleine Felseinbuchtung rechts des Ersten Eisfeldes. Eine gute Idee ist das. Wenn morgen das Wetter gut ist, denken sie, werden bestimmt die Ausstiegsrisse erreicht, wenn es in der Nacht schlecht werden sollte, kann von hier der Rückzug sehr schnell durchgeführt werden.
Das Wetter bleibt gut. Aber Ernst Schmieds Magen ist nicht in Ordnung; er kann im Schwalbennest keine Minute schlafen und hat scheußliche Krämpfe auszuhalten. Und das in der Eigerwand! –
Ebenfalls am gleichen Tag trifft der österreichische Heeresbergführer Leo Schlömmer auf der Scheidegg ein. Erst fünfundzwanzig Lenze zählt der Steirer, aber seine Tourenliste ist ansehnlich: Ortler-Nordwand, Franzosenroute an der Westlichen Zinne und die Direkte Nordwand der Großen Zinne. Als Heeresbergführer ist er fast immer hartem Training ausgesetzt. Sonst ziemlich zurückhaltend, fast etwas verschlagen; seine Interessen im Bergsteigen liegen mehr in der sichtbaren Leistung. Sein technisches Können ist außergewöhnlich, seine Kondition auch. Er schwört auf Schnelligkeit.
Aus der Steiermark kommend, unterbrach er in Innsbruck seine Fahrt zum Eiger. Er versuchte, den Innsbrucker Otto Wiedmann für die Wand zu gewinnen. Aber Wiedmann konnte ihm keine feste Zusage geben. Vielleicht. –
Wenn Otto kommt, denkt Schlömmer, gehe ich mit ihm, sonst steige ich allein ein. Wie Adi Mayr, dessen Schicksal ihm bekannt ist. Am Abend des 30. August trifft Schlömmer mit den Schweizern Kurt Grüter aus Dietikon und Sepp Inwyler aus Luzern zusammen. Sie wollen morgen in die Wand. Das mit dem Alleingang scheint Schlömmer doch nicht mehr ganz geheuer zu sein, denn er fragt die Schweizer, ob er nicht mit ihnen gehen kann.
Zu dritt, sagen sie, geht es zu langsam. Und alle wissen, daß man sich gerade in dieser Wand auf das gute Wetter nicht verlassen darf. Die Absage der Schweizer hat mit der Person Schlömmers freilich nichts zu tun.
Leo Schlömmer bleibt ohne Partner – bei diesem schönen Wetter!
Die Schweizer verlassen am 31. August zwei Stunden nach Mitternacht die Scheidegg. Es sind schneidige Kerle, die beiden. Schwierigste Felsfahrten, auch in den Dolomiten, haben sie schon hinter sich, nur mit richtigen Eistouren konnten sie sich bisher nicht recht anfreunden. Aber die Eigerwand – halb Fels, halb Eis – werden wir schon packen, denken sie, sonst würde ihnen das Einsteigen gar nie in den Sinn gekommen sein. Der zweiundzwanzigjährige Sepp Inwyler ist Maschinenzeichner, voll Lebenslust; der vierundzwanzigjährige Kurt Grüter Feinmechaniker. Um vier Uhr fünfzehn kommen sie zum Wandfuß. Welche Überraschung! Zwei andere Nordwand-Anwärter sind bereits da.
»Grüezi!«

Aber es sind keine Eidgenossen. Es sind Polen: Jan Mostowski, Elektro-Ingenieur aus Gliwice, dreiunddreißig Jahre alt; und Stanislaw Biel, zweiunddreißigjährig und ebenfalls Ingenieur, aus Krakow. Freundliche Begrüßung, ein Händedruck, gegenseitiges Vorstellen. Den Polen ist die Wand bis zum Hinterstoisser-Quergang bereits bekannt. Vor vier Wochen mußten sie dort, zusammen mit ihren Kameraden Crestan Momatiuk und Jan Dougosz umkehren.
Um fünf Uhr steigen die Polen ein. Die Schweizer folgen in kurzem Abstand. Bis zum Schwierigen Riß wird ohne Seilsicherung geklettert. Auch die Polen und Schweizer heißen das am Schwierigen Riß vorhandene alte Seil willkommen. Alles geht ziemlich rasch. Am Beginn des Schwierigen Risses entgleitet Kurt Grüters Pickel. Verdammt! Aber fünf Meter weiter unten bleibt das wertvolle Gerät in einer Seilschlinge hängen. Glück gehabt!
Über dem Schwierigen Riß stoßen die Polen und Schweizer auf Ernst Schmied und Alois Strickler.
Schmieds Magengeschichte hatte sich nicht gebessert; schon in der Nacht war ihm klar geworden, daß in diesem Zustand der weitere Aufstieg nicht zu verantworten ist. Und der Strickler Alois ist ziemlich sauer. Aber da hilft alles nichts; auf den Gefährten muß Rücksicht genommen werden. Die Durchsteigung der Eigerwand ist keine Erholungstour. Bevor sie weiter absteigen erfährt Strickler, daß Leo Schlömmer – den er zwar nicht kennt, über den er aber schon einiges gehört hatte – auf Scheidegg sei und auf einen Partner warte. Nicht schlecht, denkt Strickler, vielleicht haut die Sache doch noch hin, und steigt mit Schmied ab.
»Tschau – und viel Glück da oben!« –
Der Hinterstoisser-Quergang mit dem Geländerseil ist für keine der beiden Seilschaften ein Problem.
Die Verhältnisse auf dem Ersten Eisfeld sind denkbar günstig. Die Stufe mit dem Eisschlauch – gut. Aber auf dem Zweiten Eisfeld müssen Stufen gehackt werden. Das kostet Zeit. Doch das Wetter ist schön, kein Grund zur Aufregung. Beide Seilschaften »überschlagen«. Das heißt, daß jeder abwechselnd die Führung übernimmt. Für eine Zweierseilschaft ist das der Idealfall. Stein- und Eisschlag gibt es auch. Nur nicht zuviel hinauf schauen! Das könnte gefährlich werden. Die kleinen, aber dennoch gefährlichen Geschosse sieht man gar nicht. Man hört nur kurzes Pfeifen, gleich darauf den Einschlag.
Die Felsstufe links oberhalb des Zweiten Eisfeldes erweist sich ebenfalls als zeitraubend. Der Abend naht. Es muß biwakiert werden. Die Polen richten sich, hundert Meter rechts vom Bügeleisen, für die Nacht ein; die Schweizer dreißig Meter noch mehr rechts. Die beiden Seilschaften sehen einander und können sich zurufen. Zu viert ist in der Wand, auch wenn man mit den anderen keine Seilverbindung hat, alles besser und leichter zu ertragen.

*

Alois Strickler und Ernst Schmied mit seinen Magenbeschwerden kommen ohne Zwischenfall über den Schwierigen Riß und Wandvorbau hinab. Auf dem

Scheidegg trifft Strickler Leo Schlömmer im feinen Straßenanzug. Strickler bleibt bei ihm stehen, wirft den Rucksack weg und sagt:
»So eine Schinderei!«
Gegenseitiges Abtasten. Die Namen fallen. Man kennt sich, Sympathien kommen auf. Und es dauert nicht lange, da sagt Schlömmer:
»Machen wir morgen die Wand?«
»Wäre nicht schlecht!« läßt ihn der kurz angebundene Strickler wissen.
Strickler und Schlömmer reden über durchgeführte Unternehmungen und bekommen Vertrauen zueinander. Dann noch technische Fragen, Zusammenstellen der Ausrüstung, und bald steckt die frisch gegründete Seilschaft in den Decken, schläft.
Um zwei Uhr früh am 1. September entfernen sich vier Gestalten von der Scheidegg, Richtung Eigerwand: Leo Schlömmer, Alois Strickler und zwei seiner Freunde, die als Rucksackträger bis zum Einstieg mitgehen. Um diese Zeit dösen achthundert Meter weiter oben die Polen und Schweizer in ihren Biwaks.
Strickler und Schlömmer sind sich einig, daß abwechselnd geführt wird.
Und sie klettern wie die Feuerwehr, die aufgebrochen ist, um weit oben in der Wand einen Brand zu löschen. In dem Eifer gibt es gleich einen Verhauer: statt rechts des Zerschrundenen Pfeilers aufzusteigen, kommt die Seilschaft links davon in schwieriges Gelände. Und muß wieder zurück, abseilen. Eine ganze Stunde kostet diese Unachtsamkeit. Umso schneller wird dann, wieder auf der richtigen Route, losgelegt.
Um acht Uhr wird das Erste Eisfeld betreten.

*

An diesem Morgen (1. September) entsteht Abstand zwischen den Polen und Schweizern. Den Grund kann man von außen nicht wahrnehmen. Um sieben Uhr klettern die Polen weiter, die Schweizer warten noch. Aber zu großer Abstand darf nicht entstehen, denn die Schweizer haben die meisten Haken der Polen, die, um es den Kameraden zu erleichtern, am Vortag stecken gelassen worden sind. Man einigt sich, daß die Schweizer bald nachkommen und die Haken bringen werden. Die Lage an diesem Morgen wird recht verschiedenartig geschildert.
Jan Mostowski schreibt in einem Brief an mich:
»Als wir uns auf dem Bügeleisen befinden, erfahren wir, daß Grüter sich sehr schlecht fühle. Die Schweizer erwägen den Rückzug. Die Lage wird für uns sehr unangenehm.«
Kurt Grüter berichtet in der »Blick«-Zeitung:
»Gegen Morgen kriecht uns nasse Kälte in die Knochen, und bei Dämmerung fangen wir wieder mit Teekochen an. Der warme Tee schmeckt ausgezeichnet, und langsam erwacht Unternehmungslust. Wir beobachten die Polen, wie sie ihr Biwak verlassen und langsam zum Bügeleisen klettern. Wir haben es nicht eilig. Wir lassen den Polen etwas Vorsprung, damit wir nachher umso zügiger klettern können. Wir wissen, daß wir sie in der Rampe wieder einholen werden.«

Um acht Uhr dreißig sehen die Polen, vom Bügeleisen aus, und die Schweizer, die sich noch auf dem Biwakplatz befinden, am unteren Rand des Zweiten Eisfeldes die nachstürmende Seilschaft. Alle sind von ihrer Geschwindigkeit beeindruckt. Die Nachkommenden werden in einigen Stunden aufgerückt sein, denken die Polen. Mit den Schweizern wird ausgemacht, daß die Haken, auf welche die Polen nicht verzichten können, den Nordwandsprintern übergeben werden, um sie weiter oben, in der Rampe, wieder zu haben. Einverstanden.
Jan Mostowski und Stanislaw Biel klettern weiter. Über das Dritte Eisfeld, auf dem das Pfeifen der Steine zu hören ist. Bis zum Wasserfallkamin der Rampe. Und hier muß drei Stunden gewartet werden. Auf die Haken. Denn ohne Haken von hier weiterzuklettern wäre zu gewagt; man kann die Verhältnisse und damit die Schwierigkeiten selbst auf fünfzig Meter nicht genau einschätzen.
Die Schweizer!
Sie haben sich also doch für den weiteren Aufstieg entschlossen.
Die wichtigen Haken werden übergeben, und gleich machen sich die Polen an den Wasserfallkamin; erfreut, mit den Kameraden wieder vereint zu sein. Die Schweizer sind nicht so stolz, das von der polnischen Seilschaft heruntergelassene Seil abzulehnen. Jetzt kommen auch Strickler und Schlömmer nach.
Vierzehn Uhr. Freundliche Worte werden gewechselt. Inwyler zeigt sich besonders erfreut, daß es mit Strickler und Schlömmer doch noch geklappt hat. Auch von ihnen wird das Seil der Polen gerne benützt. Hier ist nicht der Platz, um ehrgeizig auf eine zusätzliche Sicherung zu verzichten.
Nach dem Wasserfallkamin vereinigen sich die drei Seilschaften zu einer Mannschaft. Zwei Polen, drei Schweizer und ein Österreicher an einem Seil – die europäische Seilschaft. Allerdings können Schlömmer und Strickler jetzt nicht mehr im Eiltempo klettern; es geht langsamer. Die Reihenfolge: Mostowski – Biel – Inwyler – Grüter – Strickler – Schlömmer.
Jan Mostowski schuftet am scheußlichen Eiswulst. Wassereis. Und ist froh, den Beginn des Rampen-Eisfeldes zu erreichen. Aber plötzlich kommt er nicht mehr weiter. Das Seil. Es läuft durch mehrere Schnappringe und muß zum Nachziehen unten ganz locker nachgegeben werden. Flugzeuge, ganz nah.
»Seil nachlassen!« schreit Mostowski, der weiter will, aber nicht kann. Das Kommando wird vom Geknatter der Motoren geschluckt.
»Seil . . .!«
Sein Ruf stockt. Denn zum Lärm der Flugzeuge kommt noch Poltern und Krachen . . . eine richtige Steinlawine!
Wahnsinn! . . . Untergang . . . Gestank . . . Wahnsinn! Denn Mostowski steht völlig ungeschützt da – und kann nicht weiter. Das Seil! Er zieht den Kopf ein. Und wartet. Geschosse knallen auf Helm und Rucksack und Schultern. Mostowski hält sich krampfhaft und wartet auf den letzten Schlag. Sekunden und Minuten verbringt er wartend in dieser Schrecklichkeit, die ihn halb betäubt. Dann Erlösung: die Flugzeuge ziehen ab, von der Lawine prasseln nur noch Nachzügler vorbei.
»Seil nachlassen!« brüllt er nochmals.

Und wieder sind die Flugzeuge da. Mostowski flucht. Und fürchtet eine weitere Lawine. Nur zwei Meter brauchte er noch, um geschützt zu sein. Aber das Seil läßt ihn keinen Zentimer weiter. Erst nach einer Viertelstunde tritt Ruhe ein; Die Flugzeug-Insassen scheinen genug gesehen und fotografiert zu haben.
»Seil nachlassen!«
Endlich werden unten die zwei wichtigen Worte verstanden. Mostowski kann den Platz des Schreckens verlassen. Ein Glück, daß die Kameraden unterhalb des Eiswulstes vollkommen geschützt waren. Keiner hat was abbekommen. Einer nach dem anderen überwindet jetzt den Eiswulst. Achtzehn Uhr.
Weiterklettern lohnt sich heute nicht mehr. Links vom Rampen-Eisfeld finden alle sechs Platz für die Nacht. Im Sonnenschein wird das Biwak vorbereitet. Gute Stimmung herrscht. Und gutes Wetter.
Das erste Biwak für Schlömmer und Strickler, das zweite für die anderen vier.
Schlömmer schaut um zwei Uhr aus dem Biwaksack: sternklare Nacht. Morgen sind wir nachmittags auf dem Gipfel, denkt er, und ist zuversichtlich.
Um vier Uhr fünfundvierzig wird er wach, denn draußen zerren Windstöße am Biwaksack. Er schaut durch den Luftschlitz hinaus: Graupeln, Nebel.
»Lois! Das Wetter ist schlecht – jetzt sind wir dran!«
Der Lois schimpft und spart nicht mit Kraftausdrücken. Aber das Wetter hindert ihn nicht, abzukochen und gut zu frühstücken.
Auf das Graupeln – meist Vorbote eines Wettersturzes – setzt Schneefell ein.
»Auf geht's, Mander – auf geht's!« ruft Schlömmer in die Runde. Fünf Uhr dreißig (2. September): Aufbruch.
Wieder sind alle sechs Mann miteinander verbunden.
Alois Strickler führt, dann kommen Schlömmer, die Polen, zuletzt die Schweizer. Strickler schnallt vor dem Brüchigen Riß – auf dem Brüchigen Band also – seine Steigeisen ab, legt sie auf den Fels. Mostowski kommt nach, will nach den Steigeisen greifen, um sie Strickler auf den Rucksack zu binden, da werden die wertvollen Geräte von einem Stein getroffen und in die Tiefe befördert.
Aufregung. Leo Schlömmer ist deprimiert. Denn es gilt immer noch, die Spinne und das Gipfeleisfeld zu überwinden. Aber ein Rückzug ohne Steigeisen wäre noch viel gefährlicher und zeitraubender. Also weiter, zum Gipfel.
Im Götterquergang wieder Steinschlag, ohne daß einer getroffen wird. Das Eisfeld der Spinne ist beinhart. Schlömmer führt und schlägt Stufen für Strickler. Dadurch kommt die Seilschaft langsam voran. Aber die Spinne ist wegen ihres Steinschlags berüchtigt; man sollte sie so schnell als möglich durchsteigen. Das ist, wenn einer keine Steigeisen hat, unmöglich. Stanislaw Biel und Kurt Grüter werden von Steinen getroffen. Die Verletzungen sind schmerzhaft.
In den Ausstiegsrissen führt wieder Strickler. Im letzten Kamin krachen nochmals Steine. Diesmal erwischt es Sepp Inwyler. Aber er kann weiterklettern, nur sehr schwach fühlt er sich. Während sich, nach dem letzten Kamin, Schlömmer und Strickler selbständig machen, um das Gipfeleisfeld als Zweierseilschaft zu bewältigen, verabreichen die Polen dem geschwächten Sepp Inwyler Cardiamid, das ihn für die letzten Anstrengungen wieder fit macht.

Schlömmer fixiert auf dem Gipfeleisfeld immer wieder das Seil, an dem sich Strickler – ohne Steigeisen – hochziehen kann.
Erneut werden die Bergsteiger von Flugzeugen umkreist.
Und vom Gipfel her sind Stimmen zu hören.
Die »Rucksackträger« von Strickler und Schlömmer warten bereits.
Um achtzehn Uhr treffen Strickler und Schlömmer auf dem Gipfel ein.
Auch die anderen zwei Seilschaften klettern jetzt getrennt.
Die Polen erreichen um achtzehn Uhr dreißig den Gipfel, die Schweizer eine Stunde später.
»Warmer Händedruck unter uns Kameraden. Wir sind sehr glücklich. Wir durften etwas Großes erleben«, schreibt Kurt Grüter. Die zwanzigste Nordwand-Durchsteigung von sechs Männern aus drei Nationen.

*

Das war der Höhepunkt des Sommers 1961. Die zwanzigste Begehung war eine der spätesten überhaupt. Fast alle früheren Durchsteigungen waren in den Monaten Juli und August durchgeführt worden. Nur Peter Diener und Ernst Forrer – siebzehnte Begehung, 1959 – hatten den September vorgezogen. Die Tage sind zwar kürzer, aber das stabile Herbstwetter ist verlockend. Das denken zwei wild aussehende Gestalten, die am Abend des 16. September in Grindelwald eintreffen. Zwei richtige Bergvagabunden, die seit drei Monaten schon in den Bergen unterwegs sind. Der zweiundzwanzigjährige Georg Huber, Maschinenbauer zu Flintsbach bei Rosenheim, und der neunzehnjährige Spengler Gerhard Mayer aus Degerndorf am Inn; zwei Bayern. Bei Huber fehlt nicht mehr viel zum Riesen, Mayer wirkt neben ihm wie ein Zwerg. In des Großen Gesicht steht meist Lachen und Grinsen und Offenherzigkeit, wogegen der Kleine mit jedem Wort geizt. Dolomiten, Ortlergebiet und Montblanc-Gruppe waren die Stationen ihres großen Bergsommers.
Um ein Uhr dreißig des 19. September verlassen die Bayern ihr Zelt, um drei Uhr steigen sie links des Ersten Pfeilers in die Wand. Das Wetter ist prächtig.
Oberhalb des Ersten Pfeilers hören Huber und Mayer Stimmen. Sie bleiben stehen und horchen in die Nacht. Ja, wirklich, Stimmen, einige Laute nur, aber man hört es ganz genau.
Zwei neue Nordwand-Anwärter: der dreiundzwanzigjährige Skitischler Karl Frehsner und der zwanzigjährige Helmut Wagner, von Beruf Elektromonteur; zwei Österreicher, die sich seit zwei Jahren an scharfe Touren wagen. Helmut Wagner kennt bereits die Direkte Nordwestwand der Aiguille Verte, die Triolet-Nordwand, an der Petit Dru die Westwand und den Südwest-Pfeiler. Frehsners Eisfahrten in der Glockner-Gruppe sind zwar etwas bescheidener, dafür ist er älter und umsichtiger. Eine gute Seilschaft. Ihr Zelt steht unten bei Alpiglen. Vor dem Schwierigen Riß stoßen die Österreicher zu den Bayern.
Begrüßung, kurzes Gespräch. Keine Rivalität. Aber von einem Zusammenschluß wird zunächst noch nicht gesprochen.

Die Bayern bleiben vorne. Der Tag verläuft ohne Zwischenfall. Von Stunde zu Stunde wird das Verhältnis unter den vieren herzlicher. Zwischen fünf und sechs Uhr wird der Hinterstoisser-Quergang bewältigt.
Im Schwalbennest macht Huber einen guten Fund: ein Eispickel, über den sich die Österreicher freuen, denn sie besitzen nur ein Eisbeil. Aber die Freude währt nicht lange. Am ersten Biwakplatz, der am linken oberen Rand des Zweiten Eisfeldes bezogen wird, verlieren die Österreicher ihr Eisbeil. –
Am Morgen des 20. September schließen sich die beiden Seilschaften zusammen. Um sieben Uhr wird aufgebrochen. Helmut Wagner hat bis zum Bügeleisen die Führung übernommen. Dann wird er von Schorsch abgelöst. Alles geht wie am Schnürl. Nur sehr langsam. Einer klettert, drei sichern. Lieber ein Biwak mehr, dafür aber absolute Sicherheit. Der Steinschlag ist mäßig, das Biwakieren erträglich. Deshalb sind die Österreicher und Deutschen gar nicht sonderlich beeindruckt, daß unter dem Eiswulst in der Rampe schon wieder biwakiert werden muß.
Die vier scheinen sich in der Wand an die Arbeitszeit des Alltags gewöhnen zu wollen, denn am nächsten Morgen (21. September) wird wieder genau um sieben Uhr begonnen.
Die Bergsteiger befinden sich am Brüchigen Band, da gibt es Flugzeugbesuch. Der Pilot drosselt den Motor, klappt ein Fenster auf und ruft: »Wetter bleibt gut!« Danke! Solche Nachrichten sind willkommen. Das ist die schönere Seite des Flugbetriebes.
Brüchiger Riß, Götterquergang, Spinne.
Zwanzig Meter oberhalb der Spinne wird der dritte Biwakplatz bezogen. Den Österreichern ist das Benzin für den Kocher ausgegangen. Die Bayern helfen aus. Die »königlich-bayerische Ruah« scheint der Seilschaft erster Grundsatz zu sein. Nichts kann sie bei dem schönen Wetter aus der Ruhe bringen, obschon sich die Außenwelt Sorgen zu machen beginnt um die vier.
Ist etwas passiert, weil ihr Höherkommen so langsam ist?
Nein, alles in Ordnung; wenn nur einer von vieren klettert, geht es eben so langsam. –
Am Morgen des vierten Tages (22. September) übernimmt Schorsch die Führung. Bis zum Gipfel, der ohne Zwischenfall um vierzehn Uhr dreißig erreicht wird. Fünf Stunden später sind die vier wieder unter Menschen. Auf der Kleinen Scheidegg. Dort fragt der Oberkellner bescheiden:
»Habt Ihr Hunger?«
»Nein, nur Durst« (weil ihr Kassastand keinen Hunger zuläßt).
Erst nach einiger Zeit erfahren die vier Bergvagabunden, daß sie essen können, ohne Geld. Dann freilich macht sich unstillbarer Hunger bemerkbar. Und der Herr Oberkellner vermerkt nach den umfangreichen Lieferungen nur:
»Das nächstemal setzt Ihr Euch, bitte, näher ans Buffet, damit die Kellnerin nicht mehr so weit gehen muß!«
Am Abend verkündet der Eigerwand-Enthusiast Edi Hosch:
»Und nun einen Ehrentanz für die erfolgreichen Bergsteiger.«

Worauf der kleine Gerhard Mayer, der noch nie in seinem Leben tanzte, in der Nordwandkluft gleich loslegt . . .
Georg Huber starb im April 1965 beim Versuch, den Cho Oyu (8153 m) zu ersteigen, in 7200 Meter Höhe an Erschöpfung.

*

Einen Tag später (23. September) bekommt die Wand erneuten Besuch. Das Wetter ist immer noch stabil. Die Wand ist schwarz, ohne einen Schneeflecken, nur die grauen Flächen der fast durchwegs blanken Eisfelder sind zu sehen. Zwei Schweizer, die am Nachmittag um vierzehn Uhr dreißig einsteigen: Hilti von Allmen, Bergführer und Skilehrer aus Lauterbrunnen, und Ueli Hürlemann aus Ebnat-Kappel (Toggenburg). Hilti unternimmt zwar erst seit wenigen Jahren extreme Touren, aber als Bergführer ist er ständig unterwegs und in bester Kondition. Mit dem Eiger, den er praktisch vor der Haustüre hat, ist er sehr gut vertraut; die Nordostwand (Lauper-Route) hat er bereits durchstiegen.
Hilti von Allmen tanzt aus der Reihe der Schweizer Bergführer, die sich immer seltener auf große Nordwand-Abenteuer einlassen. Die Großen wie Alexander Graven, Hermann Steuri oder Karl Schlunegger, um nur einige zu nennen, sind abgetreten von der Bühne des Leistungsbergsteigens.
Ueli Hürlemanns Bergheimat sind die Steilwände des Alpsteins und Rätikons, wo ihm die meisten schwierigen Touren gelangen. Aber er ist kein Nur-Felsgeher, auch mit dem Eis ist der Ostschweizer vertraut: Eiger-Nordostwand, Piz Roseg-Nordostwand, Montblanc-Brenvaflanke. Hürlemann gehört dem Kletterclub Alpstein (KCA) an. Bei Männern des KCA kann man unbesorgt sein, auch wenn sie die Eigerwand auf dem Programm haben. Und außerdem hatte Hilti bisher immer wieder Gelegenheit, Seilschaften in der Wand zu beobachten, um so mit den Einzelheiten vertraut zu werden.
Das Ziel für den ersten Tag ist das Schwalbennest, das die beiden, als wollten sie nur einen Nachmittagsausflug machen, nach wenigen Stunden erreichen.
Die Nacht ist erträglich.
Am Morgen des 24. September beginnt um fünf Uhr dreißig der schweizerische Eilmarsch. Zwölf Uhr am oberen Ende der Rampe, sechzehn Uhr Beginn der Ausstiegsrisse, vier Stunden später, um zwanzig Uhr, stehen Hilti von Allmen und Ueli Hürlemann auf dem Gipfel. Eine hervorragende Leistung, die beweist, daß die Eigerwand von wirklichen Könnern guten Gewissens durchstiegen werden kann. Freilich waren die Stufen der Österreicher und Deutschen erleichternd, aber dennoch muß man, um die Wand in einem Zuge zu durchklettern, außergewöhnlich stark und ausdauernd sein.
Auf Scheidegg herrscht allgemeine Begeisterung.
Aber Hilti und Ueli müssen noch eine Nacht am Berg bleiben. Doch die schöne Mondnacht nehmen sie gerne auf sich. Sie reden über die Stunden in der Wand, über technische Einzelheiten, und sie träumen von neuen Zielen, neuen Abenteuern. Hilti von Allmen glückte im Februar 1962 die erste Winterbegehung der

Matterhorn-Nordwand; im März 1966 kam er im Val Saluver bei St. Moritz als Skilehrer in einer Lawine ums Leben.

An dem Tag, der Hilti von Allmen und Ueli Hürlemann nach der zweiundzwanzigsten Begehung über die Westflanke absteigen sieht (25. September), treffen sich Erich Streng und Robert Troier in Innsbruck. Sie bilden zwar keine verschworene Seilschaft, denn mit ihnen treffen zwei Generationen zusammen: Streng zählt sechsunddreißig Jahre, Troier erst einundzwanzig. Das schöne Herbstwetter ist zum verrückt werden. Aber wohin? In die Westalpen? Zum Eiger? So spät? Mal schauen! Die zwei Schweizer sind schließlich auch gut durchgekommen. Die Innsbrucker Bergsteiger sind meist unkompliziert. Da gibt es kein langes Hin und Her, da gibt es nur ein Ja oder Nein. Streng und Troier entscheiden sich fürs Ja; von Grindelwald zurückfahren kann man ja immer noch. Erst zwei Tiroler waren bisher in der Wand erfolgreich: Hermann Buhl und Sepp Jöchler (1952). Und Innsbruck gilt schließlich als Bergsteigerstadt – also packen wir's! Wenn nur das Wetter hält. Um drei Uhr früh am nächsten Tag (26. September) sitzen die beiden schon im Auto und verlassen Innsbruck. Ohne Zwischenhalt wird Grindelwald angesteuert. Um elf Uhr sind Streng und Troier dort. Die Wand – herrlich! Und immer noch schönes Wetter. Aber der Wetterbericht ist beängstigend. Nur noch einen Tag soll es halten. Ein Tag ist für die Eigerwand nicht viel.
Umkehren kann man ja immer noch, denken die beiden. Also eingestiegen. Müdigkeit steckt in den Knochen. Drei Stunden später stehen die zwei Tiroler am Wandfuß. Um sechzehn Uhr dreißig ist das Schwalbennest erreicht. Das reicht für heute, mehr war nicht vorgesehen. Und schlafen können sie auf die Strapazen hin auch. Doch in der Nacht klatschen schwere Regentropfen auf den Biwaksack. So ein Schmarrn – alles scheint umsonst zu sein. Warten.
Um sechs Uhr zwanzig hört es auf zu regnen. Hundert Meter über dem Schwalbennest regnet es nicht, da schneite es. Beratung. Beide sind für den Weiterweg. Erst um sieben Uhr dreißig kann das Schwalbennest verlassen werden. Der verschneite Fels ist sehr heikel und schwierig. Auf dem Zweiten Eisfeld wird das Wetter wieder schlecht. Umkehren? Bis zum Beginn der Rampe kann man immer noch umkehren. Also weiter. Die beiden sind nicht von Sturheit angetrieben. Die Stimmung ist gut. Auf den Standplätzen werden Witze gerissen. Und solange man in der Eigerwand noch witzelt, ist alles in Ordnung. Aber je höher sie kommen, desto mehr Schnee liegt auf dem Fels. Um siebzehn Uhr wird am Beginn des Wasserfallkamins mit den Biwakvorbereitungen begonnen. In der Nacht schneit es wieder. Zweimal donnern Neuschneelawinen vom Rampen-Eisfeld herab und über sie hinweg. Ein Glück, daß der kleine Platz gut geschützt ist.
Am Morgen des 28. September ist das Wetter immer noch schlecht. Aber von hier wieder abzusteigen wäre ja auch eine böse Sache. Vielleicht wird auch das Wetter weiter oben doch noch besser. Vielleicht. Wenn nicht, muß es auch so gehen. Streng und Troier wissen, daß Hermann Buhl und Sepp Jöchler ebenfalls Schlechtwetter hatten und durchkamen. Also weiter!

Um sechs Uhr dreißig wird begonnen, dem vereisten und feindlichen Fels Meter um Meter abzuringen. Erschreckend langsam das Höherkommen. Um vierzehn Uhr ist erst der Götterquergang erreicht. Siebeneinhalb Stunden für eine Strecke, die Hilti von Allmen und Ueli Hürlemann in knapp zwei Stunden hinter sich hatten – bei erstklassigen Verhältnissen! Deshalb wäre es ein hoffnungsloses Unterfangen, wollte man, um zu werten, die Begehungszeiten einzelner Seilschaften vergleichen. –

Ein Eiertanz im Götterquergang. Der Fels ist vollkommen mit Wassereis überzogen. Robert Troier arbeitet besessen. Funken fliegen davon, wenn Stahl auf den Fels schlägt.

Und dann fliegt auch die wertvolle Spitze von Troiers Eisbeil davon! Aber er hackt weiter, denn der Zeitverlust heute paßt ihm gar nicht.

Endlich die Spinne. Da zeigt es sich, was die beiden können: in dreißig Minuten ist das zweihundert Meter lange Eisfeld bezwungen. Jetzt bessert sich auch das Wetter.

Die Ausstiegsrisse sind naß. Überall rinnt und plätschert es. Beide wissen, daß dieses Wasser in der Nacht zu Eis erstarrt. Lieber Wasser als eisüberzogenen Fels. Streng und Troier raufen um die Entscheidung, klettern mit dem Tageslicht um die Wette.

Der Quarzriß, das Corti-Biwak, der Schlußkamin, ekelhaft bei dieser Nässe, doch im letzten Licht erreichen die Tiroler den Beginn des weniger schwierigen Geländes. Die Biwakmöglichkeiten sind hier sehr spärlich. Erich Streng nimmt sich väterlich des abgekämpften Troiers an; er sichert ihn, damit er wenigstens zwischendurch einschlummern kann. Die Septembernächte sind lang, besonders für Streng und Troier, die, nur an den Fels gebunden, Stunde um Stunde wartend verbringen müssen.

Der Morgen des 29. September bringt Erlösung von dem nächtlichen Übel. Um sechs Uhr dreißig ist Aufbruch.

Der Fels im »weniger schwierigen Gelände« ist vereist, heikel, schwierig. Zuviel Eis und Schnee, um ohne Steigeisen zu klettern, aber auch zu wenig, um sich mit den Steigeisen sicher zu fühlen. Ein Dahinschleichen ist das. Aber nur wenige Seillängen beherrscht sie das unangenehme Zwittergelände. Dann kommt das Gipfeleisfeld, das keine Schwierigkeiten mehr bietet.

Acht Uhr dreißig – der Gipfel.

Von Innsbruck in einem Zuge durch die Nordwand auf den Eigergipfel, das ist ein echtes Tirolerstückl.

Um fünfzehn Uhr am gleichen Tag kommen Streng und Troier nach Grindelwald, steigen ins Auto und fahren wieder nach Innsbruck – servus Eigerwand, schön war's und wild, zwischendurch auch hoffnungslos: ein Abenteuer.

Barry Brewsters Ende

Der Eigerwand-Sommer 1962 soll der bisher schrecklichste werden. Er beginnt allerdings am 23. Juli erfolgversprechend.
Vier Schweizer eröffnen ihn. Aber niemand weiß, wer die Bergsteiger sind, die erst am 24. Juli in der Wand entdeckt werden. Vier erfahrene Männer, die aufeinander eingespielt sind. Ihre Namen und persönlichen Angaben:
André Meyer: Zweiunddreißig Jahre alt, Uhrmacher, verheiratet, aus Salvan (große Touren: Dru-Nordwand, Grand Capucin-Ostwand, Montblanc de Cheillon-Nordwand), seit zwölf Jahren Bergsteiger.
Bernard Meyer: Bruder von André, fünfundzwanzig Jahre alt, Angestellter, verheiratet, Vater von drei Kindern, aus Moutier (Dru-Südwestpfeiler und -Westwand, Erste Begehung des Titlis-Südpfeilers).
Jean Braun: neunundzwanzigjährig, Uhrmacher, verheiratet, Vater eines Kindes, aus Corgemon (Touren wie Bernard Meyer, dazu noch Walkerpfeiler an den Grandes Jorasses), seit elf Jahren Bergsteiger.
Michel Zuckschwert: zwanzig Jahre alt, Mechaniker, unverheiratet, aus Salvan (alle drei großen Dru-Anstiege, Grand Capucin-Ostwand, Lenzspitze-Nordostwand, Erste Begehung des Titlis-Südpfeilers, Grands Charmoz-Nordwand), seit vier Jahren Bergsteiger.
Vier Jurassier, die Sonntag für Sonntag in den Bergen sind. An den Wochentagen, nach der Arbeit, wird an den Jurafelsen geklettert.
Die Viererseilschaft steigt am 23. Juli um zwölf Uhr in die Wand, ohne gesehen zu werden. Drei Stunden später ist das Schwalbennest erreicht; Biwakvorbereitungen. Das Schwalbennest-System setzt sich von Jahr zu Jahr mehr durch.
Das Schwalbennest ist ein guter Ausgangspunkt. Bei Schlechtwettereinbruch kann man von hier sehr schnell absteigen. Bei gutem Wetter besteht Aussicht, am darauffolgenden Tag weit hinaufzukommen. Das Wetter ist schön. Die Verhältnisse könnten besser sein. Noch ziemlich viel Schnee ist in der Wand, aber die Eisfelder sind blank und hart.
Am 24. Juli wird um vier Uhr das Schwalbennest verlassen. Die Vier kommen rasch höher: zwölf Uhr Bügeleisen, siebzehn Uhr Ende der Rampe. Wegen des Steinschlags, der sie auch auf dem Zweiten und Dritten Eisfeld bedrohte, ist das Weiterklettern um diese Zeit zu gefährlich.
Zweites Biwak. Sie können es sorglos verbringen; Wetterglück ist auf ihrer Seite. In der Nacht wird es mit dem Aufkommen der Kälte ruhiger.
Dafür gibt es am Morgen des 25. Juli Wassereis. Um sechs Uhr klettern die Jurassier weiter.

In den Ausstiegsrissen gibt es einen Verhauer. Zu weit links. Es muß abgeseilt werden, um auf die richtige Route zu kommen. Drei Stunden gehen verloren. Wertvolle Stunden, die ein drittes Biwak zur Folge haben. Aber erst im Abstieg über die Westflanke. Um achtzehn Uhr betreten die vier Schweizer den Gipfel. In halber Höhe der Westflanke wird biwakiert, um sieben Uhr fünfzehn des 26. Juli erreichen sie die Station Eigergletscher.

*

Die Bergsteiger Großbritanniens scheinen sich in diesem Sommer gemeinsam für den Eiger verabredet zu haben. Engländer und Schotten haben im Schatten des Eigers ihre Zelte aufgeschlagen. Es geht um die erste britische Durchsteigung der Eigerwand. Nur wenige Bergsteiger von der großen Insel haben nach dem zweiten Weltkrieg in den Alpen von sich reden gemacht. Im Gegensatz zur klassischen Erschließungszeit, in der die Alpen eine Domäne der Engländer war. Nach dem zweiten Weltkrieg waren es vor allem Hamis Mac Innes und Don Whillans, die große und schwierige Unternehmungen in den Ost- und Westalpen meisterten. Ein Zeltlager am Eiger gehört den Engländern Brian Nally aus New Barnet (Herts, nördlich von London) und Barry Brewster von der 72, Finden Road in Crawley (Sussex). Zu ihnen gehören die Beobachter Terry Tottle und Brian Sutch. Barry Brewster und Brian Nally sind auf die Nordwand versessen. Nally ist fünfundzwanzig Jahre alt, Dekorateur. Ein prächtiger, stämmiger Kerl, aber verbissen und stur, wenn es darum geht, eine Sache am Berg durchzuboxen. Am liebsten würde er, der hier erst seinen dritten Bergurlaub in den Alpen verbringt, alle großen – und vor allem namhaften! – Touren in einem Zuge bewältigen. Vor zwei Jahren (1960) gelangen ihm die Nordwestwände am Breithorn und Lyskamm. Im vergangenen Sommer (1961) bezwang er mit dem Schotten Tom Carruthers als einundzwanzigste Begehung die Matterhorn-Nordwand in zwei Tagen. Drei Italiener, die einen Tag später eingestiegen waren, holten die Briten in der Wandmitte ein.
Aber das berührte den sorglosen Brian Nally, der bei einem Glas Bier eine ganze Nacht verbringen kann, nicht. Und er ging nochmals an die Matterhorn-Nordwand. Im Winter! Mit dem Bayern Georg Huber (»Schorsch«) kletterte er in drei Tagen bis zur Schulter. Damals, im zweiten Biwak in der Matterhorn-Nordwand, stand es nicht gut um den wackeren Brian:
»Schorsch, mein Freund und Führer«, sagte er, »Schorsch, wir kaputt, nix mehr Zermatt ... kaputt ... morgen alles fertig ... schlechte Wand!«
Aber die »schlechte Wand« hatte Brian Nally doch noch entrinnen lassen – und jetzt liebäugelte er mit der Eigerwand.
Dort ist die Eigerwand, und die will er durchsteigen. Mit dem zweiundzwanzigjährigen Studenten Barry Brewster, der so gut wie keine alpine Erfahrung hat. Das schließt nicht aus, daß Barry, als guter Felsspezialist gilt: In der Gegend um den Ogwen-See (Nord-Wales), einem beliebten Klettergebiet, waren ihm schon gute Sachen gelungen.

Die Durchsteigung beginnt am Nachmittag des 24. Juli, an dem die vier Jurassier bis in die Rampe gelangen. Brian Nally und Barry Brewster klettern seilfrei über den Wandvorbau hinauf zum Schwierigen Riß. Dort wird angeseilt. Hinterstoisser-Quergang. Schwalbennest. Auch die Engländer biwakieren hier. Die Nacht ist gut zu ihnen. Dennoch plagt sie die Kälte, denn am Hinterstoisser-Quergang mußte im Sprühregen eines Wasserfalls geklettert werden. Aber wenn es allein bei der kalten Nässe bleibt, denkt Nally, ist's gut.
Die Nacht geht vorüber. Ab fünf Uhr wird es den beiden wiederum warm: sie klettern. Am Eisschlauch vorbei zum Zweiten Eisfeld, auf dem Nally mit gezielten Schlägen Stufen hackt. Brian, »our strong man« (unser starker Mann), wie die Kameraden sagen, führt im Eis, Barry im Fels.
Um sechzehn Uhr ist das linke obere Ende des Zweiten Eisfeldes erreicht. Die Gründe ihres langsamen Fortkommens kann man von außen nicht wahrnehmen. Man sieht nur, daß die Engländer schleppend an Höhe gewinnen. Viele Menschen auf Scheidegg sehen das.
Barry Brewster befindet sich in der Felsstufe oberhalb des Zweiten Eisfeldes. Und plötzlich nicht mehr ... weg ... verschwunden – nein, man sieht ihn wieder, aber gut dreißig Meter unter Nally. Wieder auf dem Zweiten Eisfeld. Brewster muß gestürzt sein. Ja, er ist gestürzt. Daß es Barry Brewster sein muß, sagt Terry Tottle, der die Kleidung kennt. Gestürzt. Sechzehn Uhr dreißig.
Nally scheint den Standplatz besser abzusichern und steigt dann ab zu Brewster, der nur ab und zu seine Arme bewegt und am Seil hängt, den Oberkörper nach unten gerichtet. Dann pickelt Nally aus dem Eis eine kleine Plattform, zieht den gestürzten Brewster hoch zu sich, bettet ihn hin.
Es ist achtzehn Uhr fünfundzwanzig. Von Scheidegg aus werden in Grindelwald Polizei und Bergrettung alarmiert. Zwanzig Uhr. Was ist mit Barry Brewster? Tot? Oder schwer verletzt? Auf Scheidegg weiß man es nicht. Man sieht nur, daß er sich nicht mehr bewegt. Die Wand hat zugeschlagen.
Zwanzig Uhr zehn. Zwei Mann am Hinterstoisser-Quergang. Die Engländer Don Whillans und Chris Bonington, die von Brewsters Schicksal nichts wissen. Die beiden erfolgreichen Alpinisten wollen die Wand durchsteigen. Bis zum Schwalbennest klettern sie, um dort, wie viele vor ihnen, zu biwakieren.
Die Nacht kommt. Und niemand kann Brewster und Nally helfen. Noch glaubt man, bei Rettungen aus der Eigerwand auf die konventionelle Art angewiesen zu sein: auf Rettungsmänner, die Mut und Kraft haben müssen und Können. Auf dem Zweiten Eisfeld, wo Brewster liegt, wäre die Rettung mit Hubschrauber kein Problem. Ein schwerer Hubschrauber könnte in dieser Höhe – 3200 Meter – ohne Schwierigkeit stillstehend aus der Luft operieren. Vierzig Meter senkrecht über Brewster hätte der Apparat immer noch genügend Abstand zur Wand. Dann ein Seil hinunterlassen, und bald wäre der Verletzte geborgen. In schweren Hubschraubern befindet sich meist eine Seilwinde. Aber es wäre noch nicht einmal notwendig, den Gestürzten zum Hubschrauber aufzuziehen; er könnte, richtig verpackt, ruhig am Seil hängen, denn nach wenigen Minuten könnte er bereits auf der Scheidegg abgesetzt werden. Natürlich ist eine solche Bergung aus

der Eigerwand nur bei schönem Wetter möglich. Jetzt, da Barry Brewster zu nichts mehr fähig zu sein scheint, herrscht schönes Wetter. Und nur in bestimmten Zonen der Eigerwand könnte eine Hubschrauber-Rettung erfolgreich durchgeführt werden: Wandvorbau, Erstes, Zweites und Drittes Eisfeld, Rampen-Eisfeld, Spinne, Gipfel-Eisfeld. Barry Brewster befindet sich auf dem Zweiten Eisfeld. Er könnte gerettet werden. Aber diese Rettungsart aus richtigen Steilwänden kannte man in der Schweiz noch nicht.
Barry Brewster muß warten. Eine ganze Nacht, in der auf Scheidegg erst spät das Rätselraten um Brewster endet. Der Österreicher Sepp Larch, dem 1952 mit Karl Winter die siebente Begehung gelungen war, ist auch auf der Scheidegg. Er unterhält sich mit den Schweizern Robert Seiler und Hilti von Allmen.
»Wir brauchen mindestens acht Mann und zwei Tage für die Bergung«, sagt Hilti. Jeder ist bereit, den Engländer zu retten.
Für acht Bergführer aus Wengen und Grindelwald ist die Nacht auf den 26. Juli kurz. Ein Extrazug bringt sie, zusammen mit Sepp Larch und den Engländern Terry Tottle und Brian Sutch, um vier Uhr zum Stollenloch der Jungfraubahn. Tottle und Sutch tragen Sprechfunkgeräte, haben Verbindung zur Scheidegg.
Die Rettungsmannschaft wird von dem Wengener Bergführer Karl Schlunegger geleitet; ihm war 1947 die dritte Begehung der Wand zugefallen. Kurz nach vier Uhr verläßt eine Seilschaft das Stollenloch und klettert über den Schwierigen Riß bis zum Hinterstoisser-Quergang. Dort wird mit Whillans und Bonington Rufverbindung aufgenommen.
»Eure Kameraden sind auf dem Zweiten Eisfeld in Not – helft ihnen!«
»O. k.«, sagen die Engländer nach wenigen Erklärungen, dann steigen sie auf. Daß die beiden innerhalb weniger Minuten auf ihre Durchsteigung verzichten mußten, berührt sie wenig. Jetzt gilt es, in Not geratenen Menschen zu helfen. Landsleuten! Sie müssen das nicht, denn kein Gesetz der Welt kann sie dazu zwingen, aber für Whillans und Bonington ist das eine Selbstverständlichkeit.
Wieder herrscht Flugbetrieb. Aber es sind nur Flugzeuge, deren Insassen auf der Suche nach dramatischen Bildmotiven sind: Blende acht, ein Zweihundertfünfzigstel! – Acht Uhr: Brian Nally verläßt seinen Kameraden. Warum? Man weiß es nicht. Tot? Um fünf Uhr fünfundvierzig hatte sich Barry Brewster noch bewegt. Das sah man genau. Weiß Nally, daß Rettung durch seine Landsleute naht? Und hat er deshalb seinen Kameraden verlassen? Niemand weiß es.
Acht Uhr fünfundvierzig: Plötzlich löst sich Barry Brewsters Körper von der grauweißen Fläche des Zweiten Eisfeldes. Und stürzt. Mehr als hundert Meter. Ein Schrei unter den Beobachtern. Aufregung. Brewster schlägt nach dem schrecklichen Flug auf das Erste Eisfeld, stürzt weiter und tiefer, immer grauenhafter, über die nächste große Stufe – und endlich, nach Sekunden, der letzte gräßliche Aufschlag am Wandvorbau. Grenzenlose Trauer überall. Und Stille. Dann Kommentare. Ein Beobachter glaubt gesehen zu haben, wie Brewster seine Brustschlinge löste und sich in den Abgrund stürzte. Auch die Schweizer Zeitung »Blick« berichtet in diesem Sinne:
»Um 8.45 Uhr sah man, wie sich Brewster ein wenig aufrichtete. Er saß in dem

Eisloch, das ihm sein Freund Nally am Tag zuvor nach dem ersten Sturz herausgepickelt hatte.
Durch das Fernrohr sah es aus, als würde er etwas an seiner Seilsicherung reparieren.
Sekunden später stürzte Brewster.«
Ähnlich auch die »Schaffhausener Nachrichten«:
»Es machte den Anschein, als ob er nicht mehr angeseilt gewesen wäre.«
Aber diese Angaben gründen sich allein auf Fernrohrbeobachtungen.
Wir müssen warten. Auf Brian Nally. Er ist der einzige Augenzeuge. Die Rettungsleute beim Stollenloch werden über das furchtbare Ereignis unterrichtet. Es braucht nichts mehr unternommen zu werden, denn um den einsamen Nally kümmern sich Whillans und Bonington. Um zwölf Uhr fünfunddreißig treffen die drei auf dem Zweiten Eisfeld zusammen. Die offizielle Rettungsmannschaft befindet sich bereits wieder auf Scheidegg. Nur Tottle und Sutch warten beim Stollenloch. Um vierzehn Uhr sind die Überreste Barry Brewsters von den Bergführern auf dem Wandvorbau gefunden. Am Nachmittag tobt auch noch ein Gewitter, das den Abstieg der drei Engländer sehr gefährdet. Aber um zwanzig Uhr fünfzig kommt die Seilschaft müde zur Scheidegg. Brian Nally ist erschöpft. Doch Ruhe hat er keine. Die Öffentlichkeit will unterrichtet werden. Deshalb sind die Reporter da.
Später bekomme ich von ihm, dem einzigen Zeugen, der das Schreckliche sah und erlebte, einen Bericht. Hier ist er, um der Ehre eines Bergsteigers willen:

»Ich war der einzige Augenzeuge des Todes von Barry Brewster und muß daher in der ersten Person schreiben. Sollte ich daher das Wort ich allzu häufig verwenden, so bitte ich dafür aufrichtig um Entschuldigung. Eintreten will ich für meinen Freund Barry Brewster, nicht für mich selbst.
Barry Brewster und ich machten uns am Nachmittag des 24. Juli auf den Weg. Beim Schwierigen Riß seilten wir uns an, bewältigten den Hinterstoisser-Quergang durch einen Wasserfall und erreichten wohlbehalten das Schwalbennest. Die Nacht, die wir dort verbrachten, war nicht unangenehm, wenn man berücksichtigt, daß wir total durchnäßt waren, und wir verließen unser Biwak um fünf Uhr. Wir hatten vereinbart, daß wir von hier aus die Wetteraussichten beurteilen und entscheiden würden, ob es nach oben weitergehen sollte oder nach unten. Der Himmel war klar, und trotz des Steinschlags, der die ganze Nacht hindurch nicht aussetzte, beurteilten wir unsere Aussichten als günstig.
Mit Steigeisen über das Erste Eisfeld in Richtung Eisschlauch. Wir hielten uns an Heinrich Harrers Beschreibung, in der von einem Einstieg etwa fünfzehn Meter links vom Schlauch die Rede ist, dann hinauf und Querung nach rechts in den Schlauch. Das erwies sich als vollkommener Verhauer. Wir vergeudeten ungefähr zwei Stunden durch Herumirren in brüchigem Fels und Ausschauhalten nach dem Quergang. Schließlich fand Barry einen Ausweg, oder, genauer gesagt, er arbeitete sich zum Zweiten Eisfeld hinauf und ich querte auf das Eis zurück. Wir hatten vereinbart, daß Barry im Fels die Entscheidung über die richtige

Führe überlassen bleibe, während ich im Eis das letzte Wort habe. Sollten die Ausstiegsrisse ein schwieriges Felsproblem darstellen, so wäre Barry für seine Lösung zuständig. Fänden wir die Rampe vereist, so wäre das meine Sache. Wenn Stufenschlagen notwendig wäre, würde ich Barry diese Mühe ersparen. Er war für die geistige Arbeit zuständig, ich für die grobe.
Das Zweite Eisfeld war in einem solchen Zustand, daß unsere Steigeisen nicht richtig greifen konnten. Das Eis war mit einer Lage Schlamm überzogen und stellenweise war Pulverschnee angesammelt. Unter dem Eis rieselten mehrere Bäche. Die Leute vom Bau hätten uns bestimmt geraten, umzukehren, aber da oben, nach dem langen Weg, den wir schon hinter uns hatten, fiel uns ein solcher Entschluß schwerer als wenn man ihn im Lehnstuhl hockend faßt. Wer Rekordgelüste gehabt hätte, der wäre umgekehrt. Wir waren ganz allein in der Wand, und ob wir sie mit einem oder zehn Biwaks durchsteigen, war für uns belanglos. Ich erkannte die unglaubliche Ausdehnung dieses Eisfeldes und rechnete mir aus, daß ein weiteres Biwak notwendig sein würde, ehe wir den Gipfel erreichten. Ich entschied mich für Stufenschlagen.
Sechs Stunden lang hob und senkte sich der Pickel. Etwa auf halbem Wege fragte Barry, ob er eine Seillänge hacken dürfe, ihm sei kalt. Während er hackte, beobachtete ich, wie sauber und klein seine Stufen waren: kleine Kratzer im Eis, einen Fuß richtig hinein und blitzschnell weiter und hinauf.
Es wurde mir bewußt, daß Barry auch im Eis der Tüchtigere war.
Der Steinschlag dauerte den ganzen Tag hindurch an, allmählich gewöhnten wir uns daran. Den Ausstieg vom Zweiten Eisfeld zum Bügeleisen findet man nur unter großen Schwierigkeiten. Wir suchten einen kleinen Überhang mit einem Ringhaken darunter. Ein Wasserfall zwang uns, schon etwas vorher abzubiegen, aber als wir den Haken und darüber zwei weitere sichteten, wußten wir, daß wir richtig gegangen waren. Ich verkeilte einen Fuß in einem Loch, den anderen in einer Stufe und sicherte Barry, der nachkam. Er nahm seine Steigeisen ab und stellte fest: Da oben kommt eine Fünfer-Stelle!
Er zog das Seil durch drei Ringe und verschwand. Es war etwa sechzehn Uhr dreißig. Barry war eine Seillänge voraus und nicht mehr in Sicht, als ich ihn rufen hörte:
›Steine!‹ Das war nichts Neues, so etwas hatten wir gute tausend Male gerufen. Es bedeutete lediglich ducken. Ich zog den Kopf ein und drückte mich enger an den Fels, als ich meinen Namen rufen hörte.
›Brian!‹
Barry flog rücklings durch die Luft, und noch als ich ihn rufen hörte, riß ich das Seil an mich. Die beiden ersten Haken wurden hinausgerissen, der Zug der Seile war unglaublich. Nach dem ersten Ruck schnellte es zurück, dann fing es den zweiten ungeheuren Stoß auf. Ich sah nach oben, wo etwa sieben Meter über mir der Haken gerade noch hielt, dann nach unten, wo Barry lag, ungefähr dreißig Meter tiefer.
Ich fixierte das nach unten führende Seil, seilte mich los, kletterte hinauf zum Haken und hämmerte ihn wieder hinein. Mit Steigeisen stieg ich hinunter zu

Barry, der schon bewußtlos war. Etwas oberhalb rechts von ihm, so daß ihn keine Eissplitter treffen würden, machte ich mich daran, eine Plattform auszuhacken, die einen ausgestreckt liegenden Menschen bequem aufzunehmen ermöglicht. Dazu brauchte ich fast zwei Stunden. Als die Arbeit beendet war, war ich müde. Während der ganzen Zeit war Barry mit einem Brustgeschirr angeseilt, und aus irgendeinem Grunde konnte ich seinen Rucksack nicht freibekommen. Um ihn und seinen Rucksack von der Eiswand auf die Plattform zu ziehen, mußte ich meine letzten Kraftreserven mobilisieren.
Ich zog seine Bergschuhe ab, zog ihm seine Daunenschuhe und die einzigen Daunenüberschuhe an, ferner Handschuhe, Wollmütze und Daunenjacke. Dann deckte ich ihn ganz mit dem Biwaksack zu und zog das Seil ein. Den Rucksack, den ich jetzt freibekommen hatte, legte ich neben Barrys Kopf, dann mich zwischen Barry und die Wand und wartete auf den Morgen. Es war eine böse Nacht.
Als es dämmerte, machte ich etwas Suppe und versuchte, Barry etwas davon einzuflößen. Lange Zeit verging, ehe er sich bewegte und wieder zu Bewußtsein kam. Er wußte, wo er sich befand und was geschehen war. Es gelang mir, ihm etwas Suppe einzugeben. Barry lächelte mir zu und sagte:
›Tut mir leid, Brian.‹
Dann war es zu Ende. Seine letzten Gedanken galten nicht ihm, sondern mir.
Wie lange ich dort stehen blieb, kann ich nicht sagen.
Schließlich kletterte ich jedoch zu dem Fels zurück, wo ich meinen Rucksack gelassen hatte, und brachte auch einige Eisschrauben mit. Diese brachte ich etwa sieben Meter oberhalb der Stelle an, wo Barry lag und hängte Karabiner daran ein. Ich zog den lockeren Teil des Seils nach, befestigte es mit gewöhnlichen Knoten an den Karabinern, spannte den unteren Teil des Seils nach und schnitt es etwa eineinhalb Meter über den Haken ab. Barrys Leiche war nun verläßlich auf der Plattform gesichert.
Nun kletterte ich zum Fels zurück, kontrollierte, ob dort alles in Ordnung war, und stieg wieder zu Barry hinunter. Was mich jetzt erfüllte, war kalte Wut, die sich allmählich in Hochmut, wenn nicht Verachtung verwandelte. Aber ich tröstete mich mit dem Gedanken, daß die Steine meinem Freund nicht mehr wehtun konnten. Seit unserem Ausstieg aus dem Eisschlauch am Vortag hatte der Steinschlag nicht nachgelassen und seit heute morgen eine ständig zunehmende Fläche zu bestreichen begonnen.
Wohl ist die ganze Wand steinschlaggefährdet, aber es gibt Stellen, wo sich die Steine in Rissen und Rinnen sammeln und sich dann in einem sieben bis acht Meter weiten Strom nach unten ergießen. In einer dieser Gefahrenzonen befanden wir uns seit fünfzehn Stunden. Als ich zum letzten Male zu Barry zurückkehrte, wurde ich ziemlich schwer getroffen und sah ein, daß mir nichts anderes übrigblieb, als meinen Steinschlaghelm wieder an mich zu nehmen, mit dem ich Barrys Kopf bedeckt hatte, nachdem sein eigener durch den Sturz weggerissen worden war. Ich überlegte mir die Sache sehr lange. So weit hatten wir es gemeinsam geschafft, jeden Zoll Weges hatten wir uns erkämpfen müssen. Nun

hatte einer von uns Pech gehabt, und ich hatte keinen Anspruch auf bevorzugte Behandlung. Der Helm blieb auf Barrys Kopf; ich arbeitete mich mit den Steigeisen wieder zum Fels zurück.

Gerade als ich mich in Bewegung setzte, fegte eine ungeheure Salve hinunter. Bei der gerichtlichen Untersuchung gab ich an, daß diese Steinlawine Barrys Leiche mitgerissen hatte. Damals war ich von der Richtigkeit dieser Feststellung überzeugt. Erst mehrere Wochen später, nachdem ich mir die ganze Sache hatte immer und immer wieder durch den Kopf gehen lassen, kam mir zum Bewußtsein, was sich in der halben Stunde, die mir aus dem Gedächtnis entschwunden war, ereignet hatte.

Wohl hatte die erste große Steinlawine während meines Abstiegs vom Eisfeld alles mitgerissen, was ihr im Wege stand, jedoch nur den Rucksack, den ich neben Barrys Kopf gelegt hatte. Ich setzte meinen Abstieg eine halbe Stunde lang fort, dann drehte ich um, kletterte zurück zum Überhang und weiter nach oben. Ich konnte mich mit dem Gedanken des Rückzugs nicht abfinden und blieb stehen, um mir zu überlegen, ob ich allein den Gipfel erreichen könnte. Schließlich ließ ich diesen Gedanken fallen, kehrte um und erreichte wieder das Eisfeld. In diesem Augenblick erblickte ich weit unter mir die rote Daunenjacke eines Bergsteigers, der als Seilerster aus dem Eisschlauch stieg. Ich war entschlossen zu versuchen, den Abstieg mit einem Biwak zu machen. Als ich mich auf den Weg machte, hörte ich ganz leise, wie mir die Seilschaft da unten einen Gruß zurief. Nun überlegte ich mir jede meiner Handlungen sehr sorgfältig. Ich winkte zurück, antwortete jedoch nicht, damit man nicht annehmen sollte, ich hätte um Hilfe gerufen.

Ich hatte den Abstieg eine Zeitlang fortgesetzt, als eine weitere enorme Steinlawine heruntergefegt kam. Diese Lawine war es, die Barrys Leiche mit sich riß. Ich sah, wie die Seilschaft unter mir anhielt und nach oben blickte. Da fühlte ich mich zum erstenmal einsam. Ich entleerte meinen Rucksack fast zur Gänze und setzte den Abstieg fort.

Kurze Zeit später mußte ich eine Rippe überqueren. Sie war breit genug, um normal aufgesetzten Füßen Platz zu bieten. Dort blieb ich stehen, um zu überlegen, was geschehen war. Die Zeit hatte für mich jede Bedeutung verloren. Später kam mir jedoch zu Ohren, daß ich dort lange erschöpft stehen geblieben sei, um auf Befreiung aus der Bergnot zu warten. Das Summen eines Flugzeugmotors trug nicht zur Besserung meiner Stimmung bei. Was sich ereignet hatte, das war mir klar genug, und auch auf welche Weise ich mich damit abgefunden hatte. Unwirklich war nur der Tatbestand des Rückzugs. Mir kam das Ganze wie eine Beleidigung Barrys vor. Jede Besteigung, die wir in den vergangenen fünf Jahren unternommen hatten, war nur Vorbereitung für die jetzige gewesen, und nun erfüllte es mich mit Bitterkeit, daß ich die so schwer erkämpfte Höhe wieder einbüßen sollte.

Die Seilschaft unter mir, die sich aufwärts hackte, betrachtete ich mit vollkommener Gleichgültigkeit. Bald würden sie auf ihrem Weg nach oben an mir vorbeisteigen. Momentan erwachte in mir wieder Begeisterung, als mir einfiel, sie

würden mich vielleicht mitnehmen. Ich wollte gerade eine Bewegung machen, da mir kalt war, als ich jemand rufen hörte:
›Bleib stehen!‹
Engländer? War das möglich?
In der Stille hörte sich der Ruf wie ein Revolverschuß an, und mein Plan, mich der Seilschaft anzuschließen, begann greifbare Formen anzunehmen. Ich konnte nur nicht verstehen, warum die beiden ihre eigenen Stufen schlagen mußten.
Perfektionismus kann man auch zu weit treiben. Ich schrie ihnen zu, sie möchten doch meine benutzen. Etwas später sah ich sie auch tatsächlich in der Linie meiner Stufen, aber sie hackten weiter, anscheinend um meine Stufen zu erweitern. Da blieb ich einfach sprachlos und fragte mich, wer diese Witzbolde wohl sein mochten. Sie verschwanden einige Zeit in einer Vertiefung und tauchten etwa dreißig Meter von mir entfernt wieder auf. Den ersten erkannte ich als Chris Bonington, und ich wußte nicht mehr recht, wie mir geschah, als mir dämmerte, wer der andere sein würde.
Bonington fragte mich nach meinem Namen und ich fragte, wohin er wolle. Seine Antwort ›dir zu Hilfe kommen‹ registrierte mein Gehirn nicht und ich erkundigte mich, ob wir die Wand gemeinsam machen könnten.
Bonington brüllte zu seinem Kameraden hinunter, er möge nachkommen und gleich bis zu mir heraufsteigen. Ich brüllte zurück, er solle unten bleiben und machte Anstalten, von dem Band, auf dem ich stand, hinunterzusteigen. Es war brüchig. Auf diese Weise wäre es nicht gegangen, weshalb ich einen Haken bis zu etwa einem Drittel seiner Länge einhämmerte und mich mit einem abseilähnlichen Manöver auf das Eisfeld hinunterließ, wo ich bald darauf bei Bonington war. Mir wollte nicht einleuchten, daß er diesen langen Weg gekommen war, durch die steinschlaggefährdete Wand, um mich zu retten, und ich glaube, mich nicht einmal bedankt zu haben.
Wir seilten uns an, ich in der Mitte, und stiegen sehr rasch zum tiefer gelegenen Standplatz hinunter. Vielleicht gab es wirklich keinen passenderen Ort, um die Bekanntschaft des Schwarzen Prinzen der Berge zu machen, als die Eiger-Nordwand.
›Danke, daß Du gekommen bist, Don‹, sagte ich.
›Schon recht‹, meinte er, ›ich wäre ohnedies gekommen.‹
Begleitet von einem Strom fallender Steine, stiegen wir zum oberen Ende des Eisschlauchs hinunter. Das Wetter verschlechterte sich. Etwas so Gefährliches wie die ersten zwanzig Meter des Schlauchs hatten wir noch nicht erlebt. Auf dem Eis lag eine Schlammschicht. Ein falscher Tritt oder eine unrichtige Beurteilung der Unterlage hätte für uns drei das Ende bedeutet.
An dieser Stelle der Wand ist der Schlauch ein natürlicher Sammelkanal, und, ausgenommen die ersten Morgenstunden, sollte man sich unter keinen Umständen darin oder in der Nähe befinden. Jetzt tobte ein Sturm und die Hölle war losgelassen. Don wurde am Mund verletzt, auch Chris erhielt mehrere Treffer. Das Geräusch, das die aufprallenden Steine auf ihren Helmen verursachten, war abscheulich. Aus dem Schlauch war ein Wildwasser geworden; so schlimm wurde

es, daß wir sogar kurz anhalten und warten mußten, bis der Fluß wieder etwas seichter geworden war.
Ich war mit sehr gemischten Gefühlen hinuntergeklettert.
Dafür, daß ich am Leben war, war ich dankbar, und daß ich den Rückzug antreten mußte, das ärgerte mich. Mein ganzes Leben lang würde mir das Stigma des aus-der-Wand-Herausgeholten anhaften und keiner von denen, die mir etwas bedeuteten, würde mit mir etwas zu tun haben wollen.
Bisher war ich als Mitglied einer Seilschaft geklettert und wußte, daß ich so weit auch allein gekommen wäre. Erst im Sturm und in der Kälte wurde mir klar, was ich meinen beiden neuen Kameraden verdankte. Der Steinschlag, dem ich zwei Tage ausgesetzt gewesen war, begann mein Sehvermögen zu beeinträchtigen. Als wir zusammen auf dem Schlauch standen, wurde ich wieder am Kopf getroffen und Chris drückte mich mit einer schnellen Bewegung gegen die Wand. Nun sah ich ein, daß ich Chris und Don mein Leben verdankte.
Allein hätte ich den Abstieg im Gewitter nicht bewältigt.
Wir stiegen hintereinander ab, ziemlich weit links vom Ersten Eisfeld, als Don bemerkte, daß er hier einen Abschneider über den Hinterstoisser-Quergang gehen müsse. Wir folgten dem Wasserfall bis zu der Stelle, wo er ins Leere hinaussprühte. Der unverwüstliche Whillans tauchte ins Wasser, hämmerte einen Haken ein und verschwand im Nichts. Abseilen von einer derart eindrucksvollen Art, schnurgerade hinunter über die senkrechte Wand unter dem Hinterstoisser-Quergang, hatte ich noch nie erlebt. Wie schade, daß Hinterstoisser selber nicht an diese Abstiegsmöglichkeit gedacht hatte! Nur noch einige wenige Seillängen hinunter und wir standen am Stollenloch.
Schön war es, meine Freunde Terry Tottle und Brian Sutch wiederzusehen, die sechzehn Stunden in der Wand verbracht hatten.
Die Rechnung der Führer ist nicht uninteressant. Obwohl ich niemals eine Rettungsaktion verlangt, gewünscht oder erwartet hatte, bin ich den Führern für ihr Eingreifen dankbar.
Um mich zu retten, erschienen vierzehn Mann in zwei Eisenbahnzügen und hielten sich bis Tagesanbruch im Stollen auf. Zwei stiegen bis zum Hinterstoisser-Quergang auf, von wo aus sie Bonington und Whillans zuschrien, daß sich über ihnen jemand in Bergnot befände. Daraufhin zogen sie sich zurück. Sechs Mann stiegen zum Wandfuß ab und trugen Barrys Leiche eine halbe Meile zum Zug. Für diese gefährliche Besteigung erhielt ich eine saftige Rechnung, einschließlich des vollen Fahrpreises für vierzehn Führer – obwohl sie unentgeltlich befördert werden –, der Kosten einer ansehnlichen Zahl von Karabinern, die wir nie zu sehen bekamen, eines Stücks alten Bindfadens, angeblich ein neues Seil, sowie der Kosten der Reinigung der Wäsche der Führer. Nichtsdestoweniger bin ich ihnen dankbar für ihre Anwesenheit.«

Es steht mir nicht zu, Brian Nallys Bericht zu kommentieren, aber er bedarf, ebenfalls der Ehre der Bergsteiger wegen, einiger Ergänzungen und Richtigstellungen.

Zunächst schreibt Nally von vierzehn Bergführern, die zum Stollenloch hinaufgefahren seien. Das stimmt nicht. Die zweite Rettungsmannschaft, bestehend aus sechs Grindelwalder Bergführern, fuhr nur bis Scheidegg und führte dann die Leichenbergung durch. Die erste Mannschaft wurde mit einem Sonderzug befördert, die zweite traf um zehn Uhr dreißig auf Scheidegg ein. Und beide Gruppen-Auffahrten mußten bezahlt werden.
Gewiß, das Rettungswesen in der Schweiz hatte damals den idealsten Stand noch nicht erreicht, denn es gab noch keine eigene Organisation. Die Bergungen und Rettungen müssen allein von den Bergführern durchgeführt werden. Und Bergführer müssen genauso ihren Verdienst haben wie andere Menschen.
Richtig ist, daß Nally keine Hilfe anforderte. Aber nach den Fernrohrbeobachtungen war die Situation in der Wand ernst genug, um die Rettungsmannschaften in Bewegung zu bringen. Wäre das nicht erfolgt, und wäre Brian Nally – ohne Whillans und Bonington – im Abstieg verunglückt, dann hätte man den Bergführern berechtigte Vorwürfe machen müssen.
Das ist die andere Seite. Sie schließt freilich nicht aus, daß die 2,042.90 Schweizerfranken, die zu zahlen sind, Brian Nally hart treffen. Ich unterhalte mich mit dem Rettungschef der Sektion Grindelwald des Schweizer Alpenclubs. Fritz Gertsch, Mitte fünfzig und Bahnhofsvorstand in Grindelwald, spart mit jedem Wort. Und wenn das Gespräch auf die Eigerwand kommt, wird der Berner Oberländer noch sparsamer.
»Am liebsten ist mir, wenn Sie überhaupt nichts berichten über Bergungen«, sagt Fritz Gertsch.
Ich will auch nicht wissen, wie die Toten aussahen und wie sie geborgen wurden. Ich will nur den Menschen Fritz Gertsch kennenlernen. Den Mann, dessen Anordnungen – und vor allem dessen Rechnungen – nicht selten scharfer Kritik ausgesetzt sind.
»Es klingt vielleicht pietätlos«, sagt Fritz Gertsch, »von den Hinterbliebenen das Geld für einen Abgestürzten zu verlangen, aber ich muß nun einmal dafür sorgen, daß die Bergführer zu ihrem Geld kommen.«
Das Gerede um den Tod von Barry Brewster verstummt nicht. Hatte sich Brewster wirklich das Brustgeschirr geöffnet, um, vielleicht vor Schmerz, sein Ende im Abgrund zu suchen? Nally war, als Brewster zum zweiten Male stürzte, nicht in dessen Nähe. Deshalb schreibe ich ihm, um noch mehr Einzelheiten zu erfahren. Brian Nally antwortet:
»Ich ziehe von dem, was ich gesagt habe, kein Wort zurück. Was die Geschichte mit dem Brustgeschirr betrifft, das Barry selbst geöffnet haben soll, ist es ganz unsinnig und gefährlich, so etwas zu behaupten. Dennoch will ich darauf eingehen, nur möchte ich zunächst eine Frage stellen:
Stellen Sie sich vor, Sie stürzen etwa 30 m tief, brechen ihr Rückgrat und die Beine und rutschen dann noch weitere 30 m das Eisfeld hinunter. Dann bleiben Sie im Seil hängen, während ich einen Standplatz aus dem Eis heraushacke. Dann verbringen Sie die ganze Nacht in der Wand und der Kälte ausgesetzt. Wären Sie dann in der Lage, einen Knoten zu öffnen, der sich während des Sturzes durch das

Gewicht Ihres Körpers zusammengezogen hat, und noch dazu mit einer Hand? Sogar die Leute, die diese Geschichte erfunden haben, behaupten, sie hätten nur gesehen, daß sich eine Hand bewegt habe.
Das mit der Bewegung der Hand stimmt, wie ich es auch in meinem Bericht erwähnte, nämlich, bevor er starb.
Setzen wir also diesen Gedankengang fort:
Barry war nicht nur mit einem gewöhnlichen Kletterseil befestigt, sondern mit einem Brustgeschirr. Um sich davon zu befreien, hätte er aufstehen müssen.
Es dürfte Ihnen nicht bekannt sein, daß sich das Brustgeschirr, Karabiner und Eishaken noch an der Leiche Barrys befanden, als sie am Wandfuß aufgefunden wurde.
Der Körper hatte sich von den Eishaken losgelöst.
Es dürfte Sie auch interessieren, daß der Arzt, der Barrys Leiche untersuchte, feststellte, daß er bereits vor dem zweiten Sturz tot war.
Ich rufe Gott zum Zeugen dafür an, daß ich nicht mehr hätte tun können.«
Gott zum Zeugen! Warum schreibt Nally das? Kein Mensch hatte ihm vorgeworfen, daß er für Brewster mehr hätte tun müssen.
In der Polizeistation Grindelwald bekomme ich Einsicht in die Akten und Protokolle.
Der Beamte, der die Bergung von Brewsters Leiche mitmachte, sagt, daß nur noch ein seilähnliches Stück an ihm gehangen habe. Weiter sagt der Beamte, daß kein Arzt Brewsters Leiche – nur noch ein kleines Bündel – untersucht habe.
Der englische Bergsteiger Don Whillans kennt die Wand nun zu einem guten Teil. Und er kennt auch die Menschen, die vor der Wand in ihren Zelten lagern.
Don Whillans schreibt darüber:
»Träume von Ruhm und Reichtum sind nur Träume, und der Bergsteiger, der sich von solchen Gedanken mitreißen läßt, ist mit ziemlicher Wahrscheinlichkeit ein Todeskandidat.

Die Frauen und der alte Mann

Am 27. Juli 1962, einen Tag nach Barry Brewsters Todessturz, trifft ein neues Nordwand-Gespann auf Scheidegg ein. Zwei Frauen, zwei Männer. Frauen in die Eigerwand! Die erste Damenbegehung der Wand steht noch aus. Mitunter stellen auch Vertreterinnen des schwachen Geschlechts ihren Mann am Berg. Und für die meisten großen Touren kam oder kommt irgendwann der Tag der ersten Damenbegehung. Auch am Eiger. Und die beiden Genferinnen, die sich zu diesem Unternehmen entschlossen haben, können bei Gott nicht des Leichtsinns bezichtigt werden. Es gibt wenige bergsteigende Männer auf Erden, die eine so reichhaltige Tourenliste haben wie die Genferin Loulou Boulaz. Schon vor zehn Jahren (1952) mußte ich diese kleine, zierlich gebaute Frau bewundern. Der Walkerpfeiler an den Grandes Jorasses war Uli Wyss und mir geglückt. Auf dem Gipfel wurden wir von einem schweren Wettersturz überrascht. Schneesturm. Erst später erfuhren wir, daß Loulou Boulaz in diesem Schneesturm am Pfeiler kämpfte. Als erste Dame. Mit fünf Genfern.
Ebenfalls an den Grandes Jorasses war ihr 1935 die zweite Durchsteigung der Nordwand gelungen. Als erster Frau. Dann Dru-Nordwand (zweite Begehung), Poire am Montblanc, die ungeheure Eiswand der Aiguille du Plan, Zinalrothorn-Nordwand (erste Begehung!), Studerhorn-Nordwand (Erstbegehung), Matterhorn-Furggengrat, Jungfrau-Nordwand, Meije-Direkte Südwand, Aiguille Verte-Nordwand, Dolent-Nordwand (Erstbegehung), Schreckhorn-Nordwand, Grand Capucin-Ostwand, Große Zinne-Nordwand. Unmöglich, auch nur alle größeren Fahrten der kleinen Genferin hier aufzuzählen. Vor drei Jahren (1959) war sie Teilnehmerin der Damen-Expedition zum Cho Oyu, die ein furchtbares Ende fand.
Wie alt Loulou Boulaz ist? Dreiundfünfzig!
In ihrer Gedankenwelt nimmt die Eigerwand seit Jahren einen gewichtigen Platz ein. Aber bisher hatte sie kein Glück. Schon vor drei Jahren (1959) war sie in der Wand. Mit dem schönen Michel Vaucher, der auch diesmal wieder dabei ist. Damals mußte nach dem Hinterstoisser-Quergang wegen Wettersturz der Rückzug angetreten werden. Das verwitterte Seil, das sich jetzt noch am Schwierigen Riß befindet, stammt von diesem Versuch.
Die zweite Nordwand-Amazone ist die große, schlanke, meist lächelnde Yvette Attinger, zweiunddreißig Jahre alt. Seit einigen Jahren klettert sie mit Michel Vaucher, ihrem späteren Ehemann. Auch ihre Touren sind bemerkenswert. Und außerdem ist sie die erste Schweizerin, der das Fallschirmspringer-Diplom überreicht wurde. Über hundert Absprünge machte sie schon. Dazu gehört Mut, den

man Yvette gar nicht ansieht. Und Mut braucht man auch für die Eigerwand. Aber mit Michel Vaucher und Michel Darbellay können es die beiden Frauen wagen.
Michel Vaucher, sechsundzwanzig Jahre alt und Student, kennt den Großteil der schwierigsten Touren in den Ost- und Westalpen. Ein sympathischer Kerl, der ruhig ist und nicht viel aus seinen Leistungen macht. Vor zwei Jahren stand er auf dem 8222 Meter hohen Himalaya-Riesen Dhaulagiri. Wohin Michel auch kommt, überall ist er gerne gesehen, besonders bei den Mädchen. Und das bringt den schönen Michel oft in Situationen des sechsten Schwierigkeitsgrades!
Der achtundzwanzigjährige Michel Darbellay aus Martigny ist Bergführer. Im Montblanc-Gebiet sind ihm viele der großen Wände vertraut. Vor drei Wochen erregte er mit seinem Bergführer-Kollegen Christophe Vouilloz (Christophe Vouilloz aus Martigny verunglückte am 21. Mai 1963 am Montblanc) Aufsehen: Siebenundzwanzigste Begehung der Matterhorn-Nordwand in sechs Stunden und fünfzehn Minuten! Das sind die neuen zwei Seilschaften für die Nordwand. Darbellay gehört zu Loulou Boulaz, Vaucher zu Yvette Attinger.
Das Wetter könnte besser sein. Vertraute auf Scheidegg warnen. Aber die Wetterwarte des Flughafens Genf-Cointrin sagt Wetterbesserung voraus. Dreimal erkundigt sich Yvette, dreimal bekommt sie gute Nachrichten. Doch die Flugwetterleute von Cointrin sind mit dem tückischen Wetterkessel am Eiger nicht vertraut. Aber die vier bauen auf die Aussagen der Meteorologen.
Am Nachmittag des 28. Juli wird bei schlechtem Wetter mit der Wand begonnen. Das Wetter wird sich schon bessern, denken sie, im Vertrauen auf Cointrin. Bis zur Biwakhöhle – oberhalb des Zerschundenen Pfeilers – wird ohne Seil geklettert. Die Frauen bleiben hier. Darbellay und Vaucher steigen weiter bis zum Schwierigen Riß. Dort wird ein Seil befestigt, um es am andern Morgen leichter zu haben. –
Die Nacht ist warm, zu warm für die Nordwand. Am Morgen des 29. Juli sind sich die Männer und Frauen in der Biwakhöhle wegen des Wetters unschlüssig. Nebelbänke ziehen umher, der Himmel ist bedeckt, ab und zu tropft es. Bis acht Uhr wird gewartet. Dann brechen die zwei Seilschaften auf. Nach oben! Das versprochene schöne Wetter muß ja schließlich kommen, denken sie. Aber was mit dem Temperaturanstieg kommt, ist Wasser. Überall rauschen sprühende Wasserfälle und kleine Bäche, plätschern Rinnsale herab. Das sieht man sogar durch die Fernrohre. Die Wandkenner sagen, daß sie noch nie eine solche Überschwemmung gesehen hätten. Doch die Seilschaften scheint das nicht zu stören. Sie klettern aufwärts. Schon nach dem Schwierigen Riß sind alle vier durchnäßt. Ihre Gesichter glänzen vor Nässe, gemischt mit Schweiß, denn das Tempo, das sie entwickeln, läßt die Nässe an ihren Körpern nicht kalt werden. Der Hinterstoisser-Quergang läuft ab wie ein zu kurzer Dokumentarfilm; eine Station von vielen. Das Geschehen in der Wand kann jetzt von außen nicht mehr beobachtet werden. Die große Nordwandbühne hat ihren weißgrauen Vorhang zugezogen. Auf Scheidegg haben die einen Bedenken, die andern sagen, daß die Alpinistinnen und ihre Begleiter bestimmt schon wieder im Abstieg seien; bei

diesem Wetter jage man nicht einmal einen Hund in die Wand. Die vier sind sicher so vernünftig, heißt es, um auf den weiteren Durchstieg zu verzichten. Alle, die vor dem Einstieg warnende Worte aussprachen, melden sich jetzt: jeder hatte das schlechte Wetter ganz genau kommen sehen, und jeder hatte es den Welschschweizern gesagt, jeder.
Aber in der Wand herrscht nicht eine so gemütliche Atmosphäre wie in den Hotels, um zur Vernunft inspiriert zu werden.
In der Wand rauschen die Wasser, ab und zu kracht Steinschlag. Da hat man keine Ruhe, um jede Handlung vernünftig durchzudenken. Und außerdem muß ja endlich auch das gute Wetter kommen. Dann ist da in der Wand noch etwas, das selbst bei Sicht durchs Fernrohr nicht beobachtet werden könnte. Eine wunderbare Verrücktheit. Eine Faszination des Geistes, ja, um es kraß zu sagen: eine physische Ekstase. Die gefährliche Wildnis, in der sich die vier Menschen befinden, ist ungeheur erregend. In ihr lebend zu bestehen, sie Meter für Meter zu erobern, das löst im Menschen den Urtrieb zur großen Tat; das macht ihn fähig, dem Bereich des Übermenschlichen nahe zu kommen, ob Frau oder Mann. Solche ernsten und gefährlichen Situationen werden allgemein gemieden. Aber wenn sie plötzlich da sind und man sie übersteht, ziehen sie unendliches Glück mit sich. So ist es bei den Frauen und Männern in der Wand. Kein Wort von Rückzug. Das Wetter wird schon besser werden. Und da oben, irgendwo im Nebel, ist der Gipfel.
Um zehn Uhr gibt der Vorhang für wenige Augenblicke ein neues Szenenbild frei: die zwei Seilschaften auf dem Zweiten Eisfeld! Könnte man sie nicht ganz genau sehen, würde es niemand glauben. In zwei Stunden von der Biwakhöhle bis zum Zweiten Eisfeld!
Und sie eilen über das Eis, als machten die vier einen schnellen Bummel durch die Genfer Rue du Rhône. Unglaublich, bei diesem Wetter weiterzuklettern! Darbellay und Loulou zuerst, Vaucher und Yvette folgen mit einer Stunde Abstand. Dann schließt sich der Vorhang wieder. Es war nur eine kurze Szene. Die vier stürmen, ohne von den Fernrohren verfolgt zu werden, einsam weiter. Nahe dem Bügeleisen finden sie Brewsters Steigeisen und Pickel. Der arme Barry – heute wird er in Grindelwald zu Grabe getragen. –
Seit zwei Stunden regnet es. Alles ist naß. Die Schmelzwasserbäche werden durch den Regen noch bedrohlicher. Auf dem Bügeleisen regnet es nicht mehr, da schneit es. Große Flocken bedecken Fels und Eis. Nur das Tempo der zwei Seilschaften ist gleichbleibend. Seillänge um Seillänge. Auf den Standplätzen wird nur wenig gesprochen. Und wenn, dann sind es freundliche Worte. Zur Besorgnis sehen die vier noch keinen Grund. Aber diese Unbeschwertheit dürfen sich nur Könner erlauben, Bergsteiger mit vielen Erfahrungsjahren. Sturm peitscht den Schnee in die vier Gesichter. Aber sie lachen.
Achtzig Meter noch in der Rampe aufwärts. Feierabend für heute. Sechzehn Uhr. Weiterzuklettern wäre bei diesem Dreckwetter doch zu gefährlich. Von hier können gute Bergsteiger noch zurück. Ab Rampen-Eisfeld wäre ein Rückzug zu langwierig und gefährlich.

Der dichte Nebel erlaubt bestenfalls zehn Meter Sicht. Und es schneit unaufhörlich. Alle vier sind bis auf die Haut durchnäßt. Langsam werden die Füße gefühllos. Jetzt wird es ernst.
Um neunzehn Uhr reißt für Sekunden der Nebel auf. Gerade so lange, um vier Menschen in der Rampe zu entdecken. Gut, sie leben, das ist zu sehen, aber was weiter? Und gleich setzt der Sturm wieder ein. Ein richtiger Schneesturm. In Höhe der Rampe liegen etwa zehn Zentimeter Schnee. Eine scheußliche Nacht. Umtost vom Schneesturm warten die vier. Das gute Wetter von Cointrin, es kommt nicht. –
Das, was in der Nacht gesprochen wird, gilt allein dem Wetter und den bedenklicher werdenden Erfrierungen an den Füßen. Und dennoch ist kein nervöses oder gar ängstliches Wort zu hören.
So vergeht eine lange und harte Nacht. –
Aber am Morgen des 30. Juli, inmitten einer Winterlandschaft, sind sich die vier nicht ganz einig: weiter oder zurück?
Darbellay ist für den sofortigen Rückzug, die Damen aber würden genau so gerne weiter klettern.
Viel schlimmer als bisher können die Verhältnisse weiter oben auch nicht sein, denken sie. Immer noch herrscht dieser schreckliche Schneesturm. Das schöne Wetter von Cointrin! Ihre Kleider sind starr und steif wie Ritterrüstungen. Und bald ist allen klar, auch den Damen, daß jetzt nur noch der Abstieg in Frage kommt.
Los – hinunter! Nur keine Zeit verlieren. Die beiden Seilschaften vereinigen sich. Zu viert geht es zwar langsamer, aber das muß jetzt, der Sicherheit willen, in Kauf genommen werden. Die ganze Strecke, mühsam errungen, wieder zurück. Ein langer und gefährlicher Weg. Auf dem Dritten Eisfeld stürzen die Frauen mehrmals, aber Darbellay und Vaucher halten. Kein Gefühl mehr in den Füßen, das macht unsicher. Auf dem Zweiten Eisfeld wiederum ist das Zurechtfinden ein Problem. Waschküche. Keine zwanzig Meter Sicht erlaubt der Nebel. Die Spuren im Eis hat der Schneesturm verwischt. Aber genau am richtigen Punkt wird der untere Rand des Zweiten Eisfeldes erreicht. Abseilen über den Eisschlauch und das Erste Eisfeld. Am Hinterstoisser-Quergang löst sich die Spannung – jetzt kann nicht mehr viel passieren. Das ist die Pforte aus der Hölle. Nur schnell weiter, denn der Nebel wird dunkler, der Tag geht seinem Ende zu. Der Schwierige Riß ist ein Wasserfall, egal, denn noch nasser kann man nicht werden.
Aber die ständige Unterkühlung ist gefährlich: das kalte Wasser rinnt von oben über den ganzen Körper, unten läuft es, warm geworden, wieder ab; ein scheußlicher Kreislauf. Am Fuße des Schwierigen Risses ist es dunkel. Aber hier ist kein Platz zum Biwakieren, hier kann man nicht einmal richtig stehen. Also in der Dunkelheit weiter. Bis zur Biwakhöhle, in der sie die erste Nacht verbrachten. Bei den Frauen gibt es nochmals Stürze. Endlich haben die Anstrengungen ein Ende. Proviant ist noch vorhanden, nur dem entsetzlichen Durst kann nicht abgeholfen werden; der Kocher funktioniert nicht mehr.
Die dritte Nacht. –

Auf Scheidegg machen sich die Menschen in dieser Nacht ernsthafte Sorgen, denn der Nebel verdeckte den ganzen Tag über jede Sicht. Jeder weiß, daß bei diesem Nebel nicht einmal ein Rettungsversuch unternommen werden könnte. Man kann nur warten und warten. – Erst um zehn Uhr am 31. Juli löst sich die Spannung: die Frauen und Männer kommen zurück. Händeschütteln, Umarmungen, Glückwünsche, Blitzlichter, Interviews.
Wie war's in der Nordwand?
»Der Aufstieg war bis zu dem Punkt, wo uns das Wetter zurücktrieb, ein großes Erlebnis«, sagt Yvette Attinger. Und ein Jahr später ist Yvette Michel Vauchers Frau.

*

Zwei Jahre später hat die Außenseiterin Daisy Voog aus München mehr Glück. Daisy Voog ist in Reval (Estland) geboren, zweiunddreißig Jahre alt, blond, zierlich, 163 cm groß, 48 kg schwer. Mit schwierigen Touren hat sie erst vor wenigen Monaten begonnen. Vor allem in den Dolomiten, geführt von erstklassigen Bergsteigern. Auch für die Eigerwand hat sie einen hervorragenden Mann gewonnen. Den sächsischen Wahlmünchner Werner Bittner, der von seinen Freunden »Mack« genannt wird. Mack glückte im Februar 1961 die erste Winterbegehung der Direkten Nordwand an der Großen Zinne; genau ein Jahr später – Februar 1962 – gehörte er zu den drei Seilschaften der ersten Winterbegehung der Matterhorn-Nordwand. Dabei erlitt Mack schwere Fußerfrierungen; er verlor sämtliche Zehen. Aber er steigt weiter auf die Berge. Mit Mack als Führer kann man sich auch in die Hölle wagen. Daisy und Mack steigen am 1. September 1964 um 14 Uhr in die Wand. Es herrschen ungewöhnlich gute Wetter- und Wandverhältnisse. Am Spätnachmittag haben sie bereits den Hinterstoisser-Quergang hinter sich, biwakieren auf dem kleinen, aber sicheren Platz des Schwalbennests. Auch am zweiten Tag läuft alles gut ab. Die Eisfelder haben griffigen Hartschnee, der Wasserfallkamin in der Rampe ist nußtrocken. Darüber richtet sich das Nordwand-Paar für die zweite Nacht ein. Der Platz ist miserabel. Aber bei gutem Wetter kann man in der Eigerwand vieles ertragen. Gleich am Morgen des dritten Tages gibt es eine böse Überraschung: Mack und Daisy queren aus der Rampe zu früh nach rechts, müssen sich über sehr brüchigen Fels hinaufplagen zum Götterquergang, verlieren wertvolle Zeit. Das Eisfeld der Spinne ist beinhart, die Ausstiegsrisse sind vereist. Aber um 18.30 Uhr erreichen sie doch noch den Mittellegigrat, auf dem sie die dritte Nacht verbringen – am frühen Morgen des 4. September steht die erste Nordwandbegeherin mit Mack Bittner auf dem Eigergipfel. –
Drei Jahre später gibt es eine Wiederholung: Die zweiundzwanzigjährige Pariserin Christine de Colombelle mit Jack Sangnier, Bergführer aus Grenoble, sind sieben Tage in der Wand, vom 26. August bis 1. September 1967. Und auf dem Gipfeleisfeld haben sie unbeschreibliches Glück: beide rutschen aus, dem Abgrund zu, »... konnten uns aber – es erscheint mir hinterher wie ein Wunder –

doch noch vor dem endgültigen Absturz retten«, schreibt mir Jack später. Nach all den Strapazen und Aufregungen müssen sie auch noch ein siebentes Biwak im Abstieg über die Westflanke in Kauf nehmen. Nach acht Eigertagen kommen sie ziemlich ausgehungert und erschöpft auf die Kleine Scheidegg.
Aber Yvette Vaucher ist keine Außenseiterin wie Daisy Voog, geht weiterhin ihren steilen Weg als Bergsteigerin, obschon sie längst kein Teenager mehr ist. Mit ihrem Michel bezwingt sie im Juli 1965 die Matterhorn-Nordwand als erste Frau. In den Dolomiten lernt sie einige der schwierigsten Routen kennen und den Walkerpfeiler an den Grandes Jorasses meistert sie als dritte Frau. Dann ist sie 1971 Teilnehmerin der Internationalen Himalaya-Expedition zur Südwestwand-Direttissima des Mount Everest, zusammen mit ihrem Michel. Aber das Unternehmen scheitert etwa fünfhundert Meter unter dem Gipfel.
Yvette kommt innerlich von der Eigerwand nicht mehr los. Im August 1973 unternimmt sie einen neuen Versuch. Mit dem jungen Schweizer Bergführer Bernard Darbellay, einem Bruder des ersten Eigerwand-Alleingehers Michel Darbellay, aus Orsières im Wallis. Und in nächster Nähe begleitet von ihrem Mann Michel, der mit dem Genfer Jean Juge eine Seilschaft bildet. Jean Juge ist bereits fünfundsechzig Jahre alt; er wird noch später am Eiger von sich reden machen.
Ihr ersten Biwak verbringen die beiden Seilschaften im Schwalbennest. Um 11 Uhr des zweiten Tages sieht man sie auf dem Zweiten Eisfeld. Am Spätnachmittag beim Todesbiwak auf dem Bügeleisen – ein sehr bescheidenes Tempo. Gewitter, Wettersturz. Da kommen auch noch zwei junge Franzosen zu ihnen. Die drei Seilschaften biwakieren auf dem Bügeleisen. Am Samstagmorgen (25. August) gießt es wie aus Kübeln. Rückzug um 6.30 Uhr. Yvettes zweiter Rückzug, Michels vierter.
Aus Sicherheitsgründen schließen sich die drei Seilschaften zusammen. Zehn harte Stunden bis hinab zum Hinterstoisser-Quergang, dessen Plattenschuß einem Wasserfall gleicht. Patschnaß erreichen sie schließlich doch noch das Stollenloch bei km 3,8 der Jungfraubahn und sind in Sicherheit. Yvette scheint in der Eigerwand kein Glück zu haben. Aber sie gibt nicht auf. Sie will unbedingt alle drei großen Nordwände bezwungen haben, Matterhorn, Grandes Jorasses, Eiger.
Yvette wartet auf den Eiger. Aber der Sommer 1974 ist denkbar schlecht. Und außerdem brauchen die harten Eigertage ihre Zeit, bis sie innerlich verkraftet sind.
Der dritte Nordwand-Versuch wird im August 1975 gestartet. Yvette, ein zierliches Persönchen von 170 cm und 54 kg, ist bereits fünfundvierzig Jahre alt, aber bestens trainiert. Ihr Partner ist diesmal der dreiundzwanzigjährige Jurastudent Stéphane Schaffter aus Genf. Aber auch Michel, ihr Mann, ist wieder dabei. Wieder mit Jean Juge, jetzt siebenundsechzig Jahre alt, Physikprofessor im Pensionsalter und Präsident der Union Internationale des Associations d'Alpinisme (UIAA), des bergsteigerischen Dachverbandes. Jean Juge, ein sympathischer, vornehmer Mann, ist ein hervorragender Alpinist, dem viele der schwierig-

sten Touren geglückt sind. Aber sein Alter ist gewiß nicht mehr das beste für eine Eigerwandbegehung.
Da ist noch eine dritte Seilschaft: Tomas Gross, gebürtiger Tscheche, Student in Genf. Zu ihm gehört die junge Genferin Natacha Gall. Tomas Gross, 25 Jahre alt, ist zweifellos einer der ungewöhnlichsten, besten und bescheidensten Bergsteiger unserer Zeit. Über ihn werden noch spätere Generationen reden und schreiben. Erst vor drei Monaten machte er in der mauerglatten Dru-Westwand Unmögliches möglich. Tomas Gross bezwang eine supergerade Direttissima durch den steilsten, abweisendsten Teil der Wand, achtzehn Tage lang im April–Mai, allein. Über dieses Unternehmen schrieb ich abschließend in einer alpinen Zeitschrift: »Ich verneige mich bewundernd vor Tomas Gross, seinem grenzenlosen Mut, seiner unglaublichen Härte – und nicht zuletzt vor seiner sympathischen Bescheidenheit.«
Natacha Gall war im März bei einem Versuch mit Tomas zehn Tage in der Dru-Westwand. Sie weiß, was harte Tage am Berg sind.
Da ist auch noch eine vierte Seilschaft: Michel Darbellay aus Orsiéres, den wir bereits 1962 mit Yvette und Loulou Boulaz in der Nordwand sahen und dem 1963 die erste Alleinbegehung geradezu vorbildlich geglückt war. Diesmal ist Michel Darbellay beruflich unterwegs, als bezahlter Bergführer. Mit seinem Schweizer Gast Louis Frote aus Miécourt.
Um 5 Uhr des 9. August steigen die vier Seilschaften durchs Stollenloch in die Wand. Bereits um 11.30 Uhr erreichen sie das Todesbiwak auf dem Bügeleisen, viel früher wie vor zwei Jahren. In der Wand sind noch vier weitere Seilschaften, zwei Franzosen, die bereits zwei Tage unterwegs sind; Österreicher und Deutsche, unter ihnen die Bayern Hans Engel und Hans Kirchberger. In der Rampe gibt es wieder einmal ein Gewitter. Typisches Eigerwetter, wie es Yvette, die beiden Michel und Jean Juge bestens kennen. Aber es ist nur ein Gewitter, das diesmal keinen Wettersturz einleitet. Am Wasserfallkamin ein kleiner Wasserfall. Sie weichen ihm rechts über die äußerst schwierige Terray-Variante aus. Dann wird am Ende der Rampe, links des Rampen-Eisfeldes, biwakiert.
Kirchberger und Engel haben sich mit Darbellay und Frote bereits in der Rampe zu einer Viererseilschaft zusammengeschlossen.
Am 10. August, ein Sonntag, steigt die Nordwand-Gesellschaft um 6 Uhr weiter. Jean Juge um einiges an Gewicht erleichtert: ohne Rucksack. Am Vortag hatte er ihn samt Anorak, Pullover, Steigeisen und Biwakausrüstung verloren. In meinen Kletterkursen predigte ich immer eindringlich: am Berg dürft ihr fast alles machen, was nicht zum direkten Absturz führt – nur den Rucksack dürft ihr nicht verlieren, nie, das kann der Tod sein.
Jean Juge verliert in der Eigerwand den Rucksack. Aber er hat einige der besten Bergsteiger um sich. Das ist sein Glück. Auf dem zweihundert Meter langen Eisfeld der Spinne muß Michel Vaucher Stufen ins Eis schlagen, für jeden Schritt eine – gut vierhundert Stufen.
Mit den Österreichern und Bayern sind es nun zwölf Personen, die in den Ausstiegrissen biwakieren; die Franzosen sind weit zurückgeblieben.

Montag, 11. August: Aufbruch um sechs Uhr. Acht Stunden später erreichen sie endlich den Gipfel. Am Berg herrschen fast winterliche Verhältnisse. Nach kurzem Aufenthalt wird über die Westflanke abgestiegen. Aber nach knapp dreihundert Metern ist Juge um 19 Uhr am Ende seiner Kräfte – die beiden Frauen sind starke Männer gegen den alten Präsidenten. Jean Juge muß am Berg bleiben, auf Hilfe, auf Rettung warten. Michel Vaucher und Tomas Gross bleiben bei ihm, die Frauen, Louis Frote und Michel Darbellay steigen weiter ab, erreichen zwei Stunden vor Mitternacht die Kleine Scheidegg.
Endlich hat Yvette ihre Eigerwand.
Aber ihr Mann ist noch am Berg. Zwei Nächte noch und einen ganzen Tag.
Mittwoch, 13. August: das Wetter hat sich gebessert, die Sicht ist gut. Gleich am Morgen startet in Interlaken ein Helikopter der Schweizerischen Rettungsflugwacht, holt Jean Juge und Tomas Gross, dann Michel Vaucher.
Wenig später gibt es auf der Kleinen Scheidegg ein Champagner-Frühstück.
»Jetzt komme ich mir selbst ziemlich dumm vor«, sagt Jean Juge.
Michel Vaucher: »Da oben hatten wir Momente, da wünschten wir, es wäre vorbei. Wir schworen: Nie mehr besteigen wir einen Berg. Doch das dauert genau so lang, bis man wieder im Tal ist.«

Adolf Derungs kommt wieder

Auf der Kleinen Scheidegg herrscht ziemlich turbulentes Leben. Seit Wochen sind die Filmleute da: Luis Trenker und seine Mitarbeiter.
Und wer noch da ist, aber nicht zu den Filmleuten gehört: Adolf Derungs, der jetzt zweiunddreißigjährige Bündner, in Zürich lebende Maurer. Freudiges Wiedersehen mit Wolfgang Gorter. Die dramatische Geschichte seiner Durchsteigung im Sommer 1959 ist noch nicht vergessen. Die doch noch geglückte sechzehnte Begehung mit Lukas Albrecht ließ in Adolf Derungs Interesse für das ernsthafte Bergsteigen aufkommen. Mit dem Schweizer Alfred Santschi, der ebenfalls für den Film arbeitet, erwarb er 1961 das Bergführerpatent. Jetzt ist Derungs, auch technisch gesehen, kein Anfänger mehr. Als Bergführer für die Filmleute zu arbeiten, das wäre eine Sache. Aber es gelingt ihm nicht. Trenker braucht keinen mehr. Das ist eine Enttäuschung.
Morgen und übermorgen werde ich's allen zeigen, was es mit der Wand auf sich hat, allen! Allein werde ich sie machen. Ich, Adolf Derungs, ein Schweizer Bergführer, werde den Nimbus der Wand zunichte machen. Alle werden es sehen. Auch die Filmleute, die ihn nicht brauchen können.
Gestern schon traf Derungs mit dem Kameramann Wolfgang Gorter zusammen.
»Du, Wolfgang«, sagte Derungs, »ich steige allein ein!«
»Allein? Du bist verrückt – überleg' Dir das nochmals!« sagte Gorter.
Aber Adolf Derungs hatte sich alles schon überlegt: allein will er gehen, um allen zu zeigen, daß die *Mordwand* eine ganz normale Nordwand ist.
Wofgang Gorter war früher, in der stürmischen Jugendzeit, in erster Linie Bergsteiger und nur so nebenbei Kameramann. Heute, älter und ruhiger geworden, ist er in erster Linie Kameramann – sein Beruf.
Einen Alleingeher, der die Eigerwand bezwingen will, auf dem Weg zum Einstieg zu filmen, ist für einen Kameramann eine große Sache. Und Derungs ist mit Gorters Vorschlag einverstanden. Was nicht ausschließt, daß Wolfgang Gorter auch als Mensch und Bergsteiger den einsamen Nordwandkandidaten zum Einstieg begleitet.
So geschieht es in den Mittagsstunden des Dienstag, am 31. Juli. Derungs ist, soweit es Gorter beurteilen kann, in guter Verfassung.
Wenn er ihm nur gelingen würde, dieser verdammte Alleingang, dann gäbe er Ruhe in diesem Punkt, denkt Gorter. Noch auf dem Weg zum Einstieg versucht er, den besessenen Adolf von dem Plan abzubringen:
»Komm, jetzt überleg' Dir's halt noch einmal!«
»Bitte sag' jetzt nichts mehr, ich kann nicht anders, ich muß gehen. Ich werde

beweisen, daß es keine Mordwand ist«, sagte Derungs. Dann schaute er hinauf zur Wand, die ihm schon harte Tage beschert hatte, in die er versessen ist. Weit oben, unter dem Himmel, glänzt das Gipfeleisfeld in der Nachmittagssonne. Einmal da oben, dann ist alles vorbei, auch die Sorgen des Alltags.
»Sei so gut, Wolfgang, und heb' mir die paar Sachen da auf – in der Wand kann ich sie nicht brauchen. Sollte mir was passieren, was ich nicht glaube, dann gib die Sachen meiner Frau«, sagt Derungs und übergibt ihm Ehering, Geldbörse und Führerbuch. Gorter nimmt die Sachen und verstaut sie sorgfältig. Dann:
»Glaub's nur, ich komm' durch. Tschau, Wolfgang, übermorgen auf dem Gipfel – tschau!«
»Ich bin oben! Und morgen vormittags rufen wir uns zu. Ich stehe mit der Kamera auf dem Westgrat – mach's gut, und paß' auf ... servus!«
Das sind die letzten Worte zwischen Adolf Derungs und Wolfgang Gorter. –
Am Abend des gleichen Tages stehen gegen einundzwanzig Uhr die Beobachter auf der Terrasse des Hotel Bellevue. Die Verabredung wegen des Signals hat sich herumgesprochen. Jeden Augenblick muß es in der Wand zu sehen sein. Die Beobachter warten, aber Signal kommt keines. Um einundzwanzig Uhr nicht, auch später nicht.
Einige, die auf der Terrasse stehen und Adolf Derungs kennen, wissen, daß er wirklich das Zeug in sich hat für das gewagte Unternehmen: Kaltblütigkeit, psychische Härte. Seine harte Schale ist dick und geht bis zum Kern; äußere Eindrücke vermögen ihn innerlich kaum zu bewegen. Adolf Derungs ist ein Mann der Tat, der Leistung. Für ihn gibt es bestimmt keinen »Raum des Todes«. Für ihn ist die Wand allein sicht- und greifbare Materie: Fels und Eis, mehr nicht. Und das ist gut. –
Aber warum gibt er kein Signal? Er weiß doch, daß die Beobachter darauf warten. Hat er den Signalstift oder die Taschenlampe verloren? Vielleicht. Passiert sein kann ihm bis zum Schwalbennest ja kaum etwas. Meinungen prallen auf Gegenmeinungen. Schnell sind Schlüsse gezogen. Aber noch braucht man keine Angst zu haben um den harten und kaltblütigen Bündner. Der morgige Tag wird es bringen, sagen die Beobachter.–
Am frühen Morgen des Mittwochs (1. August) steigt ein Team der Filmleute über die Westflanke zur Nordwestgratschulter auf. Mit den Kameramännern Wolfgang Gorter und Bertl Hoecht. Von der Nordwestgratschulter aus kann die Wand gut eingesehen werden. Vom Schwierigen Riß unten bis hinauf zu den Ausstiegsrissen sieht man den Verlauf der Route. Nur Schwalbennest und Drittes Eisfeld sind verdeckt. Um acht Uhr sind die Stative aufgestellt und die Kameras aufnahmebereit. Der läßt sich aber Zeit, sagen die Filmleute, weil Derungs am Schwalbennest unten einfach nicht auftaucht. Zehn Uhr. Und immer noch ist von Adolf Derungs keine Spur zu sehen. Verpaßt? Nein, das kann nicht sein, man müßte auf dem Zweiten Eisfeld Spuren sehen. Und es ist still in der Wand, unheimlich still. Jedes Rufen nach Derungs verhallt. Ohne Antwort. Um zwölf Uhr hat sich die Lage nicht geändert. Gorter beginnt sich Sorgen zu machen. Oder ist Derungs in den ersten Morgenstunden wieder abgestiegen? Vielleicht.

Den ganzen Nachmittag hindurch wird noch gewartet. Vergebens. Dann steigt die Filmgruppe wieder ab. Derungs muß auf Scheidegg sein, denken sie.
Aber auf Scheidegg ist er auch nicht. Ratlosigkeit. Schon am Nachmittag suchten Schlunegger, Gertsch und Larch den Wandvorbau ab. Durchs Fernrohr hatte man einen roten Flecken entdeckt, aber die Suchmannschaft fand nichts. Auch am Abend gibt es noch keine Klarheit!
Donnerstag, 2. August. Den ganzen Tag über wird durchs Fernrohr die Wand abgesucht. Keine Spur von Adolf Derungs. Vermutungen werden laut: er sei heimlich abgestiegen und irgendwo untergetaucht. Aber Freunde verwerfen diese Vermutungen; sowas macht Derungs nicht – unmöglich. Aber wo zum Teufel steckt er? Die Beobachter am Fernrohr geben auf. Eine große Suchaktion müßte durchgeführt werden.
Das sagte auch der Grindelwalder Rettungschef Fritz Gertsch. Er hat die Bergführer zu einer Konferenz einberufen. Zuerst muß die leidige Kostenfrage geklärt werden. Es wird mit Derungs' Eltern telefoniert. Von ihnen hängt es ab, ob eine Suchaktion gestartet werden soll oder nicht, denn sie müssen die Kosten tragen. Viel Geld steht auf dem Spiel. Lieber noch warten, vielleicht taucht Adolf doch noch irgendwo auf. – Vielleicht.
Freitag, 3. August.
Jeder ist nun überzeugt, daß Derungs umgekommen sein muß. Nur sichtlichen Beweis gibt es noch keinen.
Am Samstag wollen die Eltern Gewißheit haben, denn auch sie glauben jetzt an das Schreckliche und geben den Auftrag zum Suchen. Die Tageszeitungen, die am Donnerstag über den Vermißten noch große Schlagzeilen brachten, wissen jetzt nichts mehr zu berichten. Nur: »Von Adolf Derungs fehlt weiterhin jede Spur.«
Sonntag, 5. August.
Zwölf Bergführer aus Grindelwald, Lauterbrunnen und Wengen brechen um acht Uhr von der Scheidegg auf. Am Wandfuß teilt sich die Kolonne in drei Gruppen.
Um zehn Uhr fünfzehn schon entdeckt eine Gruppe Derungs' Pickel und Rucksack. Eine Stunde später den toten Adolf Derungs. Rechts vom Ersten Pfeiler; zwischen Fels und einem Schneerest. Deshalb konnte man ihn von der Scheidegg aus nicht sehen. Genau in der Fallinie des Schwierigen Risses.
Nie wird man den Grund seines Todessturzes erfahren. Sicher ist nur, daß der Unglückliche in der Gegend des Schwierigen Risses gestürzt sein muß. –
Ein prächtiger Kerl war dieser Adolf Derungs. Aber als Bergsteiger loderte in seinem Herzen ein noch zu starkes und gefährliches Feuer.

Glückliche – dem Schrecken entronnen

Einen halben Tag vor Adolf Derungs – um fünf Uhr des 31. Juli – beginnt eine österreichische Seilschaft mit dem Aufstieg. Von Derungs wissen sie nichts. Die Namen der beiden sind für die Beobachter auf Scheidegg nichtssagend, noch nie gehört: Helmuth Drachsler und Walter Gstrein. Der in Linz geborene Drachsler arbeitet und studiert in Wien; Gstrein, sechsundzwanzigjährig, ist Wiener und von Beruf Modelltischler. In Wiens Bergsteigerkreisen hat man von den beiden schon genug gehört. Seit gut vier Jahren finden sie an extremen Touren Freude. Schwierigste Klettereien in den Ostalpen sind vollbracht, auch große Westalpenwände kennen sie: Dru-Westwand, Courtes-Nordwand, Grand Capucin-Ostwand. Walter Gstrein glückten auch schon bedeutende Unternehmungen im Kaukasus: Uschba-Südgipfel, Pik Schtschurowski-Nordostwand und die erste Begehung der Ullu-karatau-Nordwand. Vor einer Woche durchstiegen sie die Matterhorn-Nordwand. Und nun sind sie in der Eigerwand. Könnte jeder Kandidat solche Touren aufweisen, wäre es gut bestellt um die Durchsteigungen. Aber die Namen Drachsler und Gstrein sind für die Beobachter auf Scheidegg nichtssagend, noch nie gehört. Zwölf Uhr: Schwalbennest. Ab dem Schwierigen Riß hatten sie mit starker Vereisung zu kämpfen. Wahrscheinlich wurde sie für Adolf Derungs zum Verhängnis. Das Erste Eisfeld ist blank, der Eisschlauch existiert nicht mehr; der zum Vorschein gekommene Fels ist abgeschliffen, glatt, haltlos. Drachsler und Gstrein verlassen hier die Originalroute, queren am oberen Rand des Ersten Eisfeldes nach links. Zur Sedlmayr-Mehringer-Variante. Sie leitet genau in den mittleren Bereich des Zweiten Eisfeldes. Aber die Felsstufe darunter ist scheußlich: vereist, brüchig, schlecht geschichtet. In den fünf Seillängen können nur zwei Haken benützt werden. Das ist eine Sicherung! Passieren darf da nichts. Jeder weiß es. Und jeder vertraut dem anderen.

Zu diesen schlechten Verhältnissen kommen noch Stein- und Eisschlag. Die Wand ist einfach noch zu unruhig. Neunzehn Uhr: Bügeleisen. Drachsler und Gstrein können zufrieden sein. Und auch sonst gibt es nichts auszusetzen. Gutes Wetter, gute Stimmung – was kann man mehr erwarten in der Nordwand? Ihr Proviant – siebenhundert Gramm Trockenobst – ist zwar bescheiden, aber üppig essen kann man zu Hause wieder.

Morgens acht Uhr des 1. August geraten die Fernrohrbeobachter auf Scheidegg in Aufregung: Wo sind die beiden Österreicher? Der Biwakplatz auf dem Bügeleisen ist verlassen. Etwa am Ende des Dritten Eisfeldes müßten sie jetzt sein, oder höchstens im ersten Teil der Rampe. Aber nichts ist zu finden. Nur das erste Stück des Dritten Eisfeldes kann von Scheidegg aus nicht eingesehen werden.

Sind sie vielleicht gerade dort? Ein Anruf nach Alpiglen, von wo aus man das ganze Dritte Eisfeld sehen kann, erregt Besorgnis: Nein, auch von Alpiglen aus fehlt von den beiden jede Spur. Aber bald gilt das Interesse der Beobachter dem vermißten Adolf Derungs. –

Drachsler und Gstrein kümmert es nicht, was man draußen in der Welt über sie redet und denkt. Sie klettern und kämpfen überlegt um jeden Meter – abseits der Normalroute, die sie am Bügeleisen verlassen haben. Eine Direktroute zur Spinne wollen die beiden eröffnen. Drei Seilschaften haben das schon versucht: Mehringer-Sedlmayr 1935, Jungmeier-Reiss 1952, Gonda-Wyss 1953. Es war bei den zeitraubenden Versuchen geblieben. Gstrein und Drachsler versuchen es auch. Deshalb sieht man die beiden von unten nicht. Man könnte ihren Aufstieg zwar verfolgen, aber niemand kommt auf die Idee, daß die beiden Österreicher eine Direktroute zur Spinne versuchen könnten.

Um sieben Uhr waren sie vom Biwakplatz aufgebrochen. Zuerst beängstigend steiles Eis, dann fast senkrechter Fels mit Wassereis. Schwierigkeitsgrad fünf und sechs. Etwa fünzig Meter oberhalb des bisher höchsten erreichten Punktes (Reiß-Jungmeier) – nur eine oder zwei Seillängen fehlen noch bis in die Spinne – müssen Drachsler und Gstrein umkehren. Fast der ganze Tag ist hin. Wenn man im Tal, im bürgerlichen Leben, einen Tag verliert, so ist das ärgerlich. In der Eigerwand einen Tag zu verlieren, ist deprimierend, gefährlich, kann sogar den Tod bringen.

Die beiden klettern und seilen ab. Fast zweihundert Meter hinab bis zum Bügeleisen. Erst um fünfzehn Uhr dreißig wird das Dritte Eisfeld erreicht.

Und da sind auch wieder die Beobachter mit ihren Kommentaren: so eine langsame und schwache Seilschaft habe man noch nie gesehen. Für eine Strecke, die jeder andere in zwei oder drei Stunden hinter sich bringt, brauchen die Österreicher fast den ganzen Tag, heißt es. Und die Journalisten, die den sogenannten Nordwandkennern jedes Wort abnehmen, schreiben es: Solchen Leuten sollte man den Einstieg in die Nordwand verbieten können.

Aber für Drachsler und Gstrein ist alles in Ordnung. Sie haben heute eine große Leistung vollbracht. Deshalb wird in der Rampe bereits um siebzehn Uhr mit dem Biwak begonnen. Aber nicht der Wiener Gemütlichkeit willen, sondern wegen des Wasserfalls in der Rampe. Bis auf die Haut würden sie naß werden, wollten sie ihn heute noch bezwingen. Lieber darunter biwakieren und dafür trocken bleiben. Und das Wetter ist ja immer noch gut, nur Nebelfetzen ziehen gespenstisch umher. –

Um sechs Uhr des nächsten Tages – am 2. August – geht es weiter. Der Wasserfall ist jetzt ein Eisfall. Rechts davon, im überhängenden Fels, verläuft die Terray-Variante. Diese wird benützt, um dem vereisten Fels auszuweichen. Harte und zeitraubende Kletterei: Schwierigkeitsgrad sechs. Zwei Stunden gehen allein für diese Seillänge verloren. Der Eiswulst: für die beiden ein verglaster Felsüberhang. Das Rampen-Eisfeld: blank. Das Brüchige Band: vereist; auch der Brüchige Riß und Götterquergang: vereist, vereist. Fünfzehn Uhr: Beginn der Spinne. Das Wetter ist schlechter geworden. In der Spinne kracht es fast pausenlos:

Steine, Eisbrocken, Lawinen. Keine fünf Minuten würden die Österreicher in diesem Hagel gefährlicher Geschosse überleben. Was tun? Hier schon wieder biwakieren? Das wäre wegen des Wetters zu gefährlich. Gstrein und Drachsler benützen die linken Begrenzungsfelsen der Spinne. Eine glänzende Lösung. Fünf Seillängen Schwierigkeitsgrad vier. Dann, am oberen Rand der Spinne, Quergang nach rechts zu den Ausstiegsrissen. Die Gefahrenzone ist glücklich vorbei. Jetzt beginnt es zu regnen und zu schneien. Die Wand will es von den beiden Österreichern mit den nichtssagenden Namen genau wissen. Noch drei Seillängen, Schluß für heute. Neunzehn Uhr. Auf einer schmalen Eisrampe wird das dritte Biwak eingerichtet. Und dann bricht die Hölle los: ein wahnsinniges Gewitter. Überall rauschen Sturzbäche. Die Luft ist elektrisch geladen, stinkt nach Schwefel. Ein furchterregender Rhythmus: taghelles Aufleuchten der wilden Felslandschaft, Sekundenbruchteile später ohrenbetäubendes Gekrache, als bräche der Berg zusammen. Wieder und wieder. Dann auch die entsetzlichen und schmerzhaften elektrischen Schläge in den Armen und Beinen. Drachsler und Gstrein können sich weder wehren noch schützen. Neben ihrem elektrizitätsgeladenen Eisenzeug warten sie nur und warten. Auf das Ungewisse.
Freitag, 3. August.
Erst um vier Uhr wird es ruhiger. Eine furchtbare Nacht. Am Morgen sehen sie im ersten Tageslicht andere Ausstiegsrisse: weiß und vereist. Um sieben Uhr wird begonnen. Härtesten Einsatz haben die beiden zu leisten. Das ist kein Klettern mehr, das ist verbissenes Raufen ums Dasein, gewagtes Dahinschwindeln. Beim Quarzriß ist den beiden die Route nicht klar. Sie kommen in der weißen und vereisten Felswildnis nicht weiter. Erst spät bemerken sie, daß die Route nach links führt. Zum Corti-Biwak und letzten Ausstiegskamin. Wertvolle Zeit verstreicht. Und die vollen Kräfte sind nach solchen Anstrengungen auch nicht mehr da. Aber die Querung gelingt, auch der Schlußkamin. Fünfzehn Uhr dreißig: Gipfeleisfeld. Eineinhalb Stunden später wird der Gipfel erreicht. Endpunkt eines viertägigen Abenteuers. Zwei mutige Österreicher, deren Namen keinem etwas bedeuten, erlebten es! –
Am gleichen Abend noch kommen die beiden zur Station Eigergletscher, und am nächsten Tag hat die schöne Wienerstadt die zwei Glücklichen vom Eiger.
Das war die fünfundzwanzigste Begehung.

*

Am Nachmittag des 31. Juli gab es Kandidaten-Nachschub auf Scheidegg: Italiener. Der fünfundzwanzigjährige Student Roberto Sorgato aus Belluno und Giorgio Redaelli, siebenundzwanzig Jahre alt, jung verheiratet, Vater eines Kindes, aus Mandellolario bei Lecco. Schon Mitte Juli waren die beiden da, aber schlechte Verhältnisse ließen einen Versuch nicht zu. Sorgato und Redaelli gehören zu den besten Bergsteigern Italiens. Beide sind Mitglied des Club Alpino Accademico Italiano. Um in den CAAI aufgenommen zu werden, muß man nicht Akademiker sein, aber ein außergewöhnlich guter Bergsteiger.

»Steigt früh ein«, sagte ich, »aber geht nur bis zum oberen Rand des Zweiten Eisfeldes, auch wenn ihr es schon mittags erreicht. Dort richtet ihr das Biwak ein – man findet dort auch steinschlagsichere Punkte – und beobachtet das Wetter. Ich geb' euch meinen Barometer mit. Beobachtet ihn und das Wetter. Wenn nach Mitternacht das Wetter noch gut ist, könnt ihr schon in der Dunkelheit am oberen Rand des Zweiten Eisfeldes nach links queren. Dann bleibt ihr auf dem Dritten Eisfeld vom Steinschlag verschont und kommt vielleicht noch am gleichen Tag auf den Gipfel.
Wird in der Nacht aber das Wetter schlecht, dann ist der gerade Abstieg über das Zweite Eisfeld schnell durchzuführen.« Roberto leuchtete dieser Plan ein, und er sagte, daß er es mit Redaelli so machen wolle. –
Redaelli und Sorgato sind bestens ausgerüstet, auch mit der Wand sind sie schon gut vertraut, und an ihren bergsteigerischen Fähigkeiten ist schon gar nicht zu zweifeln.
Roberto und Giorgio verlassen um drei Uhr des 6. August die Scheidegg. Sie lassen sich Zeit, denn ihr Ziel für den ersten Tag ist der obere Rand des Zweiten Eisfeldes. Um sechs Uhr dreißig erfolgt rechts des Ersten Pfeilers der Einstieg. Am Schwierigen Riß befindet sich jetzt ein neues rotes Seil; von den Filmleuten an drei Haken befestigt. Am Hinterstoisser-Quergang hängt ein grünes Seil und eine Reepschnur. Am Nachmittag steigen die Italiener in aller Gemütsruhe über das Zweite Eisfeld. Und wieder sind die Fernrohrbeobachter auf ihren Posten. Das zweiundsiebzigfach vergrößernde Teleskop kommt nicht zur Ruhe. Kommentare und Begutachtungen werden wieder laut. Die Journalisten sind für jede Beurteilung dankbar. Und am nächsten Tag stehen die Angaben der Fachleute in den Zeitungen (»Blick«):
»Am Dienstagabend waren sie erst bis in die Mitte des Zweiten Eisfeldes gekommen.
Im Eisschlauch hatten sie viel Zeit verloren. Die beiden Schweizerinnen Loulou Boulaz und Yvette Attinger waren bei bedeutend schlechteren Bedingungen in der selben Zeit beinahe bis zur Rampe geklettert.
Sorgato und Redaelli werden ihr erstes Nordwand-Biwak vermutlich oberhalb des Zweiten Eisfeldes aufschlagen.«
Schon am Abend wissen Roberto und Giorgio ihren Durchstiegsplan zu schätzen: ab zwanzig Uhr regnet es in Strömen.
»Un grande casino!« kommentiert der sensible Giorgio die Situation. Das sagt er immer, wenn nicht alles so geht, wie er's haben will. Wie der Begriff »casino« (= Freudenhaus) in das Repertoire bergsteigerischer Kraftausdrücke einzudringen vermochte, das weiß niemand. Aber hören kann man das Wort oft. Auch in der Eigerwand. Und die ganze Nacht hindurch hält dieses elendige »grande casino« an.
Regen und Steinschlag und Regen. Um Mitternacht sind die beiden vollkommen durchnäßt. Ab vier Uhr schneit es. Auch das noch. Schon nach einer Stunde fegen die ersten Schneerutsche an ihnen vorbei.
Diskussion gibt es über das, was zu geschehen hat, keine: Rückzug. Ein Glück,

daß sie nicht weiter oben sind. Gerade hinunter wird über das Zweite Eisfeld abgeseilt. Pausenlos schneit es weiter. Die Schneerutsche werden größer und gefährlicher. Deshalb müssen die Sicherungen an den Standplätzen besonders gut sein. Jetzt sind sie oberhalb der Eisschlauch-Felsstufe. Gleich sinkt ein Haken in den Fels. Roberto traut dem Haken nicht recht. Deshalb läßt er das Seil, an dem Redaelli hängt, über seine Schulter laufen. Giorgio kommt unterhalb der Steilstufe gut an und hämmert gleich einen Haken ein. Roberto plaziert oben einen zweiten. Jetzt kann er sorglos abseilen. Durch die Haken wird eine starke Perlonschlinge gefädelt und zu einem Ring verknotet; durch den fixierten Seilring wird das achtzig Meter lange Seil gezogen, um an ihm, doppelt genommen (nur so kann es von unten wieder abgezogen werden), zu Redaelli abzuseilen. Nein, fährt es Roberto durch den Kopf, lieber nochmals den Knoten des völlig durchnäßten Seilrings prüfen. Er greift mit beiden Händen nach dem Seilring, zieht zu beiden Seiten des Knotens. Da öffnet sich plötzlich der Knoten, dem er beinahe sein Leben anvertraut hätte, und …

»Madonna!« schreit Roberto.

»Was ist los?« erkundigt sich Giorgio, schon etwas nervös.

»Das Seil ist weg!«

»Grande casino! … wo? … unser langes Seil? … Dio! Was jetzt? Ich kann doch nicht mehr hinauf!« sprudelt es von Giorgio herauf.

Roberto bringt kein Wort über die Lippen. Er weiß, was es bedeutet, in dieser Wand, bei dem furchtbaren Wetter, ohne Seil zu sein. Für Giorgio ist das nicht so schlimm. Er braucht nur noch über das Erste Eisfeld gut hinunter zu kommen; im Hinterstoisser-Quergang und Schwierigen Riß sind Seile. Aber für Roberto ist die Lage aussichtslos. Über die steile Felsstufe kann er – bei diesen Verhältnissen! – unmöglich ohne Seilsicherung absteigen. Der kleinste Schneerutsch würde ihn von hier in den Abgrund befördern. Das weiß Roberto. –

»Was machst du jetzt?« ruft Giorgio schon wieder fragend herauf.

Drückende Stille.

Nur das Wetter und das Rauschen der Wand sind zu hören. Robertos Vorderseite ist gegen die Wand gerichtet. Er steht da, die Hände am Haken, um von den Schneerutschen nicht weggerissen zu werden. Und wartet. Noch nie war es am Berg so trostlos um ihn. Und noch nie waren seine Gedanken so stumpf und traurig. Oder doch: Vor Jahren im obersten Teil der Civetta-Nordwestwand. Auch damals war ein furchtbarer Wettersturz mit Schneefall. Sein Kamerad hatte ihn nicht überstanden, er starb. Die Kälte macht ihn dumpf. Er kennt diese gefährliche Kälte; sie arbeitet schnell und sicher …

Wieder hört er Giorgio rufen. Ach ja, Giorgio, er ist auch noch da. Aber es scheint, als trennten sie Welten. Roberto wendet sich etwas nach rechts, sieht aus dem Schnee etwas hervorragen. Er sieht es, aber er kann es nicht mehr bewußt registrieren.

Er greift hin und spürt einen Seilstrang. Er zieht und zieht und zieht – bald ist ein richtiges Seil aus dem Schnee gezogen. Ein langes Seil. Aber Roberto kann den Fund nur mit seinen Händen wahrnehmen. Das Woher? und Warum? sind für ihn

keine Fragen. Er handelt nun, als hätte er immer schon gewußt, daß hier ein Seil hängt.
»Dio! Eine Stunde warte ich noch, dann versuche ich allein hinabzukommen, um Hilfe zu holen!« ruft Giorgio. Da zündet es in Roberto auch schon wieder: »Warte noch einen Moment!« antwortet er und wenig später steht Roberto neben dem verdutzten Giorgio, der jetzt überhaupt nichts mehr versteht. Und erst jetzt, da ihn Giorgio anbrüllt, um eine Erklärung zu bekommen, wird Roberto einiges klar: das Seil, ein englisches Fabrikat, muß Brian Nally hier zurückgelassen haben. – Glück.
Hinterstoisser-Quergang und Schwieriger Riß sind nach diesen Aufregungen kein Problem mehr. Am Stollenloch stehen Walter Almberger und seine Kameraden – Sicherheit. Für dieses Jahr haben Roberto und Giorgio genug vom Eiger.

*

Aber ihr Eigerwand-Abenteuer, das in der Heimat sehr schnell bekannt wird, lockt, wie wir bald sehen werden, Scharen italienischer Bergsteiger zu der Riesenwand.
Doch zunächst weiß man auf Scheidegg nur, daß am 13. August die vier Steirerbuam einsteigen: Walter Almberger aus Eisenerz, Klaus Hoi aus Liezen, Hugo Stelzig aus Graz und Adolf Weißensteiner aus Hieflau. Zwischen zwanzig und siebenundzwanzig Jahren alt sind sie. Almberger ist noch von der Winterbegehung her bekannt. Die Tourenlisten der anderen drei können sich sehen lassen, nur mit großen Westalpentouren schaut es etwas mager aus. Aber das wird durch Almbergers Erfahrung und Wandkenntnisse aufgewogen. Zum zweitenmal geht Walter in die Wand – ein verrückter Kerl.
Aber er hat nun einmal junge Kameraden, die in die Wand wollen, also geht er mit. Außerdem ist mit den Filmleuten ausgemacht, daß sie bis zum Bügeleisen gefilmt werden. Die paar Franken, die ihnen für das Tragen der roten Steinschlaghelme – die gleichen, die die Helden des Films tragen – winken, können sie gut brauchen, denn drei von ihnen studieren noch.
Nach dem Hinterstoisser-Quergang hören die Steirer Stimmen. Von oben, menschliche Stimmen. Und nach der Eisschlauch-Felsstufe trauen sie ihren Augen nicht: eine Sechserseilschaft auf dem Zweiten Eisfeld. Italiener! Italiens Bergsteiger scheinen sich ein Eigerwand-Stelldichein gegeben zu haben. Es waren ursprünglich zwei Dreierseilschaften, die sich dann, am oberen Ende des Ersten Eisfeldes, zusammenschlossen. Ein echter Massenauftrieb. Das sind die Namen und wichtigsten Angaben der Italiener: Armando Aste (36) aus Rovereto, Franco Solina (30) aus Brescia und Pierlorenzo Acquistapace (23) aus Mandellolario; Andrea Mellano (28) aus Turin, Gildo Airoldi (23) aus Cicognola di Merata und Romano Perego (28) aus Merata. Die ersten drei sind schon den dritten Tag in der Wand, die anderen den zweiten. An den bergsteigerischen Fähigkeiten der Italiener gibt es nichts auszusetzen. Besonders Mellano und Perego haben reichliche Westalpenerfahrung. Die anderen sind fast alle Dolo-

miten-Spezialisten. Armando Aste's Erstbegehungen in den Dolomiten genießen Respekt.
Kurze Begrüßungsworte. Aber die Österreicher verstehen kein Italienisch, die Italiener kein Deutsch.
Die Italiener klettern gerade hinauf zum oberen Rand des großen Eisfeldes. Die Österreicher wollen überholen, denn hinter der Sechserseilschaft ginge es doch zu langsam. Eine so lange Seilschaft zu überholen, erfordert ein umständliches und zeitraubendes Manöver; mindestens vier Seillängen und zwei Stunden brauchen sie mehr und länger. Und außerdem: so viele Menschen auf dem Eisfeld, das ist nicht gut. Die Steirer schaffen das Manöver und erreichen am gleichen Tag das Bügeleisen. Im Todesbiwak verbringen sie die Nacht. Die Italiener befinden sich etwa zweihundertfünfzig Meter unterhalb der Österreicher. –
14. August. Herrliches Wetter. Die Österreicher sind um siebzehn Uhr am Ende des Götterquergangs. Da biwakieren sie, denn die Spinne wäre um diese Zeit zu gefährlich. In der Nacht beginnt es zu regnen; Sturm reißt an den Biwaksäcken. Eine lange und kalte Nacht. –
Am Morgen des 15. August wird es ruhiger. Aber nur vorübergehend. Um acht Uhr klettern die Steirer weiter. Am oberen Ende der Spinne beginnt es zu schneien. Nach zwei Stunden umgibt sie eine weiße Landschaft. Das Tempo wird langsamer, aber die Steirer kommen weiter: fünfzehn Uhr Gipfeleisfeld, eine Stunde später der Gipfel. Alles ging glatt. Und das schlechte Wetter am letzten Tag nahmen Almberger und seine Kameraden gerne in Kauf; sie hatten Schlimmeres erwartet. Aber so ist der Eiger: einmal heimtückisch und furchtbar, dann wieder gut und mild. Die Österreicher kommen noch am gleichen Abend zur Scheidegg.
Und die Italiener?
Das sind ihre weiteren Biwakstationen: Brüchiges Band, Ausstiegsrisse, Gipfeleisfeld (drei Seillängen unter dem Grat). Am Abend des 16. August kommen sie nach Scheidegg.
Das war die längste Sommerbegehung überhaupt. Die ersten erfolgreichen Italiener. Aber ihre Durchsteigung geht im allgemeinen Wirbel unter. Vor zehn Jahren wäre das noch eine Sensation gewesen, jetzt nicht mehr. Armando Aste scheint nicht sehr glücklich zu sein. In der Mailänder Wochenzeitung »Domenica del Corriere« schreibt er über die Eigerwand. Der Titel lautet: »Der Eiger? Er lohnt sich nicht!« Und das sind Astes Worte über die Eigerwand:
»Seit zehn Jahren will ich die Wand machen. Immer erschien es mir noch zu früh. Nun, mit sechsunddreißig, bin ich mit fünf Freunden durch die Wand gestiegen, ohne daß einem auch nur ein Härchen gekrümmt worden wäre. Es war fast ein Spaziergang. Wir waren zwar sechs Tage in der Wand, aber wir sind auf Sicherheit gegangen und nur am Vormittag geklettert, solange das Eis noch gut war. Aus Buenos Aires hatte man mir geschrieben, die Wand zu versuchen, um die Ehre der Italiener zu retten. Als ob die Italiener es nötig hätten, die Eigerwand zu machen, um ihre Bergsteigerehre zu retten!
Um es gleich zu sagen: Die Wand ist furchtbar. Die Kletterei ist nirgends schön.

Es ist eine Schinderei, gefährlich, in brüchigem Fels. Wenn man auf den Gipfel kommt, ist man froh, aber nicht zufrieden. Der Eiger ist nicht schwierig, nur gefährlich. Wenn man ihn aber, ›mit Kopf‹ macht, wie wir, ist er alles andere als ein außergewöhnliches Unternehmen, als das man die Tour bisher immer hingestellt hatte. Schwierigkeiten? Bah'. Wenn es mal ein Fünfer ist, höchstens ein oberer Fünfer, nie mehr. Man braucht keine einzige Trittleiter. Nicht einmal Haken haben wir gebraucht, nichts! Was ist das schon? Es hängt alles vom Wetter ab. Wenn eine Einserstelle mit Wassereis bedeckt ist, wird es schon eine verfluchte Sache.
Nachdem wir mehrere Tage auf gutes Wetter gewartet hatten, stiegen wir am Samstag (11. August) ein. Biwak in der feuchten Biwakhöhle und dann über dem Ersten Eisfeld. Als wir am Montagmorgen (13. August) das Biwak abbrachen, hörten wir Stimmen. Unter uns näherten sich drei Helme. ›Das sind sicher Deutsche‹, sagte ich zu meinen Freunden. Aber es handelte sich um Perego, Mellano und Airoldi. Wir machten uns bekannt. Dann schlage ich vor, eine Sechserseilschaft zu machen. Wir werden langsamer sein, aber wir haben ja keine Eile. Und außerdem ist es viel unterhaltsamer. Alle sind einverstanden, und ich lasse Perego und Mellano, zwei ausgezeichnete Eisgeher, vorangehen. Sie führen über die beiden Eisfelder. Im Fels gehe ich voran, und oben in der Spinne wieder die beiden.
Einen falschen Mythos hatte man um den Eiger gewoben. Natürlich sind die Gefahren da. Das Wetter! Schnee, Eis, Steine, die ununterbrochen herunterkommen. Darum sage ich: geht nicht zum Eiger! Wir sind durchgekommen, weil wir ihn mit Ruhe gemacht haben, auf Sicherheit. Ich weiß nicht, wieviel Bergsteiger dreißig Meter unter dem Gipfel in fast viertausend Meter Höhe noch biwakieren. Sie gehen weiter und tragen ihre Haut in einem Schneesturm zu Markte. Jede meiner Erstbegehungen ist höher einzuschätzen als die Eiger-Nordwand!«
Einmal schreibt Aste, daß die Eigerwand für ihn lediglich ein (sechstägiger) Spaziergang gewesen und jede seiner Erstbegehungen – Wände zwischen vier- und achthundert Meter Höhe – höher zu bewerten sei. Dann wieder: geht nicht zum Eiger. Und gewiß gibt es nur wenige Bergsteiger, die drei Seillängen unter dem Gipfelgrat im Eis biwakieren.
Nein, Bergsteiger sind Dickschädel. Jeder denkt anders, auch Armando Aste aus Rovereto.

*

Am 19. August, einen Tag nach der vollendeten siebenundzwanzigsten Begehung durch die Italiener, findet der bisher größte Ansturm auf die Nordwand statt. Der Anfang dieses Massenauftriebes ist ganz normal. Zwei Stunden nach Mitternacht ist es nur eine Zweierseilschaft, die den Fels der Wand berührt und mit dem Aufstieg beginnt: John Harlin, achtundzwanzigjährig, Oberleutnant der amerikanischen Luftwaffe, sonst Kunststudent in San Francisco, verheiratet, und Vater von zwei Kindern, seit 1959 in Bernkastel (Deutschland); weiter: der

deutsche Jurastudent Konrad Kirch, vierundzwanzig, aus Wessling (Oberbayern). John Harlin war an den Versuchen der riesigen El Capitän-Wand (Californien) beteiligt und lernte auch in den Alpen schwierige Wände wie die Grand Capucin-Ostwand kennen. An der Eigerwand hatte er schon vier erfolglose Versuche unternommen. Konrad Kirch gehört dem bekannten »Akademischen Alpenverein München« (AAVM) an, der mit Männern wie Hans Dülfer, Wilhelm Paulcke und Willo Welzenbach auf eine ruhmreiche Geschichte zurückblikken kann. Schwierige Montblanc-Touren sind ihm vertraut, und daß er in den Nördlichen Kalkalpen steilste Wände durchkletterte, gehört für einen jungen AAVMler zum guten Ton. Eine amerikanisch-deutsche Seilschaft, das hat es in der Eigerwand auch noch nicht gegeben. Der diesjährige Sommer brachte ihnen bisher noch keinen Glanzpunkt. Vor zwei Wochen war ihr Versuch, den Walkerpfeiler zu begehen, gescheitert: Wettersturz. Am Eiger sind die beiden nur für ganz kurze Zeit allein. Hundert Meter unter ihnen folgt eine weitere Seilschaft. Österreicher: Hans Hauer, vierundzwanzigjährig, und Nikolaus Rafanowitsch, einundzwanzig Jahre alt; beide aus dem oberösterreichischen Gmunden. Bescheidene Burschen, sympathische Kerle. Erstmals befinden sich die Gmundner in einer großen Westalpenwand. In der Glocknergruppe sind ihnen zwar die klassischen Eistouren vertraut; in den Westalpen hat lediglich Rafanowitsch den Zmuttgrat am Matterhorn gemeistert.
Nun, vor ihnen sind Leute durchgekommen, deren alpines Vorleben weit bescheidener war, also wird die Wand auch uns gelingen, denken sie.
Um zwei Uhr dreißig wird begonnen. Die Seilschaften klettern getrennt; alles geht reibungslos vor sich. Bis zum Zweiten Eisfeld, wo Harlins Pickel in den Abgrund wirbelt. Ein schwerer Verlust, denn noch sind die großen Eiszonen vor ihnen. Aber Harlin und Kirch denken gar nicht an den Rückzug; die Wand muß auch ohne Pickel zu durchsteigen sein. Weil Harlin keinen Pickel mehr hat, wird am unteren Rand des Zweiten Eisfeldes auf schneefreiem Fels nach links gequert. Die Österreicher halten sich an die Normalroute: über das Eisfeld hinauf, an seinem oberen Rand nach links. Dort treffen die beiden Seilschaften wieder zusammen. Hundert Meter rechts vom Bügeleisen wird, nachdem weiter unten Harlins Benzinkocher der Schwerkraft gefolgt war, zum Biwak gerüstet.
Um zehn Uhr dreißig aber hatte es am Wandfuß unten schon wieder Nachschub gegeben: vier Schweizer aus dem Urner Land. Die Brüder Franz und Josef Jauch aus Amsteg, Franz Gnos aus Bristen und Josef Zurfluh aus Intschi. Vier zähe Urner, die das Zupacken gewohnt sind; Josef Jauch ist Schreiner, die anderen sind Arbeiter. Ihre bisherigen Unternehmungen reichten bis zum fünften Schwierigkeitsgrad in den Bergen der Urner Alpen. Große kombinierte Wände, in denen es Fels und Eis zu meistern gilt, lernten sie bisher nicht kennen. Josef Jauch ist ein ganz abenteuerlicher Geselle, der vor zehn Jahren – mit vierzehn – auf besonders köstliche Weise mit den Bergen seiner Heimat Bekanntschaft gemacht hatte: seinem Bruder, dem im Dorf das Glockenläuten anvertraut war, fehlte eines Tages plötzlich das Glockenseil, denn Josef brauchte es für seine ersten jugendlichen Bergeroberungen. Jetzt, am Eiger, ist die Ausrüstung der

Urner freilich in Ordnung. Jeder schleppt fünfzehn bis achtzehn Kilogramm. Das ist für die Eigerwand eine bedenkliche Last. Auf die zwanzig unheimlich schweren Eisröhren, die der erfahrene Eigergeher nur noch als antiquierte Überbleibsel vergangener Zeiten betrachtet, könnten die vier sehr wohl verzichten. Aber, mein Gott, so hat halt jeder seine Ideen. Und es stünde schlimm um das schöne Bergsteigen, müßten wir uns festen Richtlinien unterwerfen.

Bei der feuchten Biwakhöhle, oberhalb des Zerschrundenen Pfeilers, wird die erste Rast gehalten. Die Urner sind ein gemütliches Völklein; sie haben immer Zeit. Und außerdem: heute soll ja nur das Schwalbennest erreicht werden.

Das denken auch die nächsten Ankömmlinge, die um zwölf Uhr einsteigen. Die Österreicher Felix Kuen und Dietmar Wörndl; zwei Soldaten der »Hochgebirgskompanie« in Absam bei Solbad Hall; Wörndl, zweiundzwanzigjährig, ist Salzburger. Der sechsundzwanzigjährige Heeresbergführer Kuen ist Tiroler, ein hervorragender Eisgeher (Matterhorn-Nordwand und Lyskamm-Westgipfel-Nordostwand). Wörndl hingegen kletterte bisher nur in den Ostalpen, aber er ist nach Kuens Worten »ein Kamerad, wie es nur wenige gibt«.

Ab Biwakhöhle sind die Urner und Österreicher beisammen, doch geklettert wird in drei getrennten Seilschaften. Und alle richten sich, so gut es geht, im Schwalbennest häuslich ein. Fünf Seilschaften mit zusammen zehn Bergsteigern sind jetzt in der Wand. –

Aber die Schlußmänner kommen erst noch.

Um vierzehn Uhr dreißig: der Schweizer Nick Baumann aus Aarau, die Deutschen Hermann Loderer aus Füssen und Dietmar Ohngemach aus Kempten. Die Deutschen bezwangen vor wenigen Tagen den Walkerpfeiler, Baumann meisterte die berüchtigte Grands Charmoz-Nordwand. Das sind Männer mit Nordwand-Qualitäten.

Am Zweiten Eisfeld oben sehen sie die beiden in der Nacht eingestiegenen Seilschaften. Im Schwalbennest wollen die drei biwakieren. Ihre Überraschung, daß den Platz schon sechs bevölkern, ist groß.

Ein kurzer Gruß, und – »wir werden morgen den Gipfel erreichen« – weiter geht's zum oberen Rand des Ersten Eisfeldes. Im Vorbeigehen erfahren die Schwalbennestler noch, daß den Deutschen kürzlich der berühmte und begehrte Walkerpfeiler glückte. Das sind ganz Schnelle, denkt Felix Kuen. Dreizehn Menschen sind jetzt in der Wand. Was tut's? Wenn das Wetter hält, können sich auch dreizehn Bergsteiger in einer solchen Riesenwand vertragen.

Am nächsten Tag (20. August) setzen sich die sechs Seilschaften, jede selbständig, wieder in Bewegung. Die oberen zwei steigen über das Dritte Eisfeld zur Rampe, die unteren vier klettern zum Zweiten Eisfeld. Das Wetter ist gut.

Kuen und Wörndl, denen die Urner folgen, sind begeistert von der Wand, empfinden richtige Lust am Klettern. Kurz vor dem Zweiten Eisfeld wird die deutsch-schweizerische Seilschaft überholt. Steinschlag ist keiner zu hören, die Wand ist ruhig. Ein Vergnügen! Kuen und die Urner folgen auf dem Zweiten Eisfeld der konventionellen Route; die »Schnellen« queren am unteren Rand nach links und verlieren dadurch viel Zeit.

Weil das fünfzehn Mann starke Nordwandvolk sichtlich an Höhe gewinnt, wird es, um die Kette nicht abreißen zu lassen, Zeit, daß Nachschub kommt. Den Nachschub bildet eine Dreierseilschaft. Zwei Spanier (!), ein Deutscher: Josè-Manuel Anglada, Jori Pons, Heinz Pokorski. Die Besten der jungen Bergsteigergeneration Spaniens aus Barcelona. Zu ihr gehört eigentlich auch Pokorski, der vier Jahre in Barcelona lebte und mit den Spaniern in den Alpen und Pyrenäen großartige Unternehmungen durchführte. Die Spanier können klettern. Ich gehöre ihrem »Grupo de Alta Montaña« (GAM) an. Und jedes Mitglied muß die GAM-Kante am Bisbe im Montserrat gemacht haben. Da sah ich, daß die Spanier klettern können. Auch im Eis: Vor einem Jahr gelangen ihnen zahlreiche Erstbesteigungen in den Anden. –
Um vierzehn Uhr beginnen die drei.
Die sechzehn Bergsteiger befinden sich am Abend in folgenden Situationen:

John Harlin Konrad Kirch	am Beginn des Götterquergangs;
Felix Kuen Dietmar Wörndl Franz Gnos Franz Jauch Josef Jauch Josef Zurfluh	links des Rampen-Eisfeldes nachdem sie die Österreicher Hauer und Rafanowitsch in der Rampe überholt hatten;
Hans Hauer Nikolaus Rafanowitsch	am Beginn des Wasserfallkamins in der Rampe;
Nick Baumann Hermann Loderer Dietmar Ohngemach	auf dem Bügeleisen (Todesbiwak);
José Anglada Heinz Pokorski Jori Pons	im Schwalbennest.

An diesen Punkten wird biwakiert.
Eine schöne und klare Nacht. Aber das Barometer ist beängstigend gefallen. Dann, am Morgen des 21. August, zieht dichter Nebel auf. Wenig später setzt Regen ein; ab halber Höhe der Rampe schneit es. Die spanisch-deutsche Seilschaft beginnt um neun Uhr mit dem Rückzug und erreicht nach drei Stunden das sichere Stollenloch. Die zwei Deutschen und der Schweizer verlassen das Bügeleisen und klettern zurück. Dietmar Ohngemach vermerkt darüber: »Und bald kommen die Lawinen. Ich bin aber irgendwie zufrieden. Denn endlich stimmen die Schauermärchen, die man in berühmten Bergbüchern über noch berühmtere Wände lesen kann, mit der Wirklichkeit überein.«
Seinem Kameraden Nick fällt (im Rahmen eines solchen »Schauermärchens«)

ein kopfgroßer Stein, der sich zum Glück nur wenige Meter über ihm löste, ins Gesicht.
Kirch und Harlin brechen am Beginn des Götterquergangs um fünf Uhr dreißig auf. Es ist sehr kalt. Aber schon nach einer Stunde betreten sie die Spinne, in der gefährliche Schneerutsche über das Eisfeld zischen. Aber sie müssen weiter, in dem Dreckwetter darf keine Zeit verloren werden. Auf der schwach ausgeprägten Eisrippe eilen die beiden aufwärts. Harlin ohne Pickel! Links und rechts von ihnen rauschen die Lawinen. Und, knapp über der Spinne, tauchen unten auch schon die Österreicher und Urner auf. Um sechs Uhr verließen sie ihren Biwakplatz. Franz Jauch schreibt über die Spinne:
»Unheimlich tobt der Sturm. Alle Viertelstunde kommt eine Lawine durch die Spinne herab. Der Schneesturm ist so stark, daß man zuweilen kaum einen Meter weit sieht. Josef wird von einem Stein am Arm getroffen.«
Schauermärchen?
Auch Felix Kuen hat die Spinne in guter Erinnerung:
»Fast pausenlos stürzen Lawinen herab. Ganz feiner Schnee, der in jede Kleidungsöffnung dringt. Lawinen, die gewaltig genug sind, einen Bergsteiger aus dem Stand zu reißen.« Schauermärchen?
Hauer und Rafanowitsch kämpfen um diese Zeit im Brüchigen Riß, der zum Götterquergang leitet.
Um elf Uhr hängen sich die vier Urner und zwei Österreicher mit der eingeholten amerikanisch-deutschen Seilschaft zusammen. Acht Menschen bilden eine Kette. Franz Jauch bildet das erste Glied dieser Kette, denn er fühlt sich als stärkster Mann im Fels. Der Quarzriß ist die schwierigste Stelle in den Ausstiegsrissen. Franz Jauch geht ihn an. Die Steigeisen, die er wegen der schlechten Verhältnisse trägt, kratzen und scharren am Fels. Vereister und schneebedeckter Fels. Nur zollweise kommt Franz Jauch weiter. Bis unter den Überhang, wo ein Haken steckt. Schnell – denn die klammen Hände können nicht mehr gut halten! – einen Karabiner eingehängt ... aber die Hand ... nichts aber ... es muß gehen – nein, Franz Jauch stürzt. Ein freier Sturz durch die Luft. Franz Gnos, der darunter steht, sieht den stürzenden Körper und hält mit ganzer Kraft das Seil. Nach acht Metern bleibt Franz Jauch hängen, ohne sich verletzt zu haben. Diese verfluchten Steigeisen, schimpft er. Natürlich, die Steigeisen waren schuld am Sturz. Also, jetzt ohne Steigeisen. Franz Jauch versucht es. Wieder kommt er hinauf bis unter den Überhang. Wieder ist er knapp vor dem Einhängen des Schnapprings. Nochmals schwindet die Kraft – und nochmals stürzt er!
Was da wieder nicht stimmte, will dem Franz nicht klarwerden. Nach dem dritten Sturz greifen die Tiroler ein, denn die Zeit drängt – und immer noch schneit es. Die acht Männer in den Ausstiegsrissen sind vollkommen durchnäßt.
Ähnlich ist es bei Baumann, Loderer und Ohngemach, die im Abstieg das Schwalbennest erreichen.
Felix Kuen meistert auf Anhieb den Quarzriß, quert nach links zum Corti-Biwak, läßt nachkommen, seilt sich zum Beginn des letzten Kamins ab und nimmt diesen gleich in Angriff. Dann hört er von unten aufgeregtes Rufen: »Komm sofort

zurück! Einer der Schweizer ist beim Nachkommen gestürzt und hat sich das Bein gebrochen!«
»Was?!«
Noch einmal hört Kuen diese Nachricht. Aber auch das kann den unverwüstlichen Felix nicht aus der Ruhe bringen. Er steigt ein Stück ab und gibt Ratschläge. Nach geraumer Wartezeit stellt sich heraus, daß Josef Jauchs Bein doch nicht gebrochen ist; verstaucht. Aber das genügt, um noch langsamer weiterzukommen. –
In völliger Dunkelheit erreichen die Tiroler das Ende des Kamins. Die Urner bleiben im Kamin hängen; sie können nur stehen. Kirch und Harlin beginnen am Kaminanfang in die Nacht zu warten. –
Die Gmundener kommen an diesem Tag nur bis zum Ende des Götterquergangs. Und immer noch schneit es. Besonders für die Urner ist die Nacht schrecklich. Sie können sich nicht bewegen; in den Füßen machen sich Erfrierungen bemerkbar. Felix Kuen wird die Tragweite der Situation bewußt. Der Verletzte! Wie werden wir ihn morgen, wenn das Schneetreiben anhält, durchbringen? Und auch an ihm ist nicht mehr alles in Ordnung. Die Hände und Finger werden immer gefühlloser. Felix beginnt zu beten. Ganz einfache Worte sind es, die er leise spricht, aber voll Hoffnung, voll Glaube.
Ein starker und mutiger Mann betet in der Nordwand ...
22. August, drei Uhr; funkelnder Sternenhimmel! Aber kalt. Baumann, Loderer und Ohngemach verlassen bald das Schwalbennest, steigen bis zum Stollenloch, dort nimmt sie ein Zug mit nach Scheidegg. –
»Es ist wohl mehr als zehn Grad unter Null«, schätzt Franz Jauch, und das im August.
Dennoch stehen Felix Kuen und Dietmar Wörndl um neun Uhr auf dem Gipfel.

*

Felix Kuen bezwingt 1970 die 4000 Meter hohe Rupalflanke des Nanga Parbat (8125 m) und ist 1972 bergsteigerischer Leiter einer Everest-Südwestwand-Expedition, die etwa 500 Meter vor dem Gipfel scheitert. Im März 1974 nimmt er sich das Leben.

*

Dem verletzten Josef Jauch geht es doch besser; auch haben die vorausgegangenen Tiroler alle Haken stecken lassen. Mittags sind auf dem Gipfel alle acht versammelt.
»Einmal und nicht wieder Eiger-Nordwand!« sagt Franz Jauch.
Gemeinsam treten die acht Nordwandmänner den Abstieg über die Westflanke an. Den weiteren Ablauf, speziell auf die Urner bezogen, schildert ein Urner Heimatchronist in den »Luzerner Neuste Nachrichten« vom 25. August:
»Schon am Montag früh hatte die Nachricht, daß vier Urner in der Eigernord-

wand kletterten, namentlich in Silenen, Amsteg und Bristen in Windeseile die Runde gemacht. Nach und nach trafen 22 Urner auf der Kleinen Scheidegg ein. Schon um 13 Uhr am Mittwoch verließen die vier erfolgreichen Urner Berggänger indessen den Gipfel wieder und erreichten gegen halb sieben Uhr am Abend die Station Eigergletscher der Jungfraubahn auf der Normalroute. Dort wurden sie begreiflicherweise von ihren Urner Freunden, darunter dem Gemeindepräsidenten und Gemeindeschreiber von Silenen/Amsteg und namhaften Urner Bergführern herzlich begrüßt und zu ihrer in aller Stille begonnenen alpinistischen Großtat beglückwünscht. Aus eigener Kraft marschierten die vier noch nach der Kleinen Scheidegg zurück, obwohl jeder mehr oder weniger ernst zu nehmende Erfrierungen an den Gliedmaßen abbekommen hatte.«

Das Urner Land hat seine wackeren Söhne wieder! – Und die Gmundener? Auch ihr Biwak vom 21. auf den 22. August am Ende des Götterquergangs war zermürbend. Jetzt, am Spätnachmittag, sind sie erst im ersten Teil der Ausstiegsrisse. Ihr Weiterkommen ist deprimierend. Auf Scheidegg fallen sorgenvolle Worte. Vier Tage sind die beiden schon in der Wand. Und heute werden sie den Gipfel nicht erreichen können, das sieht man. Auch Hauer und Rafanowitsch wissen das. Im Quarzriß plätschert Schmelzwasser herab. Bis auf die Haut würden sie naß werden, wollten sie ihn an diesem Nachmittag noch bezwingen. Also wird vor dem Wasserfall biwakiert. Die vierte Nacht. Als Biwakplatz stehen einige Tritte zur Verfügung. An einige Haken gebunden, so wird gewartet. Stunde um Stunde. Immer wieder werden sie von Müdigkeit und Schlaf gepackt: Einnicken ... Rutsch ins Seil ... wieder zum Stand ... Warten ... Einnicken ...

Am Morgen des 23. August ist alles steif, die Kleider sind gefroren. Der Quarzriß starrt als gefrorener Wasserfall herab. Da hinauf? Der ganze Eisschlauch könnte vielleicht ausbrechen – nein, das ist zu gefährlich. Also muß er umgangen werden. Links über eine fünfzehn Meter hohe senkrechte, ebenfalls vereiste Wandstufe. Sechs Stunden für fünfzehn Meter! So kann der Seilerste von Scheidegg aus nicht gesehen werden. Ist etwas passiert?

Eine Rettungsmaschine fliegt an die Wand. Hermann Geiger, der die Maschine steuert, kann die Lage sofort erkennen. Ganz nahe fliegt er hin, drosselt den Motor und schreit:

»Alles in Ordnung?«

Beim zweiten Anflug bekommt er Antwort:

»Ja – alles in Ordnung!«

Um neun Uhr verlassen drei Schweizer Bergführer und zwei private Bergsteiger mit einem Sprechfunkgerät die Scheidegg. Die zum Eiger aufsteigende Gruppe steht in Verbindung mit Scheidegg und dem Grindelwalder Polizeiposten. Vom Nordwestgrat aus entsteht eine Rufverbindung zu den beiden in der Wand. Die zwei hilfsbereiten Alpinisten steigen auf den Gipfel, um die Gmundener in Empfang zu nehmen. Am Abend ist endlich alles überstanden. Nach fünf Tagen! Im Abstieg müssen Rafanowitsch und Hauer ihr fünftes Biwak in Kauf nehmen. Erst am 24. August gelangt die Gruppe zur Scheidegg. Die Gmundener haben an Händen und Füßen Erfrierungen.

Diether Marcharts letzter Weg

Etwa um die gleiche Zeit, da die Gmundener ihren fünften Tag in der Wand verbringen, findet in Zermatt ein Eigerwandgespräch statt. Zwischen dem zweiundzwanzigjährigen Wiener Diether Marchart und »Papa« Bernard Biner.
»Und«, sagt Biner, »was ist jetzt mit dem Eiger? Werden Sie ihn allein machen?«
»Wollen Sie mich vielleicht in die Nordwand hetzen?«
»Nein, das nicht, aber Sie sind der einzige, den ich kenne, der dem Alleingang gewachsen wäre.«
»Ja«, erklärt Diether, »aber in diesem Jahr habe ich zu wenig Training, ich habe ein anstrengendes Staatsexamen hinter mir. Ich treffe mich auf der Scheidegg mit einem älteren Bergsteiger, vielleicht mache ich die Wand zunächst mit ihm.«
Diether Marchart ist kein verbohrter oder gar besessener Alleingeher, und es scheint mir wichtig, seine Gedanken über das Alleingehen kennenzulernen. Vor drei Jahren, auf dem Matterhorngipfel nach allein bezwungener Nordwand, philosophierte er darüber:
»Bin ich nun wirklich ein Selbstmörder? Ich stünde jetzt nicht auf dem Gipfel des Matterhorns, hätte ich mir diese Frage nicht schon längst beantwortet, wenn ich nicht schon vor der großen Fahrt zu dem Schluß gekommen wäre, daß eine Alleinbegehung dieser Wand nicht mehr an Gefahren bietet, als alle großen Anstiege durch berühmte und berüchtigte Wände der Alpen … Es geht auf die elfte Stunde zu. Während ich mich bei leichtem Schneegestöber an den Abstieg mache, durchdenke ich nochmals alle Überlegungen, die mir das Gelingen dieser Fahrt wahrscheinlich hatten scheinen lassen.
Es ist bekannt, daß von den vielen Wänden in den Alpen drei Anstiege herausragen, die an Schwierigkeit und Gefährlichkeit ihresgleichen suchen: Eiger-Nordwand, Walkerpfeiler an den Grandes Jorasses und die Matterhorn-Nordwand. Gewiß gibt es viele andere Anstiege, die technisch bedeutend größere Schwierigkeiten bieten, die drei ersteren werden aber auch künftig die drei größten und bedeutendsten Unternehmungen in den Alpen darstellen, gleichgültig, ob mit künstlichen Hilfsmitteln überhängende Dolomitenwände gemeistert werden. Und ausgerechnet eine von diesen drei großen Wänden wollte ich allein durchsteigen?
Ich versuche die Frage zu beantworten, warum ich das scheinbar größere Risiko einer Alleinbegehung auf mich genommen habe. Warum klettere ich überhaupt allein?
Zwei Gründe sind es vor allem:
Erstens, daß der geplante Anstieg in seinen technischen Schwierigkeiten den

vierten Grad nicht überschreitet, so daß auch bei unvorhergesehenen Zwischenfällen meine Leistungsgrenze nicht überschritten wird.
Zweitens, daß ich die Fahrt schon kenne und daher alle Möglichkeiten des Gelingens, aber auch die eines Rückzuges oder eines Ausweichens genau abschätzen kann, so daß auch eine Fahrt, wie sie die Nordwand des Matterhorns bietet, genügend Können vorausgesetzt, mit gutem Gewissen angetreten werden kann.
Außerdem gibt es noch einen anderen Grund, der mich die Alleinbegehung einer Zweierseilschaft vorziehen läßt. Bei ›meiner‹ Nordwand war dieser Grund nichts anderes als der Steinschlag. Er scheint bei flüchtiger Betrachtung die größte Gefahr für den Alleingänger zu sein. Setzt man sich mit dieser Gefahr, die ja das eigentliche Problem darstellt, kühl berechnend auseinander, kommt man zu dem Ergebnis, daß gerade der Alleingänger die größte Chance hat, ihr nicht zu begegnen. Er, der Alleingeher, beansprucht nämlich nur die halbe Kletterzeit einer Zweierseilschaft und weist nur deren halbe Maße auf. Schon daraus ergibt sich eine viermal so große Sicherheit, von keinem Stein getroffen zu werden. Zu guter Letzt ist es dem Alleingeher möglich, den unteren, wirklich gefährlichen Wandteil zu einem Zeitpunkt zu bewältigen, an dem keine Steinschlaggefahr herrscht, da der Nachtfrost die losen Steine festfrieren läßt.
Was aber, wenn der Alleingeher trotz aller Berechnungen und Überlegungen von einem Stein getroffen wird?
Die Antwort: in der Matterhorn-Nordwand ist ein Rückzug nur sehr fraglich, ebenso auch eine Hilfe von oben; die Sicherungsmöglichkeiten für eine Seilschaft sind mehr als zweifelhaft, da fast keine Zwischenhaken und nur selten gute Standhaken angebracht werden können; eine Verletzung oder ein Sturz des Seilersten würde sicherlich zu einer Katastrophe führen, ebenso wie beim Alleingeher, der somit wirklich kein größeres Risiko einzugehen braucht. Vorausgesetzt natürlich, daß er den technischen Schwierigkeiten einwandfrei gewachsen ist.« (Aus: Toni Hiebeler, Matterhorn. Von der Erstbesteigung bis heute. Bertelsmann Lexikon-Verlag, 1976.)
Das mag für die Matterhorn-Nordwand stimmen, aber nicht für die Eigerwand, die erstens größere Schwierigkeiten aufweist und einer Zweierseilschaft meist gute Sicherungsmöglichkeiten bietet; zweitens sind die Wetterverhältnisse am Eiger bedeutend unsicherer.
Seit Tagen ist Diether in Grindelwald und wartet auf seinen Freund, der am 1. September kommen soll. Er sieht die sehr stark ausgeaperte Wand; dunkel, fast schwarz. Und er sieht, wie sie laufend durchstiegen wird. –
Er, Diether, will doch auf seinen Freund warten. Oder? Ja, er sieht die großartige Wand und ist verurteilt, untätig zu warten. Oder? Nein! Allein! Was sagte ihm doch kürzlich Papa Biner in Zermatt? Er weiß es noch gut: »... Sie sind der einzige, den ich kenne, der dem Alleingang gewachsen wäre.«
Mit keinem Menschen redet er über den folgenschweren Entschluß, der in ihm reifte: Allein in die Eigerwand!
Zweieinhalb Stunden nach Mitternacht des 27. August verläßt Diether das

Matratzenlager. Die Scheibe des Mondes ist fast voll. Die Berge ringsum kann man gut erkennen. Auch den Eiger mit seiner Riesenwand. Diether nähert sich dem Wandfuß, da wird es im Osten langsam hell. Und er turnt über den Wandvorbau hinauf, als befände er sich auf einem eiligen Morgenspaziergang. Der Schwierige Riß: kein Problem, denn immer noch kann das fixierte Seil benützt werden. Am Hinterstoisser-Quergang ist es gleich: Seile, die ein rasches Weiterkommen ermöglichen. Da hört er, ganz nahe, von links oben, Stimmen. Es ist sieben Uhr. Diether betritt das Erste Eisfeld. Da sieht er in der Eisschlauch-Stufe Bergsteiger. Eine Zweierseilschaft.
Ein Alleingeher! Die beiden sind, als sie ihn entdecken, nicht wenig überrascht. Wenig später erreicht sie Diether. Kurze und freundliche Begrüßung. Diether kennt sie nicht, die beiden kennen den Alleingeher nicht.
»Wo kommts ihr denn her?« fragt Diether.
»Aus Traunstein, – und du?«
»Aus Wien!«
Zwei Bayern sind es: Anderl Enzinger aus Niederstrass bei Freilassing, und Otto Huber aus Traunstein. Eine starke Seilschaft, die in Bayern nicht unbekannt ist; Huber war 1961 im Hindukusch, Enzinger, ein ganz Extremer, ist eine der großen Hoffnungen im AAVM.
Der Fels ist vereist. Da sagt Otto Huber, der seinen vorankletternden Kameraden sichert, zu Diether:
»Genier' dich nicht und geh' mit uns, bis wir über das ekelhafte Wassereis drüber sind!«
»Ja, wenn's schlimmer wird – vielleicht.«
Und Diether klettert weiter. An Enzinger vorbei, der sich schon in den ersten Metern des Zweiten Eisfeldes befindet, obgleich er noch keine Steigeisen angeschnallt hat. Zuerst will er noch ein Stück hinauf und dann Huber nachholen. Noch zehn Meter sehen sie den Alleingeher; hinter einem Wulst verschwindet er. Enzinger ist dabei, aus dem Eis einen Stand zu hacken, da erlebt er die furchtbarsten Augenblicke seines Lebens: ein harter Ruck am Seil reißt ihn aus dem Stand ... er stürzt rückwärts aus der Wand ... zwei Körper stürzen ... ja – zwei ... Marchart und Enzinger ... lautlos, nur das häßliche Geräusch, das zwei fallende Körper erzeugen, ist zu hören – kein Schrei, nicht einmal ein unterdrückter Laut des Schreckens. Dreißig Meter tief stürzen die beiden Körper. Dann folgt der furchtbare zweite Ruck, den Hubers Haken trifft. Der Haken! Er hält. Aber nur einen Stürzenden hält er: Anderl Enzinger.
Nur einen ...
Sekunden später: ein dumpfer Aufschlag – Diether Marchart. Der große und gute Diether Marchart, den jeder, der diesen wunderbaren Jungen kennenlernte, gernhaben mußte. Seine Mitmenschen verehrten ihn. Der 27. August 1962 ist zu einem der dunkelsten Tage in der Geschichte des österreichischen Alpinismus geworden.
Und erst die beiden amputierten Finger weisen den Toten aus: Diether Marchart, der Bezwinger des Disteghil Sar. Sein Grab ist in Grindelwald.

Todessturz vom Zweiten Eisfeld

Anderl Enzinger und Otto Huber brauchen Stunden, um sich von dem Schrecken auch nur einigermaßen zu erholen.
Weiter? Das können sie nicht. Dazu sind die Bayern zu feinfühlig; sie wollen augenblicklich nichts mehr wissen von der Wand. Hinunter! Beim Zerschrundenen Pfeiler stoßen Huber und Enzinger auf zwei Schweizer.
»Habt ihr niemand stürzen sehen?« fragt Enzinger.
»Nein! Aber der ist sicher tot«, sagt der eine Schweizer frivol. Sie erfahren Einzelheiten über das Unglück und stellen sich vor: Paul Jenny aus Zug und Werner Hausheer aus Davos. Jenny erinnert sich an das gestrige Gespräch mit dem Einzelgänger im Matratzenlager. Georg Winkler habe er geheißen.
»Was hast du vor?« hatte ihn Jenny gefragt.
»Den Mönch über den Nollen«, war des Alleingehers Antwort.
»Der ist aber allein nicht so einfach«, sagte Jenny dann.
Und am frühen Morgen sei er mit einem leisen »Servus« weg. Aber erst später erfährt Jenny, mit wem er das Gespräch geführt hatte.
Dann fragt Jenny die Bayern:
»Geht ihr nicht mit bis zum Schwalbennest?«
Er scheint nicht ermessen zu können, was die beiden erlebten.
»Nein«, sagt Enzinger, »wir müssen runter«.
Das zündet bei Hausheer, den die Situation mehr beeindruckt: »Jetzt geh' ich auch nicht mehr weiter, das Wetter wird schlecht! Ich steige ab – ich will runter!«
Aber Jenny ist für derartige Blitzentscheidungen nicht zu haben: »Kommt nicht in Frage«, sagt er, »wir gehen auf jeden Fall bis zum Schwalbennest. Wenn das Wetter morgen schlecht ist, steigen wir ab.«
»Gut, gehen wir halt«, gibt Hausheer nach.
Die Bayern und Schweizer verabschieden sich. Nach dem Schwierigen Riß widerfährt den Eidgenossen die erste böse Überraschung, am Hinterstoisser-Quergang die zweite: Hausheer verliert Pickel und Steigeisen. Zurück? Nein, bis zum Schwalbennest unbedingt noch, dort kann man sich nach dem Biwak entscheiden.
Die beiden kennen sich erst seit einigen Tagen. Der einunddreißigjährige Jenny, von Beruf Elektromonteur, müßte sich auf die Frage, welcher Freizeitbeschäftigung er normalerweise nachgehe, zum Radrennsport bekennen. Im Radrennsport hat er als A-Fahrer schon einiges geleistet. Und als Bergsteiger? Jaja, früher einmal, vor zehn Jahren, ist er schon ab und zu auf die Berge gestiegen. Zum Beispiel auf den 1903 Meter hohen Mythen bei Schwyz, eine Tour für anspruchs-

volle Spaziergänger; oder das 3138 Meter hohe Dossenhorn im Berner Oberland auf dem unschwierigen Normalweg, der zweieinhalb bis drei Gehstunden erfordert. Aus gesundheitlichen Gründen hörte er dann auf. Erst vor einem Jahr begann er wieder. Es gelangen ihm schöne Genußklettereien wie Schloßberg-Südwand oder Salbitschijen-Südgrat in den Urner Alpen. Dann sollte die Eigerwand, über die der Pauli schon so viel gelesen hatte, an die Reihe kommen. Und er trainierte eisern – zwischen Zug und Zürich! Auf dem Rad. Der Partner fehlte ihm zwar noch, aber der müßte sich ja auch finden lassen. Allein war Paul Jenny auf die Scheidegg gefahren. Da fragte er kurzweg den Hausburschen des Hotels:
»Ich will in die Eiger-Nordwand und suche einen Partner.«
»Es ist ein Bündner da, ich kann es ihm ja sagen«, antwortete der Hausbursche freundlich in einem Ton, als hieße das: eine zweite Decke zum Schlafen werde ich dir schon besorgen. Der Bündner ist Werner Hausheer, ein gebürtiger Zürcher, achtundzwanzig Jahre alt, jetzt Seilbahnangestellter in Davos. Das ist alles, was Pauli über seinen Nordwandgefährten erfahren konnte. Touren? Natürlich, die hat Hausheer auch schon hinter sich. Aber es hat gar keinen Wert, sie dem Zuger zu nennen; er kennt sie doch nicht. So kam die jüngste Schweizer Nordwand-Seilschaft zusammen. So fanden sich Männer, die sich mit dem Seil auf Leben und Tod verbunden haben.
Nach dem Biwak wird abgestiegen. Es scheint ihnen doch vernünftiger zu sein, die verlorene Ausrüstung zu ergänzen. Hinunter zum Stollenloch und durch den Tunnel zur Scheidegg, wo allerdings nur noch zehnzackige Steigeisen aufzutreiben sind. Mittagsrast, nachmittags wieder zum Wandfuß, um siebzehn Uhr dreißig erneut eingestiegen. Mit dem Dunkelwerden wird auf vertrautem Weg das Schwalbennest erreicht.
Den Morgengruß am nächsten Tag (29. August) bringen zwei Landsleute. Die beiden jungen Bergführer Martin Epp und Paul Etter. Freunde des Hilti von Allmen, mit dem Etter im letzten Februar (1962) die erste Winterbegehung der Matterhorn-Nordwand meisterte. Martin Epp ist den Sommer über meist in der Bergsteigerschule Meiringen als Bergführer tätig. Zwei flotte Burschen, und vor allem sichere Geher sind das.
»Grüezi!«
»Heije – grüezi!«
Die Bergführer – um drei Uhr eingestiegen – klettern am Schwalbennest vorbei, da fällt den anderen beiden ein, daß es auch für sie Zeit geworden ist, den Aufstieg fortzusetzen. Hausheer und Jenny folgen den Führern, aber sie müssen sich mächtig anstrengen, das Tempo zu halten. Martin Epp ist an der Spitze. Bald bekommt die zweite Seilschaft Abstand. Doch auf dem Zweiten Eisfeld, den Stufen der Führer folgend, können sie wieder aufschließen.
Am Abend: Epp und Etter im Götterquergang (erstes Biwak); Hausheer und Jenny richten sich am Beginn des Wasserfallkamins in der Rampe für die zweite Nacht ein.
Am Morgen des 30. August legen die Führer los wie die Feuerwehr: Spinne, Ausstiegsrisse, Gipfeleisfeld, Gipfel – in den frühen Nachmittagsstunden lassen

sie auf Scheidegg bereits gekühltes Bier in ihre durstigen Kehlen zischen! Das war Schweizer Präzisionsarbeit.
Etter und Epp können durchs Fernrohr beobachten, wie Hausheer und Jenny im Rampen-Eisfeld nur langsam an Höhe gewinnen. Aber die beiden werden bald wieder Gesellschaft bekommen. Von unten! Von den Engländern Chris Bonington und Ian Clough, der die Geschichte der ersten britischen Nordwandbegehung erzählt:
»Wir kamen – am Abend des 29. August – keuchend und schwitzend zu einer niedrigen Nische mit etwas Sand auf dem Boden. Es würde in einer Stunde Nacht sein, und wir könnten beide hier bequem liegen, deshalb biwakierten wir unterhalb des Schwierigen Risses. Die plötzliche Entscheidung, das Herumjagen nach Geld für die Eisenbahnfahrt, der frühe Morgenzug, der uns von Chamonix wegbrachte, alles schien jetzt weit weg zu sein. Die Wand hatte schwarz und trocken ausgesehen, als wir uns Grindelwald näherten, und wir wußten, daß sich die Reise gelohnt hatte. Ich dachte an das Mädchen in der Buchhandlung, wo wir eine Beschreibung von der Wand aus Harrers Buch abschrieben; sie wollte uns durch die Erzählung der jüngsten Unglücksfälle abhalten, in die Wand einzusteigen. Ich dachte an den Blick des Schmieds, der unsere Eisen schärfte, die Blutflecken an den unteren Felsen, wo der Absturz des österreichischen Alleingängers Diether Marchart aufgehalten worden war, die Augenblicke des Zweifels und der Unentschlossenheit. Aber jetzt waren wir hier. Chris Bonington und ich, in der Eigernordwand, glücklich und zufrieden mit vier Tagen guten Wetters in Aussicht, wenn die Zürcher Wetterpropheten recht hatten. Zwei kleine Gestalten waren hinter uns die Wand heraufgestiegen. Jetzt kletterte der erste an dem alten fixen Seil zu dem Band herauf, nicht weit von uns. Er stellte sich als Egon Moderegger – ein Österreicher – vor. Dann kam sein Begleiter: ›Hello!‹, wir waren überrascht, Englisch zu hören. ›Ich bin Tom Carruthers.‹ Wir sprachen eine Weile miteinander. Toms schottische Freunde wollten nicht miteinsteigen in die Wand. Er hatte den Österreicher in Alpiglen getroffen. ›Was hat er schon gemacht?‹ fragten wir vorsichtig.
›Er ist im Kaukasus gewesen‹, erwiderte Tom. Ich stelle mir Moderegger auf einer kaukasischen Eingehtour vor. Wir hatten das nicht gerne: Zufallsbekanntschaften, zweifelhafte Erfahrung, kaum fähig, sich zu verständigen! Es schien höchst töricht. Doch wir waren nicht verantwortlich dafür. Wir kamen überein, daß wir zusammen gehen wollten, wenn wir gleich schnell gingen. Die beiden anderen biwakierten um die Ecke.
Chris rüttelte mich wach. Er war ungeduldig, fortzukommen. Es war schon spät – fünf Uhr. Ein eiliges Frühstück, dann fort. Carruthers und der Österreicher waren genau hinter uns, als wir den Schwierigen Riß erkletterten, aber sie konnten nicht mit uns Schritt halten. Wir kamen schnell voran. Wir erreichten den Eisschlauch. Erst jetzt konnten wir wirklich schätzen wie gut die Bedingungen waren, denn der Eisschlauch war reine Felskletterei.
Auf dem Zweiten Eisfeld: ›Was immer geschieht‹, schrie Chris, ›schau nicht hinauf‹, indem er sich auf seine Erfahrung aus früheren Versuchen in der Wand

mit Don Whillans berief. Aber der Eiger war heute morgen in Ruhe eingefroren. Nicht ein Stein fiel. Kein Schnee lag auf dem Eis und die Steigeisen drohten auf der abweisenden Oberfläche auszurutschen. Eine steile, kurze Felsstufe brachte uns zum Bügeleisen. Unter uns war ein Band im Eis herausgeschlagen, das mit Ausrüstungsgegenständen bestreut war. Es war eine böse Mahnung, daß der Eiger nicht immer in solch wohlwollender Stimmung wie heute morgen ist. Für Chris besonders beschwor das bittere Erinnerungen herauf. Erinnerungen an die Tragödie des vorigen Monats, wo der Eiger sein erstes britisches Opfer gefordert hatte.

Die Todesgedanken wurden rasch verscheucht. Wir hatten uns ganz auf die Gegenwart zu konzentrieren. Wir erreichten den Kamm des Bügeleisens und kletterten hinauf zum Todesbiwak. Beim Zurückschauen sahen wir zwei schwarze Punkte, Tom Carruthers und Egon Moderegger, die sich kaum bewegten, am Zweiten Eisfeld, das sie diagonal überquerten. Wir waren zu weit weg, um ihnen einen Rat zurufen zu können und mußten uns selbst aus der Gefahrenzone herausbegeben.

Das Dritte Eisfeld ist das steilste und muß mehr oder weniger horizontal gequert werden, um die Rampe zu erreichen. Wir schlugen tiefe Stufen und an einer Stelle machten wir von einem Eishaken aus eine lange Pendeltraverse, um Zeit zu sparen. Die Rampe selbst erinnerte an steile Klettereien in den Dolomiten.

Der Fels war verhältnismäßig gut. Wir waren glücklich, denn es war technisch der schwierigste Teil. Es machte uns Spaß, wieder auf Fels zu sein. Das schien überhaupt nicht die wilde Eigerwand zu sein, von der wir gelesen hatten, es war nur eine großartige Kletterei.

Dicke Wolken, die sich langsam am Fuße der Wand gebildet hatten, zogen auf und verbargen uns vor den Fernrohren und dämpften den Ton des Alphorns.

Wir kamen zum ›Wasserfall‹, wo sich die Rampe aufteilt zu einem Kamin. Dies ist oft der unangenehmste Abschnitt der Kletterei – eisiges Wasser strömt den Hals und die Ärmel hinunter und stellt ein trauriges Vorspiel zu einem Biwak dar. Heute strömte kein Wasser herunter, aber eine leichte Eisschicht bedeckte alle Griffe. Für uns war es die schwierigste Kletterei – ein paar Zentimeter hinauf, Eis abkratzen vom nächsten winzigen Griff. Ein oder zweimal rutschte ein Schuh ab, für den zweiten Mann ein angespannter Augenblick, aber der erste war so von seiner nächsten Bewegung in Anspruch genommen, daß er keine Zeit hatte, sich aufzuregen. Nach einem zweiten Abschnitt von sauberem trockenen Fels kamen wir zum Eiswulst. Dann waren wir im Rampen-Eisfeld.

Es war kalt. Ein zweiter Seilquergang sparte Zeit und ermüdendes Stufenschlagen und landete uns auf einer sanften Felsrippe neben dem Eistrichter. Wir kletterten hinauf, uns gespannt fragend, wo der Anfang des Götterquergangs sei. Wir mußten ihm schon nahe sein. Dann hörten wir unterdrückte Stimmen. Der Nebel wurde etwas durchsichtiger für einen Augenblick, und wir sahen den Brüchigen Riß, der zum Götterquergang leitet.

Am Beginn des Quergangs saßen zwei schmunzelnde Schweizer, die sich als Jenny und Hausheer vorstellten. Obgleich es erst siebzehn Uhr war, biwakierten

sie schon, da einer von ihnen durch einen Stein getroffen worden war, aber sie brauchten keine Hilfe.
Der Götterquergang war beinahe schneefrei.
Am Ende des Bändersystems mußten wir eine breite Eisrinne passieren. Chris hatte die ersten Stufen zu schlagen begonnen, die zu der kleinen Eisrippe in die Mitte der Spinne führten, als plötzlich krachend und donnernd eine Ladung Steine die Eisrinne herabkam und unten ins Leere ausströmte. Die Sonne hatte die Felsen von ihrer Unterlage gelöst. Chris kam zurück, und wir sahen einander ziemlich erschüttert an: ›Es wird heute nacht frieren, wir wollen hier biwakieren.‹
Wir saßen auf unserem Band und beobachteten den Sonnenuntergang. Es war eine kalte Nacht. Wir schliefen ein paar Stunden. Steif und ungelenk stiegen wir die Spinne am anderen Morgen hinauf. Jenny und Hausheer, die unseren Stufen folgten, waren gerade hinter uns, als wir das Ende der Spinne erreichten. Der Zugang zu den Ausstiegsrissen war ein enges Eiscouloir. Es zog sich nach oben, bis es sich in einem Gewirr von Überhängen verlor. Wir befragten unsere Beschreibung und beschlossen, daß wir einen steilen, mit Eis gefüllten Kamin links zu erklettern hätten. Chris kletterte langsam hinauf. Es war senkrecht und schrecklich brüchig, nur das Eis hielt die Griffe an ihrem Platz. Es war bei weitem der schwierigste Abschnitt. Ich folgte mit Anstrengung und wir zogen den ersten Schweizer zu unserem Stand herauf. Ich hatte das halbe Seil ausgegangen, als ich merkte, daß wir direkt oberhalb der Spinne waren. Sicher mußten wir uns mehr links halten. Dort schien jetzt ein Weg um die Überhänge zu führen. Wir waren verärgert, daß wir so viel Zeit verloren hatten, und seilten uns ins Eiscouloir zurück. Es besänftigte uns nicht sehr, daß wir den Schweizern das Abseilen beibringen mußten.
Das Eiscouloir und die Ausstiegsrisse wurden leicht und leichter. Bald waren Schnee und Eis verschwunden. Wir wunderten uns, daß diese Ausstiegsrisse Leute wie Hermann Buhl Schwierigkeiten bereitet hatten. Aber am Eiger können die Bedingungen alles bedeuten. Wir waren froh, daß wir es so leicht hatten. Wir nahmen das Seil ab und gingen allein zum Gipfeleisfeld.«
Und um dreizehn Uhr lachen die Engländer auf dem Gipfel aus ihren Gesichtern. Die erste britische Seilschaft – einunddreißigste Begehung. –
Paul Jenny und Werner Hausheer, die sich den vierten Tag in der Wand befinden, betreten den Gipfel um sechzehn Uhr zwanzig.
Tom Carruthers und Egon Moderegger? Sie leben nicht mehr. Am 31. August entdeckte man ihre zerschellten Körper am Wandfuß. Und niemand weiß genau, was geschehen ist. Fest steht nur, daß die beiden vom linken oberen Rand des Zweiten Eisfeldes abgestürzt sein müssen. Aber warum Moderegger und Carruthers auf dem Zweiten Eisfeld so sehr langsam vorwärts gekommen waren, werden wir nicht mehr erfahren. Am Spätnachmittag des 30. August zog der Eiger seinen Nebelvorhang zu, dann wurde es Nacht. Und erst am nächsten Tag war auf dem Wandvorbau die entsetzliche Beobachtung gemacht worden.
Egon Moderegger und Tom Carruthers werden am 1. September geborgen.

Zwölf kommen durch

Die Engländer und die zwei Schweizer Seilschaften sind noch in der Wand, da tauchen unten schon wieder zwei Kandidaten auf. Wieder sind es Schweizer: Robert Boegli, dreiundzwanzig, und Willy Mottet, sechsundzwanzig, aus Biel. Boegli lang und dürr wie eine Stange, mit gescheitem Gesicht und blondem Haar; Mottet breit, untersetzt, ein Bär. Boeglis bisherige Touren haben Rang und Namen – z. B. Matterhorn-Nordwand –; die von Mottet auch – z. B. Dru-Südwestpfeiler –, aber nur insgesamt acht richtige Bergtouren machte Willy bisher. Dennoch ist er außergewöhnlich leistungsfähig. Er gehört im Winter der Schweizer Ski-Nationalmannschaft an. Im zwanzigsten Jahrhundert internationale Rennen zu fahren, dazu braucht es Mut und hartes Konditionstraining. Am Einstieg denkt Willy Mottet an die Fünftbegeher der Wand, an die Bieler Fuchs, Hamel, Monney und Seiler, denn sie waren es, die Mottet vor sechs Jahren erstmals in die Berge mitgenommen hatten. Und nun steht er selbst vor der Wand, über die ihm seine Lehrmeister so viel erzählt hatten.
Um fünfzehn Uhr des 29. August steigen Boegli und Mottet ein. Nach drei Stunden wird im Schwalbennest das Standardbiwak bezogen. Morgen schon könnte der Gipfel erreicht werden, wenn nichts dazwischen kommt.
Aber es kommt bereits am nächsten Vormittag etwas dazwischen. Statt ab oberen Rand des Zweiten Eisfeldes gleich nach links zu queren, klettern die beiden Bieler gerade weiter über eine steile Felsstufe, dann folgt steiles Eis, auf dem eine Querung nach links zu schwierig und gefährlich erscheint. Also müssen sie wieder zurück. Wertvolle Stunden gehen verloren. Auf dem Zweiten Eisfeld müßten sie jetzt die englisch-österreichische Seilschaft sehen. Egon Moderegger und Tom Carruthers. Aber es ist niemand mehr da. Also müssen Moderegger und Carruthers bereits in den frühen Nachmittagsstunden des 30. August abgestürzt sein. Die Bieler können nicht einmal ahnen, was sich hier vor kurzer Zeit ereignete. Sie steigen weiter, verärgert über den Verhauer, dem Bügeleisen zu, das um sechzehn Uhr betreten wird. Steinschlag aus der Spinne! Das Todesbiwak ist steinschlagsicher, deshalb gehen die beiden nicht mehr weiter, denn auf das Dritte Eisfeld prasseln unaufhörlich Steine. Ein wunderbarer Sonnenuntergang.
31. August, sechs Uhr: Aufbruch.
Alle die berühmten Stellen laufen vor Boegli und Mottet ab wie ein großartiger, eindrucksvoller Film. Ein dreizehn Stunden langer Film, abenteuerlich und erregend; um neunzehn Uhr stehen die Bieler auf dem Gipfel.
»Wir hatten nicht unsere schwierigste, wohl aber die längste und gefährlichste Bergtour hinter uns«, schreibt mir Boegli.

Im Abstieg müssen die beiden zum drittenmal biwakieren. Aber das kann sie nicht mehr bedrücken, das Wetter ist schön – die Bieler haben Glück. –
Und es scheint, als würde in den letzten Tagen des Hochgebirgsommers die ganze Tragik der abgelaufenen zwei Monate mit glücklichen Durchsteigungen wettgemacht.
Denn am 1. September rüsten sich vier Seilschaften für die Wand.
Schweizer, Österreicher, ein Deutscher. Die Schweizer sind aus Genf: Claude Asper, Christian Dalphin, Roger Habersaat und der siebzehnjährige (!) Bernard Voltolini. Dalphin ist nur eineinhalb Jahre älter als der Benjamin. Dem Alter nach müßte man die beiden fast wieder nach Hause schicken. Aber ihren Erfahrungen und Touren nach nicht: Walkerpfeiler, alle schwierigen Dru-Anstiege, Grand Capucin-Ostwand! Alle vier kennen den Walkerpfeiler. Voltolini gehört zum alten Fuchs Asper, Dalphin zu Habersaat. Asper war 1959 im Karakorum, Habersaat im gleichen Jahr in den Anden. Mir scheinen die jeweiligen Angaben über die alpine Vergangenheit der Kandidaten nicht unwichtig; meist kann man daraus die Durchsteigungschancen für die Nordwand errechnen. Am Abend fragen die Genfer auf Scheidegg einen Bergführer nach dem günstigsten Weg zum Einstieg. Sie bekommen ihn gezeigt. Und dann sagt der Bergführer:
»Da gehen die Männer in die Wand – und da auch gehen wir sie aus der Wand holen, aber wenn wir sie holen, sind die Männer meistens schon tot; das geht oft schnell!«
Die Genfer bedanken sich für die freundlichen Hinweise des Bergführers – und gehen schlafen.
Dann ist auf Scheidegg auch noch eine österreichische Seilschaft. Tiroler: Walter Spitzenstätter alias »Spitz« und Otto Wiedmann alias »Otti«, die seit Jahren der jungen Elite Innsbrucks angehören. In den Dolomiten und Nördlichen Kalkalpen sieht man den »Spitz« und »Otti« immer wieder in schwierigsten Wänden. Nur mit Eistouren hatten sie bisher keine große Freude.
Am gleichen Abend treffen in Grindelwald-Grund Kurt Walter aus Nürnberg und Otto Wintersteller aus Salzburg ein. Kurt Walter ist mit siebenunddreißig nicht mehr der jüngste, aber seit gut zehn Jahren bezwingt er jeden Sommer große Wände. Vor vier Wochen waren die beiden an der Matterhorn-Nordwand erfolgreich.
Nun soll mit der Eigerwand der Sommer beschlossen werden. Aber die Wengernalpbahn spielt ihnen einen kleinen Streich: der letzte Zug ist bereits weg. Also gleich von Grindelwald weg hinauf zum Wandfuß. Um dreiundzwanzig Uhr sind die beiden zweihundert Meter unterhalb der Wand. Da wird vier Stunden geschlafen. Das Wetter ist prächtig.
Die Innsbrucker verlassen um zwei Uhr (2. September) die Scheidegg. Um vier Uhr wird eingestiegen. Vom Ersten Pfeiler aus sehen sie unten zwei kleine Lichter der Wand näherkommen. Das sind die Stirnlampen von Walter und Wintersteller. Die Tiroler warten, und bald treffen die vier zusammen. Eigenartig ist das bei den Bergsteigern: wenn man sich auch nicht persönlich kennt, so weiß jeder, wenn er den Namen des anderen hört, sofort Bescheid. Ach du bist es! …

Herrgott, endlich treffen wir uns; wie war's in der und in jener Wand? ... Hast den Haken, den wackeligen, an der Platt'n auch benützt? ... Der eine brüchige Überhang, Mensch, das war doch eine Sauerei, nicht? ... Wie geht's deinem Spezl – macht er noch was? – Solche Gespräche kann man hören, wenn sich extreme Bergsteiger kennenlernen. Dann beginnt ein ruheloses Aufwärtsstürmen. Einmal sind die Innsbrucker vorne, dann ab Zweitem Eisfeld, die anderen.
Kaum sind die zwei Seilschaften auf dem Bügeleisen, da tauchen unten, am Beginn des Zweiten Eisfeldes, schon wieder vier Nordwandler auf. Das sind die Genfer, die erst um sechs Uhr einstiegen.
Ein herzlicher Jodler ist zu hören, dann geht es weiter.
Vierzehn Uhr.
Auf dem Dritten Eisfeld singt der Steinschlag sein rauhes Lied. Und in der Rampe, etwas unterhalb des Wasserfallkamins, gibt es einen ernsten Zwischenfall mit gutem Ausgang. Walter und Wintersteller bilden die erste Seilschaft. Der nachkletternde Wintersteller stürzt und streift im Sturz die Tiroler, die sich zum Glück noch halten können: Eine dumme Sache hätte das werden können, aber sie geht gut aus. Wintersteller prellt sich dabei einen Knöchel, die anderen kamen mit dem Schrecken davon. Jetzt klettern die Innsbrucker voran.
Aber bald wird an der linken Begrenzung des Rampen-Eisfeldes Halt gemacht. Achtzehn Uhr. Ein schöner Biwakplatz ist da.
Die Genfer wären vielleicht auch noch bis hierher gekommen, aber das Dritte Eisfeld schien ihnen am frühen Nachmittag doch nicht geheuer: Biwak am höchsten Punkt des Bügeleisens.
Im linken, äußeren Bereich des Zweiten Eisfeldes machten sie eine grausige Entdeckung: Ein Toter im Eis! Sie sahen ihn ganz genau, aber sie kletterten nicht hin – der Anblick aus zehn Meter Entfernung war schrecklich genug: ein Arm und ein Bein ragten aus dem Eis. Wer? Es kann nur die Leiche Karl Mehringers sein, der (1935) mit Max Sedlmayr bis zum heutigen Todesbiwak auf dem Bügeleisen vorgedrungen war. Der Fund vermag die Tragödie von 1935 etwas aufzuhellen. Demnach dürften Sedlmayr und Mehringer nicht – wie bisher vermutet – im Todesbiwak an Kälte und Erschöpfung gestorben sein. Die Vermutung, daß sie beim Rückzugsversuch – durch Lawinen oder Steinschlag – verunglückten, liegt näher. –
Den acht Männern in der Wand ist ein herrlicher Sonnenuntergang beschieden. Ohne Wettersorgen verbringen sie eine gute Nacht.
Der Ablauf am 2. September ist für die Nordwand fast abnormal: es passiert nichts. Kein Steinschlag, kein vereister Fels, kein Sturz, kein schlechtes Wetter. Walter Spitzenstätter und Otti Wiedmann betreten um sechzehn Uhr den Gipfel, Kurt Walter und Otto Wintersteller um siebzehn Uhr dreißig, die Genfer um achtzehn Uhr. Das waren zwei selten schöne Nordwandtage, aber es waren auch vier hochqualifizierte Seilschaften.
Man kann nur hoffen, daß die nächsten hundert Durchsteigungen von solchen Männern durchgeführt werden. Dann würde es bald keine »Mordwand« und keine Sensation um die Nordwand mehr geben.

Spitzenstätter und Wiedmann stecken um neunzehn Uhr auf Scheidegg bereits wieder in feinen Stadtkleidern. »Spitz« fragt Fritz von Almen, den Hotelbesitzer, ob er nach Innsbruck telefonieren dürfe.
»Wollt ihr zwei morgen etwa einsteigen?« erkundigt sich Fritz von Almen – was die beiden Tiroler diebisch freut.
Und erst in Innsbruck erfahren ihre Angehörigen und Freunde, daß sie nicht, wie angegeben, beim Wasserskifahren waren.
Kurt Walter und Otto Wintersteller, der wegen seiner Knöchelprellung nur langsam absteigen kann, werden in der Westflanke von den Genfern eingeholt. Gemeinsam klettern sie hinunter. Um Mitternacht werfen sich Walter und Wintersteller bei Alpiglen für zwei Stunden ins Gras. Um sieben Uhr sind die beiden wieder in Grindelwald-Grund – dort steht ihr Auto – am Abend in Nürnberg und Salzburg.
Am Eiger aber geht es weiter. Es scheint, als hätte man die Eigerwand für einen allgemeinen Bergsteigerwettbewerb ausgeschrieben. Es kommen wahre Könner, die jeder Situation gewachsen sind, und es kommen andere, die, ohne es wissen zu wollen, oft nur auf ihr Glück vertrauen. Und das Schlimmste: alle, auch die Glücksvertrauer, sind liebe Kerls, sonnige Menschen, denen das Leben offensteht.
Die nächste Seilschaft ist ein Brüderpaar aus dem thurgauischen Städtchen Bischofszell: Edwin und Alfred Brunner; Edi und Fredi, wie sie daheim gerufen werden. Edi ist neunundzwanzig, Fredi neunzehn Jahre alt, beide arbeiten in einer Papierfabrik. Über ihre bisherigen Bergunternehmungen ist so gut wie nichts zu erfahren. Sie waren zwar schon in den Julischen Alpen, Dolomiten und im Bergell, aber über ausgeführte Touren wird nichts bekannt.
Edi und Fredi treffen am 2. September auf ihren Motorrädern in Grindelwald ein. Erstmals sehen sie die Wand, aber für sie ist »das Ganze nicht halb so schlimm«, und sie glauben »in zwei Tagen den Gipfel erreichen« zu können, wie Edi mir später schreibt.
»Wir«, Edi und Fredi, »waren sehr gut vorbereitet und hatten ein gutes Training hinter uns«, schreibt Edi. Die Vorbereitungen waren so glänzend, daß die Bischofszeller Brüder am 3. September erst um sieben Uhr von Alpiglen aufbrechen, obschon sie hoffen, noch am gleichen Tag das Todesbiwak zu erreichen. »Leider hatten wir uns verrechnet«, erklärt Edi. Natürlich, das kann in der unberechenbaren Eigerwand schon passieren, auch wenn man »gut vorbereitet« ist. Indes, das Bügeleisen erreichen sie nicht. Hundert Meter vom Bügeleisen entfernt wird biwakiert. Aber der Platz, den sie für die Nacht wählten, erweist sich recht bald als Sprühdusche. Ergo müssen Edi und Fredi im Dunkeln einen anderen Platz suchen. Ohne Erfolg. Also müssen sie stehend auf den Tag warten, doch »das Ganze (ist) nicht halb so schlimm.«
Eines aber steht fest: Edwin und Alfred Brunner sind wirklich harte Burschen ...
Am Morgen des 4. September klettern die beiden weiter, als hätten sie die Nacht in einem feinen Bett verbracht. Flott kommen die Bischofszeller weiter. Bis zum Rampen-Eisfeld, das sie mittags erreichen. Da aber zeigt die Wand ihre Tücken –

oder ist es die doch nicht so famose Vorbereitung? –, denn: der Weiterweg erscheint ihnen als Rätsel. Das Wetter ist schön, die Sicht klar. Edi und Fredi sehen zwar das Brüchige Band und den Brüchigen Riß, der die Verbindung zum Götterquergang darstellt, aber sie wissen nicht, daß dort hinauf die Route verläuft. Ein gutes Stück unterhalb des Brüchigen Bandes, rechts draußen in der fast senkrechten Wand, vermuten sie den Götterquergang. Langsam und vorsichtig schiebt sich der neunzehnjährige Fredi nach rechts. Der Fels ist brüchig und schwierig und gefährlich. Nach achtunddreißig Metern schlägt er einen Standhaken, um den älteren Bruder nachkommen zu lassen. Edi kommt. Verdammt, das ist aber sauschwer, denkt Edi; schwieriger als alle bisherigen Stellen.
Das kann einfach nicht stimmen, werden sich die Brüder klar. Also: die heikle Querung wieder zurück. Fredi, durch den zeitraubenden Verhauer enttäuscht und etwas nervös, klettert auch als erster zurück. Vier Meter, sechs Meter, acht, zehn, zwanzig Meter – immer größer wird der Abstand zwischen beiden, zwischen dem Sicherungshaken und dem Kletternden. Und da kommt das Unheilvolle – zuerst der Schrei eines Verzweifelten:
»Ediii ... heeb!!« ... ein Körper, der im Sturz sich überschlägt ... ein harter Ruck am Seil, das von einem einzigen Haken gehalten wird ... und Stille, wie man sie nur nahe dem Tode wahrnimmt, erlebt.
»Fredi – Fredi! ... was ist!? ... Fredi!« ruft Edi, aber er bekommt keine Antwort. Alfred Brunner hängt am Seil, mit Kopf und Oberkörper nach unten. (Das ist auf die Anseilart zurückzuführen. In Österreich und Deutschland seilen sich fast alle Bergsteiger in Brusthöhe an, und zwar so, daß die Brustschlinge von zwei Schulterschlingen gehalten wird und nicht nach unten rutschen kann. Diese Anseilart verhindert, daß ein Gestürzter mit dem Kopf nach unten hängt. In Italien, Frankreich und in der Schweiz wird oft noch um die Weichteile des Körpers – Taille – und ohne Schulterschlingen angeseilt. Mit dieser Anseilart ist man der Gefahr ausgesetzt, daß der Stürzende schwere innere Verletzungen davonträgt und mit dem Oberkörper und Kopf nach unten zu hängen kommt – schnelles Eintreten von Bewußtlosigkeit. Ja es kam sogar schon vor, daß der Gestürzte mit dem Kopf nach unten aus der Weichteilschlinge rutschte!) Verletzt, bewußtlos. Jeder weiß, was es bedeutet, wenn der Kamerad gestürzt ist. Und jeder weiß, daß es noch schrecklicher ist, wenn der Bruder über dem Abgrund hängt, ohne ein Zeichen des Lebens von sich zu geben. Es sind Augenblicke, die – nein, man kann sie nicht beschreiben ... Edi aber verliert nicht die Nerven. Er handelt mit klarem Verstand. Er schlägt einen zweiten Haken, um noch Schlimmerem standzuhalten, und seilt sich hinab zu Fredi, der immer noch reglos am Seil hängt. Sein Gesicht ist wie in Blut getaucht, zwischen Stirn und Nase klafft eine breite Wunde. Der Blutverlust ist erschreckend. »Der Anblick war fürchterlich«, erinnert sich Edi später. Er setzt den Bewußtlosen auf einen kleinen Vorsprung, sichert ihn und wartet. Erst nach langen Minuten kommt Fredi wieder zum Bewußtsein. Was war? Er schaut um sich. Seine sonst munteren und spitzbübischen Augen sind müde. Er sieht seinen Bruder, sieht den grau gewordenen Himmel, den Fels – achja, die Wand, die Eigerwand, der ausgebrochene Tritt ...

der Abgrund, der näher kam, der dumpfe Schlag, den er kaum mehr spürte … die unendliche Dunkelheit, die ihn dann umgab … und jetzt der stechende Schmerz im Kopf. So ist das Sterben am Berg, denkt er später.
Manch einer würde in Fredi Brunners Lage vielleicht verzweifeln – war es so bei Stefano Longhi oder Barry Brewster? –, nein, Fredi erholt sich schnell wieder. Er will weiter, er muß weiter! Mit Edi, der geduldig wartet.
»Nur langsam, Fredi«, sagt er, »wir haben Zeit – wir kommen schon noch durch, bestimmt, du wirst sehen, vielleicht heute noch, sonst morgen …«! Und wirklich, nach einer Stunde klettern die Brüder aus Bischofszell weiter. Langsamer zwar, aber unentwegt, getragen von einem unerschütterlichen Vertrauen.
Im Sturz war Fredis Steinschlaghelm und einziger Pickel verlorengegangen. Gewiß, das war nicht klug, nur einen Pickel mitzunehmen. Das wissen sie, aber sie wissen sich auch ohne Pickel durchzuschlagen ins Leben, das erst am Gipfel wieder richtig beginnt, oder in Bischofszell bei ihren Eltern, die von ihrem abenteuerlichen Ausbruch noch nichts wissen. Was werden sie sagen? Gedanken … schöne Gedanken.
Aber noch gilt es, der häßlich gewordenen Wand Meter für Meter abzuringen – Schneesturm. Am Beginn der Spinne überfällt er die zwei einsamen Brüder. Edi rennt über das Eisfeld der Spinne hinauf. Nach einigen Metern schon kann ihn Fredi nicht mehr sehen. Wenn sich das Seil spannt, steigt er nach, in jeder Hand einen Eishaken, so plagt er sich, schwächer geworden, hinauf zum Bruder. Seillänge für Seillänge. Im ungewissen Weiß des Sturmes.
Sie steigen und klettern und klagen mit keinem Wort über das, was Wand und Wetter ihnen auferlegen.
Vierzig Meter oberhalb der Spinne kommt die Nacht. Der Platz, auf dem sie die eisige und stürmische Nacht abwarten, ist »so groß, daß jeder mit einem Fuß richtig stehen« kann, um es mit den Worten Edi Brunners zu beschreiben. An Haken gebunden, warten sie auf den dritten Tag, der Erlösung bringen muß …
5. September. Es hat zwar zu schneien aufgehört, dafür aber sind die Felsen mit Schnee und Eis überzogen.
Beißende Kälte herrscht. Edi Brunner als Seilerster spürt anfangs noch seine vor Kälte schmerzenden Hände. Weiter oben spürt er sie nicht mehr – erfroren. Und dennoch müssen sie, steif und fast unbeweglich, halten und zupacken. Ähnlich ist es mit Fredis Händen. Und bald sind auch die Füße ohne Gefühl. So klettern die beiden. Weiter oben wird es noch schlimmer: »Da waren meine Finger so aufgerissen, daß an ihnen keine Haut mehr war und das Fleisch zerfetzt an den Knochen hing«, wie es in Edi Brunners Brief, den ich erschüttert lese, beschrieben ist. Kein Wunder, daß Edi in diesem Zustand mehrmals stürzt – aber zum Glück immer von Fredi gehalten wird …
Oben am Gipfelgrat, den sie gegen Abend erreichen, droht der Sturm die beiden in den Abgrund zu werfen. Sie kriechen weiter – zum Gipfel, wo Edi und Fredi »glücklich und zufrieden« sind.
In Gipfelnähe wird die dritte Nacht verbracht.
Am 6. September kommen ihnen Schweizer, Österreicher und Münchner Berg-

steiger im Abstieg über die Westflanke entgegen, mit Essen und Getränken. Wieder bei Menschen – das ist schön. – Einen Tag später stellt die ärztliche Untersuchung fest: Nasenbeinbruch und leichte Erfrierungen an Händen und Füßen bei Fredi; leichte Erfrierungen an Händen, schwere Erfrierungsschäden (dritten Grades) an den Füßen bei Edi, der vier Monate lang arbeitsunfähig ist. So endet die Geschichte der siebenunddreißigsten Nordwand-Begehung. Und die heimatliche »Bischofszeller Zeitung« schließt ihren Dreispalter über die »ersten Thurgauer Bezwinger der Eigernordwand« mit diesen Worten:
»Wir beglückwünschen abschließend Edi und Fredi Brunner zu ihrer hervorragenden alpinistischen Leistung und wünschen ihnen weiterhin manch schönen Tag – die ja nicht unbedingt so gefährlich wie jene in der Eigernordwand zu sein brauchen – in ihren geliebten Bergen.«
Das Unwetter, mit dem die zwei Thurgauer zu kämpfen hatten, macht alle Chancen für weitere Durchsteigungen im Sommer 1962 zunichte. Die Zelte nördlich der großen Wand verschwinden; die enttäuschten Belagerer ziehen ab, und es wird ruhig am Eiger.

Auftakt 1963

Schon im März kommen die ersten Nordwandleute des Jahres 1963: die Österreicher Rainer Göschel aus Liezen und Leo Schlömmer aus Aigen im Ennstal, den wir schon von der zwanzigsten Begehung (1961) her kennen. Die zweite Winterbegehung wollen die Steirer durchführen. Verhältnisse und Wetter wären gut, nur sonst haben die beiden Pech: ein Eisbeil zerschellt, das Bündel mit den wertvollen Haken geht verloren. Rückzug vom Schwalbennest. –
Die nächsten sind im April die Polen Jan Mostowski, der schon 1961 erfolgreich war, und Czesław Momatiuk. Ihr Plan: »Direttissima«. Bis zum Zweiten Eisfeld links der schon »klassischen« Route, dann rechts davon. Ein kühner Plan, der irgendwann – vielleicht schon bald? – Wirklichkeit werden wird.
Die Polen kommen bis zur großen Felsstufe unterhalb des Ersten Eisfeldes. Nach einem Biwak im Schneesturm müssen sie umkehren. Czesław Momatiuk wird 1973 als Bauarbeiter in New York von einem Kran erschlagen; Mostowski lebt heute in San Francisco.
Der Nordwandsommer 1963 beginnt mit einer kleinen italienischen Invasion. Sechs »Scoiattoli« (»Eichhörnchen«) aus Cortina d'Ampezzo treffen Mitte Juli auf der Kleinen Scheidegg ein. Rote Pullis (am linken Oberarm ein weißes Eichhörnchen eingestrickt), rote Zipfelmützen und rote Strümpfe tragen die »Scoiattoli«; das ist ihre Klubuniform. In den Dolomiten machen die »Eichhörnchen« jedes Jahr von sich reden. Ein Mitglied der Cortineser Klettergilde, Lino Lacedelli, steht sogar im Goldenen Buch des Himalaya.
Erstbesteiger des K 2, des zweithöchsten Berges der Erde. Sonst aber findet man die flinken Eichhörnchen meist nur in den Dolomiten. Da schlagen sie ihre Haken in den sonnigen Fels, auch wenn es Hunderte sein müssen, um immer wieder ein »letztes« Wandproblem zu lösen. Nun machen die Eichhörnchen auch im Angesicht der Eigerwand, vor der sie erstmals stehen, von sich reden: »Tre Scoiattoli affrontano stamani la terribile parete nord dell'Eiger«, lautet die Schlagzeile im »Gazzettino« vom 17. Juli (»Drei Eichhörnchen greifen heute morgen die fürchterliche Eiger-Nordwand an«). In der Tat aber geht es bei den Eichhörnchen gar nicht besonders fürchterlich zu: Am Morgen des 17. Juli liegen sie friedlich in der »Villa Maria«, einem Nebenhaus der Scheidegg-Hotels, auf den Matratzenlagern. Die Zeitungen Norditaliens haben zu früh berichtet. Anderntags aber wird doch noch der Versuch, eine Direktroute zu eröffnen, gestartet. Aber die flinken Eichhörnchen aus den Dolomiten beenden ihren Ansturm auf die Nordwand schon weit unter dem Ersten Eisfeld (auf der Route Sedlmayr-Mehringer). Das Wetter ist noch zu wenig sicher. Die Dreierseilschaft – beste-

hend aus Albino Michielli, genannt »Strobel«; Bruno Menardi, genannt »Madarla« und Lorenzo Lorenzi – muß zurück zur Scheidegg, wo sie von den drei Eichhörnchen-Beobachtern empfangen werden. Albino Michielli, einer der besten Dolomiten-Kletterer überhaupt, stürzt im April 1964 anläßlich einer kurzen Trainingstour am knapp achtzig Meter hohen Falzaregoturm als Alleingeher ab; Lorenzo Lorenzi, ebenfalls Scoiattoli-Spitzenmann, findet 1974 als Drachenflieger den Tod.
Aber kaum sind die Cortineser abgezogen, da nistet sich in den Hotels der Kleinen Scheidegg schon wieder eine italienische Gruppe ein: Walter Bonatti und sein Gefolge. Der dreiundzwanzigjährige Bergführer aus Courmayeur ist zweifellos der erfolgreichste Bergsteiger des abgelaufenen Jahrzehnts in Italien, er gehört zu den besten Alpinisten der Welt. Große Anstiege wie Petit Dru-Südwestpfeiler und Grand Capucin-Ostwand tragen seinen Namen. Im letzten Winter (1962/63) vollbrachte er mit Cosimo Zapelli die erste Winterbegehung des berühmten Walkerpfeilers an den Grandes Jorasses. Und nun die Eigerwand? Ja. Aber wenn sich Bonatti wegen der Nordwand eingefunden hat, muß etwas Neues unternommen werden, das ist klar. Eine achtunddreißigste Begehung der Eigerwand ist für Walter Bonatti zu wenig. Also: allein! Bonatti weiß von den drei Todesopfern der Alleinversuche, aber er kennt die Wand nicht. Wohl hat er sie eingehend studiert, aber er kennt ihren eigenartigen Raum nicht, auch nicht ihre Tücken, mit denen die Besten der Besten rechnen müssen. Walter Bonattis Gefolge besteht aus seiner Freundin Bianca, die sich, wenn Walter Großes unternimmt, der geschäftlichen Belange annimmt; ferner aus Journalisten, Fernseh- und Radioleuten. Alles, was solche Leute brauchen, ist dabei: Kameras, riesige Objektive, Bildfunkgerät, Schreibmaschine. Das Bonatti-Team ist bereit. Bald wird es für die italienische »Epoca« wieder eine glänzende Story geben, das ist zu erwarten, wenn Bonatti etwas unternimmt. Da wird zunächst am Abend des 27. Juli ein hellblaues Zelt auf einer versteckten Wiesenmatte nahe der Wand aufgestellt. Von hier sind es nur noch zwanzig Minuten hinüber zum Wandfuß. Am frühen Morgen des 28. Juli (2.45 Uhr) beginnt Walter Bonatti mit seinem Alleingang. Die Zurückbleibenden warten auf das Tageslicht, um den Alleingeher zu beobachten. Gegen Mittag schon beginnen die Setzmaschinen der italienischen Zeitungen die sensationelle Bonatti-Nachricht von der Eigerwand zu verschlucken. Am Abend bringen es die Rundfunknachrichten: Walter Bonatti versucht allein die berüchtigte Eigerwand. Alles funktioniert bestens. Nur Bonatti in der Wand scheint sich nicht wohlzufühlen. Am rechten, unteren Rand des Zweiten Eisfeldes hat er seinen ersten Biwakplatz bezogen. Den ganzen Tag benötigte er für eine Kletterstrecke, welche von einer guten Zweierseilschaft – die wegen des Sicherns genau noch einmal so viel Zeit braucht wie ein Alleingeher – in fünf bis sieben Stunden bewältigt wird. Dabei herrscht bestes Wetter, in der Wand sind günstige Verhältnisse.
Ein Alleingeher muß, wenn er der Wand wirklich gewachsen ist, am ersten Tag mindestens die Spinne erreichen. Und das nicht aus Prestigegründen, sondern allein deshalb, um in der Nacht keiner allzu großen seelischen Belastung ausge-

setzt zu sein. Wenn am nächsten Tag nur noch drei- oder vierhundert Meter bis zum Gipfel zu bezwingen sind, empfindet man in der einsamen Nacht wohltuendes Selbstvertrauen. Walter Bonatti weiß über sich noch zwölfhundert Meter Fels und Eis. Und vor allem weiß er, daß die größten Gefahrenzonen (Drittes Eisfeld und Spinne) und technische Schwierigkeiten (Rampe und Ausstiegsrisse) noch zu bezwingen sind. Niemand wird auch nur annähernd erfahren, welche Gefühle und Empfindungen Bonatti in dieser Nacht bewegen. Es ist eine lange Nacht für ihn, wenn auch schön und gefahrlos: ohne Schlaf, zermürbend. –

Am Morgen des nächsten Tages (29. Juli) bricht Walter Bonatti seinen Versuch ab und klettert zurück. Gegen Mittag erreicht er seine Leute beim blauen Zelt. Um die gleiche Zeit tummeln sich zwei andere Italiener am Fuß der Wand herum: Roberto Sorgato aus Belluno und Ignazio Piussi aus Tarvisio (Udine). Ihr Zelt steht im Grindelwalder »Camp zum Gletscherdorf«. Auch sie haben am Eiger Großes vor, doch jetzt halten die beiden zunächst Ausschau nach Bonatti. Roberto Sorgato, der im letzten Sommer (1962) mit Giorgio Redaelli ein böses Abenteuer in der Wand erlebte, geht zum blauen Zelt, um Einzelheiten über seinen berühmten Landsmann zu erfahren. Ihn kennt Bonatti nicht, wogegen Ignazio Piussi im Hinterhalt bleiben muß – die beiden kennen sich (Piussi und Sorgato wollen unerkannt bleiben).

Sorgato nähert sich dem Zelt, da sagt Bonatti zu einem seiner Betreuer, daß er den Fremdling ausfragen solle (zumal er italienisch-verdächtig ausschaut). Der Betreuer fragt in deutscher Sprache:

»Sind Sie auch dort gewesen?«

Roberto, der ziemlich gut deutsch spricht, spielt den Naiven: »Wo?« fragt er zurück.

»Da!« sagt Bonattis Betreuer und zeigt zur dunklen Wand.

»Nein, nein, ich komm' von Grindelwald – das dort ist der Eiger, nicht wahr?«

»Ja«, sagt der Betreuer aufklärend, »das ist der Eiger, das ist die Nordwand – und das dort ist Bonatti, Walter Bonatti!«

»Bonatti? Ein Italiener?«

Der Betreuer schüttelt den Kopf und gibt die Unterhaltung auf; Roberto geht weiter.

Der Betreuer hat Wichtigeres zu tun. Er muß Bianca, die drüben auf Scheidegg den Nachrichtendienst für die Presse besorgt, über den Stand der Dinge unterrichten. Auf einen Zettel schreibt er: »Liebe Bianca! Walter ist zurückgekommen. Er hatte das Zweite Eisfeld erreicht. Während der Nacht konnte er kein Auge zumachen, da er keinen guten Biwakplatz fand. Auch hatte er seitlich der linken Brust Steinschlag abbekommen; ich massiere ihn. Stoppe alles (ferma tutto!). Wir bleiben noch einen Moment hier, dann kommen wir zurück.

Ricciotti«.

Am Abend fragt ein harmloser Hotelgast den Herrn Oberkellner, welchen festlichen Anlaß die italienische Gesellschaft an der großen Tafel feiere, denn immerhin gibt es dort Sekt und andere feine Sachen.

»So servieren wir dort jeden Tag!« sagt der Herr Ober.

Was nicht ausschließt, daß man unter Freunden sehr wohl festlich gestimmt sein darf, wenn ein Mann, der eine einsame Nacht in der Nordwand verbrachte, glücklich zurückkehrte. Das ist mehr wert als ein forcierter Alleinversuch. Daß Walter Bonatti umkehren konnte, beweist wieder einmal, daß er im entscheidenden Augenblick am Berg immer den richtigen Entschluß faßt. –
Im Abstieg begegnete Bonatti zwei Zweierseilschaften, einer österreichischen und einer britischen: Max Friedwanger und Friedl Schicker, beide aus Seewalchen am Attersee (Oberösterreich), die dreiundzwanzigjährigen Studenten Dougal Haston (Edinburgh) und Robert Baillie (Salisbury, aus Rhodesien). Die beiden Seilschaften klettern getrennt, schließen aber immer wieder zusammen auf. Ihr Höherkommen geht beängstigend langsam vor sich. Um zwölf Uhr sind sie auf dem Zweiten Eisfeld zu sehen, um neunzehn Uhr wird auf dem Bügeleisen zum ersten Biwak gerüstet.
Um zwei Uhr früh des 30. Juli rücken zwei junge stürmische Schweizer nach: Erich Friedli aus Thun und Arnold Heinen aus Ausserberg im Wallis. Erich Friedli ist der Sohn von Erich Friedli, der 1957 die Rettungsaktion für Claudio Corti geleitet hatte. Es macht Freude, die Schweizer Seilschaft zu beobachten. Bügeleisen, Rampe, Götterquergang, alles läuft ab wie eine Schweizer Präzisionsuhr. Am Spätnachmittag stürmen sie schon durch die Spinne hinauf. In den Ausstiegsrissen werden die zwei Seilschaften überholt und um zwölf Uhr des 31. Juli stehen die beiden Schweizer nach insgesamt neunzehn Stunden Kletterzeit auf dem Gipfel; die achtunddreißigste Begehung. Die Österreicher und Engländer treffen am 1. August auf der Kleinen Scheidegg ein. Alle drei Seilschaften hatten gleiches Wetter, gleiche Wandverhältnisse und auch den gleichen technischen Ablauf (Zahl der Personen), und dennoch ergaben sich bedenkliche Zeitunterschiede. Aber: alles ging gut aus, die beiden gemütlicheren Seilschaften blieben vor bösen Wetterüberraschungen verschont. Der Sommer 1963 hatte einen glücklichen Auftakt.
Erich Friedli stürzt ein halbes Jahr später – Januar 1964 – in der Gletscherhorn-Nordwand anläßlich des Versuchs der ersten Winterbegehung tödlich ab. Den Schotten Dougal Haston werden wir 1966 nochmals in der Eigerwand sehen.

Nordwand – Einsamkeit

Der 1. August ist Schweizer Nationalfeiertag. Auch auf der Kleinen Scheidegg geht es festlich und fröhlich her.

Nur ein Gast will von dieser herrlichen Ausgelassenheit nichts wissen: Michel Darbellay, der neunundzwanzigjährige Schweizer Bergführer aus Orsières bei Martigny (Wallis), an die einsachtzig groß, schlank, mit dunklem Wuschelkopf und dunklen, ruhigen Augen. Ein Mann, den man vom ersten Augenblick der Begegnung an ernstnehmen muß. Ein Mann, der meist nur redet, wenn man ihn fragt; ruhig und bescheiden. Die Besitzer der Scheidegg-Hotels, Heidi und Fritz von Almen, kennen Michel bereits vom letzten Sommer (1962) her, als er mit Loulou Boulaz, Yvette Attinger und Michel Vaucher den Versuch der ersten Damenbegehung hatte abbrechen müssen. Jetzt, am 1. August, ist er allein auf der Kleinen Scheidegg. Und allein will er die Wand bezwingen. Hinter ihm steht kein Gefolge mit Reportern, er ist allein. Nur Heidi und Fritz von Almen vertraut er seinen Plan an, damit wenigstens zwei Menschen wissen, wo er steckt, wenn . . .

Michel bekommt ein ruhiges Zimmer, um die letzte Nacht vor dem großen Abenteuer ungestört zu verbringen. Alles liegt bereit, was er für die Wand braucht: ein dreißig Meter langes Seil, acht Felshaken, drei Eishaken, Hammer, Eisbeil, Steigeisen, Steinschlaghelm, Biwaksack, einen halben Liter Tee, etwas Traubenzucker. Das ist nicht viel. Aber für einen Mann, der die Riesenwand allein bezwingen will und ihr, technisch und psychisch, gewachsen ist, genügt diese Ausrüstung.

Und die Eigerwand kennt Michel gut. Er lernte sie in Sturm und Nebel, bei Regen und Schneefall kennen. Er kennt ihre Gefahrenzonen, ihre Schwierigkeiten, auch das, was äußerlich nicht wahrzunehmen ist.

Michel ist am frühen Abend des 1. August ganz ruhig, er kann sogar schlafen. Frau Heidi von Almen bereitet eine Thermosflasche mit heißem Kaffee vor. Das Frühstück für Michel. Schon einmal, vor zwei Jahren (1961), hatte sie das Frühstück für einen Alleingeher vorbereitet. Für Adi Mayr, der einen Tag später schon nicht mehr lebte. Heide von Almen sagt, daß sie das nie vergessen kann. – 2. August, zwei Stunden nach Mitternacht: Michel hat das Früchstück bereits hinter sich. Er tritt vor das Haus, hinaus in die sternklare und ruhige Nacht. Kein Wind, keine Wolken, Kühle.

– Drei Uhr: Michel beginnt mit dem Aufstieg über die unschwierigen Felsen des Wandvorbaus. Es ist noch Nacht, aber er kennt den Weg und findet sich selbst im Dunkel zurecht. Nach einer Stunde steht Michel am Beginn des Schwierigen Risses. Dort wartet er bis es richtig hell wird. Vier Uhr dreißig: weiter. Nach dem

Schwierigen Riß, der ihn nur Minuten kostete, hält er einen Augenblick still, denn er glaubt Stimmen gehört zu haben. Richtig: links oberhalb von ihm. Michel klettert weiter. Noch vor dem Hinterstoisser-Quergang stößt er auf eine deutsche Zweierseilschaft, die sich bereits den zweiten Tag in der Wand befindet: Ekkert Gundelach aus Wasserburg am Bodensee und Dieter Zelnhefer aus Nürnberg. Die beiden sind über den einsamen Michel nicht wenig überrascht und fragen:
»Bist du ganz allein?«
»Ja«, sagt Michel freundlich und in einem Ton, als hätte ihn einer gefragt, ob er seinen Morgenspaziergang immer allein mache.
»Von wo bist du?« fragen die Deutschen.
»Aus Orsières bei Martigny«, gibt Michel Auskunft.
»Oh, im letzten Jahr machte einer von dort die Matterhorn-Nordwand.«
»Ja, das war ich.«
»Gut!« sagt einer der Deutschen anerkennend, denn die siebenundzwanzigste Begehung der Matterhorn-Nordwand in sechs Stunden und fünfzehn Minuten mit Christophe Vouilloz, der im Juni 1963 abstürzte, erregte einiges Aufsehen.
»Gehst du mit uns?« laden die Deutschen den Alleingeher kameradschaftlich ein.
»Nein, danke«, sagt Michel mit Charme, schaut nach oben, klettert weiter.
»Gute Tour!« hört er noch von den Deutschen.
»Ja, merci, auch gute Tour!« –
Neun Uhr dreißig: Fritz von Almen sitzt auf der Kleinen Scheidegg vor dem privaten Teleskop und sucht nach Michel. Er sucht den Schwierigen Riß ab: nichts. Klar, denkt der Beobachter, dort kann er nicht mehr sein; weiter oben muß er bereits klettern, auf dem Ersten Eisfeld oder gar schom am Eisschlauch. Das Sichtfeld des riesigen Fernrohrs zieht über den Hinterstoisser-Quergang zum Ersten Eisfeld: nichts. Hier der Eisschlauch – halt! – da, ja, er ist zu sehen, Nein, das kann nicht sein, Michel ist anders gekleidet. Und da sieht Fritz von Almen auch schon den Zweiten der Seilschaft: die Deutschen. Verdammt, wo ist Michel? Der Beobachter wird unruhig. Etwa an der gleichen Stelle, wo jetzt die Zweierseilschaft zu sehen ist, stürzte im letzten Sommer der Wiener Diether Marchart ab. Fritz von Almen sucht weiter. Am unteren, oberen Rand und auf der grauweißen Fläche des Zweiten Eisfeldes: nichts. Dann die Felsstufe hinauf zum Bügeleisen: nichts. Auf dem Dritten Eisfeld, das er von Scheidegg aus nicht einsehen kann? Nein, denkt er, Michel müßte fliegen können, um jetzt, um neun Uhr dreißig, schon auf dem Dritten Eisfeld zu sein. Der Beobachter wird noch unruhiger. Unten wieder angefangen: die Zweierseilschaft, Hinterstoisser-Quergang, Erstes Eisfeld, Zweites Eisfeld, Bügeleisen: nichts. Also muß er doch auf dem Dritten Eisfeld sein, wenn . . .

John-Harlin-Route: Der Amerikaner Layton Kor im senkrechten Wandbereich zwischen Todesbiwak und Spinne.

Oben: Blick von Nordwesten zur winterlichen Nordwand: Klassische Route von 1938 (———), John-Harlin-Route von 1966 (– – – – –), auch »Winterdirettissima«; Japaner-Route von 1969 (. . . . . .), auch »Sommerdirettissima«.

Mitte oben: Der Schweizer Bergführer Adolf Derungs, dem 1959 eine Begehung glückte, wurde 1962 das zweite Opfer der Alleinversuche. Noch vor dem Hinterstoisser-Quergang erfolgte sein Todessturz.

Mitte unten: Toni Hiebeler auf einem Sicherungsstand am oberen Rand des Zweiten Eisfeldes; rechts hinten die Steilstufe der Roten Fluh.

Ganz oben rechts: Der Österreicher Diether Marchart gehörte zu den besten Bergsteigern seiner Zeit. Am 27. August 1962 stürzte er als drittes Opfer der Alleinversuche oberhalb des Ersten Eisfeldes tödlich ab.
Oben: Der Schweizer Bergführer Michel Darbellay, dem am 3. August 1963 die erste Alleinbegehung glückte; hier im untersten Teil der Westflanke. Im Sommer 1975 durchsteigt er die Wand nochmals, als Bergführer mit einem Gast.

Links: Winterliche Schwerstarbeit auf der John-Harlin-Route 1966. Der Schotte Dougal Haston unterhalb des ersten Bandes, an fixierten Seilen hochsteigend, ohne zusätzliche Sicherung, mit schwerem Gepäck.

Oben: Die Bezwinger der winterlichen John-Harlin-Route biwakieren nicht improvisiert, sondern in geräumigen Schnee- oder Eishöhlen, in denen sie sich von den Strapazen einigermaßen erholen können.

Rechts: Die winterliche John-Harlin-Route wird im Expeditionsstil bezwungen: fast die ganze Kletterstrecke ist mit Fixseilen ausgerüstet; an ihnen steigt man mit Hilfe von Seilklemmbügeln nach oben. Die Materialversorgung ist sichergestellt. Dougal Haston auf dem Ersten Eisfeld.

Ganz oben: Eishöhlen-Biwak der John-Harlin-Route. Hier sind die Kletterer weitgehend auch gegen Kälte und Wetterunbilden geschützt.
Oben: Der Schotte Dougal Haston in einem Biwak der John-Harlin-Route; auf isolierenden Schaumstoffunterlagen wird die Nacht verbracht – mit guter Daunenausrüstung läßt es sich hier aushalten.
Rechts: Wandlager der John-Harlin-Route. Ins Eis der Spinne wurde eine geräumige Höhle gegraben; aufgenommen aus einem Helikopter.

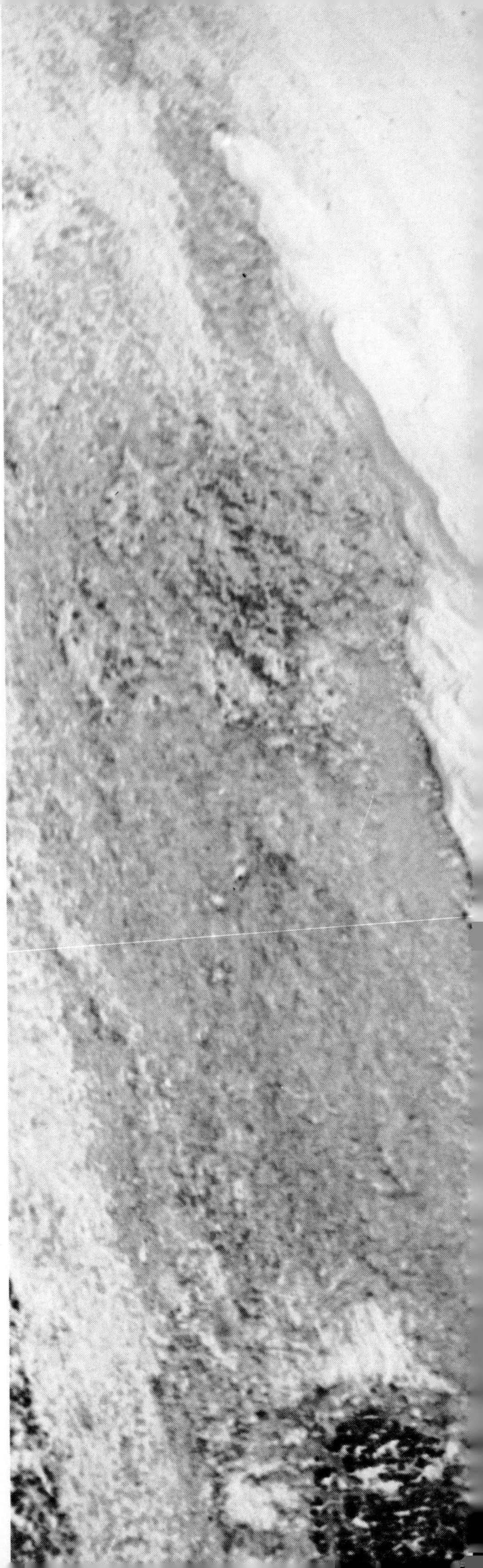

Oben: Kletterei am Hinterstoisser-Quergang. Schnee und Eis liegt auf dem Plattenschuß. Der Japaner Tsuneaki Watabe quert an einem alten Geländerseil nach links.

Links: Tsuneaki Watabe durchsteigt mit seinem Landsmann Mitsumasa Takada die Wand bis zum Ende der Ausstiegsrisse, wo er auf tragische Weise ums Leben kommt.

Rechts: Kletterei im Wasserfallkamin der Rampe. Etwa an dieser Stelle stürzte 1961 der österreichische Alleingeher Adolf Mayr tödlich ab.

Ganz oben: Die japanische Sechsergruppe unter Takio Kato im Hängemattenbiwak ihrer eigenen Eigerwandroute; die Ärztin Michiko Imai befindet sich in der untersten Hängematte. An zahllosen Haken gesichert, kann man auf diese Weise relativ erholsam biwakieren.

Oben: Die sechs Japaner befanden sich 16 Tage ohne Unterbruch in der Nordwand. Bei ihrer Rückkehr sah man keinerlei Anzeichen von Erschöpfung; nicht zuletzt dank der Betreuung durch die Ärztin Michiko Imai (Dritte von rechts).

Oben: Die Tschechoslowakin Lorka Prachtelova auf dem Schwalbennest-Biwakplatz (links). Bei der Bezwingung des Schwierigen Risses (rechts) fotografiert sie ihren Mann Peter Prachtel.
Links: Die Münchnerin Daisy Voog mit Werner Bittner. Ihnen glückte im August 1964 die erste erfolgreiche Eigerwandbegehung durch eine Frau.

Links: Die Deutschen Karl Golikow und Siegfried Hupfauer auf der winterlichen John-Harlin-Route mit der Materialbombe »Bambino« am Ende des ersten Steilaufschwungs.
Rechts: Winterversuch Peter Siegerts mit seinen Freunden: ihr Direktaufstieg endet bereits am Beginn des ersten Steilaufschwungs.

Links: Der Hinterstoisser-Quergang am oberen Ende des ersten Wanddrittels bildet eine der wichtigsten Schlüsselstellen der ganzen Wand. Hier sieht man ihn vollkommen schnee- und eisfrei. Der Kletterer traversiert am Geländerseil nach links.
Rechts: Absturz im unteren Teil der Eigerwand. Das Bild entstand im Rahmen einer Bergung und soll die Schrecklichkeit der Wand dokumentieren, die nicht selten von Bergsteigern angegangen wird, die in ihr nichts verloren haben.

Er wartet und schaut und wartet – nichts. Um die Zeit, bis er Michel zu sehen hofft, abzukürzen, schaut der Beobachter in die Rampe. Es interessieren ihn die Verhältnisse am Wasserfallkamin, der für Michel das nächste ernste Hindernis sein wird. Plötzlich verhält das langsame Aufwärtsschwenken des Fernrohrs, ein kurzes Schlucken des Beobachters auf der privaten Hotelterrasse des »Bellevue«, dann der Ausruf zu sich selbst: »Chaib!«.

Das ist ein kraftvoller Schweizer Bewunderungsbegriff für Kerl. Schnell eine Zigarette angesteckt und nochmals geschaut: ja, er ist es, er ist es und er klettert rechts vom Wasserfallkamin hinauf durch die überhängende Wand.

Michel benutzt die viel schwierigere Terray-Variante. Der Wasserfallkamin ist vereist, der Walliser Bergführer zieht den trockenen Fels vor, auch wenn er größere Schwierigkeiten bietet. Und man sieht, daß Michel sehr sicher und vorsichtig klettert.

Dreieinhalb Stunden brauchte Darbellay vom Wandfuß bis hinauf zum Zweiten Eisfeld, wo Walter Bonatti zu biwakieren begann, unglaublich!

Und dennoch überwindet Michel keine schwierige Stelle ohne Seilsicherung. Das ist für einen Alleingeher ein sehr kompliziertes und zeitraubendes Manöver: Am Beginn der schwierigen Stelle wird ein Haken geschlagen (wenn keiner vorhanden ist), dann werden im folgenden Aufstieg, je nach Schwierigkeit, weitere Haken geschlagen. Auf diese Weise arbeitet sich der Alleingeher fünfundzwanzig bis dreißig Meter höher, um endlich den letzten Haken der Seillänge einzutreiben. An ihm wird das Seil befestigt, um an dem nun sicheren Seil die ganze Strecke wieder abzusteigen. Nun werden alle Haken und Schnappringe (Karabiner), durch die das Seil läuft, im zweiten Aufstieg wieder mitgenommen, denn sonst würde schon nach wenigen Seillängen das Material ausgehen. Das heißt also, daß Michel alle schwierigen Stellen praktisch dreimal zu bewältigen hat: zweimal hinauf, einmal hinunter. Aber der große Kraft- und Zeitaufwand lohnt sich, jedenfalls für Michel Darbellay, der kein unnötiges Risiko eingehen will. Er will mit der großen Wand und ihren Schwierigkeiten allein sein, aber nicht mit dem Risiko des Lebens. Die Terray-Variante raubt ihm die meiste Zeit. Aber um vierzehn Uhr liegt die technisch schwierige Rampe unter ihm. Fünfzehn Uhr dreißig: Spinne. Sie ist ruhig, keine Steine, keine Schneerutsche. Nach zwanzig Minuten hat Michel das zweihundert Meter lange Eisfeld der Spinne bewältigt. Nun noch die berüchtigten Ausstiegsrisse mit dem sehr schwierigen Quarzriß. Wieder wird gesichert und wieder vergeht kostbare Zeit. Doch Michels Sicherheit und Ruhe wachsen von Seillänge zu Seillänge, denn die Wand wirkt jetzt nicht mehr so drückend. Von hier sind es noch dreihundert Höhenmeter bis zum Gipfel. Von hier hatte man vor sechs Jahren Claudio Corti herausgeholt. Und

Die Deutschen Jörg Lehne (stehend) und Roland Votteler nach ihrer erfolgreichen Erstbezwingung der John-Harlin-Route im März 1966 auf dem Gipfel, abgekämpft, erschöpft, aber überglücklich.

von hier ist man den Menschen draußen in der Welt nicht mehr so fern wie etwa unten auf dem Dritten Eisfeld. Michel klettert noch vorsichtiger. Jetzt darf einfach nichts Böses mehr geschehen, denn ab hier hat er nach wenigen Kletterstunden das große Wagnis bestanden. Alles war bisher gut zu ihm: das Wetter, die Wand, der Steinschlag. – Die Menschenmengen auf Scheidegg schauen durch Ferngläser und Fernrohre, alle sind gegen die Wand gerichtet, gegen das Bügeleisen, auf dem sich die beiden Deutschen dem Todesbiwak nähern. Michel wird nur von den wenigen Vertrauten gesehen. Er verläßt beim Corti-Biwak in den Ausstiegsrissen die Route, klettert ein Stück rechts hinauf, wo er einen kleinen geschützten Platz findet. Hier beendet er seinen Aufstieg, obschon er noch ganze zwei Stunden klettern könnte, denn es ist erst neunzehn Uhr. Aber bliebe er nicht hier, müßte er auf dem Gipfel oder auf dem Gipfeleisfeld biwakieren. Und nach Ruhe sehnt sich Michel auch. Er ist müde, sehr müde. Nur Menschen, die selbst schon allein in Steilwänden kletterten, können ermessen, wie abgespannt man nach solchen Abenteuern ist.
Michel will Ruhe. Und eine Zigarette rauchen. Aber es gelingt ihm nicht, alle sind naß; er wirft sie weg. Der halbe Liter Tee ist längst schon getrunken. Jetzt wäre ein Schluck Tee gut. Morgen werde ich Tee haben, denkt Michel, und vieles mehr. Tee und Zigaretten, Schlaf und Ruhe – morgen. Schlafen kann er auf dieser einsamen Warte nicht. Der Platz ist zu klein, und auch die innere Ruhe fehlt ihm. Auch der stärkste Mann kann, des Nachts allein in einer solchen Riesenwand, innerlich nicht ruhig sein. Michel denkt an das, was er heute alles erlebte. An die Begegnung mit den Deutschen, die auf dem Todesbiwak die Nacht verbringen; an all die Kletterstellen, an Fels und Eis. Und morgen?
Er denkt und wird bewegt von ungezählten Gedanken. Was wird morgen sein?
Einundzwanzig Uhr: Fritz von Almen wartet auf der Scheidegg das vereinbarte Blinksignal ab. Es kommt nicht. Er erinnert sich ganz genau an die Vereinbarung, um punkt einundzwanzig Uhr wollte Michel herunterblinken. Das war vor einem Jahr auch mit dem Alleingeher Adolf Derungs abgemacht worden – und es kam nie. Wieder kommen Sorgen auf in Fritz von Almen. Dann endlich das regelmäßige Blinkzeichen von hoch oben aus der Wand. Das ist Michel, dessen Uhr um ganze zehn Minuten zu spät geht – endlich! Zehn Minuten sind für einen, der auf das Lebenszeichen eines ihm nahestehenden Menschen wartet, eine lange Zeit; zehn Minuten sind nichts für einen Alleingeher, der sich mit einem elfstündigen Biwak abzufinden hat.
Zusammengekauert sitzt Michel auf dem winzigen Platz und wartet. Seine Kleider sind naß, er beginnt zu frieren. Dennoch kann Michel nach Mitternacht immer wieder für kurze Zeit dösen, an Haken hängend, um gesichert zu sein. So vergeht die längste Nacht am Berg, die Michel Darbellay bisher erlebte. – 3. August, sechs Uhr: die unendliche Nacht ist vorbei, er ist innerlich wieder ganz ruhig, denn er weiß, daß nach wenigen Stunden der Gipfel erreicht sein wird.
Vom Biwakplatz zuerst wieder dreißig Meter abgeseilt zur Originalroute, dann der letzte Kamin in den Ausstiegsrissen, und bald wird das Gelände von Stück zu Stück immer weniger schwierig – das Gipfeleisfeld, der Grat, der Gipfel: acht Uhr

sieben. Die erste Alleinbegehung der Wand ist dem Schweizer Bergführer Michel Darbellay gelungen. Eine herrliche, eine großartige Leistung, die aufrichtige Bewunderung verdient. Aber für den stillen Michel war es mehr als nur ein Leistungsablauf, mehr als nur eine äußerliche Tat. Zwanzig Minuten lang bleibt er auf dem Gipfel sitzen. Er spürt das warme Sonnenlicht, das die Kälte und Schatten der Wand, die noch an ihm haften, wegwischt. Unten auf Scheidegg sieht er winzige Punkte, die eine große weiße Fahne schwingen. Ach ja, die Menschen, denkt er, aber seine Gedanken hängen noch zu sehr an dem einsamen Gang durch die Nordwand, als daß er weiter denken könnte.

Durch eine ungeschickte Bewegung beginnt der neben Michel gelegene Steinschlaghelm in die Nordwand zu kollern und verschwindet im Abgrund, aus dem er, Michel, gekommen war. Das ist sein Tribut für die Wand. Dann beginnt Michel mit dem Abstieg über die Westflanke. In normaler Verfassung ist sie für ihn ein Spaziergang, aber er ist sehr müde und muß sich anstrengen. Im untersten Teil kommt ihm der Wengener Bergführer Fritz Gertsch entgegen.

»Es ist flott, daß du gekommen bist«, sagt Michel dankbar und verschlingt den mitgebrachten Proviant. –

Unten auf Scheidegg, wo ihn begeisterte Menschen empfangen, sagt er nur:

»Es ist ein großer Berg . . . ich bin wahnsinnig müde.« –

Am Morgen, als Michel Darbellay den Gipfel erreichte, befand sich eine zweite Seilschaft bereits drei Stunden in der Wand. Um fünf Uhr sind die beiden eingestiegen, um acht Uhr dreißig erreichen sie das Schwalbennest. Das Wetter ist immer noch schön, nur drückend und außergewöhnlich warm ist der Tag. Niemand kennt zunächst die Namen der beiden Nordwandleute.

Die obere Seilschaft – Ekkert Gundelach und Dieter Zelnhefer –, die auf dem Todesbiwak ihre zweite Nacht verbrachte, befindet sich im Rückzug. Zehn Uhr fünfzehn: die zwei Seilschaften treffen am Beginn des Zweiten Eisfeldes zusammen; die Wand sei ihnen noch zu naß, sagen die Absteigenden. Siebzehn Uhr fünfundvierzig: auf dem Todesbiwak erkenne ich die unbekannte Seilschaft durch das Fernrohr von Scheidegg aus (!): der vierundzwanzigjährige Helmut Salger und der achtunddreißigjährige Horst Wels, beide aus München. Vor einigen Tagen trafen wir auf dem Mittellegigrat zusammen.

Im Westen kommen dunkle Wolken auf. Stunden später: Gewitter, Wettersturz, Schneefall.

Um sieben Uhr des 4. August brechen die zwei Münchner auf – nach oben. Der weitere Schneefall ist ihnen nicht gerade willkommen, aber er hindert sie nicht, die Durchsteigung fortzusetzen. Um elf Uhr ist die Rampe unter ihnen, um neunzehn Uhr dreißig die ganze Wand. Auf dem mit Seilen gesicherten Mittellegigrat, den sie gut kennen, klettern Wels und Salger ab zur Mittellegihütte: zwanzig Uhr fünfundvierzig. Am nächsten Abend in Grindelwald: Prost auf die zweiundvierzigste Begehung der Nordwand!

Die Spanische Tragödie

Zwei Spanier wollen die Nordwand bezwingen. Schon im Sommer 1962 hatten Bergsteiger der iberischen Halbinsel einen Versuch gestartet. Am Schwalbennest wurden sie von Schlechtwetter zurückgetrieben. Es gilt, die *erste spanische* Durchsteigung zu erobern. Im letzten Sommer waren es die Catalanen José-Manuel Anglada und Jori Pons, die gut und gerne als die besten Bergsteiger Spaniens bezeichnet werden können, mit ihrem deutschen Kameraden Heinz Pokorski; alle drei gehören dem angesehenen »Grupo de Alta Montaña« an. Die catalanischen Bergführer, und dazu noch die bekanntesten Spaniens, scheiterten an der Eigerwand – also werden es Aragonier sein, die den Ruhm einer erfolgreichen Durchsteigung nach Spanien tragen:

Der neunundzwanzigjährige Halbriese Alberto Rabada, ledig, von Beruf Polsterer und Dekorateur; der kleine Ernesto Navarro, achtundzwanzigjährig, ebenfalls ohne Familie, Möbeltischler – echte Aragonier, aus der Provinzhauptstadt Saragossa.

Rabada und Navarro gelten als die besten Kletterer des dortigen »Club Montañeros de Aragón«, und auch unter den anderen Bergsteigern Spaniens sind sie bekannt.

Mit der finanziellen Unterstützung ihres Clubs fahren Alberto Rabada und Ernesto Navarro Ende Juli von Saragossa ab. Begleitet von ihrem fünfunddreißigjährigen Freund Luis Alcalde, der zwar auch Bergsteiger ist, aber diesmal nur als Mittelsmann dabei sein soll. Es ist angenehm und beruhigend, anläßlich großer Unternehmungen einen Kameraden nahe dem Berg zu wissen.

In Grenoble möbeln die Aragonier ihre Ausrüstung auf, neue Seile, Haken.

Am Spätnachmittag des 2. August erreichen die drei Grindelwald und fahren gleich hinauf zur Kleinen Scheidegg. Am Südhang des Lauberhorns, zehn Minuten von den Hotels entfernt, stellen sie ihr Zelt auf. Das Wetter ist zu unsicher, als daß die Seilschaft aus Saragossa gleich einsteigen könnte. Alberto und Ernesto warten. Eine ganze Woche lang. Das Warten auf die Nordwand ist zermürbend. Und Geld kostet es auch. Aber sie müssen warten. Ab 3500 Meter gibt es fast täglich Neuschnee. Der 10. August, ein Samstag, wird ein prächtiger Tag. Vormittags ziehen noch einige Federwolken von West nach Ost und in großen Höhen herrscht noch starke Windtätigkeit, aber nachmittags klart es richtig auf. Alberto und Ernesto rüsten auf die Nordwand. Morgen, am Sonntag, wollen sie ihr lang ersehntes Ziel angehen.

Fünfzehn verschiedene Felshaken, vier normale Eishaken, ein sechzig Meter langes rotes Seil, Karabiner, Steigeisen und Pickel; ein Gaskocher und Proviant

für zwei bis drei Tage. Sonntag, 11. August: eineinhalb Stunden nach Mitternacht verlassen Alberto Rabada und Ernesto Navarro ihr Zeltlager am Lauberhorn. Luis Alcade, der zurückbleibt, gibt ihnen noch gute Worte mit auf den Weg, dann nimmt sie die Nacht auf.
Am Wandfuß bekommen die beiden Spanier Gesellschaft: die Japaner Daihachi Okura und Mitsuhiko Yoshin aus Okayama sind da. Und warum nicht auch Japaner!? Hatte doch auch den großartigen Mittellegigrat am Eiger ein Japaner bezwungen (1921): Yuko Maki, der dem Grindelwalder Führerverein die Geldmittel für den Bau der heutigen Mittellegihütte stiftete. Japanische Bergsteiger haben an den Bergen der Welt – im Himalaya, Karakorum und Hindukusch – bedeutende Unternehmungen vollbracht, z.B. die erste Besteigung des 8125 Meter hohen Manaslu (1956). Mit den Spaniern haben die Japaner freilich sprachliche Schwierigkeiten, Ernesto und Alberto sprechen und verstehen nur spanisch. Aber mit einigen Gesten ist unter Bergsteigern schnell etwas gesagt. Man lacht sich zu, man versteht sich, auch ohne Worte.
Drei Uhr: die Spanier beginnen als erste Seilschaft, die Japaner folgen mit geringem Abstand. Aber das Tempo beider Seilschaften ist beängstigend. Erst um die Mittagszeit kommt der Schwierige Riß an die Reihe. Um sechzehn Uhr nisten sich die Japaner im Schwalbennest ein; dort beenden sie ihren ersten Aufstiegstag. Rabada und Navarro klettern weiter über den Eisschlauch zu den Felsen unterhalb des Zweiten Eisfeldes. In der prallen Nachmittagssonne: in der gefährlichsten Zeit des Steinschlags, besonders jetzt, wo das oberste Wanddrittel noch Neuschnee trägt. Ich beobachte die beiden durch das Fernrohr und kann deutlich erkennen, daß neben ihnen immer wieder Stein- und Eistrümmer aufschlagen. Und sie klettern weiter, ohne sich um die ernste Gefahr, die jeden Augenblick Verderben bringen kann, zu kümmern! Steinschlag? Durch Heinz Pokorskis Brief haben Alberto und Ernesto über den gefährlichen Steinschlag wohl Kenntnis bekommen, und vielleicht denken sie, daß dieser Steinhagel, der dauernd neben ihnen kracht, ganz normal ist. Jedenfalls klettern die Spanier weiter, und es scheint wirklich, daß sie den Steinschlag nur nebenbei beachten. Ab und zu duckt sich einer, das ist alles.
Am Beginn des Zweiten Eisfeldes richten sich die beiden für die erste Nacht ein. Und es dauert nicht lange, da braust das erste Gewitter über sie hinweg.
Ein schweres Hochgewitter. Nach einigen Stunden weiß jeder, auch die Menschen außerhalb der Wand, daß mit dem Gewitter ein Wettersturz eingeleitet worden ist. Auf dem Jungfraujoch schneit es, auch in der oberen Wandhälfte.
Montag, 12. August. Den ganzen Vormittag hindurch regnet es, ab 3500 Meter fällt Schnee. Die Japaner sind gleich am Morgen abgestiegen, am Nachmittag sieht man sie bereits in Grindelwald. Und die Spanier klettern weiter. Über das Zweite Eisfeld, auf dem Rabada einmal ausgleitet und zwanzig Meter stürzt und für das sie fast den ganzen Tag brauchen, dann über die Felsen des Bügeleisens zum Todesbiwak, auf dem Alberto und Ernesto Halt machen für die Nacht. Wieder regnet und schneit es. Niemand kann verstehen, warum Rabada und Navarro nicht schon nach dem ersten Biwak umkehrten wie die Japaner. Noch

keine Seilschaft bisher wagte sich in derartig schlechtem Wetter ab dem Zweiten Eisfeld weiterzusteigen. Typisch Aragón, würden die Catalanen sagen. Auch Luis Alcalde, der spanische Beobachter, selbst ein Aragonier, ist ratlos und besorgt. Aber morgen, wenn das Wetter nicht besser wird, werden die beiden zweifellos den Rückweg antreten – alles andere ist hoffnungslos, sind sich die Leute auf Scheidegg, die mit der Wand vertraut sind, einig. Immer wieder trete ich hinaus in die Nacht, um nach dem Wetter zu schauen. Und immer wieder: Regen und Regen! Dienstag, 13. August: Gleich am Morgen beginnt es aufzuklaren, aber die Wand ist zunächst nur für kurze Zeit nebelfrei. Nun haben sie wenigstens für den Abstieg erträgliches Wetter, denke ich, und wenn sie Glück haben, kommen die beiden Aragonier in einem Tag aus der Wand. Ich sitze am großen Fernrohr und warte auf Sicht. Stunde um Stunde. Erst gegen Mittag lichtet sich der weißgraue Riesenvorhang. Ich suche das Zweite Eisfeld ab und sehe nichts, auch keine Spuren im Neuschnee. Dann sucht Frau von Almen – und entdeckt die Spanier am Beginn der Rampe!

Ich bin erschüttert. Alberto Rabada und Ernesto Navarro haben ihre letzte Chance für einen Rückzug in den Wind geschlagen. Es scheint, als kletterten sie völlig unbekümmert weiter. Und das mit erschreckender Langsamkeit. Den ganzen Vormittag benötigt die Seilschaft für das Dritte Eisfeld, für zwei Seillängen!

Zu den Beobachtern auf Scheidegg haben sich zwei neue Nordwand-Anwärter gesellt: die beiden Walliser Bergführer Guy Formaz und Alfons Darbellay, ein Bruder des Alleingehers Michel Darbellay. Von Stunde zu Stunde wächst die Besorgnis in uns.

Sechzehn Uhr: Alberto und Ernesto sind vierzig Meter unterhalb des Wasserfallkamins in der Rampe. Alberto, der große und starke, stets als Seilerster kletternd, trägt einen roten Anorak; Ernesto einen blauen. Durch die normalen Fernrohre, die den vielen Scheideggbesuchern zur Verfügung stehen, kann man die Farben gerade noch erkennen. Die Leute reden nur immer von einem roten und von einem blauen Punkt.

»Hast du gesehen, Papi, der Blaupunkt hat sich gerade bewegt! Aber der Rotpunkt rührt sich überhaupt nicht, ob er noch lebt?« Die Gespräche und Kommentare, die ich bruchweise aus der Masse zu hören bekomme, sind makaber.

Ja, auch der Rotpunkt lebt noch und bewegt sich, er sichert den Blaupunkt nach. Körperlich scheinen Alberto und Ernesto in Ordnung zu sein, denn ständig ist einer in Bewegung, nur unendlich langsam geht alles vor sich.

Um neunzehn Uhr ist endlich die letzte Seillänge vor dem Wasserfallkamin bewältigt. Rechts unterhalb des Kamins wäre ein einigermaßen günstiger Biwakplatz. Aber Rabada scheint ihn nicht zu beachten, er klettert weiter. Im Wasserfallkamin fordert jeder Zoll harten Einsatz, man sieht es, der Fels ist mit Schnee und Eis gepanzert. Rabada schiebt sich langsam höher, er schlägt drei Haken, und fast bei jedem Meter Höherkommens rutscht er mit einem Fuß aus, aber Alberto stürzt nicht, immer wieder kann er sich halten.

Ein verrückter Anblick durch das Fernrohr: ein Mensch, der um sein Leben ringt,

ohne daß man ihm helfen kann. Man sieht, daß es der Seilschaft nicht an perfekter Seil- und Hakentechnik mangelt, aber daß sie nicht mehr im Besitz ihrer Kräfte ist. Wenn das Wetter und die Wandverhältnisse nicht noch schlechter werden, denke ich, werden die beiden in zwei oder drei Tagen den Gipfel erreichen.
Zwanzig Uhr dreißig: Alberto und Ernesto richten genau oberhalb des Wasserfallkamins ihr drittes Biwak ein. Der Platz ist sehr klein. Kaum, daß sie sitzen können. In der Nacht wieder Regen und Schneefall.
Am Abend bespreche ich mit Luis Alcalde, dem Kameraden der beiden, die Lage. Ich frage ihn, ob es möglich sei, innerhalb kürzester Zeit eine Gruppe spanischer Bergsteiger zur Scheidegg kommen zu lassen; vielleicht werde es notwendig, erkläre ich ihm, eine Hilfsaktion zu starten. Alcalde sagt, daß augenblicklich fast alle guten Bergsteiger Spaniens unterwegs seien, in den Anden, im Montblanc-Gebiet, in den Pyrenäen.
Fritz von Almen berichtet dem Grindelwalder Rettungschef Gertsch über die Lage in der Wand und gibt seiner Besorgnis Ausdruck.
Fritz Gertsch sagt, daß von ihm erst dann eine Aktion eingeleitet werde, wenn er von zuständiger Seite, die auch den Kostenaufwand zu übernehmen sich bereit erklärt, den Auftrag erhalte. Es seien zwei große Rechnungen über vorjährige Eigerwand-Aktionen noch nicht beglichen, und das könne er seinen Leuten nicht zumuten.
Luis Alcalde wird mit diesem Sachverhalt vertraut gemacht. Im empfehle ihm, den »Club Montañeros de Aragón« anzurufen; der Club soll ihm die telegrafische Zusicherung für die Übernahme eventuell entstehender Rettungskosten geben. Alcalde telefoniert nach Saragossa und bald besitzt er das wichtige Telegramm. Der Club erklärt sich spontan bereit, für alle Kosten, wie hoch auch immer, aufzukommen.
Mittwoch, 14. August, sieben Uhr dreißig: Das Wetter ist den beiden in der Wand gütig. Es regnet und schneit nicht mehr, die Nebelschwaden sind abgezogen. Die Chancen für Alberto und Ernesto steigen, wir auf der Kleinen Scheidegg sind beruhigter.
Die Wand ist ab Bügeleisen aufwärts weiß. Schnee und Eis.
Der kleine Ernesto übernimmt an diesem Morgen die Führung der Seilschaft. Ihr Tempo ist etwa gleich wie in den drei letzten Tagen: langsam.
Nur eine Seillänge haben die beiden noch bis hinauf zum Rampen-Eisfeld. Und sie brauchen ganze vier Stunden für diese einzige Seillänge, vier Stunden für etwa vierzig Meter.
Es ist elf Uhr dreißig. Die Stunden fliegen. Auf dem Rampen-Eisfeld pickelt Ernesto Stufen aus der spröden Masse. Bis zu dreißig Hiebe braucht er für eine Stufe. Ein guter Eisgeher braucht, wenn er nicht erschöpft ist, kaum mehr als drei oder vier Pickelschläge je Stufe. Ernestos Pickelhiebe sind müde, ungezielt, durch die Vielzahl noch kraftraubender.
Dann, ab halber Höhe des Rampen-Eisfeldes, kann die Seilschaft von Scheidegg aus nicht mehr beobachtet werden; eine Felskulisse verdeckt sie. Brüchiges Band und Brüchiger Riß kommen an die Reihe.

Um fünfzehn Uhr dreißig erreicht Alberto, der zwischenzeitlich wieder die Führung übernahm, den Beginn des Götterquergangs. Er schlägt einen Standhaken und versucht Ernesto nachzusichern. Aber das Seil scheint sich verklemmt zu haben. Wie ein Besessener reißt er an dem roten Perlonstrang, ohne ihn nachzubekommen. Alberto klettert fünf Meter zurück, vollbringt dort ein zeitraubendes Manöver, dann endlich kann Ernesto nachkommen. Erst zwei Stunden später stehen beide beisammen: siebzehn Uhr dreißig. Ab und zu bekommt die Wand Sonne. Die Felsen, über die Schmelzwasser herabrinnt, glitzern.
Die ersten vierzig Meter des Götterquergangs sind trotz des Schnees nicht schwierig. Alberto hat sie schnell hinter sich. Der nachkommende Ernesto bückt sich bei jedem Felsen, der aus dem Schnee ragt, um Schmelzwasser zu trinken; er muß schrecklichen Durst haben.
Um zwanzig Uhr dreißig befindet sich die Seilschaft am Beginn des letzten Götterquergang-Drittels. Dort umgibt sie das abendliche Dunkel der vierten Nacht. Wieder ist der Platz klein, über erregendem Abgrund. Von hier bricht die Wand senkrecht ab zum Dritten Eisfeld.
Noch vor Mitternacht zieht erneut schlechtes Wetter auf.
Unerbittlicher als alle drei Nächte zuvor. Schwerer, kalter Regen klatscht auf die Dächer von Scheidegg, überall dichter Nebel. –
Donnerstag, 15. August. Nicht einen Augenblick lang ist die Wand zu sehen, Nebel, Regen, Schnee. Noch am Vormittag treffen Fritz von Almen und ich Vorbereitungen für eine Rettungsaktion. Drei spanische Bergsteiger kommen von Chamonix, wo sie über das langsame Vorwärtskommen ihrer Kameraden Nachricht erhielten, nach Grindelwald. Sie wollen helfen. Es sind Angel Landa und die Brüder Juan-Antonio und José-Maria de Regil aus Bilbao.
Gleich sind sie heroben auf der Scheidegg. Auch Polizist Schwendener aus Grindelwald ist mit Sprechfunkgeräten da. Mittags steigen Roberto Sorgato, die drei Spanier und ich schwerbeladen über die Westflanke auf. Von der Schulter des Nordwestgrates aus versuchen wir, mit den beiden Männern in der Wand Rufverbindung zu bekommen. Nach zahlreichen Versuchen gebe ich per Funk die Lage nach Scheidegg durch: »Jedes Rufen zu fünft blieb bisher ohne Antwort. Leichter Regen, Sichtweite vierzig Meter, Westwind etwa fünfundzwanzig Knoten, Temperatur fallend – wir warten auf Sicht.«
Wir warten bis zum Abend, immer wieder schreien wir in die Wand, aber jeden Laut schluckt der dichte Nebel, der sich für keine Sekunde lichtet. Die Felsen der Westflanke tragen fünf Zentimeter Neuschnee. Die Temperatur sinkt bis unter den Nullpunkt. Ich bespreche noch alle Einzelheiten mit Scheidegg wegen der morgigen Rettungsaktion. »Alberto und Ernesto müssen jetzt am Beginn der Ausstiegsrisse sein«, sage ich, »von dort kann man sie herausholen. Das Stahlseilgerät und genügend Leute brauchen wir.«
Alles ist bestens vorbereitet. In Grindelwald rüsten die Bergführer. Der bekannte Hermann Steuri übernimmt die Leitung der Aktion. Nach diesem Funkgespräch richten wir uns für die Nacht ein, sie ist kalt.
Freitag, 16. August, drei Uhr. Der Amerikaner John Harlin, den wir von der

achtundzwanzigsten Nordwand-Begehung (1962) her kennen, verläßt mit dem Italiener Ignazio Piussi die Kleine Scheidegg und steigt über die verschneite Westflanke auf zu uns. Der Tag beginnt mit schönem Wetter. Alle haben wir neue Hoffnungen für die beiden in der Wand.
Sechs Uhr: Fritz von Almen gibt uns von der Scheidegg das Ergebnis seiner ersten Fernrohrbeobachtung durch:
»Im rechten Teil der Spinne (die wir von der Nordwestgratschulter nicht einsehen können) sah ich in halber Höhe einen Körper liegen, teils mit Schnee bedeckt. Von ihm führt ein Seil zum rechten oberen Rand der Spinne. Dort muß sich der andere befinden, aber ich kann ihn nicht sehen, eine vorspringende Felskante verdeckt ihn.«
Ein schneebedeckter Körper in der Spinne?
»Kann das nicht ein Irrtum sein?« frage ich.
»Die Sichtverhältnisse sind zwar noch sehr schlecht, aber ich glaube mich nicht getäuscht zu haben!«
Wir sind erschüttert. John Harlin wirft seinen Rucksack zu Boden, sagt einige bittere Worte und starrt vor sich hin. Die Spanier und Italiener reden kein Wort, unendliche Trauer.
Aber vielleicht ist es doch ein Irrtum, denke ich, und außerdem muß auch der zweite Mann in der Wand ausfindig gemacht werden.
»Ich will mich nicht gerne allein auf die Fernrohrbeobachtung verlassen«, melde ich meine Bedenken nach Scheidegg, »zumal wir über das Schicksal des anderen Spaniers noch nichts wissen. Bitte unterrichte Fritz Bühler, den Chef der Schweizer Rettungsflugwacht, über die Lage und ersuche ihn, daß ein Hubschrauber an die Wand fliegt, um Beobachtungen aus nächster Nähe zu machen. Bühler verbringt seine Ferien in Grindelwald.«
Fritz von Almen fordert telefonisch einen Hubschrauber an. Mit Fritz Bühler führte ich vor Tagen ein interessantes Gespräch. Wir diskutierten über die Hubschrauber-Rettungsmöglichkeiten aus der Eigerwand. Bühler ist ein aufgeschlossener Mann, der, wenn es um Menschenleben geht, nichts unversucht lassen will.
Sechs Uhr dreißig: Ein Hubschrauber vom Typ 204 B mit den Piloten Walter Demuth und Ty Rufer fliegt die Wand an.
Vorher gab ich von John Harlin, Oberleutnant der amerikanischen Luftwaffe, die Windbeobachtung per Funk durch: Westwind, etwa fünfzehn Knoten. Der Helikopter kann sich der Spinne bis auf etwa hunderfünfzig Meter nähern. Wenig später werden wir über die Beobachtungen unterrichtet: Der längliche dunkle Fleck in halber Höhe der Spinne sei kein Körper, sondern ein Fels, der aus dem Schnee rage; aus dem Hubschrauber habe man die beiden Spanier am oberen Ende der Spinne sitzen sehen, jedoch ohne jede Bewegung. Es müsse deshalb angenommen werden, daß Alberto Rabada und Ernesto Navarro bereits tot sind. Um aber endgültige Gewißheit zu bekommen, wird folgende Aktion eingeleitet; zuerst soll eine Düsenmaschine vom Typ Hunter nahe an der Spinne vorbeifliegen, um die beiden eventuell noch schlafenden Männer zu wecken, um dann mit

Hilfe eines anderen Hubschraubers vom Typ J 3 nochmals genaue Beobachtungen anzustellen.
Zwölf Uhr fünfzehn: Dreimal rast die Hunter mit unheimlichem Getöse an der Spinne vorbei. Der Pilot meldet, daß er keine Bewegung habe wahrnehmen können.
Zwölf Uhr dreißig: Der J 3-Helilopter mit Hermann Geiger, Fritz Bühler und dem Bergführer Edi Thommen fliegt dreimal die Spinne an. Dann erfahren wir: die Spanier säßen doch nicht beisammen. Einer hänge, teilweise von Neuschnee bedeckt, am Seil in halber Höhe der Spinne, der andere sitze am rechten oberen Rand der Spinne – tot.
Hermann Steuri, der die ganze Aktion leitet, macht mich per Funk mit dieser offiziellen Meldung vertraut; wir sollten zur Scheidegg absteigen.
Roberto Sorgato sagt es unseren drei spanischen Kameraden aus Bilbao. Sie nicken, sitzen geschlagen da, stumm, mit dem Glanz von Trauer in den Augen.
Wir steigen ab nach Scheidegg, wo Menschentrauben an den Fernrohren hängen.
Am Spätnachmittag liegt die ganze Spinne im Sonnenlicht.
Ich sehe durch das große Teleskop, um mir mit eigenen Augen Gewißheit zu verschaffen, und da sehe ich alle diese schrecklichen Einzelheiten: Ernesto Navarro liegt, am Seil hängend, in halber Höhe der Spinne. Ich sehe seine roten Strümpfte, seinen blauen Anorak, eine Hand, die aus dem Schnee ragt. Und ich sehe das Seil, das zu Alberto hinaufführt. –
Die Wand leuchtet in hellem Sonnenlicht, friedlich, als könnte sie niemals furchtbar und todbringend sein, als erlebte jeder Begeher in ihr nur wildes Bergsteigerglück, erregende Abenteuer.
Vom Lauberhorn her sind die warmen Laute des Alphorns zu hören. Und in der weißen Wand hängen starre Menschenkörper, in denen einmal bergbegeisterte Herzen schlugen.

*

Was in Alberto Rabadas und Ernesto Navarros letzten Lebensstunden geschah, wird man nie genau ergründen können. Naheliegend ist die Vermutung, daß die außerordentlich zähe Seilschaft am Donnerstag (15. August) bis zum oberen Ende der Spinne vordrang, und daß dort, beim Versuch weiterzuklettern, Ernesto auf das Eisfeld der Spinne stürzte, von wo ihn, vielleicht verletzt, Alberto nicht mehr hinaufziehen konnte.
Der endgültige Tod dürfte durch Kälte und Erschöpfung eingetreten sein. –
Einige Tage später erklärt der Grindelwalder Gemeindepräsident, Christian Brawand, daß die Gemeinde die Kosten der Leichenbergung übernehmen wolle, falls sie der Club, dem Alberto und Ernesto angehörten, nicht tragen könne. Aber der »Club Montañeros de Aragón« will alle entstehenden Kosten, sie werden auf zehntausend Schweizerfranken geschätzt, übernehmen. –
Heinz Pokorski, der Kamerad der beiden Toten, schreibt mir einige Zeilen, die das schreckliche Schicksal der spanischen Seilschaft ein wenig beleuchten:

»Die Dickköpfigkeit, aber auch die körperliche Leistungsfähigkeit der Aragonier sind sprichwörtlich in Spanien. Alberto und Ernesto waren echte Maños (Spottname für die Aragonier), echte Kinder ihres Landes. Mit ihrer Hartnäckigkeit hatten sie überall in den Pyrenäen und auf den Sierras Spaniens Erfolg. Sie biwakierten vielleicht einmal mehr als die Franzosen oder die Catalanen, aber was machte es!

Bis 1958 ernteten sie dafür bei den auch heute im spanischen Alpinismus noch führenden Catalanen ein halb mitleidiges, halb spöttisches Achselzucken: Son Maños –, es sind nun einmal Maños, war die einzige Erklärung. Das änderte sich jedoch. Aus dem Spott wurde ein ungläubiges Kopfschütteln, Staunen, und schließlich, nach den Erfolgen Rabadas und Navarros in den Jahren 1961 und 1962, uneingeschränkte Bewunderung. Zu den vorhandenen Qualitäten war eine hervorragende Hakentechnik gekommen. Aber genügte das für die Eigerwand?

Waren die beiden leichtsinnig? Nach allem, was ich von ihnen weiß und wie ich sie kannte, glaube ich es nicht. Sie haben den Berg unterschätzt, gewiß, haben vielleicht Maßstäbe der Heimatberge angelegt. Aber soll man ihnen das zum Vorwurf machen?«

Das steht keinem zu. Nur tragisch ist es, daß zwei tüchtige Männer allein ihrer Unkenntnis zum Opfer fielen.

Alberto Rabada und Ernesto Navarro müssen nicht so lange in der Nordwand hängen wie der unglückliche Italiener Stefano Longhi 1957/59. Bereits vier Monate nach ihrem Tod werden sie geborgen. Von den Schweizer Bergführern Paul Etter, Ueli Gantenbein und Sepp Henkel; Etter glückte 1962 die dreißigste Durchsteigung.

Am 27. Dezember 1963 starten die drei auf dem Jungfraujoch, steigen auf den Eigergipfel, seilen sich hinab in die Spinne, wo sie am 29. Dezember zu den Leichen der Spanier gelangen. Mit ihnen setzen sie die Abseilfahrt gerade hinab zum Bügeleisen fort. Vom Bügeleisen stürzen die beiden Leichen wegen Hakenausbruchs bis auf den Wandvorbau hinab, von wo sie durch eine Bergungsmannschaft aus Grindelwald und Lauterbrunnen ins Tal gebracht werden.

Die Schweizer biwakieren auf dem Bügeleisen, setzen den Abstieg am 30. Dezember über das Zweite Eisfeld fort; nach einem weiteren Biwak erreichen sie am Morgen des 31. Dezember die Kleine Scheidegg – der erste Eigerwand-Abstieg, auch wenn die meisten Kletterstellen abseilend überwunden wurden.

Im darauffolgenden Sommer – 4. bis 7. August 1964 – glückt José Anglada und Jordi Pons, meinen Freunden aus Barcelona, die erste spanische Begehung als siebenundvierzigste Seilschaft – es mußten halt doch Catalanen kommen, um am Eiger Ruhm für Spanien zu ernten.

Nur einer kam zurück

Das Eigerwandjahr 1964 bringt elf glückliche Durchsteigungen: 15 Deutsche – unter ihnen Daisy Voog als erste Frau –, 2 Schweizer, 2 Spanier, 1 Algerier und 1 Franzose erreichen den Gipfel. Und kein Toter ist zu beklagen. Ein gutes Eigerjahr. Dafür bringt der Sommer 1965 sehr viel unstabiles Wetter. Bis Mitte August gibt es überhaupt keine Begehung. Und die dreiundfünfzigste Nordwand-Begehung wurde eines der sonderbarsten und tragischsten Ereignisse in der dreißigjährigen Geschichte der Riesenwand.
Da sind die beiden Japaner Tsuneaki Watabe, 29, und Mitsumasa Takada, 31. Sie kennen sich erst seit wenigen Tagen. Aber beide haben seit Jahren die gleiche Idee: Eigerwand. Ohne voneinander zu wissen.
Tsuneaki Watabe hatte sich schon im Juni 1964 auf den Weg zur Nordwand gemacht. Auf einem kleinen Frachter nach Sibirien, von dort mit dem Zug über Moskau in die Schweiz. Über einen Monat lang war er unterwegs.
Mit seinem Kameraden Hattori Yoshino, der auf dem schnelleren Weg nach Europa gekommen war, kämpfte er in der 1800 Meter hohen Wand. Aber schon nach dem ersten Wanddrittel machten ihnen die unberechenbaren Gefahren einen bösen Strich durch die Rechnung. Yoshino wurde an der rechten Hand von einem Stein getroffen. Sie mußten zurück und zunächst auf die Wand verzichten.
Der verletzte Yoshino flog nach Japan zurück. Tsuneaki Watabe hatte kein Geld mehr für die Rückreise. Aber er hatte das Versprechen seines Kameraden, nach einem Jahr wiederzukommen.
Tsuneakis Los hieß Warten. Ein ganzes Jahr. Im Haus Nummer 2 in der Münchner Konradinstraße fand er eine primitive Bleibe. In einer Elektrofabrik verdiente er sich als Hilfsarbeiter den Lebensunterhalt. Im Frühling 1965 lernte ich Tsuneaki kennen. Ich brachte ihn mit mehreren Bergsteigern zusammen. Dann war er jedes Wochenende in den Bergen.
Dann kam der Sommer. Und bald kam auch wieder sein Nordwandkamerad Hattori Yoshino nach Europa. Yoshino hat keine Vorderfüße mehr, bei der Bezwingung einer winterlichen Wand in Japan hatte er sie erfroren. Yoshino kann auf der Straße zwar schlecht gehen, aber klettern kann er noch gut. Bereits Anfang Juli befanden sich beide in Zermatt. Sie bezwangen die Matterhorn-Nordwand bei schlechtesten Verhältnissen: Zwei Nächte mußten sie in der Wand verbringen. Das war nichts für Yoshinos Füße. Von noch längeren und schwierigeren Touren wollte Yoshino bald nichts mehr wissen. Aber für Tsuneaki war die Matterhorn-Nordwand nur ein Sprungbrett zur Eigerwand.
Einen neuen japanischen Kameraden für die Eigerwand zu finden, ist in diesem

Sommer keine Kunst. Die Nordwand wird seit Ende Juni von etwa zwanzig japanischen Bergsteigern belagert. Es geht um die erste japanische Bezwingung. Seit 1963 erlebten die Japaner zur Nordwand-Niederlagen. Aber die Wand schaut in diesem Sommer ganz besonders gefährlich aus. Das obere Wanddrittel wie im Winter. Doch die Reise nach Europa ist zu teuer, um noch ein weiteres Jahr warten zu können. Tsuneaki lernt den einunddreißigjährigen Mitsumasa Takada kennen. Der einunddreißigjährige Mitsumasa Takada ist in der Millionenstadt Nagoya auf Hondo beheimatet, von Beruf Fuhrunternehmer mit eigenem Lastwagen, den er vor Antritt der Europareise verkaufte.
Am 10. Juni 1965 verließ er seine Heimat und erreichte am 18. Juni über Sibirien und Rußland die Schweiz. Auch Takada hatte dem Bergsteigen harte Tribute bezahlen müssen: alle Zehen, rechts drei Finger, links zwei Finger halb weg. Ursprünglich wollte er die Nordwand allein angehen. Aber dann waren ihm das Wetter und die Wandverhältnisse zu schlecht, um das Abenteuer allein zu wagen. Er kennt in den Alpen keinen anderen Berg als den Eiger. Um mit dem Abstieg vertraut zu werden, steigt er über die Westflanke auf den Eigergipfel.
In den Nachmittagsstunden des 19. August stehen Watabe und Takada am Fuße ihrer Nordwand. Ein Donnerstag. Das Wetter ist nicht sehr gut. Aber umkehren kann man ja immer noch. Und außerdem sind sie bestens ausgerüstet, Proviant für sieben Tage. Nur etwas fehlt: eine Verständigungsmöglichkeit zu den Kameraden im Tal. Leuchtpatronen oder ein Sprechfunkgerät.
Hinter den beiden steigen drei weitere Japaner in die Wand. Flüssiger Aufstieg. Aber die großen Schwierigkeiten kommen erst. Dann der Schwierige Riß, der Hinterstoisser-Quergang. Die ersten Schlüsselstellen. Watabe und Takada finden sich gut zurecht. Im Schwalbennest Biwak. Aus dem Tal kommen die Schatten der Nacht, das Wetter ist immer noch gut. Die Stunden des Biwaks sind erträglich. Kaum daß der Freitag mit dem ersten Tageslicht anbricht, kletterten Watabe und Takada weiter. Im Westen stehen graue Wolken.
Auf dem riesigen Zweiten Eisfeld sind Watabe und Takada ganz allein auf sich gestellt. Kein Mensch könnte ihnen hier mehr helfen. Schon hier spüren sie die ersten Regentropfen. Aber das ist noch kein Grund zur Umkehr. Schon gar nicht für den harten Takada. Da muß schon mehr kommen als nur ein paar Regentropfen. Es kommt mehr. Tausend Meter über dem Wandfuß. Nach dem Dritten Eisfeld beginnt es in Strömen zu regnen. Aber das ist vielleicht nur ein Gewitterregen, denken sie. Sie plagen und kämpfen sich durch die Rampe hinauf. Es werden nur die notwendigsten Kommandos gesprochen. Allein die harte Sprache der Wand ist zu hören. Das Krachen des Steinschlags, das unheimliche Rauschen der Sturzbäche. In halber Höhe der Rampe geht der Freitag schon zur Neige. Und immer noch sind siebenhunder Meter Steilwand über ihnen. Der Regen verwandelt sich mit zunehmender Nachtkälte in Schnee. Aber um Mitternacht sehen die beiden das Glitzern einiger Sterne. Neue Hoffnung.
Der Samstag ist ihnen gnädig. Das Wetter hat sich beruhigt.
Die obere Hälfte der Rampe ist schwierig, teilweise vereist. Harte und gefährliche Arbeit. Nach jeder Seillänge wird mit der Führung gewechselt.

So geht es bis zum Götterquergang, über den man nach hundertfünfzig Metern in die Spinne gelangt. Auf den abschüssigen Bändern liegen Schnee, Eis. An stilreines Klettern ist hier nicht zu denken. Es ist mehr ein unsicheres Dahinschleichen. In den Mittagsstunden des Samstags fehlen nur noch zwanzig Meter bis in die Spinne. Aber sie muten an wie die Unendlichkeit, denn hier ist der Götterquergang am schwierigsten, gefährlichsten. Tsuneaki klettert als Seilerster. An einem einzigen Haken sichert er seinen Kameraden nach. Da! ... Der in das Eis gehackte Tritt bricht bei Takada aus ... ein Schrei ... ein Sturz ... Stille. – Nach dreißig Metern kann Watabe den Stürzenden am Seil halten. Einige aufgeregte Worte, dann weiß Tsuneaki, daß Takada unverletzt ist. Eine ernsthafte Verletzung würde hier der sichere Tod sein. Aber Takada ist moralisch erledigt. Er muß nun die Führung ganz Tsuneaki überlassen. Dann können sie endlich die Spinne mit ihrem zweihundert Meter langen Eisfeld betreten. Ein unheimlicher Kessel aus Schnee, Eis und Fels. Ein Kessel des Todes ist das hier bei schlechtem Wetter. Und das Wetter ist wieder schlecht geworden. Links und rechts von ihnen zischen kleine Lawinen in den Abgrund. Aber den Abgrund können die beiden gar nicht mehr sehen. Sie kämpfen in Nebel und Schneefall. Auf der Kleinen Scheidegg ist man längst besorgt um Watabe und Takada. Das dramatische Schauspiel bleibt den Menschen im Tal verborgen. Die Wand hat ihren grausamen Vorhang zugezogen. Watabe und Takada kämpfen ihren einsamen Kampf weiter, mutig, entschlossen. Denn von hier gibt es kein Zurück mehr. Nur über den Gipfel führt der Weg. Und irgendwo da oben in dem gespenstischen Grau muß der Gipfel sein, vielleicht fünfhundert Meter von ihnen entfernt.
In den späten Nachmittagsstunden ist die Spinne bezwungen. Die beiden verpassen den richtigen Ausgang der Spinne. Sie klettern zu weit links, verlieren sehr viel Zeit.
Dann jene vereiste Wandstelle. Der Fels ist mit Wassereis gepanzert, spröde wie Glas. Mit dem Einsatz der Verzweiflung arbeitet sich Tsuneaki Zentimeter für Zentimeter höher. Takada verfolgt jede Bewegung.
Plötzlich hört er das gefährliche Knirschen des Eises, dann sieht er einige Splitter ausbrechen – dann Tsuneaki stürzen, mit dem Kopf nach hinten, schrecklich. Nach fünfzehn Metern bleibt Tsuneaki am Seil hängen, unverletzt. Fast wütend, versucht er sich nochmals an der gleichen Stelle. Und kommt durch! Weiter oben, schon in den Ausstiegsrissen, zwingt sie die Nacht zum dritten Biwak. Der Platz ist so klein, daß sie kaum richtig sitzen können. Jetzt verstreichen die Stunden nicht mehr wie im Fluge. Jetzt scheinen die Stunden endlos zu sein. Und in jeder Stunde tausend Entbehrungen. Der pausenlose Schneefall droht die Ausstiegsrisse zu einer Menschenfalle zu machen. Im ersten Licht des Sonntags sehen Watabe und Takada eine eisige Wüste um sich.
Jetzt oder nie.
Nur langsam geht es voran. Aber es geht. Meter für Meter. Hundertfünfzig Meter über der Spinne gelangen sie auf das Corti-Biwak.
Die Longhi-Corti-Geschichte ist auch den beiden bekannt, aus den Eigerwand-Büchern, die in das Japanische übersetzt wurden.

Endlich der letzte Ausstiegsriß, hundert Meter hoch. Nur noch diese hundert Meter, dann sind alle Schwierigkeiten bezwungen. Und es gelingt ihnen! Um 16.00 Uhr sind die letzten schwierigen hundert Meter überwunden. Noch achtzig Meter bis zum Gipfeleisfeld, dann kommt nach knapp zweihundert Metern der Gipfelgrat.
Da geschieht das Unglaubliche:
Watabe, immer noch als Seilerster, hält sich zu weit links, stößt auf sehr brüchigen Fels – und stürzt durch das Ausbrechen eines Griffs!
Fünfzig Meter . . .
»Wo bin ich?« ruft er mit müder Stimme zu seinem Freund.
»Tsune! Tsune!« schreit Takada entsetzt, Tsuneaki ist verletzt. Das linke Bein scheint gebrochen zu sein. Er kann nicht mehr weiter. So kurz vor dem Ziel. Jede Bewegung schmerzt.
Nur drei Meter kann ihn Takada heraufziehen.
Tsuneaki kann sich auf dem verschneiten Fels eine kleine Sitzfläche schaffen. Oben wird er von seinem Freund an zwei Haken gesichert. »Ich gehe allein weiter und hole Rettung!« sagt Takada.
»Halte aus, in zwei Tagen wirst du geholt.«
Dann, weiter oben, hört Takada die letzten Worte seines Freundes:
»Masa . . . Masa! Ich bin allein . . . allein . . . allein!«
Es ist 17.00 Uhr.
Takada konnte in der Nacht noch den Gipfel erreichen. Allein! Er scheute sich auch nicht, im nächtlichen Dunkel über die gefährliche Westflanke abzusteigen. Um vier Uhr früh des Montags ist er auf der Kleinen Scheidegg. Er steigt weiter ab nach Alpiglen, zu den japanischen Kameraden. Die Kameraden schlagen sofort Alarm.
Aber Kurt Schwendener, auf der Grindelwalder Rettungsstelle des Schweizer Alpenclubs und Bergführer Herman Steuri wissen nicht, wo sich Tsuneaki Watabe genau befindet. Weil keiner von ihnen die Wand genau kennt. In den Ausstiegsrissen, das wissen sie. Es wird eine riesige Rettungsaktion organisiert. Zehn Mann und acht normale Bergseile, also die leichten und herkömmlichen Mittel, würden aber ausreichen, um Tsuneaki Watabe in einer Blitz-Aktion noch am gleichen Tag aus der Wand zu holen.
Nur einer müßte von den Rettern wissen, wo sich Tsuneaki genau befindet. Und jeder Nordwand-Kenner hätte das von Takada sofort herausbekommen. Die Japaner stellen sich alle zur Verfügung. Aber die Bergführer wollen sie nicht. Um 11.10 Uhr landet ein Hubschrauber des Typs »Bell G 3« mit dem Piloten Jean Seydoux in Grindelwald. Im Auftrag der Schweizerischen Rettungsflugwacht: Das Wetter ist zu schlecht, um etwas unternehmen zu können.
16.00 Uhr: Der Hubschrauber landet mit Fritz Bühler, dem Chef der Rettungsflugwacht, auf der Kleinen Scheidegg. Zur gleichen Zeit lande ich mit einer Chartermaschine in Bern, mit einem Taxi geht es weiter nach Grindelwald, um 18.50 Uhr bin ich auf der Kleinen Scheidegg. Es regnet.
Am Berg selbst ist von den Bergführern noch nichts unternommen worden.

Alle haben sich auf den Hubschrauber verlassen. Sechs Japaner jedoch sind in halber Höhe der Westflanke, dort biwakieren sie.
Dienstag, 4.10 Uhr: Das Wetter ist gut, ich verlasse die Hotels der Kleinen Scheidegg, um 4.50 Uhr erreiche ich die Station Eigergletscher der Jungfraubahn. Vier zurückgebliebene Bergführer grinsen mich an: der Extrazug ist weg. Auf die Beteiligung eines deutschen Bergsteigens wollte man sich, auch wenn er die Nordwand sehr gut kennt, nicht einlassen.
5.30 Uhr: Der Hubschrauber landet bei der Station Eigergletscher. Wenig später startet er mit zwei Bergführern in Richtung Gipfel. Er zieht eine Schleife an der Nordwand vorbei. Per Funk höre ich, daß weder Pilot noch Bergführer in den Ausstiegsrissen etwas gesehen haben. Dies wird ignoriert.
5.45 Uhr: Während die offizielle Aktion mit Hubschrauber weiterläuft und die Landung auf dem Gipfel mißling, telefoniere ich mit Fritz von Almen, dem Chef der Scheidegg-Hotels. Er besitzt ein privates Fernrohr mit einer 72fachen Vergrößerung. Er möge die Ausstiegsrisse absuchen.
Wenige Minuten später höre ich von ihm, daß er in den Ausstiegsrissen nichts gesehen habe.
»Dann suche doch den Wandfuß ab!«
Kurze Zeit später höre ich durch den Draht: »Ja, ich sehe auf dem Wandvorbau einen roten Fleck!«
Ich alarmiere den Hubschrauber.
7.45 Uhr: Der Hubschrauberpilot entdeckt den zerschmetterten Körper von Tsuneaki Watabe. Das sechsundzwanzigste Nordwandopfer.
Noch am gleichen Vormittag treffe ich mit Takada zusammen. Nach wenigen Minuten weiß ich, wo sich Watabe bis zum Totalabsturz genau befand. Erst dann wird mir die ganze Tragweite des Schicksals bewußt. Über die wirklichen Gründe des Absturzes wird kein Mensch etwas Genaues erfahren können.

*

Die vierundfünfzigste Durchsteigung der Nordwand hatte nich nur einen tragischen Ausgang, sondern hat auch ein trauriges Nachspiel bekommen. Gegen den schlanken, schwarzhaarigen, stillen und sehr symphatischen Mitsumasa Takada wurden erst Monate nach der Tragödie schreckliche Unterstellungen, Verdächtigungen und härteste Kritik ausgesprochen.
Was hätte Takada nach Watabes Sturz machen sollen?
Er hatte nur zwei Möglichkeiten:

1. Bei dem Verletzten zu bleiben und auf Hilfe zu warten. Aber die war aussichtslos, weil man das Geschehen wegen des schlechten Wetters von Scheidegg aus nicht beobachten konnte. Eine Rettungsaktion hätte also erst bei besser gewordenem Wetter eingeleitet werden können (Sicht zur Wand). Und niemand konnte eine Wetterbesserung voraussagen.
2. Den Verletzten vor Absturzgefahr zu sichern und den Gipfel zu erreichen versuchen, um Hilfe zu holen.

Takada hatte sich für die zweite, aussichtsreichere Möglichkeit entschlossen. Er fixierte das Teil, an dem Watabe angebunden war, an zwei Sicherungshaken, ließ seinem Freund den ganzen Proviant, Kocher und Benzin sowie seine eigene Daunenkleidung hinunter und verließ den Unglücklichen.
Als man Tsuneakis zerschmetterten Körper auf dem Wandvorbau barg, fand man an ihm weder Brustgeschirr noch andere Seilreste.
Für Watabe's endgültigen Absturz gibt es nur drei Erklärungen:

a) Daß er durch eine unvorsichtige Bewegung (Schlaf, Übermüdung usw.) vom Sitzplatz rutschte und dadurch das Seil so stark belastete, daß die Sicherungshaken ausbrachen und das Abrutschen zum Todessturz wurde. Dann aber müßte man an Watabes Körper Seilreste gefunden haben und das Seil wäre am Ende der Ausstiegsrisse nicht mehr zu finden.
b) Das Sicherungsseil wurde von Steinschlag getroffen, ebenso Watabe, wodurch der Absturz erfolgte. In diesem Falle hätte man an der Leiche wiederum Seilreste finden müssen. Außerdem müßte das übrige Seilstück am Ende der Ausstiegsrisse noch vorhanden und die Beschädigung zu erkennen sein.
c) Das ist die wohl schrecklichste, aber dennoch naheliegendste Möglichkeit: Tsuneaki Watabe war so von den Schmerzen, der Kälte, der grenzenlosen Verlassenheit, von Aussichtslosigkeit und Verzweiflung gepeinigt, daß er sich weitere Qualen ersparen wollte: Er löste den Knoten der Brustschlinge des Sicherungsseiles und stürzte sich in den Abgrund. Zu einem solchen Entschluß braucht es bestimmt nicht die Kaltblütigkeit oder Todesverachtung eines »Kamikaze«, wie man sie in solchen Fällen dem japanischen Menschen immer gerne andichtet. Zu einem solchen Entschluß braucht es nicht viel. Freilich ist das nur für den verständlich, der das Bergsteigen und vor allem die Nordwand kennt und sich die seelische und körperliche Verfassung des Abgestürzten vorstellen kann. Das Resultat ist für den Außenstehenden gewiß Selbstmord, aber in Wirklichkeit ist es doch etwas anderes. –
   Nach solchen Ereignissen müßte sich am Ende der Ausstiegsrisse allerdings das unbeschädigte Sicherungsseil befinden.

Das sind die drei Möglichkeiten. Sie wurden aber von den japanischen Kritikern und Zweiflern nicht in Erwägung gezogen.
Takada war erschüttert, niedergeschlagen angesichts dieser furchtbaren Verdächtigungen. Mit seinem japanischen Freund Dr. H. Yoshiki fuhr er gleich auf die Kleine Scheidegg, wo ich ihn traf. Gleich darauf zeigte mir Takada durch das Riesenfernrohr am Ende der Ausstiegsrisse das Seil, an dem der unglückliche Watabe angebunden war. Ich sah es ganz deutlich, ein etwa vierzig Meter langes Seil.
Der Schweizer Journalist Rudolf Rohr, den Takadas Situation ebenfalls berührte, ließ es nicht allein bei der Fernrohrbeobachtung – für die es übrigens noch viele andere Zeugen gibt – und flog mit Hermann Geiger im Hubschrauber ganz nahe an die Wand, um das Seil zu fotografieren. Es gelang ihm. Takadas Ehre dürfte nun auch in den Augen der japanischen Kritiker gerettet sein.

Auf der Linie des fallenden Tropfens

Das Nordwandjahr 1965 hatte nur die Tragödie Tsuneaki Watabes gebracht, das sechsundzwanzigste Opfer. Viele Wandbelagerer mußten erfolglos abreisen. Und außerdem bietet die klassische Route – von den immer wieder neuen Gefahrensituationen abgesehen – erfahrenen Alpinisten kaum mehr Überraschungen. Jeder Meter ist bekannt. Auch die »Erste«-Möglichkeiten sind erschöpft: erste Winterbegehung, erster Alleingang, erste Frau. Also wird nach einer neuen Route gesucht. Eine Direktroute auf der Linie des fallenden Tropfens, eine Direttissima.

Eine Direktroute durch die Nordwand zu finden, geistert schon seit Jahrzehnten in den Köpfen einiger Bergsteiger herum. Die Bayern Karl Mehringer und Max Sedlmayr hatten sich 1935 an diesem Problem versucht. Rund 200 Meter westlich der Bügeleisen-Fallinie hatten sie eine ideale Aufstiegsmöglichkeit gefunden. Es liegt auf der Hand, daß die beiden den größten Gefahrenbereich der Wand – eine breite Vertikalzone ab Bügeleisen nach unten – zu meiden versucht hatten. Schon sie dürften erkannt haben, daß die Spinne ein Steinschlag- und Lawinentrichter ist und daß der Wandteil senkrecht darunter somit eine Todeszone darstellt. Die Wandstufe zwischen Bügeleisen und Spinne ist von dieser Gefahr jedoch weitgehend ausgeklammert, denn sie ist so steil, daß die Kletterer von den Steinschlägen kaum gefährdet werden.

Max Sedlmayr und Karl Mehringer hatten ohne ernsthaften Zwischenfall die oberste Spitze des Bügeleisens erreicht und versuchten sich gleich anschließend an der besagten Steilstufe. Dann überraschte sie das damals noch nicht so sehr berüchtigte und gefürchtete Eigerwetter: Hochgewitter, Regen, Schneefall, Sturm – die ersten zwei Todesopfer der Wand waren zu beklagen. Ein Jahr später schien die Direttissima-Idee die neuen Wandbelagerer nicht mehr zu interessieren. Die Bayern Andreas Hinterstoisser und Toni Kurz, vereint mit den Österreichern Willy Angerer und Edi Rainer, konzentrierten sich 1936 auf den organisch günstigsten Weg, entdeckten die absolut schwächste und auch objektiv sicherste Stelle der unteren Wandhälfte: den Schwierigen Riß und den Hinterstoisser-Quergang.

Erst zwei Jahre später konnte die Durchsteigung verwirklicht werden: die Bayern Anderl Heckmair und Ludwig Vörg, begleitet von den Österreichern Fritz Kasparek und Heinrich Harrer, bezwangen erstmals die Wand.

Dann sollte die klassische Route zwischen Bügeleisen und Spinne »verbessert« werden: statt über das Dritte Eisfeld, durch die Rampe und über den Götterquergang die Spinne zu erreichen, galt es, die Spinne auf gerader Linie direkt zu erreichen. Die Österreicher Siegfried Jungmaier und Karl Reiss folgten 1952 (15.–16. August) ab Todesbiwak den Spuren von Sedlmayr und Mehringer in Richtung Spinne. Fünfter Schwierigkeitsgrad, guter Fels, nur teilweise vereist. Aber der Hakenaufwand war doch unerwartet groß. Achtzig Meter unterhalb der Spinne mußten die beiden wegen Hakenmangels aufgeben; sie seilten sich wieder hinab zum Todesbiwak, erreichten auf der klassischen Route als elfte Seilschaft den Gipfel.

Ein Jahr später (20.–22. August 1953) hatten Uli Wyss aus Zürich und der Deutsche Karl-Heinz Gonda das gleiche Ziel. Aber auch sie mußten kurz vor der Spinne zurück. Den wirklichen Grund ihres Aufgebens konnte man nicht mehr erfahren, denn Wyss und Gonda stürzten, nachdem sie auf der alten Route das Gipfeleisfeld erreicht hatten, wenige Meter unterhalb des Mittellegigrates tödlich ab.

Das Problem dieser Anstiegsverkürzung blieb weiterhin ungelöst. Erst nach weiteren neun Jahren wurde wieder ein Versuch gewagt (31. Juli–3. August 1962). Von den Österreichern Helmuth Drachsler und Walter Gstrein.

Fünfzig Meter unterhalb der Spinne mußten sie auf die letzten zwei Seillängen verzichten. Schwieriger Fels, gepanzert mit einer gefährlichen Wassereisschicht, schlug die Seilschaft zurück. Drachsler und Gstrein erreichten auf der Heckmair-Route als fünfundzwanzigste Seilschaft den Gipfel im Schneesturm.

Die Wand hatte alle Register der Triumphe über sich ergehen lassen. Die junge Generation will am Eiger ihre eigenen Spuren hinterlassen. Große Ziele liegen, wenn sie fällig geworden sind, »in der Luft«, ob in der Wissenschaft oder Technik oder am Berg. So war es 1963 mit der Eigerwand-Direttissima. Schon im April, als in der Wand noch hochwinterliche Verhältnisse herrschten, hatten sich die ersten ernsthaften Bewerber eingefunden: die Polen Jan Mostowski und Czestaw Momatiuk. Der Führenverlauf einer idealen Direttissima – unter Berücksichtigung der möglichst kürzesten Kletterstrecke, der geringsten objektiven Gefahren und technischen Schwierigkeiten – war ihnen klar: bis zum Oberen Ende des Zweiten Eisfeldes sollte die Sedlmayr-Mehringer-Route benützt, dann die riesige Gipfelwand westlich der Spinne in Angriff genommen werden. Zwei wesentliche Punkte sprechen für diesen Plan: erstens kommt man mit der alten Route nur einmal in Berührung (auf dem Zweiten Eisfeld), zweitens befände man sich immer westlich des gefährlichen Steinschlagbereichs (unterhalb der Spinne).

Dieser Entschluß der Polen war nicht zuletzt darauf zurückzuführen, daß Mostowski die Wand und ihre Gefahren von einer Sommerdurchsteigung her kannte (20. Begehung, 1961). Momatiuk und Mostowski bezwangen bei schlechtem Wetter und ungünstigsten Verhältnissen den Wandvorbau bis zur ersten großen Steilstufe unterhalb des Ersten Eisfeldes.

Die nächsten Direttissima-Bewerber waren die Cortineser »Scoiattoli« (»Eichhörnchen«) Albino Michielli, Bruno Menardi und Lorenzo Lorenzi. Schlechtes Wetter ließ die Direttissima-Eichhörnchen schon vor der ersten Steilstufe umkehren.

Dann, im August des gleichen Jahres, waren die Italiener Ignazio Piussi und

Roberto Sorgato am Werk. Sie konnten zwar die erste Steilstufe präparieren, aber auch ihnen machte das Wetter einen Strich durch die Rechnung.
Das Problem blieb ungelöst.
In der Zeit vom 12. bis 15. Januar 1964 machte die Direttissima erneut von sich reden. Die Sachsen Werner Bittner, Reiner Kauschke, Peter Siegert und Gerd Uhner plagten sich drei Tage lang mit dem tiefverschneiten Wandvorbau ab, ohne die erste Schlüsselstelle – die Steilwand unter dem Ersten Eisfeld – bezwingen zu können, das Wetter war zu schlecht.
Aber schon einen Monat später, am 22. Februar 1964, wurde erneut um die Direttissima gekämpft. Die Italiener Marcello Bonafede, Natalino Menegus, Ignazio Piussi und Roberto Sorgato hatten sich mit dem Amerikaner John Harlin zusammengetan. Nach dreitägigen Anstrengungen waren der Wandvorbau und die erste große Wandstufe bezwungen. Dann machte schlechtes Wetter jeden weiteren Versuch unmöglich. Es gab im Sommer darauf noch weitere Versuche, aber mehr oder weniger alle ohne Bedeutung.
Dann geschieht in der Zeit vom 23. Februar bis 25. März 1966 in der Eigerwand das Unbegreifliche: deutsche, britische und amerikanische Alpinisten bezwingen eine Direttissima, die im Sommer nie wiederholt werden kann: Genau die Falllinie der Spinne, in einem Bereich also, der im Sommer am meisten vom Steinschlag bestrichen wird.

Das sind die Direttissima-Männer:
Chris Bonington,* 6. 8. 1934; verheiratet, zählt seit Jahren zu den erfolgreichsten britischen Bergsteigern.
Vier Jahre nach dem Eiger glückt seiner Expedition die Eroberung der Annapurna-Südwand im Himalaya (1970); 1975 ist er Leiter der britischen Everest-Expedition, der die Südwestwand gelingt.
Karl Golikow, Schlesier,* 20. 3. 1935; ledig, Mechaniker in Stuttgart. Touren: Große-Zinnen-Direttissima, Rotwand-Südwestwand, Westliche-Zinne-Franzosenführe und Schweizerführe, Punta-Tissi-Nordwestwand, Dru-Südwestpfeiler, Triolet-Nordwand und Courtes-Nordwand.
Im September 1972 wird er in der Piz-Badile-Nordostwand das Opfer eines Wettersturzes.
Peter Haag, * 3. 8. 1937 München; verheiratet. Touren: Laliderer-Nordverschneidung, Marmolada-Südpfeiler (Winter), Dru-Westwand, Grandes-Jorasses-Walkerpfeiler, Dru-Südwestpfeiler und Matterhorn-Nordwand.
Wenige Jahre nach dem Eiger stürzt er in den Bergen, wird schwer verletzt, ist heute Pianist.
Dougal Haston, Schotte, * 19. 4. 1940; Dougal hat die Eigerwand 1963 als vierzigste Seilschaft bezwungen. Bewältigte 1970 die Annapurna-Südwand, 1975 die Everest-Südwestwand. Erreicht den Gipfel.
Siegfried Hupfauer, * 20. 2. 1941 Balmertshofen bei Neu-Ulm, wo er auch wohnt, verheiratet; Werkzeugmacher. Touren: Mittlerer-Drusenturm-Nordwand, Großer-Drusenturm-Nordwand und -Südpfeiler (alle drei im Winter),

Cima-Su-Alto-Nordwestverschneidung, Punta-Tissi-Nordwestwand und Ortler-Nordwand. 1973 glückt ihm die dritte Ersteigung des Manaslu (8156 m). Erreicht den Gipfel.
LAYTON KOR, Amerikaner, Maurer in Colorado. Erstklassiger Felskletterer.
JÖRG LEHNE, * 6. 5. 1936 Berlin; verheiratet, zwei Kinder, wohnt in Stuttgart. Schriftsetzer, Ingenieurschule, Direktionsassistent im Belser-Verlag. Touren: Direkte Nordwand der Großen Zinne (1. Begehung), Rotwand-Südwestwand und Fleischbank-Direkte Ostwand (Winter), Aiguille-Noire-Westwand, Dru-Westwand. Erreicht den Gipfel.
Im Juli 1969 wird Jörg Lehne am Walkerpfeiler der Grandes Jorasses durch Steinschlag getötet.
ROLF ROSENZOPF, * 22. 6. 1941 Miersdorf/Kreis Teltow; seit 1945 in Ulm. Maschinenbautechniker. Seit 1961 Bergsteiger. Touren: Civetta-Nordwestwand (Solleder), Großer-Drusenturm-Südwand, Marmolada-Südpfeiler, Aiguille-du-Midi-Südwand, Ortler-Nordwand.
GÜNTER SCHNAIDT, * 10. 12. 1933 Fellbach bei Stuttgart; Direttissima-Senior. Schreiner, verheiratet, eine Tochter. Touren: Große-Zinne-Direttissima, Rotwand-Südwestwand, Schweizerführe an der Westlichen Zinne, Marmolada-di-Rocca-Südwand, Laliderer-Nordverschneidung, Grands-Charmoz-Nordwand, Grandes-Jorasses-Walkerpfeiler und Dru-Westwand.
GÜNTHER STROBEL, Schwabe, * 16. 12. 1941 Scharnhausen bei Stuttgart; ledig. Zimmermann. Touren: Schweizer- und Franzosenführe an der Westlichen Zinne, Marmolada-di-Rocca-Südwand, Laliderer-Nordverschneidung, Roseg-Direkte-Nordostwand, Grands-Charmoz-Nordwand, Grandes-Jorasses-Walkerpfeiler, Dru-Westwand und -Südwestpfeiler. Erreicht den Gipfel.
ROLAND VOTTELER, * 1. 11. 1941 Mainz; ledig. Former in Eutlingen. Touren: Großer-Drusenturm-Nordwand und -Südpfeiler (Winter), Cima-Su-Alto-Nordwestverschneidung, Punta-Tissi-Nordwestwand, Großer-Drusenturm-Südwestwand und Ortler-Nordwand. Erreicht den Gipfel.
DON WHILLANS, * 18. 5. 1932 Südengland; verheiratet, Bergmann, alpinistischer Ausbilder. Touren: Dru-Westwand und -Südwestpfeiler, Grandes-Jorasses-Walkerpfeiler, Montblanc-Frêneypfeiler, Cima-Su-Alto-Nordwestverschneidung, Große-Zinne-Direttissima, Marmolada-Südpfeiler, Laliderer-Nordverschneidung; drei Himalaya- und zwei Patagonien-Expeditionen (Paine-Türme); 1970 bezwingt er die Annapurna-Südwand, ringt 1971 und 1972 in der Everest-Südwestwand.

Und so verlaufen die Direttissima-Tage am Eiger 1966:
19. 2.: Die Mannschaft steigt in zwei getrennten Gruppen auf. Die erste Gruppe bereitet die schwierigen Passagen der Strecke vor und versieht sie mit fixen Seilen.
Die zweite Gruppe, die Transportgruppe, hat dann das ganze Gepäck zu einem Zwischendepot in 2700 m Höhe gebracht. Dieses Depot befindet sich 180 m unter dem Fenster der Station Eigerwand (Jungfraubahn).

Unter Leitung von Fritz von Almen treffen sich die beiden Gruppen zu einem freundschaftlichen Gespräch. Es wird vereinbart, daß man eventuell im unteren Wanddrittel gemeinsam vorgeht, weil die Direttissima hier praktisch nur auf einer Linie verläuft.
22. 2.: Wieder herrliches Wetter. In der Wand liegt viel Neuschnee. Große Lawinengefahr. Trotz Wetterrisiko beschließt die Expedition, am 23. zumindest mit einer Vierergruppe in die Wand einzusteigen. Diese Gruppe soll erkunden, ob es möglich ist, das Materialdepot zu erreichen, und ob die eingeschneiten fixen Seile noch brauchbar sind.
Am Abend stellt John Harlin der Presse offiziell seine beiden Kameraden vor: den Schotten Dougal Haston, Leiter einer Kletterschule, und den amerikanischen Maurer Layton Kor.
25. 2.: Um 6 Uhr Aufbruch der Deutschen.
Die Seilschaft Golikow-Strobel überwindet den Steilaufschwung im Wandvorbau. Die Seilschaft Hupfauer-Votteler befindet sich im Depot I (180 m unter dem Stollenfenster). Starkes Schneetreiben.
Die beiden restlichen Seilschaften sind mit dem Materialtransport im unteren Teil des Wandvorbaus beschäftigt.
Funkspruch um 20.12 Uhr (Hupfauer: »Unterhalb Station Eigerwand Biwak bezogen. Völlig sicher vor Lawinen, Steinschlag und Sturm. Die letzten Seillängen waren eine riesige Schinderei – herabrieselnder Schnee – Staublawinen – fast keine Sicht. Blitzaufnahmen gemacht.« Lehne: »Haben sehr nasse Kleider, weil Wetter zu warm, alles bis auf die Haut durchnäßt«).
26. 2.: »Gute Nacht im Biwak. In der Wand sehr schlechtes Wetter. Es schneit sehr naß – 100%ig eingenebelt. Keine Möglichkeit, an der Steilrampe des Stollenfensters zu arbeiten« (Funkspruch).
Schwere Lawinen gehen nieder. Die Mannschaft kann den ganzen Tag das Biwak (10 × 2 × 1.80 Meter) nicht verlassen. Fritz von Almen rät gegen 18 Uhr, weil keine Wetterbesserung abzusehen sei, die Wand durch das Stollenfenster zu verlassen und mit der Jungfraubahn abzufahren.
John Harlin spricht mit Peter Haag und empfiehlt ebenfalls Abstieg: »Bitte, tut das nicht meinetwegen, sondern im Interesse eurer Sicherheit und Gesundheit.«
27. 2.: Um 9 Uhr beginnen Karl Golikow und Peter Haag den Einstieg im Steilaufschwung. Karl Golikow nagelt, Peter Haag sichert. Sie schaffen nach stundenlanger Arbeit 20 m. Die anderen sind den ganzen Tag mit dem Materialtransport beschäftigt. Die britisch-amerikanische Gruppe ist noch nicht aufgebrochen.
28. 2.: Wetter trüb, naßkalt. Aufstieg der britisch-amerikanischen Dreier-Seilschaft Kor, Haston und Bonington um Mitternacht. John Harlin fordert Don Whillans zur Verstärkung an. Die britisch-amerikanische Gruppe trifft gegen 9 Uhr in Biwak I der deutschen Seilschaft ein. Bonington spricht von Zusammenarbeit, da die Wand lebensgefährlich sei.
Am Berg arbeiten Golikow, Haag, Strobel und 50 Meter parallel dazu Kor und Haston. Bonington bereitet ein Biwak vor. Gegen 13 Uhr beginnt es zu schneien.

Um 15 Uhr verläßt Golikow das Biwak – rutscht auf Schneebrett ab. Zurück bleiben Strobel und Haag, die nach dem Abstieg Golikows wegen starker Schneefälle nicht mehr arbeiten können. Tagesleistung 80 Meter in 12 Stunden. Das Biwak der britisch-amerikanischen Gruppe befindet sich 10 Meter links vom deutschen (von unten gesehen).
1. 3.: Viel Neuschnee in der Wand. Es schneit am Vormittag sehr naß. Lawine über Lawine geht nieder. Haag und Strobel können nicht weiterarbeiten.
Dougal Haston und Chris Bonington steigen gegen Abend ab. Harlin deutet an, eventuell noch einen sechsten Teilnehmer in seine Mannschaft aufzunehmen. Kein Mitglied der britisch-amerikanischen Gruppe ist jetzt in der Wand. Jörg Lehne plant, morgen mit Günter Schnaidt, falls Wetterbesserung, aufzusteigen, um übermorgen die Spitze zu übernehmen.
2. 3.: Herrliches Wetter. Um 7 Uhr Einstieg von Peter Haag in den Steilaufschwung. Er arbeitet sich im Verlauf des Tages 80 Meter höher. Ein schlecht sitzender Haken verursacht einen 10 m tiefen Sturz ins Seil. Haag ist nur leicht verletzt (verstauchte Hand und Finger, Prellungen am Gesäß), Jörg Lehne und Günter Schnaidt brechen gegen 11.30 Uhr von der Kleinen Scheidegg auf (ein tags zuvor besprochenes Rendezvous zum gemeinsamen Aufstieg um 9 Uhr mit Harlin kommt nicht zustande) und sind gegen 17 Uhr in Biwak I.
3. 3.: Siebenter Tag in der Wand. Lehne und Schnaidt erreichen bei ihrem Aufstieg bereits um 8.30 die Unfallstelle von Peter Haag. Jörg Lehne arbeitet, von Günter Schnaidt gesichert, ohne Pause bis 17 Uhr, bezwingt den Steilaufschwung und erobert damit den Schlüssel für die Direttissima.
Harlin und Kor kämpfen 50 Meter neben Lehne um den Anschluß. Um 14 Uhr steigen Haston und Whillans in den Steilhang ein. Eine Stunde später folgt ihnen Bonington. Am Abend kehrt die britisch-amerikanische Gruppe zur Kleinen Scheidegg zurück. Vom höchsten Punkt bis zum Wandfuß besteht eine geschlossene Verbindung aus Fixseilen.
In der Wand verbleiben in Biwak I: Lehne, Haag, Strobel und Schnaidt.
4. 3.: Um 10.27 Uhr erreicht Peter Haag, von Günter Strobel gesichert, Biwak II. Eine geräumige Felsenkaverne am linken oberen Rand des Ersten Eisfeldes (3000 Meter ü. d. M., 974 Meter unter dem Gipfel). Damit wurde nach dreitägiger Arbeit am Steilaufschwung eine entscheidende Passage überwunden. Proviant und Ausrüstung sind im Verlauf des Tages von Biwak I nach Biwak II hochgeseilt worden.
Im Biwak I befinden sich Lehne und Schnaidt, im Biwak II Haag und Strobel. Vier Teilnehmer der Harlin-Gruppe erreichen um 17 Uhr ihren Standort von gestern. Sie haben großen Rückstand zur deutschen Gruppe.
5. 3.: Um 12.30 Uhr Einstieg von Votteler, Golikow, Rosenzopf und Hupfauer (Lawinen und Schneebretter gehen nieder). Sie erreichen gegen 18 Uhr Biwak I. Die beiden Zweier-Teams in der Wand können wegen starken Schneefalls nichts unternehmen.
Bonington, der die Nacht mit Kor im amerikanischen Biwak verbrachte, kehrt um 15.10 Uhr und Kor 15.30 Uhr auf die Kleine Scheidegg zurück.

In der Wand befinden sich nachts: Votteler, Golikow, Rosenzopf, Hupfauer, Lehne und Schnaidt in Biwak I, Haag und Strobel in Biwak II sowie Harlin und Haston.
6. 3.: Zehnter Tag in der Wand. Nebel, der sich erst um 16 Uhr lichtet. Trotz des schlechten Wetters (Lawinengefahr) kann Biwak I geräumt und sämtliches Material nach Biwak II gebracht werden.
Haag und Strobel sind bereits um 15.30 Uhr auf halber Höhe der Steilstufe zum Zweiten Eisfeld, präparieren die Stufe zu Ende (70 m) und kehren gegen 20 Uhr zum Biwak II zurück.
Votteler und Schnaidt verladen bei Biwak I, Rosenzopf und Hupfauer sichern im Steilaufschwung, Lehne und Golikow bringen das Material über das Erste Eisfeld zum Biwak II.
Die Spitzengruppe der anglo-amerikanischen Seilschaft erreicht die Höhe von Biwak II der deutschen Gruppe. Die anglo-amerikanische Gruppe ist noch bis 20 Uhr mit Materialtransport beschäftigt. Sie übernachten z. T. in der Wand (vermutlich zwei) in ihrem Biwak I und Bonington, der absteigt, im Hotel Kleine Scheidegg. Die Frauen von Harlin und Whillans kommen zur Kleinen Scheidegg.
7. 3.: Ab 7 Uhr steigen Lehne und Golikow über die gestern präparierten 70 Meter zum Zweiten Steilaufschwung und bereiten die Wand für den Durchstieg zum Zweiten Eisfeld vor. Die übrigen Expeditionsteilnehmer errichten unterdessen ein Materialdepot am Fuß des Zweiten Steilaufschwungs.
Günter Schnaidt verläßt als letzter Biwak I, entfernt die Haken und trifft um 13.40 Uhr in Biwak II ein.
10.30 Uhr: Golikow verläßt die geplante Route um 50 Meter nach rechts, stürzt etwa 15 Meter ab und kehrt unverletzt um zum geplanten Einstieg. Lehne sichert am Fuß des Steilaufschwungs zum Zweiten Eisfeld, Haag folgt mit Material.
Um 13.20 Uhr schließt die anglo-amerikanische Zweiergruppe zu Lehne auf. Die Konkurrenten beschließen, den Steilaufschwung zum Zweiten Eisfeld gemeinsam zu bewältigen.
Um 16.30 Uhr überholen Harlin und Haston Golikow parallel, da sich anscheinend eine leichtere Möglichkeit auftat. Um 19.30 Uhr graben sich die beiden mitten im Steilaufschwung auf einem Pfeilerkopf ein. Bonington und Kor sind etwa auf der Höhe des deutschen Biwaks II, 80 Meter links davon (Whillans ist krank, ausgeschieden; Höhenkrankheit).
Strobel und Haag, die die Spitze übernommen haben, nächtigen 40 Meter hinter Harlin in der »Wilhelm-Tell-Höhle«.
8. 3.: Um 6.45 Uhr befinden sich Haag und Strobel im Couloir des Zweiten Steilaufschwungs. Haag und Strobel erreichen gleichzeitig mit Harlin eine Schneewächte, die das etwa 10 Meter breite Couloir abschließt. John Harlin – nach 10 Metern gemeinsamen Aufstiegs vor Haag-Strobel – geht auf eigener Route nach links.
Um 12.30 Uhr verschwindet die britisch-amerikanische Gruppe in einem Seiten-Couloir. Man rechnet damit, daß sie die letzten 30 m bis zum Rande des Zweiten Eisfeldes in etwa 2 Stunden schaffen.

Haag und Strobel nehmen eine halbe Stunde später den Einstieg in das letzte Steilstück der senkrechten Eiswand, der nach rechts verläuft. Damit werden auch sie, wie die britisch-amerikanische Gruppe, den Augen der Beobachter entzogen. Gegen 16.10 Uhr tauchen Haag und Strobel am Ende des Steilstückes auf und erreichen in 10 Minuten den Wächtenrand. In weiteren 15 Minuten gelangt Strobel, Haag nachsichernd, zur untersten Spitze des Bügeleisens. 16.30 Uhr, Peter Haag: »Wir haben es geschafft«. Die Seilschaft Harlin versteigt sich, muß zurück und ist heute keinen Meter weitergekommen.
Haag und Strobel bringen das Eisfeld hinter sich bis zum Fuß des Steilaufschwungs zur Spinne, finden aber noch keinen Biwakplatz und verbringen die Nacht hinter einem Schutzwall aus Schnee (– 18 Grad).
Lehne, Hupfauer, Rosenzopf und Golikow übernachten in einem Schneebiwak am Kopf des Couloirs, 30 Meter neben der britisch-amerikanischen Gruppe.
Sämtliches Material ist auf dem Couloir-Kopf. Schnaidt und Votteler übernachten in der Wilhelm-Tell-Höhle.
9. 3.: Haag und Strobel verbringen die eiskalte Nacht im oberen Drittel des Bügeleisens ohne Schlafsäcke. Sie starten 7.30 Uhr, um die letzten 100 Meter bis ans Ende des Bügeleisens zu bewältigen, um dort, am Fuß der Steilwand zur Spinne, einen Biwakplatz zu finden. Dabei bereitet der verhältnismäßig niedrige Steilaufschwung im letzten Teilstück des Zweiten Eisfeldes (rechts neben dem Bügeleisen, von unten gesehen) große Schwierigkeiten, weil er aus vereisten, schrägen Eisplatten besteht. Die zweite Gruppe mit Lehne, Golikow, Schnaidt, Rosenzopf, Hupfauer und Votteler ist seit 8 Uhr dabei, gegen das Zweite Eisfeld vorzustoßen. Die britisch-amerikanische Gruppe befindet sich auf gleicher Höhe. Am Abend beziehen Lehne. Haag und Strobel das Biwak III (»Rulamann-Höhle«, 3320 m ü.d.M.) auf der Höhe des Todesbiwaks. Karl Golikow steigt ab und bringt Filme zur Kleinen Scheidegg.
10. 3.: Haag und Strobel beginnen nach nasser und nebeliger Nacht gegen 9 Uhr den Steilaufschwung zur Spinne und bewältigen bis 16 Uhr etwa 80 Meter davon. Die übrigen Männer sind mit Materialtransport beschäftigt und dabei, Biwak III als Basislager auszubauen.
Gegen 17 Uhr tauchen Haston und Kor plötzlich aus einem Couloir auf, erreichen Haag auf seinem engen Standplatz und steigen etwa 18.30 Uhr auf der wahrscheinlich präparierten Strecke zurück zu ihrem Biwak auf dem Bügeleisen. Strobel und Haag arbeiten bis etwa 20 Uhr weiter, Lehne stößt zu ihnen.
Sie erreichen die halbe Höhe der Wand zur Spinne (3400 m). Sprechfunk zum Basislager ausgefallen; keine Möglichkeit, Schlafsäcke abzurufen. Lehne steigt ab zu Biwak III, um Strobel und Haag zu bedienen, die auf einem kleinen, engen Schneeplateau nächtigen müssen. Der ganze Inhalt einer Versorgungsbombe geht beim Sturz in die Tiefe verloren.
Die deutschen Eigerwand-Kletterer hatten sich schon vor dem Unternehmen eine großartige Idee einfallen lassen: die Plastikbomben. Es sind 60-Liter-Plastikflaschen, wie sie hauptsächlich in der chemischen Industrie (säurefest) verwendet werden. Jörg Lehne und seine Mannen schnitten von solchen Flaschen

einfach den Boden weg, stülpten sie über die Materialsäcke und schafften so eine gefürchtete Klettererplage aus der Welt: das Hängenbleiben der Rucksäcke beim Nachziehen, auch die Reibung zwischen Rucksack und Fels wurde dadurch wesentlich verringert. Die neuartigen Materialbehälter haben sogar Namen bekommen: »Bambino« und »Emilio«.
Die Nacht bringt Wettersturz mit Sturm und Schneefall. Strobel und Haag sehen sich gezwungen, bei Schneesturm in der Nacht abzusteigen. Haag kommt um 2 Uhr in der Frühe als letzter auf dem Bügeleisen an.
11. 3.: Haag und Strobel verbringen eine schlimme Nacht auf ihrem Schneeplateau, auf dem sie sich nicht bewegen können. Seit 10.45 Uhr steigen Lehne und Rosenzopf ab, um Ersatz für den verlorengegangenen Proviant zu beschaffen. Die britisch-amerikanische Gruppe befindet sich in ihrem Biwak auf dem Bügeleisen.
12. 3.: Eine stürmische Nacht – die siebzehnte in der Nordwand für Haag und Strobel – bringt 15 cm Neuschnee. Bei 16 Grad minus warten die fünf Bergsteiger (Schnaidt, Votteler, Hupfauer, Haag und Strobel) auf Wetterbesserung. Auf der Kleinen Scheidegg bemühen sich Lehne, Rosenzopf und Golikow um Nachschub, den sie schnellsten zu Biwak III schaffen wollen.
13. 3.: Starker Schneefall und Lawinengefahr. Auf- oder Abstieg sind unmöglich. Die Situation im Biwak III wird kritisch. Durch den Verlust der Versorgungsbombe mit fünf Tagesrationen für acht Mann müssen die Lebensmittelvorräte rationiert werden. Auch wenn die drei Kameraden wieder aufsteigen, können sie nur Lebensmittel für weitere vier Tage mitbringen.
14. 3.: So viel Schnee, wie in der vergangenen Nacht gefallen ist, haben selbst Einheimische am Eiger selten erlebt. Am Vormittag kommt zunächst keine Funkverbindung zustande, die fünf im Biwak haben das Zeitgefühl völlig verloren und versäumen die vereinbarten Sprechzeiten. Die Wetterprognosen sind gut. Die Versorgung der Eingeschlossenen mit Lebensmitteln wird immer kritischer. Die fünf haben bereits ihren Notproviant angebrochen.
15. 3.: In der Nacht sinkt die Temperatur auf −20 Grad. Stürme halten die Männer weiter im Biwak fest. Knappe Rationen und heftige Kälte machen ihnen zu schaffen. Auf ärztliches Anraten nehmen sie Ronicol.
Golikow, Lehne und Rosenzopf beabsichtigen, mit den drei britisch-amerikanischen Bergsteigern mit dem Skilift Salzegg zum Fuß der Wand vorzudringen, um das gesamte Gepäck im ehemaligen Depot I zu verstauen, um am nächsten Tag in aller Frühe über den lawinengefährdeten Vorbau nach Biwak III vorzudringen. Dieser Plan gelingt. Kurz vor 18 Uhr kehren Bonington, Kor, Whillans und Rosenzopf zurück. Lehne und Golikow gelingt es sogar, über den Wandvorbau den Nachschub zu Biwak I hochzuschaffen.
Peter Haag verläßt heute zum erstenmal seit fünf Tagen sein Biwak, besucht seine Kameraden nebenan und nimmt auch Verbindung zu Harlin auf, der aber nicht aus seinem Biwak herauskommt.
16. 3.: Hupfauer und Schnaidt steigen ab, um den Nachschub von Biwak I abzuholen. Sie können aber nicht wieder mit dem Proviant aufsteigen, die Stra-

pazen der vergangenen Tage machen dies unmöglich. Deshalb steigen die beiden ganz ab zur Kleinen Scheidegg.
Harlin und Haston steigen ab zur Kleinen Scheidegg, wo sie, ebenso wie Schnaidt und Hupfauer, wohlbehalten eintreffen. Harlin begibt sich mit Verdacht auf Lungenentzündung ins Krankenhaus.
17. 3.: Bei strahlendem Sonnenschein klettern Haag und Strobel weiter. Ihre Kondition, nach 22 Biwaknächten und Temperaturen von teilweise minus 20 Grad, ist bewunderswert.
Um 8 Uhr starten Lehne, Golikow und Rosenzopf, zusammen mit Schnaidt und Hupfauer, in die Wand. Bonington, Kor und Whillans folgen der deutschen Gruppe in halbstündigem Abstand. Harlin wird wahrscheinlich erst am Samstag wieder einsteigen.
Nach siebenstündigem Aufstieg erreichen Golikow, Lehne und Rosenzopf gegen 15 Uhr Biwak III. Strobel und Haag konnten sich bis gegen 18 Uhr der Spinne bis auf zwei Seillängen nähern. Die Nacht in Biwak III verbringen: Lehne, Rosenzopf, Golikow, Haag, Strobel und Votteler.
18. 3.: Die Wand ist eingenebelt, starker Wind, Schneefall seit 7 Uhr. Der von Haag und Strobel vorbereitete Vorstoß zur Spinne kann nicht eingeleitet werden. Nach 15 Uhr erleben die Bergsteiger die ersten beiden Gewitter des Jahres mit Blitz und Donner; Vorzeichen großer Kälte und Neuschneefälle.
Golikow nagelt die Strecke in Richtung Spinne aus, d. h. er entfernt alle Haken, die Strobel und Haag gestern alle 50 cm zum Aufstieg genagelt haben.
19. 3.: Die Nacht bringt neue Schneefälle und Temperaturen bis −18 Grad. Votteler berichtet von seinem »psychologischen Tiefpunkt«.
Sechzig Meter unter der Spinne arbeiten Lehne und Golikow an einem Wandstück, dessen brüchiger, ausgewaschener und vereister Fels Strobel am Vortag schier verzweifeln ließ. In dieser bisher schwierigsten Passage ringen sie der Wand stündlich zwei Meter Höhe ab.
Über die beiden Spitzenkletterer Golikow und Lehne gehen dauernd Lawinen nieder. Völlig durchnäßt müssen sie zu Biwak III zurückkehren. Am Abend wollen Haag und Strobel nach 24 Biwaknächten in der Nordwand zur Kleinen Scheidegg absteigen.
In einer akrobatischen Seilkletterei suchen Bonington und Kor den derzeitigen Vorsprung der deutschen Mannschaft aufzuholen.
20. 3.: Kor und Golikow haben zusammengearbeitet und das größte Hindernis – den Pfeiler – erobert und sind auf dem Weg zur Spinne. Es war eine sehr schwierige Route. Lehne und Bonington arbeiten zusammen. Sie greifen ein Couloir an, das von einem 20 Kubikmeter großen Schneepfropfen versperrt wird, indem sie ein Seil benützen, das Golikow von oben sichert. Harlin und Haston wollen in der Nacht aufsteigen. Um 17 Uhr richtet Kor das Biwak am Pfeilerkopf ein. Sie haben sich 20 Meter in Richtung Spinne vorgearbeitet. Lehne und Bonington erreichen den Pfeilerkopf.
Herrliches Wetter.
»Heute nacht werde ich gehen« sagt John Harlin.

21. 3.: John Harlin ist am Morgen schon beim Todesbiwak zu sehen. Haag, Hupfauer, Schnaidt, Strobel und Votteler verlassen mit Nachschubmaterial die Scheidegg.
In der Wand gibt es eine Auseinandersetzung zwischen John Harlin und Layton Kor. Harlin ist gegen einen Zusammenschluß mit den Deutschen, Kor dafür; Layton Kor steigt ab. Bei herrlichstem Wetter!
Jörg Lehne und Karl Golikow kämpfen unterhalb der Spinne verbissen um jeden Meter; verschneiter und vereister Fels. Die deutsche Nachschubgruppe kommt nur sehr langsam weiter. Am Nachmittag wühlen sich Chris Bonington und Mick Burke über die Westflanke nach oben, aber sie kommen nur bis in halbe Höhe. Am Spätnachmittag fliege ich im Hubschrauber von Hermann Geiger in die Wand, knapp nachdem Lehne und Golikow die Spinne erreicht haben. Aus vielleicht hundert Meter Entfernung sehe ich die beiden. Lehne und Golikow winken, dann pickeln sie den Biwakplatz aus dem Eis; eine der ernsthaftesten Schlüsselstellen ist bezwungen. Die Tatsache, daß die neue Route mit der klassischen Führe zum zweiten Mal zusammentrifft, ist ein Schönheitsfehler.
22. 3.: Strobel und Golikow sind in der Spinne schon um 7 Uhr aufgebrochen und klettern bereits in Richtung »Fliege«; es geht dem Gipfel entgegen. Zu dieser Zeit ist John Harlin immer noch im Todesbiwak auf dem Bügeleisen, wo er sich für den weiteren Aufstieg vorbereitet.
Um 13.55 Uhr sieht man John Harlin das Todesbiwak verlassen, um an den 7 mm dicken Fixseilen mit Jümarbügeln in Richtung Spinne aufzusteigen. Er trägt einen großen Rucksack mit Nachschubmaterial für die Kameraden weiter oben. Seine Bewegungen sind exakt. Um 15.00 Uhr befindet sich Harlin bereits 170 Meter oberhalb des Bügeleisens. Rolf Rosenzopf vollbringt etwas tiefer die gleiche Arbeit. 15.07 Uhr: Peter Gillman sieht deutlich, daß John Harlins Bewegungen nicht mehr den gezielten Rhythmus haben; sein Oberkörper wird von dem schweren Rucksack weit nach hinten gezogen. Dann ein leiser Schrei des Entsetzens von Peter Gillman: er sieht etwas fallen, glaubt, daß es Harlins Rucksack ist, schaut nochmals, aber sieht nichts mehr ... John Harlin ist abgestürzt, vorbei an Rolf Rosenzopf, der all das Schreckliche sieht. Panik auf Scheidegg und in der Wand, Trauer überall. Wenige Meter neben der »Whitehare«-Skiabfahrt bleibt der leblose Körper John Harlins im Schnee liegen.
Das sieben Millimeter dicke Seil war gerissen.
Strobel und Golikow, die in der Wand arbeiten, wissen noch nichts von dem Unglück. Sie sind 80 Meter oberhalb der Kleinen Spinne (»Fliege«). Grindelwalder Bergführer, der Polizist Schwendener und Chris Bonington beginnen gegen 18.30 Uhr mit der Bergung.
Um 19 Uhr erreicht Peter Gillman Haston und teilt ihm die Nachricht von Harlins Tod mit. Die Seilschaft in der Wand beschließt, weiterzumachen.
Alle haben sich entschlossen, den Aufstieg als »John-Harlin-Route« zu bezeichnen. Immerhin war eine Direktroute durch die Eigerwand Johns größter Bergsteigerwunsch. Und wenn es in hundert Jahren noch Bergsteiger geben sollte, wird man auch dann noch über die »John-Harlin-Route« sprechen.

23. 3.: Um 7 Uhr befestigt Golikow neue Seile an der Unglücksstelle. Lehne und Hupfauer dringen 100 Meter über die Kleine Spinne vor. Über die Spinne sind nun fünf Mann: Strobel, Lehne, Haston, Hupfauer, und Votteler. Golikow prüft alle Seile über den zwei Pfeilern unter der Spinne. Die meisten sind stark beschädigt vom Steinschlag. Es fällt die Entscheidung, daß die fünf Teilnehmer unterhalb der Spinne wegen des großen Risikos nicht weitersteigen. Eine schwere Entscheidung, vor allem für Haag, der 24 Tage in der Wand war und mit die meiste Arbeit verrichtet hatte. Golikow und Rosenzopf bringen den nötigen Proviant trotz großer Gefahr noch zur Spitzengruppe und kehren dann um.
24. 3.: Um 9 Uhr erreicht Golikow mit Rosenzopf die Kleine Scheidegg. Beide sagen, dies sei der schwierigste Abstieg gewesen, den sie je gemacht hätten. Die Spitzengruppe steigt trotz schlechter Sicht und schweren Stürmen weiter. Um 16 Uhr erreicht sie das letzte Eisfeld, etwa 150 Meter unter dem Gipfel. Dichter Nebel, Schnee und Sturm (100 km/h). Die Seilschaft verliert einen Rucksack mit Proviant. Die Männer biwakieren bei immer stärker werdenden Stürmen 200 Meter unter dem Gipfel auf einem kleinen, 2 × 3 m großen Schneefeld, essen mit Schnee angerührte Haferflocken.
Der Abend ist dramatisch. Ein Schneesturm tobt, die Funkverbindung setzt aus. Die letzten Worte, die von Jörg Lehne zu hören sind: »Am Gipfeleisfeld . . . am Gipfeleisfeld . . am Gipfeleisfeld!« Dann ist es still, alle sind besorgt.
25. 3.: Karl Golikow, Rolf Rosenzopf, Günter Schnaidt – mit Peter Haag inzwischen aus der Wand zurückgekehrt – und ich steigen am Vormittag über die Westflanke zum Gipfel, wo sich Chris Bonington und Mick Burke bereits seit zwei Tagen befinden. Gegen Abend kommen die Männer im Schneesturm aus der Wand, einer nach dem andern, erschöpft zwar, aber jeder glücklich. Dann die letzte Nacht am Berg. Kameradschaft mit großartigen Menschen.
Die John-Harlin-Route ist verwirklicht.

*

Ein Jahr später – Anfang März 1967 – kommt der französische Alleingänger Roland Travellini aus Montreuil bei Paris auf die Kleine Scheidegg. Bereits im August vor zwei Jahren (1965) war Travellini hier. Er wollte eine Direttissima bezwingen, allein. Aber schon am Beginn der eigentlichen Schwierigkeiten kehrte er um. Auf der Kleinen Scheidegg sagte Travellini: »Der Fels ist hier ganz anders als im Montblancgebiet. Auch der Schnee ist anders als bei uns. Aber ich komme wieder.«
Und nun ist der einunddreißigjährige Franzose wieder da. Er will die John-Harlin-Route allein bezwingen.
Roland Travellini verläßt die Kleine Scheidegg – kommt nie mehr zurück. Niemand hat ihn gesehen. Er ist verschollen.

*

Im Winter 1969/70 ist die John-Harlin-Route Schauplatz einer japanischen Materialschlacht, die in der Geschichte des Alpinismus ihresgleichen sucht. Das Unternehmen der sieben Japaner: Jiro Endo, Ryoichi Fukata, Takao Hoshino, Nobuyiki Ogawa, Masaru Sanba, Yukio Shimamura und Yukio Takaku. Sie wissen, daß die John-Harlin-Route nur im Winter zu begehen ist. Also wird die Zweitdurchsteigung ebenfalls im Winter fallen. Siebenundachtzig Tage lang, vom 24. Dezember 1969 bis 21. März 1970. Der eigentliche Aufstieg dauert 42 Tage. Einige Männer ringen 26 Tage ohne Unterbrechung in der Wand, ohne sich auf Scheidegg zu erholen.
Das ist die Geschichte der japanischen Materialschlacht:

Im Eisfeld der Spinne ist unser Lager 5, ein kleines Zelt, für das wir eine Plattform aus dem Eis gegraben haben. Vor acht Tagen. Jetzt schreiben wir den 18. März 1970. Vor fast drei Monaten begann unser Abenteuer. Draußen tobt Schneesturm. Im Zelt liegt dieser scheußliche Schneestaub. Es ist bitter kalt, wir frieren erbärmlich. Der Sturm rüttelt am Zelt, daß wir uns halten müssen. Weiter oben, im Lager 6, das sich im Eisfeld der »Fliege« befindet, sind die drei Kameraden der Spitzengruppe in der gleichen Situation.
Erinnerungen.
Vor vier Monaten – Mitte November 1969 – traf unsere siebenköpfige Mannschaft auf der Kleinen Scheidegg ein. Jeder war getragen von der Hoffnung, ein herrliches Abenteuer in der Eiger-Nordwand zu erleben; Musaru Sanba, 28, Druckereifachmann; Yukio Takaku, 27, Restaurantbesitzer; Yukio Shimamura, 28, Monteur; Ryoichi Fukata, 27, Monteur; Takao Hoshino, 30, Garagenbesitzer; Nobuyuki Ogawa, 25, Drucker und Grafiker – alles großartige Männer, gute Kameraden –, und ich, mit 31 Jahren der Senior und auch Leiter der Mannschaft. Seit vielen Monaten schon gehörten unsere Gedanken der Eigerwand, die auch in Japan sehr bekannt ist.
Herrliches Wetter. Viele braune Gesichter der Skifahrer auf der Kleinen Scheidegg. Aber wir waren zum Nichtstun verurteilt, denn unser ganzes Material, das eine Tonne wog, war in Marseille durch einen Streik der Hafenarbeiter blockiert. Und das angesichts des prächtigen Nordwandwetters.
Als wir endlich alles hatten, setzte das schlechte Wetter ein. Es schien, als bestünde hier der Winter aus einem einzigen Schneesturm – ich weiß nicht, ob wir eingestiegen wären, wenn wir die ganze Härte dieser grauenvollen Wand und ihr erbarmungsloses Wetter gekannt hätten. Das Aufbauen der sechs Wandlager kostete unerhörte Strapazen, viele Entbehrungen ungezählte Enttäuschungen. Nicht selten waren wir niedergeschlagen, nahe völliger Erschöpfung. Aber ständig angetrieben von der Kälte, gegen die wir uns bewegen mußten, um nicht zu erfrieren. Die Verhältnisse waren so katastrophal, daß die Wengernalpbahn vorübergehend ihren Betrieb einstellen mußte. Einheimische sagten, es habe seit hundert Jahren keinen solchen Winter gegeben. Und in diesem Winter sind wir in der Eigerwand. Natürlich, wir hätten wieder nach Hause fahren können. Aber wir wollten und konnten nicht begreifen, daß alle unsere Hoffnungen, unsere

Opfer, die wir brachten, vergeblich hätten sein sollen. Ich erinnere mich an die Tage, an denen wir nur dreißig oder vierzig Meter der Wand abringen konnten. An die Tage, die wir wartend, frierend verbrachten. Fukata, einer unserer besten Männer, sagte an einem solchen Tag: »Entweder ich habe das Klettern verlernt oder wir sind in einer Wand des Schreckens!« Nein, Fukata war immer noch ein guter Kletterer, ein hervorragender Bergsteiger . . . aber an jenem Tag war er vollkommen niedergeschlagen, sein sonst so großes Selbstvertrauen hatte der Schneesturm zunichte gemacht – die Wand war schrecklich. Auch jetzt ist sie schrecklich. Aber wir sind inzwischen viel höher gekommen. Wir haben wieder Hoffnung und Vertrauen. Denn gestern waren Hoshino, Shimamura und Ogawa, die sich nun in Lager 6 befinden, bis hundert Meter unter den Gipfel vorgestoßen. Heute werden wir den Gipfel erreichen, hieß es gestern Abend. Heute? In diesem Sturm?

Sieben Uhr. Per Sprechfunk bekommen wir von unten die neuesten Wettermeldungen. Sie sind schlecht, sehr schlecht – in den nächsten Tagen könne keine Besserung erwartet werden, hören wir. Also müssen wir im Schneesturm weiter. Denn unser Proviant besteht nur noch aus kümmerlichen Resten.

Das Frühstück wird vorbereitet. Das Kochen ist umständlich, mühsam. Für drei Mann gibt es zwei Teller Nudelsuppe. Am Abend zuvor bekam jeder ein wenig Trockenobst. Mit der Nahrung sieht es wirklich sehr schlimm aus. Das Hinaustreten vors Zelt ist unbeschreiblich. Eine Wildnis aus Schnee, Eis, Fels und Sturm und Kälte, die uns bis in die Knochen fährt. Aber wir müssen weiter. Das Aufsteigen am Seil mit den Jümar-Steigbügeln ist eine Plage. Die Seile sind total vereist. Oft klemmen die Jümarbügel nicht mehr fest genug, dann rutschen wir wieder ein Stück am Seil hinunter. Die drei Kameraden von Lager 6 sind auch schon aufgebrochen. Alle sind wir in Bewegung. Alle sind wir unterwegs in Richtung Gipfel, dem wir uns nun Meter für Metern nähern. Sehen können wir ihn nicht. Sehen können wir nur die nächsten Meter. Zu hören ist nur der Sturm. Ab und zu einige Felsbrocken, die wir lostreten und die krachend im Abgrund verschwinden.

Wir erreichen das Eisfeld der »Fliege«. Das Lager 6 ist leer, von den Schneemassen eingedrückt. Aber wir können solche Bilder der Trostlosigkeit nur noch registrieren, nicht mehr empfinden. Unsere Gefühle sind abgestumpft, unsere Gedanken beschäftigen sich nur noch mit dem Gipfel.

Das Steigen auf dem spröden Blankeis ist eine Strapaze. Die Frontalzacken meiner Steigeisen sind seit einigen Tagen stumpf. Einmal greifen sie zu wenig ins Eis – ich stürze, weil die Jümarbügel am Seil zu wenig halten, finde aber wieder Halt, steige weiter, in der gleichen Monotonie wie zuvor. Im Sturm hören wir von oben ab und zu leises Rufen. Es sind die Kameraden, aber wir können sie nicht verstehen. Jeder Meter ist eine unendliche Qual. Alle spüren wir die Erschöpfung. Im Gipfeleisfeld sehen wir ein altes Seil, das die Erstbegeher hier hängen ließen. Von oben fegt eine Schneedusche nach der anderen herab. Oft müssen wir die Hände vors Gesicht halten, um nicht zu ersticken. Alle Naturgewalten scheinen sich gegen unseren Aufstieg zu stellen. Plötzlich teilt sich im Sturm der Nebel.

Rechts Felsvorsprünge wie Gespensterschatten. Längst haben wir uns zu einer einzigen Seilschaft zusammengehängt – die ersten drei Kameraden sind auf dem Gipfel. Sie sind oben, rufen uns zu, aber wir verstehen sie nicht.

Vor uns die letzten vierzig Meter. Sie wollen kein Ende nehmen.
Endlich, um 12.50 Uhr des 18. März 1970 stehen wir alle auf dem Gipfel. Für unsere Freude, die wir alle spüren, finde ich keine Worte. Wir sprechen nicht viel. Umarmungen, kurze Blicke in die eisverkrusteten Gesichter. Zu sehen ist in diesem orkanartigen Sturm überhaupt nichts. Wir müssen uns gegenseitig festhalten, um vom Sturm nicht in den Abgrund geschleudert zu werden.
Mit dem Erreichen des Gipfels ist unser Abenteuer aber noch nicht beendet. Denn wir müssen wieder durch die Wand absteigen, wenn wir das viele Material nicht aufgeben wollen. Vor dem Abstieg vollziehen wir aber noch eine symbolische Handlung für unseren toten Kameraden Aoyama, der in der Tuitate-Iwa-Wand des Mount Tanigawa, dem schwierigsten Berg Japans, tödlich verunglückte. Der gute Aoyama hatte einmal im Traum den Eiger gesehen. In seinem Nachlaß hatten wir, seine Kameraden, einen Eispickel gefunden. Aoyamas Pikkel nahmen wir mit zum Eiger, durch die Nordwand. Jetzt rammen wir den Pickel in das Eis des Eigergipfels – der gute Geist unseres geliebten Freundes lebt in uns weiter. Hier haben wir ihm ein Denkmal der Freundschaft gesetzt. Wir wären glücklich, wenn andere Bergsteiger, die den Gipfel des Eigers besteigen, den Pickel unseres Freundes oben lassen würden. (Bericht von Jiro Endo.)

Kurz darauf steigen die Japaner hinab in die Wand, der sie soeben entronnen sind. Nach weiteren drei Biwaks haben sie endlich das ganze Material geborgen – die Wand hinter sich.
Das japanische Eigerwand-Unternehmen kostete rund 60000 DM, die von den Teilnehmern selbst aufgebracht worden waren; sie sparten drei Jahre. Rund 8000 DM steuerte das japanische Fernsehen für einen 16-mm Streifen, der in der Wand gedreht wurde, bei. Außerdem erhielten die Japaner von Swissair verbilligte Flugkarten und von einigen Ausrüstungsfirmen preisgünstiges Material. Die Ausrüstung war vorwiegend japanischer Herkunft, mit Ausnahme der Schlosserei, Steigeisen und Schuhe (Hiebeler-Triplex-Super). Es wurden 196 Normalhaken, 144 Bohrhaken und 9 Holzkeile geschlagen, dazu 64 Seilschlingen gelegt. Insgesamt wurden 2355 Meter Seil fixiert. Das gesamte Material wurde wieder abgebaut. Von den Erstbegehern sahen die Japaner 50–60 Haken.
Die Mahlzeiten bestanden fast ausschließlich aus japanischer Trockennahrung (Steaks, Reismahlzeiten, Eiern, Suppen usw.).
Die Gruppe war in ständiger Sprechverbindung mit der Kleinen Scheidegg, wo ein Verbindungsmann saß. Ihm standen auch 15 Tonbänder mit vorwiegend japanischer Musik zur Verfügung; die Bergsteiger in der Wand hörten sie oft bis spät in die Nacht.
Unter den Medikamenten befand sich auch Ronicol für die Blutzirkulation – es gab keine ernsthaften Erfrierungen.

Verhängnis einer »Nationalmannschaft«

Das Nordwandjahr 1967 ist ein böses, ein trauriges Jahr. Bereits Anfang März verschwindet der Franzose Roland Travellini auf geheimnisvolle Weise. (Siehe voriges Kapitel Seite 205)

Anfang Juli fährt die Spitzengruppe der »Nationalmannschaft Alpinistik der DDR« nach Zermatt; Fritz Eske, 33, Günther Kalkbrenner, 32, Kurt Richter, 30, und Günther Warmuth, 25. Begleitet von Mannschaftstrainer Karl Däweritz und Ersatzmann Helmfried Hering. Die Qualifikation der vier Alpinisten ist auch im Westen vielen bekannt. Zermatt ist die erste Station, die 1200 Meter hohe Matterhorn-Nordwand das erste Ziel.

Sie kamen, sehen und siegen: die Matterhorn-Nordwand gelingt den vier Sachsen am 16. und 17. Juli in 16 Stunden Kletterzeit.

Am 18. Juli traf die Sechsergruppe aus der DDR, von Zermatt kommend, in Grindelwald ein. Bei Alpiglen werden die Zelte aufgestellt. In den Tagen darauf wird die Wand erkundet, beobachtet; sie hat immer noch viel Schnee und es ist warm, gefährlich warm (nachts 14 bis 17 Grad Wärme).

Am 21. Juli, ein Freitag, steigen die vier Sachsen gegen 13.30 Uhr in die Wand. Sie verabschieden sich am Wandfuß von Helmfried Hering, der sich anschließend auf dem Krähenbühl, einem Grashöcker nordwestlich der Wand, als Beobachtungsposten niederläßt. Um 15.15 Uhr erreicht die Seilschaft den Fuß der Steilstufe mit dem Schwierigen Riß. Ab hier ist das Riesenfernrohr der Jungfraubahn-Beamten, versteckt hinter einer großen Flügeltüre der Reparaturhalle, auf die vier Kletterer gerichtet. Auch Fritz von Almen von den Scheidegg-Hotels kann die Seilschaft sehen. Nur eine Stunde braucht sie für den Schwierigen Riß, Fritz von Almen äußert sich anerkennend über das Können der vier Bergsteiger.

Nach dem Schwierigen Riß warten dreieinhalb Seillängen des Schwierigkeitsgrades II.

Um 16.30 Uhr ist die gesamte Seilschaft auf einem Standplatz vereinigt, zwei Seillängen vom Hinterstoisser-Quergang entfernt – alle vier auf einem Stand (!).

Kurt Richter, der die Seilschaft führt, klettert um etwa 16.35 Uhr weiter – um 16.48 Uhr stürzt Richter plötzlich aus der Wand, vielleicht 25 Meter links oberhalb von Fritz Eske, dem Seilzweiten. Zuerst kollert Richter, weil das Gelände noch nicht sehr steil ist, dann wir sein Sturz schneller, hinab über die fast senkrechte Steilstufe ... dort ein kurzes Halten ... nur für Sekundenbruchteile ... dann wird oben Fritz Eske aus dem Stand gerissen ... der einzige Zwischenhaken bricht aus ... Standhaken ist keiner vorhanden ... beide stürzen ... immer schneller ... dann der dritte ... Günther Warmuth .. drei stürzen ...

dann auch der vierte ... Günter Kalkbrenner ... wie von einem Katapult aus der Wand geschossen, viel weiter östlich wie die anderen, über den Kopf des Zerschrundenen Pfeilers ... durch die Wucht reißt das Seil, das Ende der Tragödie. – Der junge Bahnbeamte am Fernrohr, der jede Phase des Sturzes sah, ist im Gesicht weiß wie eine Kalkwand, zittert, schlägt Alarm. Sofort gehen zwei Beamte hinüber in Richtung Wandfuß, wo sie mit dem Ersatzmann und Beobachter Helmfried Hering auf dem Krähenbühl zusammentreffen. Ob er den schrecklichen Absturz denn nicht gesehen habe? Nein, er habe ihn nicht gesehen. Dann berichten sie ihm über die Sekunden des Schreckens.
Am Morgen des 22. Juli ist bereits die Grindelwalder Rettungsmannschaft zur Bergung unterwegs. Von Günther Kalkbrenner fehlt zunächst jede Spur.
Zurück zum Unfall: Der Absturz ist nicht auf Steinschlag zurückzuführen, weil es in diesem Bereich keinen Steinschlag gibt (Schutz durch die überhängende Rote Fluh), sondern durch einen technischen Unfall (ausgebrochener Griff oder Tritt oder sonstiges Ausgleiten auf dem ziemlich brüchigen Schrofengelände); der Standplatz, auf dem der gestürzte Richter gehalten hätte werden sollen, war zu wenig gesichert (an den Leichen konnte man keine Selbstsicherungsschlinge sehen).
Nur wenige Tage nach dem Unglück kommt die Tschechin Sylvia Kysilková aus Leitermeritz mit ihrem Aussiger Freund Franz Chlumsky auf die Scheidegg; Sylvia möchte die zweite erfolgreiche Frau in der Nordwand sein.
Am 1. August steigen Kysilková und Chlumsky ein, verfehlen gleich nach dem Ersten Pfeiler die Originalführe, kommen in den Bereich links (östlich) des Zerschrundenen Pfeilers – dort finden sie die Leiche Günther Kalkbrenners. Besonders Sylvia ist erschüttert, denn Kalkbrenner war einer ihrer Freunde. Sylvia Kysilková will vom weiteren Aufstieg nichts mehr wissen, aber Chlumsky muntert sie auf. »Schau, Sylvia, dem hier kannst du nicht mehr helfen – du mußt dieses Bild vergessen«. Sie kann es nicht. Ein Stück weiter oben wird in der Nassen Höhle biwakiert, am 2. August weitergeklettert bis zum Schwalbennest und nochmals biwakiert; am dritten Tag erfolgt der Rückzug. Günther Kalkbrenners Leiche wird am Vormittag des 8. August geborgen.

*

Am gleichen Tag (8. August), an dem die Leiche Günther Kalkbrenners geborgen wird, verlassen um 4 Uhr früh die beiden Niederösterreicher Helmut Fiedler und Ignaz Gansberger aus dem schönen alten Scheibbs ihr kleines Zelt unterhalb der Scheidegg-Hotels. Die Wetterprognose ist nicht besonders gut, aber immer noch zeigt sich keine Wolke am Himmel. Um 9.15 Uhr wird das Schwalbennest erreicht, um 12 Uhr das Zweite Eisfeld, um 16 Uhr das Bügeleisen, um 18 Uhr wird im untersten Teil der Rampe mit dem Biwak begonnen; um 18 Uhr des zweiten Tages (9. August) erreichen die beiden Niederösterreicher den Gipfel. Am gleichen Abend noch kommen Fiedler und Gansberger, begleitet von einem Hochgewitter, auf die Kleine Scheidegg.

Am Vormittag des 1. August lerne ich auf Scheidegg die beiden Grazer Hans Herzel, 21, Reprofotograf, und Kurt Reichardt, 23, Technikstudent, vor ihrem Zelt am Fuße des Lauberhorns kennen. Sympathische Burschen. Vor dem Zelt liegt die Ausrüstung ausgebreitet, gut durchdacht und bestens gepflegt.
»Wir haben Zeit«, sagen sie, »bei schlechtem oder unsicherem Wetter machen wir keine große Tour – wir haben schließlich drei Monate Urlaub . . . nicht viel Geld, aber viel Zeit.«
»Gehts bei dem unsicheren Wetter doch wenigstens über die Westflanke auf den Eiger oder nachts den Mittellegigrat – dabei lernt ihr den nicht ungefährlichen Abstieg kennen, und für die Kondition ist's auch nicht schlecht«, sage ich freundschaftlich. Hans und Kurt schmunzeln zwar ein wenig, aber sie wollten mal sehen . . .
Am 10. August treffe ich mit den beiden wieder auf der Scheidegg zusammen.
In der Nacht zum 12. August steigen Reichardt und Herzel in die Wand. Es herrscht stürmischer Wind. Sie kommen flott vorwärts, das sieht man durch jedes normale Fernglas. Auf dem Bügeleisen wird die erste Nacht verbracht. Am zweiten Tag (13. August) erleben sie in der Rampe die Härte und Ernsthaftigkeit der Wand: Wettersturz, Regen, Neuschnee, Kälte. Am dritten Tag ist von den beiden Grazern nichts zu sehen, nebelverhangene Wand, Schneefall bis auf 2600 Meter Höhe. Besorgte Menschen auf Scheidegg.
Wer bei diesen Verhältnissen in der Wand nicht untergeht und weiterkommt, ist ein Könner – Herzel und Reichardt sind es. Sie erreichen nach einem dritten Biwak in den Ausstiegsrissen um 11.30 Uhr des 15. August den Gipfel bei herrlichstem Wetter. Die Westflanke, über die sie absteigen müssen, weist eine mehrere Zentimeter dicke Schnee- und Eisschicht auf. Aber die Schwierigkeiten sind – gemessen mit denen in der Wand – unbedeutend. Am losen Seil, ohne jedoch zu sichern, steigen die beiden Grazer über den oberen Teil der Westflanke ins Tal ab.
Am Abend rufe ich Fritz von Almen in den Scheidegg-Hotels an: »Sei so gut und lasse den Hans oder Kurt rufen, ich möchte ihnen gratulieren . . .« »Sie sind tot, beide tot . . . im Abstieg . . .« sagt Fritz von Almen mit einer niedergeschlagenen Stimme. –
Sie waren zu weit in den westlichen Bereich der Westflanke gekommen, in die Nähe des Couloirs zwischen Kleineiger und Eiger, wo sie nicht durch »einen Schneerutsch«, wie es in den Zeitungen heißt, sondern durch Ausgleiten auf vereistem Fels abstürzten. Der Absturz wurde von der Station Eigergletscher aus durch das große Fernrohr beobachtet. Um 13.30 Uhr des 16. August trifft die Lauterbrunner Bergungsmannschaft mit den Leichen bei der Station Eigergletscher ein. Am gleichen Tag erfahre ich, daß Herzel und Reichardt die Route durch die Westflanke nicht bis zum Gipfel (3970 m), sondern nur bis auf die Westgratschulter (3066 m), von wo aus man einen sehr schönen Blick in die Wand hat, erkundet hatten.
Der Absturz erfolgte aus 3250 Meter Höhe, die Leichen wurden in 2900 Meter Höhe geborgen.

Japaner-Route – einen Monat in der Wand

Der Sommer 1968 war ungewöhnlich schlecht. Bis auf eine Seilschaft – die 63. Begehung – mußten alle Nordwand-Anwärter wieder abziehen.
Dafür ist der Sommer 1969 umso besser. Die klassische Heckmair-Route läßt eine Flut von Begehungen zu: dreißig Seilschaften mit 69 Bergsteigern aus acht Ländern: Schweiz 29, Japan 11, Deutschland 10, Jugoslawien 6, Frankreich 4, Österreich 4, Neuseeland 2, Spanien 2.
Die letzte Seilschaft des Sommers wird als 94. Begehung registriert. Niemand hätte das nach den ersten tragischen Jahren der Nordwand-Geschichte gedacht. Aber der Massenansturm kostet vier weitere Opfer: Martin Weiß, Österreich; Angelo Ursella, Italien; Furukawa Masahori und Miyagawa Masaru, Japan.

Dieser Sommer 1969 bringt auch eine neue Direktroute. Die Japaner-Route, eine Sommer-Direttissima. Durch den steilsten, abschreckendsten Teil der ganzen Wand.
Eine sechsköpfige Alpinistengruppe aus Japan, unter ihr sogar ein Mädchen, bezwang sie. Einen Monat lang. Sechzehn Tage lang ohne Verbindung zur Außenwelt, mit 1000 kg Material, darunter 250 Bohr- und 200 Normalhaken, insgesamt 2400 Meter Seil. Das Unternehmen kostet 80000 Deutsche Mark.
Die japanische Nordwand-Mannschaft besteht aus:
Frl.Dr. Michiko Imai, 27, Ärztin, aus Tokio;
Takio Kato, mit seinen 25 Jahren ist er der Senior unter den männlichen Nordwandsteigern. Chef der Gruppe;
Yasuo Kato: Zwanzig Jahre, Bruder des Nordwand-Chefs Takio;
Satoru Nigishi, 22 Jahre, Eisenbahningenieur;
Amano Hirofumi, Ingenieur, 22 Jahre;
Susumu Kubo, 24 Jahre, Elektrotechniker.
Am 6. Juli 1969 lernte ich die Japaner im Jura bei Solothurn kennen. Nach ihren schwierigen Trainingstouren in den Dolomiten. Ihr Ziel: John-Harlin-Route erstmals im Sommer. Ich kann sie überzeugen, daß dieser Anstieg bis zum Bügeleisen im Sommer gefährlich ist. Und erkläre ihnen Möglichkeiten für eine neue, echte Sommer-Direttissima, etwa 150 Meter rechts (westlich) der Spinne. Die Japaner haben ihr neues Ziel. Ihre drei Nylonzelte stehen bereits am Fuß der Nordwand.

Die »Rote Fluh« ist eine Wand in der Wand. Nach dem ersten Wanddrittel sieht man ihren dunklen Abbruch rechts des Ersten Eisfeldes. Etwa 300 Meter hoch.

Eine Art Nordwand der Westlichen Zinne in der Eigerwand, sagte Hermann Buhl vor 17 Jahren. Kenner der Nordwand sprachen schon mehrmals über die Rote Fluh. Aber alle sagten, daß sie bestimmt nie bezwungen werde – das wäre eine Tour für sich, hieß es.
Vom 15. bis 30. Juli arbeiten die fünf kleinen Männer und das zierliche Mädchen Michiko in der unteren Wandhälfte emsig wie Ameisen, aber mit der Entschlossenheit, ihre mitgebrachte Fahne aus dem Land der aufgehenden Sonne, mit vielen Unterschriften und Wünschen verziert, irgendwann auf dem 3970 Meter hohen Eigergipfel zu hissen.
Am oberen Ende des Wandvorbaus, etwa 500 Meter über dem Wandfuß, wird das erste Lager eingerichtet, das »Hotel Eiger Nr. 1«. Bis zum »Hotel Eiger Nr. 1« sind alle Felsstufen mit Fixseilen abgesichert. An ihnen turnen natürlich auch die Begeher der Normalroute hoch – manche begrüßten die Japaner in ihrem Biwak, immer wieder werden Wünsche ausgetauscht. Auch die Steilstufe mit dem Schwierigen Riß, das erste Hindernis mit ernsten technischen Schwierigkeiten, ist mit Seilmaterial abgesichert, sozusagen im Expeditionsstil, wie er am Eiger erstmals 1966 in der John-Harlin-Route zur Anwendung gekommen war. Über dem Schwierigen Riß verlassen die Japaner die klassische Route der Erstbegeher. Neuland. Die Rote Fluh, in ihrem linken Teil, den sich die Söhne Nippons aufs Korn genommen haben, noch 180 Meter hoch, senkrecht, meist überhängend, auch für Meister des VI. Grades geradezu beängstigend. Rotgelber Fels, kompakt, nur da und dort sieht man einen winzigen Vorsprung.
Einen schätzenswerten Vorteil hat aber auch die Rote Fluh: die Bergsteiger sind hier vor Steinschlag absolut sicher. Das Sausen und Pfeifen der Steine ist wohl zu hören, aber die gefährlichen Geschosse rasen weit draußen im Raum in die Tiefe. Am Fuße der Roten Fluh gibt es eine markante Terrassee. Von der Kleinen Scheidegg aus sieht man sie sogar ohne Fernrohr. Die Japaner nennen sie »Schanzenterrasse«. Auf ihr wird das zweite Wandlager errichtet. Die Bezwingung der Roten Fluh kostet viel Zeit. Eine gute Woche. Und viel Material: 150 Bohrhaken und 30 Normalhaken, 200 Meter Fixseile. Zweihundert Karabiner und 13 Steigklemmen kommen zum Einsatz.
Nach der Eroberung der Roten Fluh verzichtet die sechsköpfige Alpinistengruppe auf ihre Nachschubkette hinab zum Wandfuß. In anstrengender Kleinarbeit wird das gesamte Material, das in der zweiten Wandhälfte zum Einsatz kommen soll, in das Lager »Hotel Eiger Nr. 2«, am rechten Rand und in halber Höhe des Zweiten Eisfeldes, gebracht. »Der Materialtransport war für uns die härteste und schwierigste Arbeit des ganzen Unternehmens«, sagt mir Takio Kato später.
Ab 31. Juli sind die JECC-Kletterer vollkommen auf sich gestellt. Es besteht keinerlei Verbindung zur Außenwelt. Ihr Sprechfunkgerät, Made in Japan, ist Tage zuvor irgendwo im Abgrund zerschellt.
Seillänge für Seillänge arbeiten sich die roten und blauen Punkte, wie die Japaner vom Beobachtervolk auf der Kleinen Scheidegg wahrgenommen werden, in der Wand höher. Sie bringen das steinschlagbedrohte Zweite Eisfeld unter sich, erreichen den Beginn der 800 Meter hohen Gipfelwand, wo erneut große techni-

sche Schwierigkeiten warten. Zuerst Schwierigkeitsgrad IV in einer 200 Meter hohen Steilstufe, die mit einem Absatz endet. Die Sechsergruppe klettert weder gleichzeitig noch in getrennten Seilschaften, sondern in einem ganz bestimmten Rhythmus: jeden Tag übernehmen zwei andere Männer die Spitze. Die führende Zweierseilschaft präpariert den bezwungenen Teil der Route laufend mit Seilen und Haken. Erst nach geleisteter Vorbereitungsarbeit folgen die anderen vier Teilnehmer der Nordwandgesellschaft: an den fixierten Seilen turnen sie mit Steigklemmen ihren Kameraden nach. Daß diese Art des Nachsteigens nicht ganz ungefährlich ist, wissen wir von John Harlin, der im März 1966 in der gleichen Wand auf dramatische Weise ums Leben gekommen war (Seilriß). Auch Takio Kato erlebt, nur an den Steigklemmen am Seil hängend, einige schreckliche Augenblicke: die Steigklemmen versagen an dem vereisten Seil, er kommt ins Rutschen, ins Stürzen – und bleibt fast unglaublich, mit dem Kopf nach unten, ein Fuß am Seil verwickelt, frei in der Luft hängen. In tausend solcher Fälle gibt es kaum Hoffnung auf Entrinnen vor dem Tod. Takio Kato hat sich nicht einmal ernsthaft verletzt. Er hat Glück, unbeschreibliches Glück. Ab dem erwähnten Wandabsatz, ähnlich und fast in gleicher Höhe, wie das Todesbiwak auf dem Bügeleisen, wird die Härte des Unternehmens um eine weitere Stufe erhöht: die folgende, rund 300 Meter hohe Steilwand hat Schwierigkeiten des V. und VI. Grades, dazu A2. Mit anderen Worten: äußerst schwierige Freikletterei und sehr schwieriges Anbringen von Haken und anderen Hilfsmitteln.
Aber auch diese Steilwand kann die Geduld der Asiaten, ihre Härte und ihr Können nicht erschüttern. Mit ihrer Bezwingung erreichen sie, in genau gleicher Höhe wie der Götterquergang des klassischen Anstiegs, das »Centerband« oder »Longband«. Es ist etwa zwanzig Meter breit, jedoch sehr abschüssig. Hier wird das vierte Wandlager errichtet. Im stumpfen Winkel des Centerbandes werden beachtliche Felsmengen abgebaut, um einen guten und auch weitgehend steinschlagsicheren Lagerplatz zu gewinnen. Denn die Spitzenseilschaft muß ja – wie bisher – zu dem jeweils höchsten Wandlager so lange immer wieder zurückkehren, bis weiter oben die Möglichkeit für ein weiteres Wandlager gefunden ist. Die Japaner nächtigen also nicht in improvisierten Biwaks, sondern auf ausgebauten Lagerplätzen, wie es auch von den Männern der Winter-Direttissima praktiziert worden war.
Immer noch sind die Japaner meist vom herrlichsten Wetter begleitet. Ein Vorteil, der am Eiger nicht hoch genug eingeschätzt werden kann. Weiter unten jedoch, am 3. August, mußten sie ein ungewöhnlich starkes Gewitter über sich ergehen lassen: innerhalb einer Stunde hatte es 50 cm Neuschnee gegeben.
Die nächsten 200 Höhenmeter bringen kaum Erleichterung: sehr schwierige Hakenarbeit (A2) und harte Kletterei (IV) in immer schlechter werdendem Fels. Nach hundert Metern kann ein weiteres Wandlager installiert werden. Das ist notwendig, denn über ihnen zeigt sich das nächste große Bollwerk: ein riesiger Felspfeiler, den sie »Sphinx« nennen und der von Seillänge zu Seillänge immer mächtiger wird. Knapp rechts des Pfeilers ein schmaler, überhängender Riß, der sich weiter oben zu einem Kamin und zuletzt zu einer Schlucht weitet. An

Freikletterei ist hier nicht zu denken: A3-Schwierigkeiten, anstrengendes und zeitraubendes Hakenschlagen.
Auf dem Kopf der mächtigen Sphinx können die Japaner ihr sechstes Wandlager ausbauen.
Dann werden die Japaner vom Wetterglück verlassen. Einheimische sagen, daß es in den letzten zwanzig Jahren kein so sicheres und schönes Sommerwetter gegeben habe. Jetzt aber – die Japaner sind bereits 13 Tage ohne Unterbrechung in der Wand – sieht es anders aus: Schneefall bis unter die 3000-Meter-Grenze, auf dem Jungfraujoch werden vier Grad Kälte gemessen. Nasse Kälte ist schrecklich und gefährlich, besonders in einer solchen Wand, das weiß jeder Bergsteiger. Erst jetzt lernen sie den Berg richtig kennen. Aber die Härte des Eigers überrascht sie nicht sonderlich, denn das berühmt-berüchtigte Eigerwetter hatten sie schon in Japan eingeplant. Bereits vor drei Tagen, am 10. August, erleben Takio Kato und seine Mannschaft einen Schlechtwettereinbruch, Gewitter, Hagel, Schnee am laufenden Band. Das Wetter stiftete jedoch unten auf der Kleinen Scheidegg weit mehr Aufregung als in der Nordwand: durch ein Wolkenloch hatten zwei Fernrohrbeobachter »etwas fallen« sehen. Sekunden später war das Wolkenloch wieder geschlossen, als hätte es sich nur geöffnet, um den Augenblick eines neuen Nordwanddramas freizugeben. Auf der Kleinen Scheidegg begann man besorgt zu rätseln, denn mehrmals hatte man von hier aus schon »etwas fallen« sehen. Stunden später tat sich wieder ein Wolkenloch auf. Fritz von Almen entdeckte nur fünf farbige Steinschlaghelme. Wo war der sechste Mann? Oder war es gar Michikos Helm, der fehlte? Das war die Frage für die Menschen auf der Kleinen Scheidegg. Aber in Wirklichkeit fehlte kein Helm, kein Japaner. Alle sechs waren besessen an ihrer Arbeit. Freilich, in dem Augenblick, als man von der Scheidegg aus »etwas fallen« sah, stürzte Yasuo Kato, der Bruder des Chefs, acht Meter in die Tiefe. Yasuos Nasenbein wurde zwar verletzt, aber für die Japaner war das nur eine kurze aufregende Episode, eine Stunde später bereits wieder vergessen.
Ab dem Sphinxlager haben die sechs härteste Stunden und Tage zu bestehen. Der Proviant erfordert überlegtes Haushalten, denn sie sind bereits fünfzehn Tage in der Wand, haben aber nur für dreizehn Tage Essen mitgenommen.
Das Gelände der Gipfelzone ist bei diesen Verhältnissen – vollkommen verschneiter und mit Wassereis überzogener Fels – nicht nur äußerst schwierig (VI), sondern auch verdammt gefährlich, weder richtiges Felsklettern noch herkömmliche Eisarbeit. Jedes Mittel und jede technische Finesse werden eingesetzt, um dem ersehnten Gipfel näherzukommen. Kurz vor dem Gipfelgrat gibt es in dem scheußlichen Gelände aber noch ein Biwak. Es ist weitgehend improvisiert und deshalb entsprechend schlecht.
Endlich, am Abend des 15. August 1969 (21.00 Uhr), nachdem sie 16 Tage lang – ohne Verbindung zur Außenwelt – in der Wand mit Schwierigkeiten und Gefahren gerungen hatten, erreichen Michiko Imai und ihre fünf Kameraden den Westgrat, wenige Meter unterhalb des Eigergipfels. Ein großes Abenteuer findet für sie ein glückliches Ende.

Im Schneesturm gibt es für das Mädchen und die fünf jungen Männer auf dem Gipfel ein weiteres Biwak. Aber das können sie, verglichen mit den letzten Strapazen, gut ertragen.
Am nächsten Morgen, immer noch Nebel und Schneefall, gilt ihr ganzes Denken dem Abstieg über die Westflanke. Plötzlich steht vor ihnen, wie ein Gespenst aus dem Nebel tretend, eine einsame Gestalt, eisverkrustet: der französische Bergführer Jack Sangnier aus Grenoble, 35 Jahre alt. Jack, der 1967 die klassische Nordwandroute mit der Pariserin Christine de Colombelle als Führer bezwungen hatte, befand sich mit einem Touristen in der Grindelwalder Gegend, hörte von dem japanischen Unternehmen und stieg zum Gipfel. Freudengeschrei. Jack Sangnier packt für seine neuen Freunde den Rucksack aus, jede Menge Proviant hat er mitgebracht. Aber Takio Kato dankt: »Wir haben heute morgen gegessen, Suppe und Reis.«
Abstieg.
Bei der Station Eigergletscher kommt ihnen ein Beamter der Jungfraubahn entgegen und will Michikos Rucksack tragen. Aber wieder ist Takio Kato, der Chef, zur Stelle und sagt sehr freundlich: »Wir Eigerdirettissima . . . erst bei Station fertig . . . meine Gruppe tragen Rucksack.«

*

Daß die neue Sommer-Direttissima bald auch ihre erste Winterbegehung bekommen wird, liegt auf der Hand. Noch nie gab es in Europa so viele leistungsstarke Bergsteiger wie in den sechziger Jahren. Besonders in der Schweiz: neunundzwanzig Männer bezwangen allein im Sommer 1969 die Eigerwand. Im Berner Oberland gibt es seit einigen Jahren den Kletter-Club »Bergfalken«. Die Bergfalken haben sich die erste Winterbegehung der Japaner-Route zum Ziel gesetzt. Bergfalke Peter Jungen schildert die harten Wintertage, die er mit seinen Kameraden in der Eigerwand bestand. Sein Bericht, etwas gekürzt:

Das waren meine ersten Nordwandvertrauten: Max Dörfliger, ein harter Bursche, ein einziger Klumpen von Ruhe, ein reizender Spätzünder, der aber, wenn er's einmal hat, um so fester auf seinen Füßen steht, er redet nicht viel, aber man kann sich auf ihn verlassen, man kann mit Max Dörfliger Berge versetzen. Hans Müller, Maurer aus Reichenbach, ist zwar noch reichlich jung, aber durchdrungen von einer Verläßlichkeit, die in gefährlichen Situationen sehr wohltuend wirkt – ein Mann, dem hartes Zupacken nicht femd ist. Otto von Allmen, Maschinenschlosser aus Reichenbach, ist ein hervorragender Bergsteiger, ein guter Techniker, ein netter Kerl. Schließlich stieß auch Gottfried von Känel, der feinfühlige und sensible Mann, zu uns. Fünf Männer aus den Schweizer Bergen. Später sollte sich eine etwas andere Zusammensetzung für die Durchsteigung der Nordwand ergeben.
21.12.1969: Um 8.45 Uhr nahm uns in Grindelwald-Grund die Wengernalpbahn auf: Fünfzehn Männer waren wir – fünf, die sich für die Wand entschieden hatten,

dann Kameraden vom Kletterclub »Bergfalken« und Freunde, die bereit waren, uns beim Materialtransport bis auf den Wandvorbau zu helfen. Dazu braucht es vielleicht noch mehr Begeisterung als für die Wand selbst, es braucht viel Sinn für Kameradschaft. Sechs große Rucksäcke und 450 Meter Seil galt es zu transportieren. Wir brachten das Zeug 300 Meter über den Wandvorbau hinauf, fixierten Seile. Abends waren wieder alle im Hotel Eigergletscher beisammen. Der Anfang war gemacht.

22. 12.: Um 4 Uhr rasselte der Wecker. Nichts wurde gesprochen. Jeder wußte, was er zu tun hatte. Warm war es. Zum Wetter hatten wir kein großes Vertrauen. Aber wir gingen, wir mußten gehen, wir wollten die winterliche Wand kennenlernen. Im Aufkommen des ersten Tageslichts langten wir beim Materialdepot an. Die elf Rucksäcke, die nun vor uns lagen, wirkten nicht gerade ermutigend. Max Dörfliger und ich übernahmen die Spitze. Nur kleine Rucksäcke trugen wir. Dafür mußten aber 400 Meter Seil befördert werden, um die ganze Kletterstrekke abzusichern. Harte Arbeit, jeder Handgriff bedeutete Mühe. Kurz nach Mittag war der Beginn des Schwierigen Risses erreicht. Verschneiter Fels, teils von einer glänzenden Eisschicht überzogen. Verrückte Akrobatik, die wir hier entwickeln mußten. Ein altes, verwittertes Seil, das schon mehrere Jahre hier hing, schaute da und dort aus dem Eis. Max Dörfliger hielt sich an ihm. Ein aufregendes Spiel – russisches Roulette! Aber Max Dörfliger hatte Glück. Ohne Zwischenfall erreichte er den Standplatz über dem Schwierigen Riß. Wir plagten uns weiter. Bis zum Beginn der Roten Fluh. Max machte sich gleich an den Biwakbau. Ich seilte ab, um Material zu holen – zwei Stunden vor Mitternacht war ich mit zwei schweren Säcken wieder bei Max.

23.12.: 3.30 Uhr. Eine unangenehme Last, die auf uns drückte, riß mich aus dem Schlaf. Es schneite. Es gab nur noch ein Zurück. Im Abstieg – das ganze Material blieb in der Wand – entdeckten wir den Eingang zum Stollenloch. So konnten wir uns den unteren Wandvorbau sparen. Durch den Tunnel der Jungfraubahn waren wir bald unten bei der Station Eigergletscher. Gottfried von Känel hatte genug von der Wand, er wollte von weiteren Versuchen nichts mehr wissen. Jeder fuhr nach Hause, um den Heiligen Abend zu feiern.

27.12.: Wieder stiegen wir in die Wand ein. Wieder waren wir zu fünft. Gottfried von Känels Platz war von dem Deutschen Werner Asam, der seit einiger Zeit in der Schweiz lebt, eingenommen worden. Schon am frühen Nachmittag waren wir im obersten Biwakplatz, am Fuße der Roten Fluh, die Hans Müller und Otto von Allmen sofort angingen. Sie kamen bis in die Mitte, präparierten das ganze Stück mit Seilen, waren abends wieder im Biwak.

28.12.: Werner Asam und ich gingen im ersten Licht die Rote Fluh an. Nach diesem Steilabbruch ein heikler Quergang zum Zweiten Eisfeld, dem wir auch noch 70 Meter abringen konnten. Abends erreichte uns Hans Müller mit dem Küchen-Rucksack, während die andern das ganze Material bis zum oberen Ende der Roten Fluh gebracht hatten.

29.12.: Wir haben verschlafen. Erst gegen 11 Uhr kamen wir vom Biwakplatz weg. Otto von Allmen, und Hans Müller waren vorne. Ziel: Oberer Rand des

Zweiten Eisfeldes. Wir andern schleppten Material. Ein schlechter Tag: Otto verlor ein Steigeisen. Max Dörfliger stürzte zwei Meter ins Seil. Erstmals empfand ich eine gewisse Sinnlosigkeit. Hans Müller und ich übernahmen dann die Führung, um endlich den oberen Rand des Zweiten Eisfeldes zu erreichen. Links wies ein 80-Meter-Riß den Weiterweg. Nur eine Stunde Tageslicht hatten wir noch. Nach zehn Metern war es dunkel. Hans gab das Seil frei, ich ließ mich einfach fallen.

30.12.: Es war noch stockfinster, als Hans Müller und ich wieder den höchsten Punkt erreicht hatten. Endlich konnten wir mit Hilfe von Bohrhaken den 80-Meter-Riß unter uns bringen. Eis folgte, eine Felsstufe, in der wir Trittleitern brauchten – der ersehnte Pfeilerkopf. Max Dörfliger kam nach, löste Hans Müller ab und stieß noch 50 Meter weiter vor. Das ganze verfügbare Seilmaterial war nun in der Wand fixiert. Abends waren wir wieder auf dem letzten Biwakplatz. Die Wetternachrichten waren schlecht, tagsüber hatte es ohnehin schon mehrmals geschneit. »Warten wir noch die morgigen Wetternachrichten ab«, sagten wir.

31.12.: Der Wetterbericht war noch schlechter. Wir mußten zurück. Da aus finanziellen Erwägungen ein weiterer Versuch noch sehr ungewiß war, bauten wir das gesamte Material wieder ab und waren abends als die großen Verlierer wieder im Hotel Eigergletscher.

4.1.70: Unsere Niedergeschlagenheit währte aber nicht lange – wir wollten doch nicht aufgeben, auch wenn es uns noch mehr finanzielle Opfer kosten sollte. Hans Peter Trachsel gesellte sich zu unserer Seilschaft – ein starker Mann. Das Material wurde durch den Tunnel zum Stollenloch befördert, den Wandvorbau kannten wir ja zur Genüge.

5.1.: Materialtransport bis zur Roten Fluh, abends auf dem Eigergletscher.

6.1.: Hans Peter Trachsel und Otto von Allmen bildeten die Spitzengruppe. Sie kam bis eine Seillänge unter den höchsten Punkt, stieg wieder zurück zum letzten Biwakplatz und baute dort, auf dem Zweiten Eisfeld, auch noch eine schöne Eishöhle, während wir übrigen uns abmühten, das ganze Material nachzuschleppen.

7.1.: Hans Müller und ich stiegen im Schein der Stirnlampen bis zum Pfeilerkopf; 200 Meter Seil und 40 Haken hatten wir dabei, um das noch unberührte Gelände zu präparieren. Alles lief wie am Schnürchen. Es war eine richtige Freude. Hundert Meter unter dem Centerband, insgesamt etwa 450 Meter vom Gipfel entfernt, begann es zu dunkeln. Aber wir konnten zufrieden sein, denn wir hatten heute 240 Meter Seil fixiert. Dank unserer guten Seilverbindung waren wir in 20 Minuten unten im Biwak auf dem Zweiten Eisfeld.

8.1.: Schneefall. Aber Trachsel und Dörfliger zogen dennoch los. Wir übrigen vier warteten. Der Schneefall wurde stärker. Es sah übel aus. Auch mit dem Wetterbericht. Die beiden Spitzenmänner kamen sehr spät zurück, naß und mit schlechter Nachricht: nur 60 Meter seien sie weitergekommen, sehr schwieriger Fels, fast keine Haken von den Japanern, da und dort abgeschnittene Seile, die nicht benützt werden konnten.

9.1.: Um 7 Uhr hatten wir Funkverbindung. Schlechtesten Wetterbericht hörten wir – Rückzug, es hatte keinen Wert bei diesem Wetter.

20.1.: Endlich hatte sich das Wetter wieder gebessert. Die letzten Vorbereitungen waren getroffen. Werner Asam schied aus, wir waren also wieder zu fünft. Um 14.00 Uhr waren wir dank der perfekten Seillinie bereits auf dem Biwakplatz des Zweiten Eisfelds.

21.1.: Hans Müller, Otto von Allmen und ich bildeten die erste Seilschaft – das Centerband war unser Ziel, einen guten Biwakplatz erhofften wir uns dort. Aber was wir auf dem Centerband sahen, war eine böse Überraschung: ein abschüssiges Band mit höchstens 50 cm waagrechter Fläche.

22.1.: Schon um 5.20 Uhr waren wir unterwegs. Nach 40 Metern eine sehr glatte Wandstufe, vereist. Ich entdeckte ein Seil der Japaner, das frei herabhing. Ich zog an ihm, es hielt. Die Jümar-Steigbügel eingehängt, mit dem ganzen Körpergewicht belastet – es hielt. Also kann ich mich ihm anvertrauen, dachte ich. Hans Müller schlug zur Vorsicht zu den vier Standhaken noch einen dazu. Ich stieg an dem Seil hoch, Meter für Meter, es hielt. Aber immer mit einem komischen Gefühl. Bis kurz vor dem Endpunkt. Zwei Meter waren es noch bis zum Standplatz – da sah ich ein schreckliches Bild: kein Haken, an dem das Seil befestigt war. Wie konnte mich das Seil halten? Ich sah es: Das Endstück lag hinter einem kleinen Felsköpfchen, aber nicht verschlungen, sondern lediglich in eine etwa 10 cm dicke Eisschicht eingefroren. Sofort erfaßte ich meine unglückliche Situation, die mich fast lähmte vor Schreck. Verzweifelt suchte ich nach einem Griff, nach Halt, aber fand keinen, immer noch an dem Seil hängend, dessen »Eisverankerung« sich jeden Augenblick lösen konnte. Wenn es bis hierher gehalten hat, dachte ich, wird es auch noch einen weiteren Meter halten. Ich schob die Steigbügel nochmals nach, einen Meter vielleicht, endlich ein Tritt und Griff. Für Sekunden hing ich am Fels, ohne auch nur den kleinsten Handgriff machen zu können – ich war vollkommen fertig. Erst dann gelang es mir, einen Haken zu schlagen. Einige Bohrhaken kamen dazu, ich war gerettet.

Mit japanischen Seilen waren wir bedient. Keines wollten wir mehr anrühren. Hans erreichte am Abend das Sphinxband, Trachsel und Dörfliger kamen nach, während Hans und ich wieder zum Centerband abstiegen.

23.1.: Mein Verhauer vom Vortag, direkt auf den Sphinxkopf zu gelangen, wurde von Hans Peter Trachsel und Max Dörfliger begradigt. Ihnen gelang es, nach größeren Umgehungsmanövern, den Sphinxpfeiler zu erklettern.

24.1.: Trachsel und Dörfliger bezwangen den Sphinxkopf, wir andern besorgten den Seilabbau und den Transport. Abends Freudengeschrei: Morgen werden wir den Gipfel erreichen. Auch angesichts der Tatsache, daß es den ganzen Tag schneite. Übles Biwak auf dem Sphinxband.

25.1.: Vom höchsten Punkt bis zum Gipfel waren es nur noch 100 Meter. Jetzt konnte uns nichts mehr um den Erfolg bringen. Hans Peter Trachsel stand um 16.40 Uhr als erster auf dem Gipfel, um 18.00 Uhr waren wir alle oben, reichlich abgekämpft, aber überglücklich. Ende eines verrückten Abenteuers.

Hans Müller und Peter Jungen kennen die Eigerwand nun übergenug; im August 1969 glückte ihnen die 90. und 91. Begehung der klassischen Route. Und Hans Müller will es mit der Japaner-Route sechs Monate nach der ersten Winterbegehung noch genauer wissen. Mit seinem Landsmann Hans Berger, ebenfalls ein »Bergfalke«, klettert er vom 28. bis 30. Juli auf Nippons Spuren zum Gipfel. Hauptanlaß dieser dritten Begehung ist die Bergung des im Winter zurückgelassenen Materials. Hans Müller hat die Eigerwand dreimal bezwungen.

Im Februar-März 1976 vollzieht sich in aller Stille die zweite Winterbegehung der Japaner-Route (insgesamt vierte Begehung). Es sind die tschechischen Bergsteiger Petr Gřibek, Leo Horua, Jan Martinek, Milan Motička, Martin Novak und Ladislav Starčala. Die gleiche Gruppe befand sich schon einen Winter zuvor in der Wand, hatte aber keinen Erfolg. Bevor sie am 19. Februar einsteigen, zahlt jeder zwanzig Franken als Förderungsbeitrag für die Schweizerische Rettungsflugwacht (SRFW) ein. Als SRFW-Förderer hat man Piloten hinter sich.

Erst durch die Winterbegehung der Tschechen wird einem klar, wie schnell die »Bergfalken« waren (sechs Tage), denn die zweite Winterbegehung erfolgt vom 19. Februar bis 5. März 1976 – sechzehn Tage, obschon Schwieriger Riß und Rote Fluh vom vorausgegangenen Versuch mit Fixseilen präpariert waren.

Die Tschechen klettern wie die Japaner im Expeditionsstil: eine Seilschaft klettert an der Spitze, fixiert laufend Seile, kommt zum letzten Wandlager zurück, wird von der nächsten Seilschaft abgelöst. Bis ein neuer Lagerplatz geschaffen werden kann. Mit den Jümar-Steigbügeln folgen dann die zurückgebliebenen Seilschaften an den Fixseilen, die von der Schlußgruppe wieder abgebaut werden – und so weiter. Die Wandlager befinden sich nahe des Stollenloches auf dem Wandvorbau, zwei auf dem Zweiten Eisfeld, auf dem Centerband, auf dem Sphinx-Band und am Beginn des Gipfeleisfeldes. Die Tschechen haben zu allem auch noch ungewöhnliches Wetterglück.

Um 12.30 Uhr des 5. März 1976 stehen die sechs Tschechen auf dem Gipfel. Es folgt der Abstieg über die Westflanke. Die Tschechen gehen ohne Seil, ohne Sicherung. Aber der fünfundzwanzigjährige Martin Novak leidet an schweren Fußerfrierungen, ist unendlich müde, er kann sich nicht mehr richtig konzentrieren . . . er rutscht aus, kann sich nicht mehr halten . . . niemand kann ihn halten – er stürzt etwa 250 Meter in die Tiefe, bleibt auf einem Absatz liegen. Mit zerschlagenen Händen, die sich im Sturz immer wieder festzukrallen versuchten, mit schmerzenden Verletzungen am Gesäß. SRFW-Pilot Günther Amann befindet sich mit seinem Helikopter HB – CFF – eine Alouette III – auf einem Routineflug, zusammen mit den Flughelfern Adolf Rüfenacht und Ueli Sommer. Sie hatten die sechs Tschechen in den letzten Tagen mehrfach beobachtet. Jetzt sehen sie im obersten Teil der Westflanke nur noch fünf Mann. Und nach wenigen Minuten entdecken sie auch Martin Novak, er scheint die internationale Boden-Luft-Zeichengebung zu kennen, streckt beide Arme schräg nach oben aus – ich brauche Hilfe, heißt das.

Wenig später liegt Martin Novak im Spital Interlaken. Die ganze Rettungsaktion kostet ihm keinen Franken – er ist SRFW-Förderer.

Engel der Nordwand

Die Eigerwand heißt in der Presse gelegentlich »Mordwand«. Man könnte sie aber genau so gut auch »Engelswand« nennen. Denn zuweilen scheinen in der Nordwand ganze Engelskompanien unterwegs zu sein.
Der Japaner Kenji Kimura, der im Januar 1970 anläßlich der zweiten Winterbegehung der klassischen Route in den Ausstiegsrissen stürzte und sich dabei das linke Waden- und Schienbein brach, verdankt sein Leben der SRFW und den Bergführern. Neben einigen anderen vermutlich auch der Genfer Jean Juge, der 1975 als 67jähriger Eigerwand-Veteran nach geglückter Durchsteigung in der Westflanke erschöpft ausharrte, bis ihn ein SRFW-Helikopter herausholte. Die SRFW wurde im März 1960 als private Gesellschaft gegründet und war, geleitet von dem unermüdlichen Dr. Fritz Bühler, bald Pionier der alpinen Luftrettung. Ihre Einsatzberichte würden mehrere Bücher füllen – abenteuerliche, dramatische Bücher.
Die erste Helikopter-Direktrettung aus der Nordwand glückte der SRFW im September 1971.
Die beiden deutschen Bergsteiger Martin Biock und Peter Siegert sind durch eine Reihe unglücklicher Zwischenfälle auf der klassischen Route in Bergnot geraten. Im Todesbiwak auf dem Bügeleisen wurden die beiden von einem Wettersturz überrascht. Ihre Hilferufe wurden gehört, so daß eine Rettungsaktion eingeleitet werden konnte. Siegert und Biock hatten sich bereits an den Abstieg über das Zweite Eisfeld gemacht, da kam auch schon ein SRFW-Helikopter mit dem Piloten Günther Amann und dem Bergführer Rudolf Kaufmann als Flughelfer. Die Aktion lief ab, als hätte es sich um die tausendste Eigerwand-Rettungsübung gehandelt – uneingeschränkte Bewunderung für die SRFW und für den unerschrockenen Bergführer! Freilich, so eine Rettung ist nicht billig . . . aber was sind einige tausend Mark im Vergleich zum Leben!
Martin Biock und Peter Siegert gehören zu meinen Freunden. Biock beschreibt seine ungewöhnlichen Nordwandtage mit Peter Siegert – und ihre ans Wunderbare grenzende Rettung mitten aus der Wand: Wir waren in die Wand mit der Überzeugung eingestiegen, diesmal durchzukommen. Zehn Tage vorher zwang uns ein Wettersturz zum Rückzug, als wir in der Roten Fluh hingen. Mittwoch – 8. September 1971 – wir sind in Grindelwald. Die Wetterstation sagt mindestens drei Tage schönes Wetter voraus. Fritz von Almen auf der Kleinen Scheidegg bestätigt das. Sechs tschechoslowakische Bergsteiger in der Wand. Das bedeutet Stufen. Wir freuen uns wie Kinder. Die Rucksäcke sind schön leicht. Keine Hartwurst und Büchsen und ähnlich schwerer Kram. Nur flüssige Nahrung:

Ovomaltine, Tee, Traubenzucker, gekörnte Brühe, Sanddornsaft und eine geringere Menge gedörrtes Obst.
Donnerstag, 6 Uhr: Schwieriger Riß. Die erste Seillänge gehe ich ohne Rucksack voraus. Mein Rucksack bleibt beim Hochziehen hängen. Noch einmal kräftig gezogen – plötzlich wird das Seil leicht. Der Rucksack verschwindet im Abgrund. Fassungslos seile ich mich zu Peter ab. Daß er nicht endlos gefallen ist, konnte ich von oben beobachten. Ich binde mich aus, steige hinab auf den Wandvorbau. Zuerst finde ich das rote Eisbeil, Stahlrohrschaft, nicht gebrochen. Ungefähr 150 bis 200 Meter unter dem Schwierigen Riß ist der Rucksack zwischen zwei Blöcke eingekeilt.
Aber die Steigeisen sind weg! Ohne Steigeisen ist die Tour von vornherein beendet. Peter hatte blitzartig eine prima Idee, die wir auch gleich ausführten: Er zog sich meine Schuhe an, rannte durch das Stollenloch und Tunnel zur Kleinen Scheidegg, fuhr nach Grindelwald, kaufte Steigeisen, ließ sie anpassen, fuhr zur Station Eigerwand, rannte durch den Tunnel zum Stollenloch, war gegen Mittag wieder am Riß. Um nicht ganz untätig herumzusitzen, hatte ich die Rucksäcke über den Schwierigen Riß transportiert.
Ein halber Tag war verloren. Der Eisschlauch am Nachmittag sicher ein Wasserfall. Wir querten wieder zur Japaner-Route. Als es dunkelte, schaukelten wir in den Hängematten, eine Seillänge unter dem Zweiten Eisfeld. Ich wollte kochen. Sprachlos vor Schreck, sah ich den Kocher. Durch den Sturz war er einem Klumpen gleich. Der Fotoapparat klapperte wie eine Rumbarassel. Aus! Morgen früh abseilen! Die Tour ist beendet. Nach Hause. Ohne Kocher waren wir erledigt. Kocher, Foto, Topf, Stirnlampe und verschiedene Kleinigkeiten schmiß ich wütend in die Finsternis.
Im Morgengrauen seilte ich die ersten 40 Meter ab. Die Sonne ging auf. Es war ein Jammer. Peter kam nicht. Er schrie zu mir herab: »Komm wieder 'rauf! Auf geht's! So ein Wetter!« Das Zweite Eisfeld war steiler, länger als wir vermutet hatten. War Peter im Fels vorausgegangen, so ging ich zur Abwechslung im Eis voran. Ein einziger Stein pfiff an uns vorbei. Gegen 17 Uhr erreichten wir das Todesbiwak auf dem Bügeleisen. Ein sicherer Biwakplatz. Sogar bequem liegen kann man. Kaum hatten wir uns verpackt, hörten wir entferntes Grollen. Eine Lawine oder eine Sprengung, dachten wir. »Die sprengen aber lange«, meinte ich. Der erste grelle Blitz zeigte uns deutlich, was es mit dem Donnern auf sich hatte. Heftiger Schneefall mit »leichtem« Wind. Minuten später fegten rechts neben Peter die Lawinen über das Dritte Eisfeld. Über uns prasselten ebenfalls die grauweißen Massen hinweg. Wir waren bald eingeschneit. Das Gewitter bekam noch einen Bruder. Das tobte sich so des Nachts aus. Der Schneefall verringerte sich nicht. Der dichte Nebel rundete das Stimmungsbild ab.
Wir saßen in einer Mausefalle. Wir entschieden uns für Abwarten. Denn ein Schritt aus dem Schutz des Biwaks – die nächste Lawine kam gewiß.
Am späten Nachmittag begann ich zu nörgeln. »Ob man das unten hört, wenn man schreit?« »Wohl kaum.« »Ob ich es einmal versuche?« »Naja, schaden kann es eigentlich nicht, obwohl die Chancen, daß uns jemand hört, gleich Null sind.

Denn wer wird bei dem Sauwetter da unten spazieren gehen.« Und dann begann ich zaghaft mit »Hallo«. Zu zweit klang es schon wesentlich kraftvoller. Die Eintönigkeit vor uns dunkelte, da hörten wir tatsächlich durch das Getöse eine Antwort. Wir brüllten. Nein, wir hatten uns nicht getäuscht. Man hatte uns bemerkt. Kurz vor Mitternacht schob jemand plötzlich Wolken und Nebel weg.

Wir sahen die Lichter der Hotels. Sofort blinkte Peter mit der Stirnlampe. Links neben dem Hotel Blinkzeichen als Antwort! Das gab Auftrieb! Dazu Hoffnung auf Wetterbesserung! Fünf Minuten danach begann es stärker denn je zu schneien. Es war wie ein Schlag ins Gesicht. Resigniert kroch ich tief in den Biwaksack. Alles wurde nässer, kälter, trostloser.

Unverändert kroch das Grau des Morgens herauf. Der vierte Tag. Nichts als Schneeschleier, die, je nach Windrichtung, vorbeizogen oder uns überschütteten. Zog der Nebel etwas auf, sah man über die konkave Wand die Lawinen herunterfetzen. Aus jeder Ritze quoll ein Schneerinnsal. Ich hielt es nicht mehr aus. Ich wollte 'runter. Ich brauchte Bewegung. Wärme. Ich wollte nicht allmählich einschlafen. Dann war auch Peter für den Abstieg bereit. Er begann abzuseilen. Manchmal sah ich ihn, oft war er im Schnee und Nebel verschwunden. Unten schlug er zwei Bohrhaken, während ich ihn sicherte. So schnell wie möglich rutschte ich zu ihm hinab. Weiter unten fanden wir einen alten Stand mit zwei Fiechtelhaken. Jetzt mußten wir uns entscheiden, gerade über das Eisfeld hinab und über den uns unbekannten Abbruch mit senkrechter oder überhängender Wand auf den Vorbau zu gelangen, oder das Zweite Eisfeld in voller Breite zurückqueren und absteigen zur Roten Fluh. Beides sah wenig erfolgversprechend aus.

Der Spuk war urplötzlich weg. Blauer Himmel. Unten die Hotels, Schnee bis hinunter.

Mit einem Megaphon machte sich der Bergrettungsdienst verständlich. Wir verstanden nichts, brüllten aber.

Irgendwo startete ein Hubschrauber. Andächtig lauschten wir, wie das Pfeifen und Rattern näher, höher kam. Wir sahen ihn!

Was war das? Er drehte ab. Verschwand. Wolkendecke zwischen uns und der Kleinen Scheidegg. Hatte er uns nicht gesehen? Meinten die, wir machen Spaß? Wieder das Megaphon. Wir krächzten nur noch. Die Minuten wurden zur Ewigkeit. Der Hubschrauber kam erneut angetuckert. Jetzt werden wir gerettet. Der Hubschrauber verschwand wieder!

Waren es fünf, zehn, zwanzig Minuten oder mehr? Ein drittes Mal hörten wir den Hubschrauber starten.

Dann stand das fliegende Wunder etwa zwanzig bis dreißig Meter über uns. Wir waren für den Abflug bereit. Sehnsüchtig schauten wir hinauf, zu den drei Menschen. Der energisch nach oben weisende Daumen des Piloten wollte uns fragen, ob wir gerettet werden wollen.

Wir wollten!

Am Stahlseil wurde ein Mann heruntergelassen. Direkt neben uns. Zu dritt hingen wir an zwei Haken. Der Rettungsmann klinkte sich aus dem Stahlseil aus, der Helikopter flog etwas zurück. Kam langsam wieder herangeflogen, mit dem herunterhängenden Stahlseil. Bequem konnte ich mich mit der Brustsicherung einhängen. Kommando zum Abflug.

*

Ein halbes Jahr später, es ist noch Winter, kommt die Tschechin Sylvia Kysilkovà, die bereits auf mehrere Eigerwand-Versuche zurückblicken kann. Aber sie ist von der Nordwand besessen.
Trotz ihrer gescheiterten Sommerversuche wagt sie die Nordwand jetzt sogar im Winter. Denn im Sommer sind ja bereits drei Frauen durchgekommen: Daisy Voog (1964), Christine de Colombelle (1967) und Michiko Imai (1969, erste Begehung der Japaner-Route). Die erste Frau im Winter fehlt noch in der langen Nordwandgeschichte. Sylvia Kysilkovà, die ich seit vielen Jahren kenne, beschreibt ihren Winterversuch, der durch eine Rettungsaktion beendet wird:
Wir, das sind Jiři Šmid, Zbynék Čepela, Luboš Novák und ich. Am 16. März war es so weit: unsere Odyssee begann.
Die Wetterverhältnisse waren denkbar schlecht. Wir verstiegen uns gleich auf dem Wandvorbau, kamen zu weit nach rechts ab und mußten 100 Meter unter dem Stollenloch der Jungfraubahn unser erstes Biwak einrichten, das zweite beim Stollenloch.
Da unsere Ausrüstung total durchnäßt war, überlegten wir, ob es überhaupt einen Sinn hatte, weiterzugehen. Aber wieder drei Jahre lang warten auf ein Visum für zwanzig Tage Westalpen? – Am dritten Tag kamen wir bis unter die Rote Fluh und bezogen dort unser drittes Biwak. Am nächsten Morgen gaben Zbynék Čepela und Luboš Novák auf, stiegen zur Kleinen Scheidegg ab. Jiři Šmid und ich setzten den Aufstieg allein fort. Aber auch zu zweit kamen wir nicht schneller vorwärts, biwakierten im Schwalbennest zum vierten Mal, am Ende des Zweiten Eisfeldes zum fünften Mal. Nach dem sechsten Biwak unter dem Bügeleisen mußten wir uns schließlich mit der Realität abfinden: der Proviant ging zur Neige, die Kleidung war total durchnäßt. Abstieg war die einzig mögliche Alternative. Deprimiert machten wir uns an den Rückzug. Da, plötzlich, als wir uns gerade auf dem Zweiten Eisfeld befanden, sahen wir zwei Helikopter auf uns zufliegen. Wie sich später herausstellte, hatte Fritz von Almen von der Kleinen Scheidegg die Schweizerische Rettungsflugwacht alarmiert, nachdem er uns schon zu lange in der Wand wußte und keine Bewegungen mehr wahrnehmen konnte. Ich winkte heftig, daß sie abdrehen sollten. Wir konnten den Abstieg ja gut alleine fortsetzen. Kurze Zeit darauf, im Eisschlauch, kamen sie jedoch wieder. Trotz meiner Versicherungen, daß es uns gut gehe und wir außerdem eine derartige Beförderung überhaupt nicht bestellt hätten, geschweige denn bezahlen könnten, nahmen uns die Rettungsmänner an Bord und flogen uns zur Kleinen Scheidegg.
Unsere Odyssee war also, trotz allem, noch einmal gut ausgegangen. Aber es

erwartete uns gleich der nächste Schrecken: die Rettungskosten beliefen sich auf 2600 sfr. Soviel Geld hatten wir noch nie gesehen.
Fritz Bühler, Chef der Schweizerischen Rettungsflugwacht in Zürich, hatte schließlich ein Einsehen. Wann immer wir ein paar hundert Kronen auftreiben könnten, sollten wir sie als eine Art Dankesgeste überweisen. Herzlichen Dank!

Bereits 1973 gibt es die nächsten Aktionen. Da sind zunächst die Japaner Teruo Kato, 32, aus Hisagi und Buntaro Yamazaki, 27 aus Niigata. Um 2.00 Uhr des 16. August steigen die beiden Japaner ein, kommen am nächsten Tag nur bis zum Zweiten Eisfeld. Am zweiten Tag erreichen sie die Spinne, wo sie erneut biwakieren. Am 18. August sieht man die beiden in den Ausstiegsrissen. Yamazaki klettert am Quarzriß als Seilerster – da stürzt er. Nach fünfzehn Metern bleibt Yamazaki am Seil hängen. Der rechte Fuß ist gebrochen. Es ist 10.30 Uhr. Bald kann Yamazaki nicht mehr. Bis 14.15 Uhr winkt Kato mit seiner gelben Sturmhose ohne Unterbrechung. Da sieht man auf der Kleinen Scheidegg das Notsignal. Sofort wird die Schweizerische Rettungsflugwacht alarmiert. Um 15.30 Uhr startet der SRFW-Pilot Günther Amann mit Bergführer Werner Bhend in Interlaken mit einem Helikopter vom Typ Lama. Mit einem Blick sehen die SRFW-Männer, daß eine Direktrettung riskant ist. Noch am gleichen Tag werden 500 kg Rettungsmaterial auf den Gipfel geflogen. Dann kommt der Sonntag, 19. August. Morgens um 3.30 kommen 36 Bergführer aus Grindelwald, Lauterbrunnen und Wengen mit Extrazügen auf die Kleine Scheidegg. Um 5.00 startet der Helikopter mit den Flughelfern Ueli Sommer und Andreas Ringgenberg, die am Gipfel abgesetzt werden. Um 8.40 Uhr sind Material und Rettungsmannschaft auf dem Gipfel. Um 8.55 Uhr sind die beiden Stahlseil-Rettungswinden am Grat verankert. Um 9.35 Uhr treffen zwei Rettungsmänner bei den Japanern ein, nach einer Abseilfahrt von 300 Metern. Bereits um 9.45 Uhr wird der verletzte Yamazaki gerettet und zur Kleinen Scheidegg geflogen, um 10.00 Uhr folgt Teruo Kato; anschließend werden auch noch die beiden Retter aus der Wand geholt. Um 12.10 Uhr war die ganze Aktion abgeschlossen.

Drei Wochen später kommen die Schweizer Paul Marti, 25, aus Solothurn, und Ulrich Kämpfer, 26, aus Visp. Sie steigen um 13.00 Uhr in die Wand, biwakieren im Schwalbennest. Am nächsten Morgen verschlafen sie den frühen Aufbruch, kommen erst um 7.30 Uhr weg. Die Wand ist ganz ruhig. Im Ausstieg der Rampe kämpfen die beiden Schweizer mit starker Vereisung. Da schlägt das Wetter um. Aber sie kommen dennoch bis zum Beginn des Götterquergangs. Innerhalb einer Stunde verwandelt sich die freundliche Eigerwand zur weißen Hölle. Marti und Kämpfer klettern zurück. Auf dem Brüchigen Band richten sie sich für die Biwaknacht ein. Es ist 17.00 Uhr. Drei Stunden lang tobt das Gewitter. Dann schneit es ohne Unterbrechung die ganze Nacht.
Montag, 10. September, 4.30 Uhr. Marti und Kämpfer versuchen den weiteren Durchstieg. Überall rasen kleine Lawinen in den Abgrund, sie entscheiden sich für den Abstieg. Noch nie hat eine Seilschaft so hoch in der Wand den Rückzug

angetreten. Um die Mittagszeit erreichen die beiden Schweizer das Bügeleisen. Da wird ihnen klar, daß sie den weiteren Abstieg nicht mehr schaffen, die ganze Wand ist in Bewegung. Sie schießen Notruf-Raketen ab – man sieht sie auf der Kleinen Scheidegg. Alarm. Aber das Wetter ist für eine Direktrettung zu schlecht. Marti und Kämpfer müssen warten.

Dienstag, 11. September, 8.30 Uhr. Die beiden steigen weiter ab. Eine Seillänge über dem Zweiten Eisfeld hören sie einen Helikopter anbrummen. Sofort steigen sie wieder zum Bügeleisen auf. Wieder kommt die Maschine. Die Lama wird von Günther Amann gesteuert. Mechaniker ist Adolf Rüfenacht, Flughelfer Bergführer Hans Kaufmann. Zwei Minuten später befindet sich Paul Marti in der Maschine, während Kaufmann bei Kämpfer in der Wand bleibt. Eine Stunde später sind auch Kämpfer und der Retter Kaufmann auf sicherem Boden.

Ein Jahr später – 15. August 1974 – wird der Pole Ladyslav Wozniak direkt auf dem Zweiten Eisfeld gerettet. Bei einem Sturz hatte er sich das linke Bein gebrochen. Wieder war Günther Amann Pilot, unterstützt von Dr. Peter Forrer, Adolf Rüfenacht, Hans Kaufmann und Kurt Schwendener.

Ausklang

Ich habe ein Buch über die Nordwand geschrieben. Ein Buch, das ich schreiben mußte. Denn das Wissen um die Menschenschicksale, die ich beschrieb, bewegte mich bis zur erregenden Faszination. Erst jetzt, da ich die Arbeit beschließe, fühle ich innere Erleichterung.
Das Buch will nicht als Heldenverehrung aufgenommen werden, denn Helden gibt es keine in der Nordwand, und wenn, dann sind es die Rettungsmänner.
Vielmehr will es ein Dokument des menschlichen Abenteuers sein im Zeitalter des Atoms. Und es soll jungen Menschen, die diesen einen der letzten Bereiche des Abenteuers lieben, aufzeigen, welche Gefahren auftreten können, und wie tragisch dieses großartige Abenteuer enden kann.
Denn großartig und schön ist es erst dann, wenn man ihm weitgehend gewachsen ist, auch innerlich. Mut und Waghalsigkeit sind nicht die Grundlagen des Abenteuers allein. Wir sind Bergsteiger geworden, um im weiten Raum der Berge die Größe des Lebens zu erkennen, zu erleben, auch im Abenteuer. Und das Leben ist schön, ja heilig. Darum wollen wir das Abenteuer: zum Leben. Und mutwillig herausgeforderte Abenteuer sind Frevel am Leben. –
Bleibt mir abschließend nur noch ein Wort des Dankes. Er gilt allen Eigerwand-Begehern, Institutionen, besonders der Schweizerischen Rettungsflugwacht, Informanten und Freunden, die mir mit Nachrichten, Hinweisen und Fotos halfen, dieses Buch zu verwirklichen. Nicht zuletzt auch Dank allen europäischen Bergsteiger-Zeitschriften, die meinen Aufruf an die Nordwand-Begeher zur Mitarbeit fast ausnahmslos veröffentlichten.

Nordwand-Begehungen

Klassische Route der Erstbegeher

20./21.–24.8.1938
1 ANDERL HECKMAIR, LUDWIG VÖRG, *Deutschland;*
HEINRICH HARRER, FRITZ KASPAREK, *Österreich*
Siehe Seite 19. Zu ihnen stoßen die Österreicher Rudolf Fraißl und Leo Brankowsky. Unter dem Schwierigen Riß wird Fraißl durch Steinschlag am Kopf verletzt; er steigt mit Brankowsky ab.

14.–16.7.1947
2 LOUIS LACHENAL, LIONEL TERRAY, *Frankreich*
Siehe Seite 20. Erste französische Seilschaft.

4.–5.8.1947
3 GOTTFRIED JERMANN, HANS SCHLUNEGGER, KARL SCHLUNEGGER, *Schweiz*
Siehe Seite 20. Erste Schweizer Seilschaft.

26.7.1950
4 LEO FORSTENLECHNER, ERICH WASCHAK, *Österreich*
Siehe Seite 20.

25.–27.7.1950
5 JEAN FUCHS, MARCEL HAMEL, RAYMOND MONNEY, ROBERT SEILER, *Schweiz*
Siehe Seite 20.

22.–23.7.1952
6 MAURICE COUTIN, PIERRE JULIEN, *Frankreich*
Einstieg in den Morgenstunden; Biwak am Ende der Rampe. Am zweiten Tag um 16.00 Uhr auf dem Gipfel. Gute Verhältnisse, kein Steinschlag.

26.–27.7.1952
7 SEPP LARCH, KARL WINTER, *Österreich*
Einstieg 3.00 Uhr; Biwak hoch in der Wand. Kein ernster Zwischenfall.

26./27.–29.7.1952
8a HERMANN BUHL, SEPP JÖCHLER, *Österreich*
Buhl und Jöchler steigen am Nachmittag des 26. Juli ein und biwakieren links oberhalb des Zerschrundenen Pfeilers.

8b OTTO MAAG, SEPP MAAG, *Deutschland*
Um 2.00 Uhr des 27. Juli steigen die Brüder Maag ein. Am Schwierigen Riß treffen die zwei Seilschaften zusammen, klettern getrennt weiter.

8c JEAN BRUNAUD, PAUL HABRAN, PIERRE LEROUX, GUIDO MAGNONE, GASTON REBUFFAT, *Frankreich*
Die Franzosen steigen um 4.00 Uhr ein und schließen bald auf.
Starker Steinschlag. In der Rampe rechts des Wasserfallkamins benützen Buhl-Jöchler die äußerste schwierige, jedoch sichere und trockene Lachenal-Terray-Variante. Alle Seilschaften biwakieren im Bereich des Brüchigen Bandes. Buhl wird durch Steinschlag am Kopf verletzt. Um 4.30 Uhr des 28. Juli klettern die Österreicher weiter. Im Götterquergang schließen sich die Österreicher und Deutschen zu einer Seilschaft zusammen, in der Spinne schließen sich auch die Franzosen an. Wettersturz. Biwak in den Ausstiegsrissen. Vollkommene Vereisung. Am 29. Juli klettern die Seilschaften getrennt über das Gipfeleisfeld.

6.–8.8.1952
9 KARL LUGMAYER, HANS RATAY, ERICH VANIS, *Österreich*
Erstes Biwak am Beginn des Wasserfallkamins in der Rampe, ab Drittem Eisfeld Regen, in der Nacht Schneefall. Am Morgen des 7. August 50 cm Neuschnee, Lawinen. Ab Rampeneisfeld Verhauer, zweites Biwak auf dem Brüchigen Band. Am dritten Tag wird Lugmayer in der Spinne von Steinschlag in der Magengegend getroffen. Wetterbesserung. Abends auf dem Gipfel. Drittes Biwak im Abstieg.

14.–15.8.1952
10 KARL BLACH, *Österreich;* JÜRGEN WELLENKAMP, *Deutschland*
Biwak im untersten Teil der Ausstiegsrisse, die am zweiten Tag vereist sind; mittags auf dem Gipfel.

15.–16.8.1952
11 SIEGFRIED JUNGMAIER, KARL REISS, *Österreich*
Einstieg in den ersten Morgenstunden; ab Todesbiwak auf dem Bügeleisen direkter Aufstieg bis 80 m unter der Spinne; Rückzug wegen Hakenmangels. Biwak oberhalb des Wasserfallkamins in der Rampe. Am zweiten Tag Schneefall im Götterquergang, auf dem Gipfel Gewitter.

20.–22.8.1953
12 KARLHEINZ GONDA, *Deutschland,* ULI WYSS, *Schweiz*
Siehe Seite 195.

25.–27.8.1953
13 ALBERT HIRSCHBICHLER, EBERHARD RIEDL, *Deutschland*
Die Begehung erfolgt ohne Zwischenfall; ein Biwak.

4.–8.8.1957

14 Franz Mayer, Günter Nothdurft, *Deutschland*

Siehe Seite 58ff.

5.–6.8.1959

15 Kurt Diemberger, Wolfgang Stefan, *Österreich*

Einstieg 3.00 Uhr; auf dem Zweiten und Dritten Eisfeld starker Steinschlag, Biwak unterhalb des Wasserfallkamins in der Rampe. Am zweiten Tag Wettersturz in der Spinne; abends auf dem Gipfel. Ein zweites Biwak mußte im Abstieg in Kauf genommen werden.

10.–13.8.1959

16 Lukas Albrecht, Adolf Derungs, *Schweiz*

Siehe Seite 23ff.

13.–14.9.1959

17 Peter Diener, Ernst Forrer, *Schweiz*

Einstieg 1.30 Uhr; starke Vereisung, Biwak in der Rampe. Am zweiten Tag um 23.00 Uhr wird der Gipfel erreicht.

6.–12.3.1961

18 Walter Almberger, *Österreich;*
Toni Kinshofer, Anderl Mannhardt, Toni Hiebeler, *Deutschland*

Siehe Seite 37ff.

30.8.–2.9.1961

19 Radovan Kuchař Zdeno Zibrin, *Tschechoslowakei*

Siehe Seite 91f. Erste tschechoslowakische Seilschaft.

31.8./1.–2.9.1961

20a Leo Schlömmer, Alois Strickler, *Österreich*
20b Stanislaw Biel, Jan Mostowski, *Polen*
20c Kurt Grüter, Sepp Inwyler, *Schweiz*

Siehe Seite 92ff.

19.–22.9.1961

21 Georg Huber, Gerhard Mayer, *Deutschland;*
Karl Frehsner, Helmut Wagner, *Österreich*

Siehe Seite 98ff.

23.–24.9.1961

22 Hilti von Allmen, Ueli Hürlemann, *Schweiz*

Siehe Seite 100ff. Biwak im Schwalbennest. Zweites Biwak im Abstieg. Immer Schönwetter.

26.–29.9.1961

23 Erich Streng, Robert Troier, *Österreich*

Siehe Seite 101 ff.

23.–25. 7. 1962

24 Jean Braun, André Meyer, Bernard Meyer, Michel Zuckschwert, *Schweiz*

Siehe Seite 103 ff.

31.7.–3.8.1962

25 Helmuth Drachsler, Walter Gstrein, *Österreich*

Siehe Seite 126 ff.

13.–15.8.1962

26 Walter Almberger, Klaus Hoi, Hugo Stelzig, Adolf Weissensteiner, *Österreich*

Siehe Seite 131 f.

11.–18.8.1962

27 Armando Aste, Pierlorenzo Acquistapace, Gildo Airoldi, Andrea Mellano, Romano Perego, Franco Solina, *Italien*

Siehe Seite 131 ff.

19.–22.8.1962

28a Felix Kuen, Dieter Wörndl, *Österreich*

28b John Harlin, *USA;* Konrad Kirch, *Deutschland*

28c Franz Gnos, Franz Jauch, Josef Jauch, Josef Zurfluh, *Schweiz*

Einstieg der deutsch-amerikanischen Seilschaft um 2.00 Uhr, Biwak rechts des Bügeleisens. Um 10.30 Uhr steigen die vier Schweizer ein, Biwak am Schwalbennest. Zweites Biwak Harlins (erster Amerikaner) und Kirchs am Beginn des Götterquergangs, zweites der Österreicher und Schweizer links des Rampeneisfeldes. Am Morgen des 21. August Wettersturz. In der Spinne Lawinen und Steinschlag. Vereinigung aller drei Seilschaften. Drittes Biwak in den Ausstiegsrissen. Die Österreicher sind, von den anderen wieder getrennt, um 9.00 Uhr auf dem Gipfel; gegen Mittag erreichen ihn auch die anderen zwei Seilschaften aus Deutschland und der Schweiz.

19.–23.8.1962

29 Hans Hauer, Nikolaus Rafanowitsch, *Österreich*

Einstieg 2.30 Uhr; gemeinsames Biwak mit der deutsch-amerikanischen Seilschaft (28 b) rechts des Bügeleisens, zweites am Beginn des Wasserfallkamins, drittes am Ende des Götterquergangs, viertes vor dem Quarzriß in den Ausstiegsrissen. Am Abend des fünften Tages auf dem Gipfel. Im Abstieg wurde ein fünftes Biwak notwendig.

29.–30.8.1962
30 Martin Epp, Paul Etter, *Schweiz*
Einstieg 3.00 Uhr; Biwak am Götterquergang. Am zweiten Tag mittags Gipfel.

29.–31.8.1962
31 Chris Bonington, Ian Clough, *England*
Einstieg am Spätnachmittag; erstes Biwak beim Zerschrundenen Pfeiler, zweites Biwak am Ende des Götterquergangs. Am dritten Tag um 13.00 Uhr auf dem Gipfel. Erste britische Seilschaft.

28.–31.8.1962
32 Werner Hausheer, Paul Jenny, *Schweiz*
Einstieg nachmittags; erstes Biwak im Schwalbennest, zweites am Beginn des Wasserfallkamins in der Rampe, drittes am Beginn des Götterquergangs. Am vierten Tag um 16.20 Uhr auf dem Gipfel.

29.–31.8.1962
33 Robert Boegli, Willy Mottet, *Schweiz*
Einstieg 15.00 Uhr; Biwak im Schwalbennest (18.00 Uhr). Um 6.30 Uhr des zweiten Tages weiter bis Bügeleisen, zweites Biwak (16.00 Uhr). Am 31. August um 6.00 Uhr weiter, 19.00 Uhr Gipfel. Drittes Biwak im Abstieg.

2.–3.9.1962
34 Walter Spitzenstätter, Otto Wiedmann, *Österreich*
Einstieg 4.00 Uhr; Biwak links des Rampeneisfeldes (18.00 Uhr). Am zweiten Tag um 16.00 Uhr auf dem Gipfel. Gutes Wetter.

35 Kurt Walter, *Deutschland;* Otto Wintersteller, *Österreich*
Einstieg 4.30 Uhr; Biwak links des Rampeneisfeldes mit den Österreichern (34. Begehung). Am zweiten Tag um 17.30 Uhr auf dem Gipfel.

36 Claude Asper, Bernard Voltolini, *Schweiz*
Einstieg der beiden Zweierseilschaften um 6.00 Uhr; Biwak auf dem Bügeleisen. Entdeckung des Leichnams von Karl Mehringer (1935) im Eis des Zweiten Eisfeldes. Am zweiten Tag um 18.00 Uhr auf dem Gipfel.

3.–5.9.1962
37 Alfred Brunner, Edwin Brunner, *Schweiz*
Siehe Seite 151ff.

30.–31.7.1963
38 Erich Friedli, Arnold Heinen, *Schweiz*
Einstieg 2.00 Uhr; die Schweizer benützen die Felszone oberhalb des Dritten Eisfeldes. Wenig Steinschlag. Sie überholen die österreichische (39. Begehung)

und britische (40. Begehung) Seilschaft. Biwak in den Ausstiegsrissen. Am zweiten Tag um 12.00 Uhr auf dem Gipfel.

29.–31.7.1963

39 MAX FRIEDWANGER, FRIEDL SCHICKER, *Österreich*

Einstieg in den frühen Morgenstunden; erstes Biwak auf dem Bügeleisen, zweites in den Ausstiegsrissen. Am Abend des dritten Tages auf dem Gipfel. Drittes Biwak im Abstieg.

40 ROBERT BAILLIE, DOUGAL HASTON, *England*

Gleicher Ablauf wie 39. Begehung.

2.–3.8.1963

41 MICHEL DARBELLAY, *Schweiz*

Siehe Seite 159 ff.

3.–4.8.1963

42 HELMUT SALGER, HORST WELS, *Deutschland*

Einstieg 5.00 Uhr; ab Zweitem Eisfeld sehr starker Steinschlag; Biwak auf dem Bügeleisen. Wettersturz. Um 7.00 Uhr des zweiten Tages weiter. Neuschnee. 19.30 Uhr Gipfel. Abstieg über den Mittellegigrat zur Mittellegihütte.

25.–27.7.1964

43 MICHL ANDERL, GEBHARD PLANGGER, *Deutschland*

Die beiden Heeresbergführer beginnen um 15.00 Uhr mit dem Aufstieg, weil sie am ersten Tag (25. Juli) nur bis zum Schwalbennest kommen wollen. Gebhard Plangger berichtet darüber:

»Das Wetter ist gut, nur etwas Nebel. Über den Hinterstoisser-Quergang ergießt sich ein Wasserfall, wir werden sehr naß. Um 19.00 Uhr beginnen wir mit dem Biwakieren im Schwalbennest. Überall läuft das Wasser über die Felsen. Um 2.00 Uhr beginnen wir zu kochen, um 3.15 Uhr brechen wir, ausgestattet mit Stirnlampen, auf. Das Erste Eisfeld ist blank. Im Morgengrauen müssen wir am Eisschlauch eine sehr zeitraubende Umgehung an abwärtsgeschichtetem Fels durchführen, denn der Eisschlauch ist nur noch etwa 1 m breit und 20 cm dick. Am Ende des Eisschlauchs steigen wir gerade weiter, denn die Felsen sind total vereist. Genau über uns biwakieren vier Japaner, die bereits den dritten Tag in der Wand sind, und die wir am Vortag von der Scheidegg aus am Eisschlauch entdeckt hatten. Einer ist an der Hand verletzt, sie müssen zurück. Nach Bewältigung des Zweiten Eisfeldes, das teilweise auch blank ist, holt uns eine Seilschaft aus Bern ein, Die beiden sind um 1.00 Uhr nachts eingestiegen; sie klettern sehr schnell. Um 11.00 Uhr erreichen wir das Todesbiwak, mäßiger Steinschlag. Das Dritte Eisfeld ist vollkommen blank. Um 13.00 Uhr wird die Rampe erreicht. Brotzeit. Die Berner klettern weiter, wir folgen ihnen. Am Wasserfallkamin benützen sie die Lachenal-Terray-Variante, wir den fast trockenen Kamin. Es ist inzwischen Nebel aufgekommen, dann tritt auch Schmelzwasser auf. Völlig durchnäßt erreichen wir das Rampeneisfeld. Am Beginn des Götterquergangs richten wir uns um 19.00 Uhr für das zweite Biwak ein; die Schweizer biwakieren am Ende des Quergangs. Die ersten zwei Seillängen der Spinne sind gut, dann blankes Eis. In den Ausstiegsrissen beginnt es zu schneien. Um 11.30 Uhr erreichen wir den Gipfel.«

26.–27.7.1964
44 Hans-Peter Trachsel, Hans Grossen, *Schweiz*
Die beiden Berner steigen um 1.00 Uhr des 26. Juli in die Wand. Zwischen 10.00 und 11.00 Uhr stoßen sie oberhalb des Zweiten Eisfeldes auf die deutsche Seilschaft Michl Anderl und Gebhard Plangger. Der weitere Ablauf ist gleich wie bei der 43. Begehung.

26.–29.7.1964
45 Karlheinz Werner, Ernst Mahner, *Deutschland*
Pit Schubert, Rüdiger Steuer, *Deutschland*
Es sind zunächst zwei Seilschaften, die um 2.00 Uhr des 26. Juli mit dem Aufstieg beginnen, also kurz nach den beiden Bernern.
Auch die vier Deutschen treffen am Beginn des Zweiten Eisfeldes mit den Japanern zusammen. »Die Querung des Zweiten Eisfeldes gestaltet sich als sehr zeitraubend.« (Schubert). Um 18.00 Uhr wird fünf Seillängen vor dem Bügeleisen mit dem Biwak begonnen. Um 7.00 Uhr des 27. Juli setzen die beiden Seilschaften ihre Durchsteigung fort. »Am Wasserfallkamin werden wir völlig durchnäßt; Wettersturz, Schneefall. Mahner wird durch Steinschlag an der rechten Hand verletzt. Um 16.00 Uhr Biwakbeginn am linken Rand des Rampeneisfeldes. Der Wettersturz hält 38 Stunden an. Am 28. Juli Aufbruch um 7.00 Uhr, es schneit dauernd.«
Um 16.00 Uhr richten sich die Deutschen, die jetzt eine Viererseilschaft bilden (geführt von Karlheinz Werner), am linken oberen Ende der Spinne für die dritte Biwaknacht ein, weil sie glauben, weiter oben in den Ausstiegsrissen keine so gute Möglichkeit zu finden. Um 6.00 Uhr des 29. Juli Aufbruch. Es schneit noch immer. Trockenschneelawinen fegen durch die Ausstiegsrisse. Noch vor Erreichen des Gipfeleisfeldes bessert sich das Wetter. Um 17.00 Uhr wird der Gipfel erreicht. Im Abstieg renkt sich Rüdiger Steuer den linken Arm aus, »was noch ein Biwak 200 m über dem Fuß der Westflanke zur Folge hat«.

30.7.–1.8.1964
46 Franz Häppl, Herbert Kettner, *Deutschland*
Häppl ist aus Füssen, Kettner zählt seit Jahren zu den erfolgreichen Bergsteigern Kemptens. Um 4.30 Uhr des 30. Juli steigen sie ein. Herbert Kettner: »Das Erste und Zweite Eisfeld treffen wir ziemlich blank an. Wir schlagen Stufen für die vordersten Steigeisenzacken und kommen dadurch entsprechend langsam voran. Kurz vor 14.00 Uhr erreichen wir den oberen Rand des Zweiten Eisfeldes und

beginnen mit der Querung, mäßiger Steinschlag.« Nach einem Verhauer wird um 17.00 Uhr am linken oberen Rand des Zweiten Eisfeldes biwakiert; das Wetter hat sich verschlechtert. Am 31. Juli langt die Seilschaft um 11.00 Uhr am Todesbiwak an. Der Eiswulst in der Rampe kann links umgangen werden. »Auf dem Rampeneisfeld starker Steinschlag, wir beschließen, am Ende des Götterquergangs zu biwakieren.« 1. August: »Kein Steinschlag in der Spinne, dafür Blankeis im oberen Teil. In den Ausstiegsrissen sehr schlechte Verhältnisse, teilweise 10 cm Wassereis. Für eine Seillänge brauchen wir zwei Stunden. Die Verhältnisse sind ab hier fast durchwegs gleich. Wir klettern alles mit Steigeisen. Das Wetter hat sich auch verschlechtert. Um 15.00 Uhr erreichen wir den Gipfel, und um 16.30 Uhr beginnen wir mit dem Abstieg.« Im Abstieg Biwak.

30.7.–2.8.1964

47 KURT GÜNGERICH, ROLF GÜNGERICH, *Schweiz*

Einstieg am frühen Nachmittag des 30. 7. Am Hinterstoisser-Quergang hängt ein brauchbares Geländerseil. Steinschlag. Eislawine. Biwak um 19.00 Uhr im Schwalbennest. 6.00 Uhr Aufbruch. Gewitter am oberen Ende des Zweiten Eisfeldes. Zweites Biwak vor dem Wasserfallkamin in der Rampe. 7.00 Uhr Aufbruch. Vereister Wasserfallkamin, der 6 Stunden kostet. Nebel und Sturm in den Ausstiegsrissen. Klettern mit Stirnlampen bis Gipfel (2.00 Uhr früh).

4.–7.8.1964

48 JOSÉ ANGLADA, JORDI PONS, *Spanien*

Erste spanische Begehung. Anglada und Pons sind mit Abstand die leistungsfähigsten und auch erfahrensten Bergsteiger Spaniens (Barcelona). Um 15.00 Uhr des 4. August steigen sie in die Wand. Im Schwalbennest verbringen sie ihr erstes Biwak. Am zweiten Tag erreicht die Seilschaft das Todesbiwak auf dem Bügeleisen; am dritten Tag (6. August) um 18.00 Uhr beziehen die Spanier am Ende des Götterquergangs einen dürftigen Platz für die dritte Nacht. Aufbruch um 6.00 Uhr des 7. August. In der Spinne werden sie von schlechtem Wetter überrascht, um 17.00 Uhr sind sie auf dem Gipfel. Im Abstieg Biwak im Schneesturm.

49 WULF SCHEFFLER, GERT UHNER, *Deutschland*

Diese Durchsteigung nahm den gleichen Verlauf wie die spanische (47. Begehung). Jedoch erlitten die beiden Münchner Erfrierungen.

5.–7.8.1964

50 DIETMAR BACHSTEIN, GEORG OSTLER, *Deutschland*

Die zwei jungen Bergsteiger aus Füssen und Kempten steigen um 15.00 Uhr des 5. August in die Wand; Biwak im Schwalbennest. Am nächsten Tag treffen sie unterhalb des Zweiten Eisfeldes und in der Rampe schlechte Verhältnisse an: Wassereis. Zweites Biwak im oberen Teil der Rampe. Am 7. August stoßen die beiden Allgäuer in der Spinne auf die Seilschaften Scheffler-Uhner und Anglada-Pons, mit denen sie um 17.00 Uhr den Gipfel erreichen. Biwak im Abstieg.

51 1.–3.9.1964
DAISY VOOG, WERNER BITTNER, *Deutschland*
Siehe Seite 119. Erste Begehung durch eine Frau.

3.–5.9.1964
52 FRANZ GRUNDNER, STEFAN RAUSCH, *Deutschland*
Die beiden Bergsteiger aus Trostberg in Bayern beginnen um 3.30 Uhr mit dem Aufstieg. Auf dem Ersten Eisfeld bricht Grundners Eisbeil, wodurch das Höherkommen, besonders auf den folgenden Eisfeldern, zeitlich stark behindert wird. Am linken oberen Ende des Zweiten Eisfeldes findet die Seilschaft den richtigen Übergang zum Bügeleisen nicht; sie quert zu weit nach links und gelangt dann, abseits der Route, auf das Bügeleisen. Auf dem Todesbiwak wird die erste Nacht verbracht. Zweites Biwak am Ende des Götterquergangs. Aufbruch um 7.30 Uhr des 5. September, um 14.00 Uhr auf dem Gipfel.

9.–13.9.1964
53 Zweierseilschaft *Algerien/Frankreich*
Die Namen dieser Zweierseilschaft sind nicht bekannt. Erstes Biwak beim Schwierigen Riß, zweites auf dem Bügeleisen, drittes auf dem Brüchigen Band oberhalb der Rampe, viertes auf dem Gipfel; erst am 14. September treffen die Bergsteiger auf Scheidegg ein. Offenbar waren sie mit dem Anstiegsverlauf nicht sehr gut vertraut, sie verfehlten mehrmals die Route. Ab dem Corti-Biwak in den Ausstiegsrissen querten sie nicht nach links, sondern stiegen gerade hinauf zum Gipfeleisfeld.

19.–22.8.1965
54 MITSUMASA TAKADA, *Japan*
Siehe Seite 188ff.

4.–7.7.1967
55 OTTO CUDRICH, FRANZ HAWELKA, TONI SCHRAMM, *Österreich*
Einstieg der drei Salzburger um 15.00 Uhr; erstes Biwak unterhalb des Schwierigen Risses, zweites in der Rampe, drittes 200 m unterhalb des Gipfels; am vierten Tag um 12.00 Uhr Gipfel. Die Begehung erfolgte bei sehr schlechten Verhältnissen, Cudrich erlitt an den Füßen starke Erfrierungen.

8.–9.8.1967
56 HELMUT FIEDLER, IGNAZ GANSBERGER, *Österreich*
Einstieg 4.00 Uhr; nach nur einem Biwak in der Rampe wird am zweiten Tag um 18.00 Uhr der Gipfel erreicht. Heftiges Gewitter im Abstieg.

12.–15.8.1967
57 HANS HERZEL, KURT REICHARDT, *Österreich*
Die beiden Grazer treffen sehr schlechte Wandverhältnisse an und geraten dazu

noch in Schlechtwetter, das den Aufstieg verlangsamt. Erstes Biwak auf dem Bügeleisen, zweites in der Rampe. Wettersturz. Drittes Biwak vermutlich in den Ausstiegsrissen; am 15. August um 11.30 Uhr erreichen die beiden den Gipfel bei herrlichstem Wetter. Aber sie kannten den Abstieg über die Westflanke nicht, gerieten zu stark nach links, wo sie ausglitten und zu Tode stürzten.

22.–25.8.1967
58 Manfred Rogge, Hans Saler, *Deutschland*
22.–26.8.1967
59 Paul Nigg, Ernst Neeracher, *Schweiz*
Beide Seilschaften steigen etwa zur gleichen Zeit ein. Die Münchner biwakieren in der Rampe, die Schweizer auf dem Bügeleisen. Am zweiten Tag kommen die Deutschen bis auf den Götterquergang, die Schweizer in die Rampe. Wettersturz, Neuschnee. Rogge und Saler klettern trotzdem weiter, erreichen die Spinne und noch am gleichen Tag den obersten Teil der Ausstiegsrisse. Dritte Nacht. Am 25. August um 8.15 Uhr erreichen sie den Gipfel. Starker Wind. Die Schweizer bleiben bis mittags in ihrem Biwak in der Rampe und klettern dann weiter. Drittes Biwak auf dem Götterquergang, viertes am Ende der Ausstiegsrisse; am 26. August Gipfel.

26.–28.8.1967
60 Helmut Lenes, Hermann Göllner, *Österreich*

61 Michael Schneider, Karl Winkler, *Deutschland*
Gemeinsamer Einstieg beider Seilschaften um 5.00 Uhr; auch in der Folge sind sie mehr oder weniger beisammen: gegen 17.00 Uhr erstes Biwak auf dem Bügeleisen, zweites am oberen Ende der Ausstiegsrisse. Am dritten Tag kurz vor 9.00 Uhr Gipfel.

26.8.–1.9.1967
62 Jack Sangnier, Christine de Colombelle, *Frankreich*
Siehe Seite 119 f. Jack Sangnier berichtet:
»Am Samstagvormittag, 26. August, begannen wir mit dem Aufstieg über den Vorbau. Es sollte nur eine Erkundung sein. Als ich jedoch gegen Mittag sah, daß unsere physische Verfassung ausgezeichnet war und das Wetter gut zu bleiben versprach, entschloß ich mich für den endgültigen Aufstieg.
Noch vor dem Hinterstoisser-Quergang richteten wir uns für die erste Nacht ein, der Platz war sehr gut. Am zweiten Tag (27. August) überwanden wir den Hinterstoisser-Quergang, das Erste und das Zweite Eisfeld und begannen an seinem linken oberen Ende mit dem zweiten Biwak. Am Abend hörten wir im Transistorradio gute Wetternachrichten. Also konnten wir am Morgen des 28. August mit gutem Gewissen in Richtung Bügeleisen weiterklettern. Kurz nach dem Aufbruch gab es jedoch die erste böse Überraschung: Christine rutschte aus, pendelte und verlor dabei ihren Eispickel. Das war ein sehr bedenklicher Verlust,

denn ich wußte, daß uns noch etwa 15 bis 20 Seillängen über reines Eis erwarteten. Außerdem erlitt das Mädchen durch den Sturz einen kleinen Schock. Die dritte Nacht verbrachten wir kurz vor dem Todesbiwak auf dem Bügeleisen. Am 29. August bezwangen wir das Dritte Eisfeld ohne Zwischenfall. Dann folgte die Rampe; in zwei Drittel Höhe viertes Biwak. Am fünften Klettertag (30. August), nachdem wir die schwierigsten Stellen der Rampe hinter uns hatten, brach ein heftiges Gewitter über uns herein, begleitet von Hagel und endlosen Lawinen. Auf dem Brüchigen Band fanden wir ausreichenden Schutz. Wir warteten. Nach sehr kurzer Zeit – es erschien uns wie ein Wunder – war der böse Spuk vorbei. Es folgten Brüchiger Riß, Götterquergang, Spinne, Ausstiegsrisse. Ich hoffte, am gleichen Tag noch den Gipfel zu erreichen. Ab dem Ende der Spinne hielt ich mich aber viel zu weit nach rechts. Der Verhauer kostete sehr viel Zeit. Also mußten wir uns mit einem fünften Biwak, das wir im untersten Teil der Ausstiegsrisse verbrachten, abfinden. Die Ausstiegsrisse kosteten uns den ganzen sechsten Tag. Grund: Schlechtes Wetter. Am Beginn des Gipfeleisfeldes verbrachten wir die sechste Biwaknacht. Wir hatten keinen Proviant mehr. Am 1. September – dem siebenten Klettertag – wäre der Durchsteigung beinahe ein jähes Ende gesetzt worden: auf dem Gipfeleisfeld rutschten wir beide plötzlich aus, glitten einige Meter in die Tiefe, konnten uns aber – es erscheint mir hinterher wie ein Wunder – doch noch vor dem endgültigen Absturz retten. Gegen 17.00 Uhr erreichten wir den Gipfel.«
Zweite Begehung durch eine Frau.

4.–8.8.1968

63 HARRY ROST, *Deutschland;* OLDRICH GULT, *Tschechoslowakei*
Rost und Gult steigen in die verschneite Wand ein, auch das Wetter ist unsicher, außerdem verliert Rost schon vor dem Hinterstoisser-Quergang sein Eisbeil.

Angesichts vieler Durchsteigungen kann nicht – wie bisher – genauer auf alle Begehungen 1969 eingegangen werden. Eine tabellarische Übersicht mit kurzen Bemerkungen besonderer Ereignisse mag genügen. Auch die hier aufgeführten Begehungszahlen sind sehr wahrscheinlich nicht vollständig.

20.–21.7.1969

64 YVES MORIN, VINCENT RENARD, *Frankreich*
Wegen starken Steinschlags auf dem Ersten Eisfeld Biwak mit den beiden Deutschen Brög und Ries (66. Begehung) im Schwalbennest.

22.7.1969

65 ALBRECHT BÖSCH, ANDREAS SCHERER, *Schweiz*
Einstieg 3.00 Uhr; die Schweizer überholen mehrere Seilschaften, schließen sich wegen eines Gewitters in den Ausstiegsrissen mit den Deutschen Brög und Ries (66. Begehung) zusammen und erreichen gegen 21.00 Uhr den Gipfel.

20.–22.7.1969
66 Wolfgang Brög, Wolfgang Ries, *Deutschland*
Wegen starken Steinschlags auf dem Ersten Eisfeld Biwak mit der französischen Seilschaft (64. Begehung) im Schwalbennest. Die Deutschen umgehen den Wasserfallkamin auf der Lachenal-Terray-Variante.

22.–23.7.1969
67 Sanji Nakatani, Isamu Tatuno, *Japan*
Wegen starker Lawinengefahr zweites Biwak im Abstieg mit der deutschen Seilschaft Heel-Schreck (68. Begehung).

21.–23.7.1969
68 Peter Heel, Manfred Schreck, *Deutschland*
Siehe 67. Begehung.

69 Michael Dacher, Franz Martin, *Deutschland*
Einstieg 18.00 Uhr; Biwaks beim Stollenloch und in der Rampe, wo die Seilschaft in ein starkes Gewitter gerät.

22.–24.7.1969
70 Dušan Kukovez, Janez Resnik, *Jugoslawien*
Erste jugoslawische Durchsteigung.

25.–27.7.1969
71 Daihachi Okura, Tadashi Tomiyasu, *Japan*

28.7.1969
72 Robert Kittl, Toni Rosifka, *Österreich*
Vermutlich erste Seilschaft, die an einem Tag den Gipfel erreichte und auf die Kleine Scheidegg zurückkehrte. Ankunft auf der Kleinen Scheidegg um 20.15 Uhr. Die Seilschaft Kittl-Rosifka benötigte für ihren imponierenden, raschen Aufstieg und für die Rückkehr insgesamt 16 Stunden.

27.–29.7.1969
73 Thierry Cardon, Lothar Mauch, *Frankreich*
Erstes Biwak am Wasserfallkamin, zweites am Gipfelgrat.

28.–30.7.1969
74 Paul Vogler, Peter Vogler, *Deutschland*
Erstes Biwak im Schwalbennest, zweites am Brüchigen Band, drittes auf dem Gipfel.

27.7.–1.8.1969
75 Cesar Perez, Carlos Romero, *Spanien*

31.7.–2.8.1969
76 Willi Hermann, Peter Loos, *Deutschland*
Willi Hermann wird auf dem Dritten Eisfeld durch Steinschlag an beiden Händen verletzt; vor dem Quarzriß wird ein Seil durch Steinschlag abgeschlagen.

1.–3.8.1969
77 Isao Yagi, Masahumi Konishi, *Japan*
Konishi gelang anschließend noch die Nordwand des Matterhorns.

2.–3.8.1969
78 Fredi Deutsch, Gerhard Egloff, *Schweiz*
5.–7.8.1969
79 Heinz Bächli, Iwor Ganahl, *Schweiz*
4.–7.8.1969
80 Kenji Kimura, Masao Tomoda, *Japan*
Kimura hat damit alle drei großen Nordwände durchstiegen: Matterhorn, Grandes Jorasses und Eiger.

7.–8.8.1969
81 Daniel Corminboeu, Hanspeter Ryf, Theo Marti, *Schweiz*

6.–8.8.1969
82 Alfred Hennet, Hansruedi Jost, Michel Vallat, Raymond Monnerat, Jean-René Affolter, Daniel Grimm, *Schweiz*

7.–9.8.1969
83 Hans Zebrowski, Rudi Bollier, *Schweiz*
8.–9.8.1969
84 René Mayor, Armand Sarrasin, *Schweiz*

8.–9.8.1969
85 Franci Gselman, Milan Meden, Ivan Sturm, Beno Reis, *Jugoslawien*

9.–10. 8. 1969
86 Walter Fuchs, Walter Lüthy, *Schweiz*
Aufbruch von Alpiglen 1.00 Uhr des 9. August. Starker Steinschlag auf Wandvorbau. Im Schwalbennest 2 Japaner beim Frühstück. 12.00 Uhr Ankunft Todesbiwak. Drittes Eisfeld sehr starker Steinschlag. Gewitter, Hagel und starker Wind in der Rampe. Spinne: 17.00 Uhr. Pausenloser Steinschlag. Biwak. Aufbruch um 6.00 Uhr (10. 8.), sehr kaltes, aber wunderbares Wetter. In den Ausstiegsrissen Wassereis, schwierig. Gipfel: 11.00 Uhr. Reine Kletterzeit 21 Stunden.

87 Masaru Okabe, Masatoshi Techima, Toru Nakano, *Japan*
Etwa gleicher Ablauf wie oben.

88 Gübi Luck, Toni Lampert, *Schweiz*
Sehr starker Steinschlag auf dem Zweiten Eisfeld und in der Spinne, weshalb die Seilschaft am Beginn des Götterquergangs biwakieren muß.

8.–10. 8. 1969
89 Graeme Dingle, Murray Jones, *Neuseeland*
Einer der beiden Neuseeländer stürzt bei einem Verhauer in der Spinne 15 m. Sie klettern dann zusammen mit Luck und Lampert (88. Begehung) bis zum Gipfeleisfeld.

9.–10. 8. 1969
90 Gerd Siedhoff, Peter Jungen, *Schweiz*
Einstieg gegen 2.30 Uhr zusammen mit Allenbach-Müller (91. Begehung) und Luck-Lampert (88. Begehung). Beim Schwierigen Riß überholen sie Keusen-Rufibach (92. Begehung). Vom Zweiten Eisfeld an steigen Luck-Lampert voran.

91 Peter Allenbach, Hans Müller, *Schweiz*
Siehe 90. Begehung

92 Walter Keusen, Hans Rufibach, *Schweiz*
Siehe 90. Begehung

11.–12. 8. 1969
93 Georg Wurm, Erwin Murg, *Österreich*

8.–11. 8. 1969
94 Fujikota, ? Mutsui, *Japan*
Klettern am Nachmittag des 8. 8. über Wandvorbau und Hinterstoisser-Quergang bis Schwalbennest, Biwak. Am nächsten Morgen werden sie von den Schweizern Fuchs-Lüthy (86. Begehung) überholt. Gewitter auf Zweitem Eisfeld. Biwak auf Bügeleisen, drittes in Ausstiegrissen. Die Japaner haben alle drei großen Nordwände bezwungen.

19.–27. 1. 1970
95 Masaru Morita, Masaru Okabe, *Japan*
Yuji Hattori, Tetsuo Komiyama, *Japan*
An dieser zweiten Winterbegehung beteiligte sich auch Kenji Kimura. Die fünf japanischen Bergsteiger beginnen am 19. Januar mit dem Aufstieg; Biwaks im Schwalbennest, am oberen Rand des Zweiten Eisfeldes, auf dem Bügeleisen, in der Rampe und am Beginn des Götterquergangs. Nach dem sechsten Biwak in den Ausstiegrissen stürzt Kimura und bricht sich das linke Schien- und Wadenbein. Vorbildliche Rettungsaktion (Bergführer und Rettungsflugwacht). Die übrigen vier Japaner erreichten nach zwei weiteren Biwaks am 27. Januar den Gipfel (neun Wandtage).

26.–28. 9. 1970

96 ERNST VON ALLMEN, FRITZ GERTSCH, MARTIN VON KÄNEL, *Schweiz*

Einstieg 12.30 Uhr. Erstes Biwak oberhalb des Zweiten Eisfeldes. 6.00 Uhr Aufbruch. Totale Vereisung in der Rampe. Zweites Biwak in den Ausstiegsrissen. Aufbruch 6.30 Uhr, um 8.30 Uhr Gipfel.

Die Übersicht der Begehungen 1971 ist verunsichert, so daß keine fortlaufenden Begehungszahlen mehr berücksichtigt werden können.

Anfang Juli 1971

MARTIN BURROWS-SMITH, DAVE BARTON, *Großbritannien*

Drei Tage in der Wand. Gewitter.

5.–7. 7. 1971

CHRIS RADCLIFFE, PETE SCOTT, *Großbritannien*

Steigen am Nachmittag des 5. 8. ein, biwakieren im Schwalbennest nach dem Hinterstoisser-Quergang. Gute Wandverhältnisse. Am 6. 8. gutes Wetter. 2. Biwak in der Rampe, mit 2 Franzosen, die sie im Schwalbennest getroffen hatten. Am Nachmittag des 7. 8. erreichen sie mit den Franzosen den Gipfel bei Sturm.

BERNARD ?, JEAN-PIERRE ?, *Frankreich*

Gleicher Ablauf wie bei Radcliffe-Scott, mit denen sie ab Schwalbennest in getrennten Seilschaften die Wand durchsteigen.

13.–15. 7. 1971

ALFRED IMITZER, WOLFGANG RETSCHITZEGGER, *Österreich*

Gleich nach Ankunft am 12. 7. Einstieg. Biwak beim Zerschrundenen Pfeiler. Regen. Am Morgen des 13. 7. Abstieg zum Zelt. Das Wetter bessert sich, erneuter Einstieg um 16.00 Uhr. Am Schwierigen Riß ein Wasserfall. Biwak im Schwalbennest. In der Nacht sinkt die Temperatur auf 0 Grad, die ganze Wand überzieht sich mit Wassereis. Am Eisschlauch Schwierigkeiten. Um 16.00 Uhr am Ende des Götterquergangs, schönstes Wetter. In der Nachmittagssonne trocknen die beiden hier ihre nasse Kleidung und biwakieren. Um 10.00 Uhr des 15. 7. der Gipfel.

14.–15. 7. 1971

PETER SCHOLZ, JÜRGEN VOGT, *Deutschland*

Wie oben, nur daß die Deutschen am frühen Morgen einstiegen, in der Rampe biwakierten und später den Gipfel erreichten.

Ende Juli 1971

? BRAITHWAITE, ? HOLDEN, ? LEPPART, *Großbritannien*

Drei Tage bei sehr schlechten Verhältnissen in der Wand; Gewitter und Sturm in den Ausstiegsrissen.

Mitte August 1971
Allen Fyffe, Kenny Spence, Dave Knowles, Ian Nicholson, *Großbritannien*
Kommen bei guten Verhältnissen in drei Tagen durch.

17.–18. 8. 1971
Jöri Bardill, Joos Flütsch, *Schweiz*
Ausgeaperte Wand, gute Verhältnisse. Biwak in der Rampe, am Beginn des Wasserfallkamins, der am nächsten Tag auf der Terray-Variante umgangen wird. Auf dem Gipfeleisfeld schweres Gewitter; am Spätnachmittag erreichen die beiden Bündner den Gipfel. Joos Flütsch stürzt im Juni 1975 am Mount La Perouse (Neuseeland) tödlich ab.

29.–31. 7. 1971
Renaat von Malderen, Vincent de Waele, *Belgien*
Biwaks auf dem Bügeleisen und am Ende des Götterquergangs. Erste belgische Begehung.

5.–7. 9. 1971
J. Soldán, V. Širl, *Tschechoslowakei*
Einstieg um 13.00 Uhr, Biwak im Schwalbennest, zweites im Bereich des Götterquergangs, abends auf dem Gipfel.

5.–8. 9. 1971
Igor Novák, K. Procházka, *Tschechoslowakei*
Einstieg um 14.00 Uhr, die Tschechoslowaken erreichen einen ganzen Tag später den Gipfel.

6.–10. 9. 1971
J. Pechouš, F. Půlpán, *Tschechoslowakei*
Einstieg um 4 Uhr, am Vormittag des fünften Tages der Gipfel.

Juli 1972
Dave Morris, John Yates, *Großbritannien*

10.–11. 8. 1972
Richard Franzl, Willi Prax, *Österreich*
Kommen bei sehr guten Wandverhältnissen in 18 Stunden Kletterzeit durch.

7.–12. 1. 1973
Hans von Känel, Hansjürg Müller, *Schweiz*
Biwaks vor Schwierigem Riß, Erstem Eisfeld, Bügeleisen, im oberen Teil der Rampe auf Brüchigem Band, Ausstiegsrisse und Mittellegigrat.
Dritte Winterbegehung.

15.–17. 8. 1973
XAVER AUMEIER, SEPP HUBER, *Deutschland*

15.–19. 8. 1973
TERUO KATO, BUNTARO YAMAZAKI, *Japan*
Yamazaki stürzt in den Ausstiegsrissen, bricht sich ein Bein, wird – kombiniert mit einer Stahlseil-Aktion der Bergführer – von einem SRFW-Helikopter direkt aus der Luft gerettet; anschließend auch Kato. Diese Nordwand-Begehung kann nicht gewertet werden.

17.–19. 8. 1973
GEORG BACHLER, HORST SCHNEIDER, *Österreich*
Die beiden Heeresbergführer steigen nachmittags ein, biwakieren in der „Feuchten Höhle“ am oberen Ende des Wandvorbaus. Schneider stürzt als Seilerster am Eisschlauch 7 m, ohne sich zu verletzen. Ein Versuch, vom Bügeleisen direkt in die Spinne zu gelangen, scheitert, kostet 3 Stunden. Auf dem Dritten Eisfeld Steinschlag. Biwak in der Rampe. Vereiste Ausstiegsrisse, am Nachmittag der Gipfel.

18.–21. 8. 1973
BRUNO WIMMER, HEINZ ZEMBSCH, *Deutschland*
Am Eiswulst in der Rampe stürzen beide Kletterer; ein Felshaken und eine Eisschraube verhindern den endgültigen Absturz.

GEORG HAIDER, *Deutschland;* PETER SČETININ, *Jugoslawien*
Zeitlich wie Wimmer-Zembsch.

Stuttgarter Dreierseilschaft, *Deutschland*
Zeitlich wie Wimmer-Zembsch.

19.–21. 8. 1973
PIT HOFER, JAKOB NYFFENEGGER, *Schweiz*
Einstieg am Nachmittag. Biwak über dem Schwierigen Riß (weil das Schwalbennest bereits belegt war), wo sie mit Haider und Sčetinin zusammentreffen. Gute Verhältnisse. Weiter oben stoßen sie auf fünf Seilschaften. Zweites Biwak wegen Personenstau vor dem Wasserfallkamin in der Rampe. In den Ausstiegsrissen erneuter Stau von Seilschaften. Drittes Biwak auf dem Corti-Biwak. Am nächsten Vormittag wird der Gipfel erreicht; es herrschte immer gutes Wetter.

22.–23. 8. 1973
MARKUS GAUDENZI, RICHARD STEIGER, *Schweiz*
Gute Wand- und Wetterverhältnisse, ab Nachmittag des 22. 8. jedoch sehr starker Steinschlag, so daß sie bereits biwakieren müssen; 20 Stunden Kletterzeit.

6.–8. 9. 1973

FRANKY BOEYE, MICHEL MASSENAT, PIERRE RIGA, *Belgien*

Es herrschen erstklassige Wand- und Wetterbedingungen, kein Steinschlag, trockene, ausgeaperte Wand. Lediglich der Eisschlauch ist durch die Ausaperung schwierig, er wird links umgangen. Einstieg 7.30 Uhr, um 18.30 Uhr Biwak am oberen Rand des Zweiten Eisfeldes. Aufbruch um 8.00 Uhr, Biwak um 19.00 Uhr auf dem Brüchigen Band am Ende der Rampe. Um 8.00 Uhr weiter, um 12.00 Uhr in der Spinne, 16.00 Uhr Corti-Biwak. 19.00 Uhr auf dem Gipfel. Nächtlicher Abstieg, um 2.00 Uhr des 9. 9. auf Scheidegg. Zweite Begehung durch Belgier.

15. 8. 1974

PETER HABELER, *Österreich;* REINHOLD MESSNER, *Italien*

Schnellste Nordwandbegehung. Peter Habeler stellt mir seine Tagebuchnotizen zur Verfügung (gekürzt). „Um 4.15 Uhr erreichen wir den Wandfuß, steigen um 5.05 Uhr links des Ersten Pfeilers ein; seilfrei. Um 6.30 Uhr sind wir am Beginn des Hinterstoisser-Querganges, nachdem wir uns vor dem Schwierigen Riß angeseilt hatten. Den Eisschlauch erklettern wir an der linken Begrenzung, erreichen das Zweite Eisfeld um 7.25 Uhr (Zeugen der tollen Hubschrauberbergung durch den Schweizer Piloten, bei dem zwei Polen, von denen sich einer am Vortag das Bein gebrochen hatte, ausgeflogen werden). Die Querung des Eisfeldes erfolgt bei sehr starkem Steinschlag diagonal. Bügeleisen 8.50 Uhr. Wieder starker Steinschlag bei der Traversierung des Dritten Eisfeldes hinüber zur Rampe. Einstieg Rampe um 9.30 Uhr. Die vier Tiroler Freunde, die bereits den dritten Tag in der Wand verbringen, lassen uns lachend vorbei, der Seilerste ist Franz Kröll aus Kufstein, ein guter Freund von mir. Er versteht die Welt nicht mehr . . . Alles ist saunaß. Um 11.30 Uhr erreiche ich das Ende des Götterquerganges (gute Verhältnisse). An der linken Begrenzung der Spinne kletternd, kommen wir zur Buhl-Variante. Es ist 12.45 Uhr als Reinhold die total vereiste Wandstelle in Angriff nimmt. Obwohl alles ziemlich naß ist, erreichen wir das Gipfeleisfeld um 14.10 Uhr. Gipfel vor 15.00 Uhr. Beim Einsteigen in den Zug habe ich mir, welche Ironie des Schicksals, noch ganz teuflisch den Fuß verknackst.“ – Besser hier als in der Wand.

13.–15. 8. 1974

FRANZ KRÖLL, WOLFGANG LACKNER, OSWALD PUCHER, OTTO ZÖTTL, *Österreich*

Einstieg am Nachmittag, werden von Habeler-Messner in der Rampe überholt. (Siehe oben.)

18.–20. 8. 1974

Zweiseilschaft, *Japan*

Ab Götterquergang gleicher Ablauf wie die Begehung Breitenberger-Schwarz. Siehe folgende Begehung.

19.–20. 8. 1974

Leo Breitenberger, Norbert Schwarz, *Italien*

Die Südtiroler steigen um 4.00 Uhr ein. Wasser am Hinterstoisser-Quergang. Auf dem Ersten Eisfeld überholen sie zwei Spanier, die im Schwalbennest biwakierten. Am Ende des Dritten Eisfeldes überholen sie eine spanische Zweierseilschaft, die auf dem Zweiten Eisfeld biwakiert hatte. Kleiner Wasserfall im Wasserfallkamin. Am Beginn des Götterquergangs Gewitter, Biwak. Aufbruch um 9.00 Uhr. Die Japaner kommen nach. Abends bei Nebel auf dem Gipfel.

19.–22. 8. 1974

Ferdinand Deutschmann, Georg Hasenhüttl, Mischa Andrlik, *Österreich*

Hasenhüttl ist mit 17 Jahren vermutlich jüngster Nordwand-Begeher. Deutschmann verliert am Ende des Zweiten Eisfeldes Steigeisen. Auf den weiteren Eisfeldern klettert Hasenhüttl nahe bei Deutschmann, um für ihn Stufen zu hacken; dadurch wird die Begehung ein zeitraubendes Unternehmen. Deutschmann ist seit 13. 9. 1975 am Skyang Kangri (7544 m, Karakorum) vermißt.

3.–8. 3. 1975

Joe Tasker, Dick Renshaw, *Großbritannien*

Ein Versuch scheiterte in Höhe des Zerschrundenen Pfeilers. Beim zweiten Anlauf brauchten die beiden Engländer zweieinhalb Tage bis zum Hinterstoisser-Quergang. Drittes Biwak am oberen Ende des Ersten Eisfeldes, viertes in der Rampe, fünftes in den Ausstiegsrissen; am sechsten Tag gelangen sie bei aufkommendem Schlechtwetter auf den Gipfel. Vierte Winterbegehung.

28.–30. 7. 1975

Bon Dearman, Phil Burke, *Großbritannien*

3.–4. 8. 1975

Bruno Friedrich, *Deutschland;* Rolf Kajanne, *Finnland*

Einstieg 5.00 Uhr. Schönes Wetter. Blankeis, vereister Fels. Sie überholen zwei Spanier, deren Seilzweiter immer mit Jümar-Bügel am fixierten Seil hochsteigt (!), eine Würzburger Zweierseilschaft, die bei schönstem Wetter umkehrt, dann aber doch wieder weiterklettert, und zwei Engländer.

5.–6. 8. 1975

Philipp Albrecht, Josef Trenkle, *Deutschland*

5.–7. 8. 1975

Siegfried Kimmel, Gandolf Ruckert, *Deutschland*

Einstieg 13.30 Uhr, Biwak unterhalb der Roten Fluh, zweites in der Rampe, um 18.00 Uhr des 7. 8. der Gipfel, noch am gleichen Abend auf der Kleinen Scheidegg; es herrschten gute Verhältnisse.

6.–8. 8. 1975
HIROSHI UMENO, KEIJI SUZUKI, *Japan*
Umeno bezwang alle drei großen Nordwände.

9.–11. 8. 1975
MICHEL VAUCHER, JEAN JUGE, *Schweiz*
Jean Juge ist 67 Jahre alt. Winterliche Verhältnisse auf der Westflanke, die er nicht mehr schafft. Am 13. 8. Helikopter-Rettung.

MICHEL DARBELLAY, LOUIS FROTE, *Schweiz*
Darbellay glückte 1963 die erste Alleinbegehung, diesmal ist er als Führer engagiert; bis Gipfel gleicher Ablauf wie Vaucher-Juge.

TOMAS GROSS, *Tschechoslowakei/Schweiz;* NATACHA GALL, *Schweiz*
Wie oben. Dritte Begehung durch eine Frau

STEPHANE SCHAFFTER, YVETTE VAUCHER, *Schweiz*
Wie oben. Vierte Begehung durch eine Frau

HANS ENGEL, HANS KIRCHBERGER, *Deutschland*
Wie oben.

RUDOF FRIEDHUBER, KARL PFEIFFER, *Österreich*
Wie oben. Nur daß die beiden Österreicher nicht durch das Stollenloch in die Wand stiegen, sondern auch den Wandvorbau begingen. In den Ausstiegsrissen biwakierten sie mit den drei Genfer Zweierseilschaften, zu denen Jean Juge, Präsident der UIAA, gehörte. Rudof Friedhuber berichtet: „Der 67jährige Juge schrie die ganze Nacht vor Kälte und Schmerzen. Nach einem sehr kalten Biwak begann ich am nächsten Tag mit Vaucher die Kletterei. Es lagen etwa 50 cm Neuschnee, die Felsen waren mit einer dicken Eisschicht überzogen. Ich stürzte etwa 6 m ab.
Nun übernahmen mein Partner und Vaucher die Führung. Wir schlossen uns alle zu einer Seilschaft zusammen. Ich zog von nun an Jean Juge Seillänge für Seillänge zu mir herauf. Auf den Standplätzen mußte ich Juge immer wieder sehr lange massieren und gut zureden. Er sprach ständig vom Sterben. Um 16.00 Uhr erreichten wir den Gipfel."

John Harlin-Route

23. 2.–25. 3. 1966
DOUGAL HASTON, *England;* JÖRG LEHNE, GÜNTHER STROBEL, ROLAND VOTTELER, SIEGFRIED HUPFAUER, *Deutschland*
Siehe Seite 194ff.

24. 12. 1969–21. 3. 1970
JIRO ENDO, NOBUYIKI OGAWA, TAKAO HOSHINO, YUKIO SHIMAMURA, RYOICHI FUKATA, MASARU SANBA, YUKIO TAKAKU, *Japan*
Siehe Seite 206ff.

Japaner Route

15. 7.–15. 8. 1969
Frl. MICHIKO IMAI, TAKIO KATO, YASUO KATO, SUSUMU KUBO, HIROFUMI AMANO, SATORU NEGISHI, *Japan*
Siehe Seite 212ff.

20.–25. 1. 1970
HANS-PETER TRACHSEL, PETER JUNGEN, OTTO von ALLMEN, HANS MÜLLER, MAX DÖRFLIGER, *Schweiz*
Siehe Seite 216ff.

28.–30. 7. 1970
HANS MÜLLER, HANS BERGER, *Schweiz*
Siehe Seite 220. Hans Müller, der die erste Winterbegehung mit vollbrachte, glückte 1969 auch eine Sommerbegehung der klassischen Route.

16.–22. 8. 1973
IVO KOTNIK, FRANC VERKO, *Jugoslawien*
Im oberen Wandteil müssen die beiden einen zeitraubenden Verhauer in Kauf nehmen, stoßen auf die Harlin-Route.

19. 2.–5. 3. 1976
PETER GŘIBEK, LEO HORUA, JAN MARTINEK, MILAN MOTIČKA, MARTIN NOVAK, LADISLAV STARČALA
Siehe Seite 220f.

Die Toten der Nordwand

21.–25. August 1935
1 Karl Mehringer, *Deutschland*
2 Max Sedlmayr, *Deutschland*
18.–25. Juli 1936
3 Willy Angerer, *Österreich*
4 Edi Rainer, *Österreich*
5 Andreas Hinterstoisser, *Deutschland*
6 Toni Kurz, *Deutschland*
21. Juni 1938
7 Mario Menti, *Italien*
8 Bortolo Sandri, *Italien*
26.–28. Juli 1953
9 Paul Körber, *Deutschland*
10 Roland Vass, *Deutschland*
20.–22. August 1953
11 Karlheinz Gonda, *Deutschland*
12 Uli Wyss, *Schweiz*
8. August 1956
13 Franz Moosmüller, *Deutschland*
14 Manfred Söhnel, *Deutschland*
3.–11. August 1957
15 Stefano Longhi, *Italien*
16 Franz Mayer, *Deutschland*
17 Günter Nothdurft, *Deutschland*
27.–28. August 1961
18 Adolf Mayr, *Österreich*
24.–26. Juli 1962
19 Barry Brewster, *England*
31. Juli 1962
20 Adolf Derungs, *Schweiz*
27. August 1962
21 Diether Marchart, *Österreich*
30. August 1962
22 Tom Carruthers, *England*
23 Egon Moderegger, *Österreich*

11.–15. August 1963

24 ALBERTO RABADA, *Spanien*

25 ERNESTO NAVARRO, *Spanien*

19.–22. August 1965

26 TSUNEAKI WATABE, *Japan*

22. März 1966

27 JOHN HARLIN, *USA*

März 1967

28 ROLAND TRAVELLINI, *Frankreich*

21. Juli 1967

29 FRITZ ESKE, *Deutschland*

30 GÜNTER KALKBRENNER, *Deutschland*

31 KURT RICHTER, *Deutschland*

32 GÜNTER WARMUTH, *Deutschland*

12.–15. August 1967

33 HANS HERZEL, *Österreich*

34 KURT REICHARDT, *Österreich*

3. August 1969

35 MARTIN WEISS, *Österreich*

Beim Queren einer etwa 35° steilen Schrofenzone auf dem Wandvorbau, über den seilfrei aufgestiegen wurde, rutschte Weiß aus und stürzte 100 m tief ab.

13.–16. Juli 1970

36 ANGELO URSELLA, *Italien*

Klassische Route. Am zweiten Tag sah man sie oberhalb der Spinne. Wettersturz, zweites Biwak, Schneefall. Die beiden blieben den ganzen dritten Tag und am vierten Tag bis 15.00 Uhr im Biwaksack. Auf der Höhe des Corti-Biwaks in den Ausstiegsrissen stürzte Angelo Ursella wegen Hakenausbruchs 30 m, wobei sich das Seil um seinen Hals verfing und ihn strangulierte; Ursella war sofort tot. Sergio De Infanti wurde durch den Sturz des Freundes ebenfalls aus dem Stand gerissen, blieb aber nach etwa 7 m unverletzt am Seil hängen. Er kletterte zum Stand hoch. Fritz von Almen entdeckte ihn zufällig durchs Fernrohr – Rettung.

1. August 1972

37 FURUKAWA MASAHIRO, *Japan*

38 MASARU MIYAGAWA, *Japan*

Klassische Route. Drei Stunden nach ihrem Einstieg (13.00 Uhr) stürzten sie in Höhe des Schwierigen Risses, am Beginn der eigentlichen Schwierigkeiten, ab; ihre Leichen wurden 300 m tiefer, rechts des Ersten Pfeilers, gefunden.

13. August 1974

39 DAVE KNOWLES, *USA*

Knowles ist Mitglied eines amerikanischen Filmteams, das nahe der Westgratschulter zu dem Spielfilm „The Eiger-Sanction“ Aufnahmen in der Nordwand macht. Er klettert als Mittelmann einer Dreierseilschaft. Kurz vor dem Ausstieg löst der Seilerste einen mächtigen Felsbrocken – Dave Knowles wird am Kopf getroffen und ist auf der Stelle tot.

Eiger-Chronik

1858 Erste Besteigung des Eigers am 11. August durch den Iren Charles Barrington mit den Schweizer Führern Christian Almer und Peter Bohren über die Westflanke.

1874 Erste Begehung des Südwestgrates durch die Amerikaner W. A. B. Coolidge und Miss Brevoort mit den Führern Christian und Ulrich Almer, der Grat zwischen Kleineiger und Hauptmassiv wurde über den Eigergletscher erreicht; zugleich erste Frau am Berg.

1876 Erste Begehung des Südgrates aus dem Nördlichen Eigerjoch durch den Engländer G. E. Foster mit den Führern Hans Baumann und Ulrich Rubi.

1885 Erster Abstieg über den im Aufstieg noch unbezwungenen Mittellegigrat (Ostgrat) durch den Österreicher Moritz von Kuffner mit den Führern Alexander Burgener, Joseph Maria Biner und Kalbermatten.

1890 Erste Winterbesteigung des Eigers am 7. Januar durch die Engländer Woodroff und Mead mit den Führern Ulrich Kaufmann und Christian Jossi, über die Westflanke.

1912 Fertigstellung der Jungfraubahn, deren Tunnel durch den Eiger führt und auch für Bergsteiger und Skifahrer Bedeutung erlangte.

1921 Erste Begehung des Mittellegigrates (Ostgrat) im Aufstieg durch den Japaner Yuko Maki mit den Führern Fritz Amatter, Samuel Brawand und Fritz Steuri; Yuko Maki stiftete die Mittel zum Bau der Mittellegihütte.

1924 Erster Versuch einer Skibesteigung durch Sir Arnold Lunn, Dr. Walter Amstutz und Dr. Richardet über Eigergletscher und Südgrat; aber die Ski mußten auf dem Nördlichen Eigerjoch zurückgelassen werden; erste Befahrung des Eigergletschers.

1926 Bau der Mittellegihütte auf dem gleichnamigen Grat in 3354 m Höhe.

1932 Erste Begehung der Nordostwand durch die Schweizer Dr. Hans Lauper und Alfred Zürcher mit den Walliser Führern Alexander Graven und Joseph Knubel.

1937 Erste Begehung der Südostwand durch die Deutschen Otto Eidenschink und Ernst Möller.

1938 Erste Begehung der Nordwand durch die Deutschen Anderl Heckmair, Ludwig Vörg und die Österreicher Fritz Kasparek, Heinrich Harrer.

1957 Erste geglückte Rettung aus der Nordwand (Claudio Corti).

1961 Erste Winterbegehung der klassischen Nordwand-Route durch die Deutschen Toni Kinshofer, Anderl Mannhardt, Toni Hiebeler und den Österreicher Walter Almberger.

1963 Erste Alleinbegehung der klassischen Nordwand-Route durch den Schweizer Bergführer Michel Darbellay.
Erster Nordwand-Abstieg im Dezember durch die Schweizer Paul Etter, Ueli Gantenbein und Sepp Henkel.

1964 Erste Begehung der Nordwand durch eine Frau, die Deutsche Daisy Voog mit Werner Bittner, auf der klassischen Route.
Erste Winterbegehung der Nordostwand durch die Schweizer Hans-Peter Trachsel und Gert Siedhoff auf der Lauper-Route.

1966 Erste Begehung der Nordwand auf der John Harlin-Route (Winter-Direttissima) durch den Engländer Dougal Haston und die Deutschen Jörg Lehne, Günther Strobel, Roland Votteler, Siegfried Hupfauer, unterstützt von den Amerikanern John Harlin und Layton Kor, den Engländern Chris Bonington und Don Whillans, und den Deutschen Karl Golikow, Peter Haag, Rolf Rosenzopf und Günter Schnaidt.

1968 Erste Begehung des Nordpfeilers durch die Südtiroler Reinhold und Günther Messner und die Deutschen Toni Hiebeler und Fritz Maschke.

1969 Erste Begehung der Nordwand auf der Japaner-Route (Sommer-Direttissima durch den westlichen Teil der Nordwand) durch die Japaner Takio Kato, Yasuo Kato, Susumu Kubo, Hirofumi Amano und Frl. Michiko Imai (zugleich erste Frau).

1970 Erste Winterbegehung der Japaner-Route durch die Schweizer Hans-Peter Trachsel, Peter Jungen, Otto von Allmen, Hans Müller und Max Dörfliger.
Erste Ski-Abfahrt durch Sylvain Saudan über die Westflanke.
Im September Helikopter-Symposium der Schweizerischen Rettungsflugwacht mit internationaler Beteiligung, wichtiger Beitrag für Direktrettungen aus der Nordwand.

1971 Erste Direktrettung aus der Luft (Martin Biock und Peter Siegert).

1974 Im August stirbt Fritz von Almen, Besitzer der Scheidegg Hotels und unermüdlicher Eigerwand-Beobachter.
Erste Begehung der Direkten SO-Wand am 24. August durch die Schweizer Bergführer Karl Moser und Walter Müller.

1975 Ältester Mann begeht klassische Nordwand-Route: Jean Juge, 67.

1976 Im März findet man letzte Nachricht von Sedlmayr-Mehringer, 1935.

Register

Kursiv gesetzte Ziffern verweisen auf Abbildungen

Bildquellennachweis

action press (1)
Belser Foto (1)
Bonington (5)
Daily Express (1)
Gnos (1)
Gorter (1)
Hauer (3)
Hiebeler-Archiv (25)
Kimmel (1)
Lehner (1)
Pandis (1)
Prachtel (1)
Prachtelova (1)
Ringier-Bilderdienst (2)
Studio Freimann (1)
Rohr (1)
Spitzenstätter (1)
Takada (1)

Warum Menschen unendliche Mühen und Gefahren auf sich nehmen, um Gipfel, wie das Matterhorn, zu besteigen, schildert Toni Hiebeler in seinem erregenden Buch „Matterhorn“.

Das 4477 m hohe Matterhorn, der markanteste Gipfel der Alpenkette, ist seit der tragisch ausgegangenen Besteigung im Jahre 1865 Ziel vieler Bergsteiger aus aller Welt. In diesem sorgfältig illustrierten Buch erfährt der Leser, wie die Wirklichkeit am Matterhorn aussieht. Toni Hiebeler erzählt aus eigenem Erleben von den Vorbereitungen zur Besteigung, den Strapazen und unvorhergesehenen Zwischenfällen und schildert das Glücksgefühl, die Freude, auf „einem Stück vom Dach der Welt“ zu stehen. Eine vollständige Chronik der Begehungen von der Erstbesteigung bis heute, mehr als 60 Abbildungen, die den Berg und die bedeutendsten Bergsteiger zeigen, sowie ein Register und Literaturangaben lassen diese Dokumentation zugleich zu einem Nachschlagewerk werden.

Toni Hiebeler: **Matterhorn.**
Von der Erstbesteigung bis heute. 256 Seiten mit rund 60 Schwarzweißfotos. Personen-, Orts- und Sachregister. Format und Ausstattung wie „Eigerwand“.

Bertelsmann Lexikon-Verlag, Gütersloh